各國
選舉制度

張世賢◆編

序

　　聯合國世界人權宣言第21條規定：「(1)人人有直接或通過自由選擇的代表參與治理本國的權力；(2)人人有平等機會參加本國公務的權力；(3)人民的意志是政府權力的基礎。這一意志應以定期的和真正的選舉予以表現，而選舉應依據普遍和平等的投票權，並以不記名投票或相當的自由投票程序進行。」。選舉是人類的基本人權之一，亦是參政權的表現。由此可見，本書「各國選舉制度」的重要性。

　　為了要因應日益增多之聯合國選舉協助（United Nations electoral assistance），1992年4月聯合國祕書處設置「選舉協助部」（The United Nations Electoral Assistance Division, EAD），協助各國的選舉事宜。1995年國際民主暨選舉協助研究院（the International Institute for Democracy and Electoral Assistance, IDEA）在瑞典斯德哥爾摩設置研究並推動選舉事宜。對本書的研究提供了很多啟發。

　　研究選舉必須要有全球的視野。選舉制度具有多樣性，不同文化、不同的制度環境，有不同的選舉制度。一個人獨自研究，難竟其功，必須要有研究團隊。感謝臺北大學公共行政暨政策系的選舉研究團隊，共同參與，才能有此研究成果。

　　本書在資訊上提供較寬廣的視野，以及資訊來源，以供有志者參考。

本書的目的在：

一、提供讀者找尋資料，立即可以找到所需要的資料。因為本書篇幅有限，不可能蒐集所有的相關資料，因此必須提供找尋資料的線索。本書在提供提升讀者蒐集資料的能力。

二、提供讀者與國際接軌的觀念。由於全球化，天涯若比鄰，各國之間選舉制度，都相互「取經」，改進現有的選舉制度，更具有選舉能力，更加合理、方便、有效、民主。本書在提供讀者全球視野的能力。

三、提供讀者在了解選舉制度時，有「時間」點的觀念，獲得最新的資料。由於目前社會是以「變」為常態。因此，各國選舉制度都在不斷地改變，與時俱進。本書在提供讀者與時俱進，永續發展的能力。

編者長期講授「比較政府」、「選舉與公共政策」凡30餘年，每次修改教材極為頻仍，一本「比較政府」的教科書一出版，其中的資料便已過時，修改及出版極費時間，不如將其中的「選舉制度」抽出來，修改另成一本教科書。

知識經濟時代，知識只在受用，有濟時艱，不一定要謀取高位。正如王安石論〈賈生〉「一時謀議略施行，誰道君王薄賈生？爵位自高言盡廢，古來何啻萬公卿！」賈誼的政策建議，在一段時間內，差不多都受到君王採用，誰說君王虧待他？有些人儘管身居高位，可是他們的政策建議，有如廢話，不受重用，自古以來這些公卿何止一萬人。

讀書要接近大自然與實際社會生活，不要閉門讀書，三年不窺園，如董仲舒。王安石有〈窺園〉，評論董仲舒。「杖策窺園日數巡，攀花弄草興常新。董生只被〈公羊〉惑，肯信捐書一語真！」尤其讀選舉的書，不能只在玩弄數字。這些玩弄數字的書，都可以丟掉，要多親近選舉現象，才能看得真！

　　看選舉，要站在高處看，才能看得遠，看得廣，看得清楚，看得真，掌握大局。王安石〈登飛來峰〉云：「飛來峰上千尋塔，聞說雞鳴見日昇，不畏浮雲遮望眼，自緣身在最高層。」

　　讀書要達到動靜自得的境界，朱熹有〈春日〉「勝日尋芳泗水濱，無邊光景一時新，等閒識得東風面，萬紫千紅總是春。」

　　讀書、做事要有訣竅。朱熹《觀書有感》「昨夜江邊春水生，艨艟巨艦一毛輕，向來枉費推移力，此日中流自在行。」大船擱淺在江邊，任你推亦推不動，只要江水增多，大船浮起，便可輕易把大船拉到江中。

　　研究選舉要看長期，不可因一時得失，便要修改制度。朱熹《水口行舟》「昨夜扁舟雨一蓑，滿江風浪夜如何。今朝試捲孤篷看，依舊青山綠樹多。」修憲，修成總統可以「相對多數」當選，而不採「絕對多數」，而有「少數」統治「多數」，違反民主，真怪！選舉制度不能「便宜行事」，要維護民主，不可因當時對執政黨有利的制度就採用，要大公無私，才不會後來情勢大變，豬羊變色，遺害無窮。有選舉詩為證：「民主機制在選舉，多數統治為根基。根固幹枝花果旺，民富國強無勁敵。」

　　本書的編輯整理從2008年開始，由選修「選舉公共政策」的研究團隊著手，歷經三年才完成，其中又有新的選舉舉行，必須加以增補，達成資料最新、最正確、最廣博的要求。這些工作最初由周原慶先生辛苦編輯、整理、校對；再來，劉信呈接續，才能完成。還有蔡欣怡、陳彥文、黃信翰、黃心玫、劉哲瑋等未掛名為共同作者，但參與校正中華人民共和國、中華民國、法國、美國、德國部分的資料。感謝他們辛苦的付出。由於本書資料豐富且複雜，錯誤在所難免，敬請各位雅博君子指正之。

張世賢

2011/4/14

編者簡介

張世賢

現職：

    財團法人英荃學術基金會董事長

    臺灣競爭力論壇學會永續發展組召集人

    國立臺北大學公共行政暨政策學系兼任教授

學歷：

    國立中興大學行政系學士

    國立臺灣大學政治研究所碩士

    國立政治大學政治學博士

    美國耶魯大學社會暨政策研究所博士後研究

經歷：

    國立中興大學選舉研究中心主任（台北）

    臺灣省選舉委員會委員

    國立中興大學公共行政學系系主任（台北）

    英國劍橋大學政治經濟學系訪問學人

    國立中興大學公共政策研究所所長（台北）

    國立臺北大學校友中心主任

中國文化大學行政管理學系系主任
中華民國公共行政學會理事長
中華民國華夏行政學會理事長
國際行政院校聯合會理事

聯合國：
聯合國大會公共行政暨發展研討會出席人
災難處理區域研討會出席人

目錄

第二篇　參議院

第一章 緒 論

第一節 選舉的意涵

選舉是指「一個組織依其規定，由全部或部分成員，抉擇一個或少數人，充任該組織某種權威職位之一種程序」引申其涵義（張世賢，1979：174；Sills, 1968: V2）有五個要項：

1. 選舉是一種程序

選舉本質上是一種程序，例如有公布選舉日期、提名、競選活動、投票、計算選票、公告當選人名單等繁瑣的過程。其間是一套複雜的社會互動過程（interactive process）（張世賢，1997：174）。

2. 選舉是在表現人民的意願

意願是一種價值觀念，無固定準確的所謂「真理」，公說公有理，婆說婆有理。個別的意願之間，無高低對錯之別，是平等的，且受到尊重，否則便無須表決。選舉既然在表現人民的意願，在選舉的演進歷史上，逐漸趨向選舉權的普遍及平等化，乃係必然趨勢（張世賢，1997：174）。

3. 選舉在表達公共抉擇（public choice）

選舉就決策的觀點言，有兩個層次，第一個層次是個人的抉擇，第二個層次是整體的抉擇。表面上言，整體的抉擇似乎是其成員個別抉擇的總和，但實際上不然。個人單獨所做的抉擇，與在團體中所做的抉擇是不同的。個人在團體中所做的抉擇要受到團體情勢和氣氛的影響（張世賢，1997：174-175）。

4. 選舉的對象是「人」

　　儘管選民在投票時，可依其政黨、候選人、或問題取向做抉擇，例如某人投票是以政黨做為抉擇的標準，只要是某黨所提名的候選人便投給他，不計較其人若何，其對於問題的看法若何。但歸結到底，投票的對象總是候選人。雖然在實行比例代表制的國家，其選舉的對象是政黨，而實際上是選民信任政黨所提名的當選人（張世賢，1997：175）。

5. 選舉是在進行政治參與，有其權成性

　　選舉係在政治體系內進行政治參與，則此項程序具有權威性，其開端是個人意願的尊重，因此不能有威脅利誘，以妨礙個人意願的真正表達。其結局在著重公共抉擇；因此，強調理性、參與的熱誠、智識能力的發揮，以及對於公共事務的責任感。當選人既經由選舉程序所產出，在其職位上，不論其為民意代表、或行政首長，亦具有權威性。選舉程序在政治體系內進行，而政治體系是對整個社會做價值的權威性分配，此項職位是「公職」，要對選民負責。其成效若何，至少在下次選舉受到選民批判，決定其去留或獎懲；而使得公職受到選民的控制（張世賢，1997：175）。

第二節　選舉制度的原則

　　選舉制度設計要符合民主的原則，IDEA建議要遵循下列原則（International IDEA, 2005: 160-164）。

1. 選舉制度要公平、平等、公正

　　選舉制度要給予各政黨、各位候選人認為選舉過程是公平、平等、公正，不會是只有利於某些特定人或特定一群人。

2. 要兼容並蓄，不要排除少數族群

　　立法機關要兼容並蓄各種不同意識形態、族群、區域、宗教的選民。

不要利用選舉制度中的選區畫分或比例代表選制，故意排除少數族群。

3. 要注意及選舉制度改變的正當性

選舉制度的修改，要注意其正當性（legitimacy）。不要讓人認為選舉制度的改變是由主要政黨以霸道的方式，乘其掌權時，重下毒手，讓該政黨在新的選舉制度下，可以萬年優勢；而劣勢的政黨，永遠劣勢，被壓的死死的，在新的選舉制度下，永難翻身。民眾一定會認為這種乘人之危，改變選舉制度，不具有正當性。

4. 選舉制度簡單明瞭

選舉方式要簡單易懂，不要太複雜，不容易了解。例如投票能夠只投一票就投一票，不要投兩票。像早期政黨比例代表制，採複數選區一票制，將候選人與政黨的票綁在一起，投給了候選人，亦就是同時投給了候選人所屬的政黨，就比較簡單而明確。如果採複數選區兩票制，一票選候選人，另一票選政黨；有人對政黨反感，對政黨這一票便投廢票。採單一選區相對多數當選制，就比較簡單，選民只要投給他屬意的候選人即可。如果像英國預備在2011年採用的選舉制，要在選票上圈出第一選擇、第二選擇。選民有些人只圈第一選擇，不圈第二選擇，因不曉得如何決定第二選擇。一定要花很多時間宣導。

5. 選舉制度要創新

選舉制度要參考鄰近國家，有否創新的選制。例如日本於1996年實施眾議員選舉單一選區、政黨比例代表兩票制。台灣亦於2008年立法委員選舉採用單一選區政黨比例代表兩票制。但日本的候選人可以同時在單一選區與政黨比例代表名單提名，並有「惜敗率」計算的制度。我國未採用，任憑政黨排列政黨比例名單的順位，選民亦無可奈何。日本制度較民主。

6. 選舉制度要考慮國情

選舉制度要符合國情，不能生吞活剝從國外移植。例如單一選區政黨比例代表兩票制，台灣較不適合採用德國的改良式政黨比例代表制（或稱

聯立制），較適合採用單一選區名額與政黨比例代表名額分別計算的制度。

7. 不要低估選民的學習能力

　　雖然，選舉制度要簡單明確，但許多發展中的亞太地區的國家亦多採用較複雜的選舉制度，如印尼（IDEA, 2005: 66-77）。因此，不要低估選民的學習能力，選民對政治判斷很敏感，知道哪一種制度較民主，較有效。例如採用單一選區制，如果採用相對多數當選制，則小黨候選人不易當選，投小黨的票等於投廢票。如果能夠轉移，選民便願意投小黨的票。小黨候選人所得的票數，如果是選區最後一名，在選票上可以記載要轉給哪位候選人。這樣，選民就願意選小黨候選人。

第三節　選舉制度實例

一、選舉區多數決制

　　民主政治的原則之一，是多數決制（多數統治，而不是少數統治）。多數決制主要係以候選人為投票對象，得票多者即可當選。要怎樣的「多數」才能當選，多數決制又可區分為：(1)相對多數決制（plurality或稱為relative plurality）與(2)絕對多數決制（absolute majority）兩大類型。而相對多數決制因選區規模不同，又可區分為：(1)單一選區相對多數決制（plurality with single-member-district system; SMD）與(2)複數選區相對多數決制（plurality with multimember-district system; MMD）。

（一）相對多數決制

　　相對多數決制稱「領先者當選制」（"First-past-the post" system）（Ranney, 2001: 172；雷競旋，1989：84）。在一選區下，眾多候選人當中，只有得票最高者（得票不一定過半）當選。美國、英國的國會下議院

議員選舉均採用單一選區相對多數決制。在這些國家，有些選區的當選者得票未過半，但總體將各當選者的得票數加起來，還是超過總有效票的半數，符合多數統治的民主政治原則。

（二）絕對多數決制

絕對多數決制設計的目的，是希望當選者的選票能夠超過有效票的半數。絕對多數決制，可分為兩大類：(1)選擇投票制（alternative vote）及(2)兩輪決選制（runoff election）。

1. 選擇投票制

在單一選區下實施「選擇投票制」（alternative vote）（Mackie & Rose, 1991: 503），或稱為「偏好投票制」（preferential ballot）（Ranney, 1996: 169）。投票時，選民可依據自己的決定，將候選人排列順序，並標示於選票上。開票時，如果有候選人得到超過有效票數半數以上的「第一選擇票」，則該候選人即可當選；如果沒有任何候選人獲得超過半數以上的「第一選擇票」，則將獲得「第一選擇票」最少的候選人刪除，並將這些選票依照選票上的「第二選擇」分別轉移給其他候選人。如果轉移選票之後，仍然沒有候選人獲得票數超過半數，則將獲得「第一選擇票」次少的候選人刪除，並將這些選票依照選票上的「第二選擇」，分別轉移給其他候選人。這種選票轉移的過程持續進行，直到有候選人得過半數的選票為止（王業立，2008：15；Gallagher & Mitchell, 2005: 580）。這樣的選舉制度可以確保符合多數統治的民主原則。

2. 兩輪決選制

法國是多黨制，不可能採用「相對多數決制」，因為如果採用「相對多數決制」，其結果一定是許多當選者所得票數在該選區未過半，而將各當選者所得的票數加總起來，一定不會超過總有效票數的半數，形成不是民主的多數。法國只得採用兩輪決選制。法國的總統選舉自1965年以來一直是使用此種選舉制度。在已進行過的八次總統選舉中（見本書第4章），每一次都是在第二輪投票後才決定勝負，並且有兩次（分別是1981

年及1995年）還出現第一輪的領先者，卻在第二輪投票落敗的結果（見本書第4章）。

　　法國第五共和國民議會議員選舉，採單一選區兩輪投票制（two-ballot system），但與前述法國總統選舉的兩輪決選制仍有差異。從1976年以後，法國的國會議員選舉若第一輪投票無人超過半數，則得票超過該選區選民數12.5%的候選人皆有資格參加一週後，所舉行第二輪的選舉。因此有資格參加第二輪選舉的候選人可能不只兩人，在第二輪投票，採相對多數決，得票最多者即當選，但仍不見得過半數（王業立，1995b）。不過，將全部當選者的得票數總加，仍超過總有效票數的半數，符合民主的多數統治原則。

二、比例代表制

　　比例代表制比較複雜，有些國家比較喜歡政治舞台就是社會的縮影。社會有多少左派的勢力，政治舞台就有相同比例的政治人物。反之，亦然。比例代表制一定要有政黨，由政黨依得票數比例分配當選席次。由此，而有各分析項目：(1)是否任何政黨皆可提出登記「政黨比例代表候選名單」；(2)有無政黨參與比例分配席次的門檻規定；(3)政黨比例分配席次是否全國不分區、或分區；(4)政黨比例分配席次總投票票數的計算方式；(5)比例代表制分配席次的方式，為最大餘數法或最大商數法；(6)政黨比例代表當選人的決定方式；(7)「政黨比例代表制」與「地區選區」的關係；(8)有否超額當選人數。

（一）是否任何政黨皆可提出登記「政黨比例代表候選名單」

　　有些國家在登記競選時，並不設限。如中華民國，德國等。而日本則設限，日本限制政黨要擁有國會議員五名以上，或全國性選舉得票率2%以上，才能提出登記參加政黨比例代表選舉。

（二）有無政黨參與比例分配席次的門檻規定

　　日本沒有政黨比例分配席次的門檻，門檻已在申報提名候選人時設

定。德國門檻的設定是5%投票率、或區域當選至少三席。中華民國立法
委員政黨比例代表分配席次門檻設定是5%。

（三）政黨比例分配席次是否全國不分區、或分區

中華民國採全國不分區政黨比例代表制。日本採用全國分11區，各區
各自獨立計算選票，計算各區各政黨所分配的當選席次。德國採用全國分
16個邦，計16區，分配各區各政黨所分配的席次。但是在分配席次時，德
國以全國為單位，分配各政黨所分配席次，再分配各政黨在各區（邦）的
席次。

（四）政黨比例分配席次總獲票數的計算方式

「政黨分配席次」總獲票數的計算方式，是以政黨獲票率達到門檻的
政黨之獲票數，加總的總獲票數為分母，未達到門檻之政黨，其票數不算
在內；各政黨的獲票數為分子，計算各政黨所分配的當選席次。

（五）比例代表制分配席次的方式，是最大餘數法或最大商數法

1. 最大餘數法

如何計算比例代表制的分配席次？有最大餘數法與最高平均數法。最
大餘數法（largest remainder system）的計算方式為：先決定一個當選基數
（quota），然後以此當選基數除（跨過選舉門檻的）各政黨所得的有效
票數，取整數部分作為各政黨當選名額。對於尚未分配的席次，則比較各
政黨剩餘票數的多寡，依序分配，直到所有的議席分配完畢為止。

在表1-1中，假定某選區應選名額為8席，選區有效票數為400,000票，
共有A、B、C、D四黨競爭，各政黨所得到有效選票分別是A黨220,000
票、B黨93,000票、C黨66,000票、D黨21,000票。採用嘿爾（Hare）基數
最大餘數法，分配各政黨的席次，則A黨可獲的4席，B黨得2席，C黨、D
黨各可獲得1席，其計算方式如表1-1所示。

表1-1　比例代表制最高餘數法與最高平均數法之比較

登記投票人數：450000　　　　　　　　　　　有效票數：400000
實際投票人數：401000　　　　　　　　　　選區應選席次：8
廢票：1000

第一次席次之分配：

當選基數：400000/8＝50000

政黨	得票	應得席次	剩餘選票
A黨	220000	220000/50000＝4	20000
B黨	93000	93000/50000＝1	43000
C黨	66000	66000/50000＝1	16000
D黨	21000	21000/50000＝0	21000

共計六個席次已分配完成，還剩二個席次

剩餘席次之分配：

以最高餘數法計算　　　　　　　　以最高平均數法計算

剩餘之票數	席位分配	第七席次之分配	席次分配
A黨：20000	0	A黨220000/5＝44000	0
B黨：43000	1	B黨 93000/2＝46000	1
C黨：16000	0	C黨 66000/2＝33000	0
D黨：21000	1	D黨 21000/1＝21000	0
		第八席次之分配	席次分配
		A黨 220000/5＝44000	1
		B黨 93000/3＝31000	0
		C黨 66000/2＝33000	0
		D黨 21000/1＝21000	0

資料來源：張世賢、黃澤銘、黃積聖，1996：100。

嘿爾（Hare）基數最大餘數法的計算方式，亦可簡化為：

（各政黨的有效票數÷選區有效票數總數）×選區應選名額

此公式又稱為「尼邁耶」（Niemeyer）最大餘數法，或是「嘿爾—尼邁耶」（Hare / Niemeyer）最大餘數法（吳東野，1993：10-11；陳新民，

1996：153；王業立，2008：21）。

我國立法委員選舉，在政黨比例代表部分，依照公職人員選舉罷免法第65條的規定，即是以「嘿爾─尼邁耶」最大餘數法的計算方式，來決定各政黨應分配到的席次。以2004年12月11日所舉行的第六屆立法委員選舉為例，全部有效票數為9,717,359票，超過5%政黨門檻的4個政黨的得票分別是民進黨3,471,429票（35.72%）、國民黨3,190,081票（32.83%）、親民黨1,350,613票（13.90%）以及台聯756,712票（7.79%），4個政黨的有效票總和為8,768,835票。則這4個跨越5%門檻的政黨，其全國不分區41席的分配見表1-2。

表1-2 2004年立法委員全國不分區政黨分配席次表

政黨別	各黨得票	Hare基數	可分席次	剩餘	可分席次	總席次
民進黨	3,471,429	8,765,835	16	0.2312	0	16
國民黨	3,190,081	8,765,835	14	0.9157	1	15
親民黨	1,350,613	8,765,835	6	0.3150	0	6
台聯	756,712	8,765,835	3	0.5181	1	4
合計	9,717,359		39		2	41

資料來源：中央選舉委員會網站；王業立，2008：22。

因此就所得積數之整數而言，四黨首先可分配：民進黨16席、國民黨14席、親民黨6席與台聯3席，尚有2席尚未分配完畢，再比較各政黨的剩餘數大小，則國民黨與台聯各再分得1席，所以在第六屆立委全國不分區41席中，民進黨共可分得16席、國民黨15席、親民黨6席，而台聯則可分得4席。

2008年12月1日第七屆立委選舉結果，在全國不分區選票部分，全部有效票為9,780,573票（投票率為58.25%），跨越5%政黨門檻的只有國民黨與民進黨（參見表1-3），此兩黨的政黨得票合計為8,620,907票，全國不分區34席的分配見表1-4（王業立，2008：23）。

表1-3　2008年第七屆立委選舉全國不分區席次選舉結果

政黨	得票數	得票率（%）	當選席次	席次率（%）
中國國民黨	5,010,801	51.2321	20	58.8235
民主進步黨	3,610,106	36.9110	14	41.1765
新黨	386,660	3.9533	0	0
台灣團結聯盟	344,887	3.5262	0	0
紅黨	77,870	0.7962	0	0
無黨團結聯盟	68,527	0.7006	0	0
綠黨	58,473	0.5978	0	0
台灣農民黨	57,144	0.5843	0	0
公民黨	48,192	0.4927	0	0
第三社會黨	45,594	0.4662	0	0
客家黨	42,004	0.4295	0	0
制憲聯盟	30,315	0.3100	0	0
合計	9,780,573	99.9999	34	100.0000

資料來源：中央選舉委員會網站。

　　因此，就各黨所得席次整數而言，國民黨得到19席、民進黨得到14席，尚有1席未分配完畢；再比較兩黨的剩餘數（小數點）大小，則國民黨可再分得1席。所以，在第七屆立委選舉全國不分區的34席中，國民黨共可分得20席、民進黨則得到14席。新黨與台聯雖然分別得到3.95%及3.53%的選票，但在5%的政黨門檻下，並無法獲得任何全國不分區的席次（王業立，2008：23）。

表1-4　2008年立法委員全國不分區政黨分配席次表

政黨別	各黨得票 (A)	嘿爾基數 (B) = (A)/34	可分席次 (C) = (A)/(B)	剩餘 (D)	可分席次 (E)	總席次 (F) = (C)+(E)
國民黨	5,010,801	8,620,907	19	0.7621	1	20
民進黨	3,610,106	8,620,907	14	0.2379	0	14
合計	8,620,907		33			34

資料來源：中央選舉委員會網站；王業立，2008：23。

2. 最高平均數法

　　以比例代表制分配席次，不可能分配到「完整」的席次，一定有餘數選票（或小數點席次），在各黨所分配到「整數」的席次後，該如何分配剩餘的席次？頓特最高平均數法（d'Hondt highest average system）（或譯為「最高商數法」）的計算方式：即採用（政黨得票數）÷（已分配席次＋1），以得商數最高者優先分配剩餘席次。

　　以日本2005年眾議員選舉政黨比例代表制東北選區政黨比例分配應當選14席次為例說明。

　　(1)首先統計各政黨得票數與得票比率，如表1-5。

表1-5　日本政黨比例代表東北選區各政黨得票表（2005年眾議員選舉）

政黨	得票數	得票比率
自民	1879141	36.5%
民主	1730205	33.6%
公明	612591	11.9%
社民	355499	6.9%
共產	320288	6.2%
國民	242017	4.7%
合計	5139741	99.8%

資料來源：余君山整理資料（本書表25-4）

　　(2)依照最高商數法來分配政黨席次，如表1-6。

表1-6　日本政黨比例代表東北選區各政黨席次分配表（2005年眾議員選舉）

政黨	選區席次×政黨得票率	分配席次	最高商數法	分配剩餘席次	合計
自民	14 × 36.5%=5.11	5	1879141÷(5+1) = 313190	1	6
民主	14×33.6%=4.70	4	1730205÷(4+1) = 346041	1	5
公明	14 ×11.9%=1.66	1	612591÷(1+1) = 306295	0	1
社民	14 ×6.9%=0.96	0	355499÷(0+1) = 355499	1	1

政黨	選區席次×政黨得票率	分配席次	最高商數法	分配剩餘席次	合計
共產	14 ×6.2%=0.86	0	320288÷(0+1) = 320288	1	1
國民	14 ×4.7%=0.65	0	242017÷(0+1) = 242017	0	0
合計		10	剩餘4席，取最高商數4黨	4	14

資料來源：余君山整理資料（本書，表25-5）。

　　分配席次是採用最高商數法，即以政黨得票數除以（已配席次+1），以得商數最高者分配剩餘席次。因此這次東北選區剩餘席次分別由商數最高的四個政黨，自民黨、民主黨、社民黨、共產黨各分配一席。

　　日本眾議員政黨比例代表的分配席次計算方式是採用最高商數法，但為了要對照尚有其他的分配席次方式，簡介另外一種計算方式為「最高餘數法」，如表1-1，期計算方式為：①求得每一席次平均應獲票數：（各黨獲票數總額）÷（選區席次），5139741÷14 = 367124；②各黨分配席次：（各黨票數）÷（每一席次平均應獲票數）；③比較各政黨餘數，餘數大者優先分配剩餘席次，如表1-7。

表1-7　日本最高餘數法計算政黨分配席次表（2005年眾議員選舉東北選區）

政黨	各黨票數÷每一席次平均應獲票數		分配剩餘席次	合計
	整數	餘數		
自民	5	43251	0	5
民主	4	261709	1	5
公明	1	245468	1	2
社民	0	355499	1	1
共產	0	320288	1	1
國民	0	242018	0	0
合計	10	取最高餘數四黨	4	14

資料來源：余君山自行整理（本書，表25-6）。

　　這兩種分配席次的方法產生的結果，有時不盡相同。如表1-6與表1-7

可知在東北選區，若是採用最高商數法時，自民黨將可以多分得一席，但若採用最高餘數法，將會無法分到剩餘席次。同樣的若是採用最高餘數法，公明黨將可以獲得剩餘席次一席，但若採用最高商數法則無法分配到剩餘一席。

　　如果我們比較表1-1內最高餘數法計算方式與最高平均數法計算方式各黨總席次，很顯然的，在頓特最高平均數法下，最大黨A黨多獲得1席，而最小黨D黨卻少獲1席次。即使同樣是在比例代表制下，採取不同的議席計算方式及選區畫分大小，對於各政黨席次的增減，仍然會有很大的影響（王業立，2008：26；Riker, 1982a: 25）。

（六）政黨比例代表當選人的決定方式

　　德國政黨比例代表當選名額決定之後，再決定哪些候選人當選政黨比例代表。德國的選舉制度，選民不僅要決定各黨當選名額；也要決定各政黨當選名額，由哪些具體的候選人當選。這是德國選舉制度的特色，國內很多研究政黨選舉制度的專家學者，都有誤解。本書要特別強調，德國選舉制度是改良式的民意代表制（Lijphart, 1984: 152；謝復生，1992：16；吳東野，1996：72；王業立，2008：37），由選民決定政黨比例代表名額及當選人，而不是選民只決定政黨代表名額，而任由政黨決定哪些候選人當選。這一點非常重要。德國的政黨比例代表，由誰當選？第一波，便將本黨在各單一選區當選的名單列入，名額如有剩餘，再補政黨選票（第二張選票）所列的名單，依次當選，額滿為止。

　　日本的情形，政黨的選票列有候選排名的順位，依順位當選，如有候選人已在單一選區當選，則不能同時在政黨比例代表名單當選，跳過去，依順位當選。如同一順位，有多位候選人時，則比較惜敗率，惜敗率高者優先當選，到額滿截止。惜敗率的計算方式是在單一選區中，落敗者得票數對當選者得票數的比例。

　　中華民國在全國不分區的名單，每一個順位只有一個候選人，依次當選，額滿截止。由於全國不分區有婦女保障名額，「各政黨當選名單中，婦女不得低於二分之一」，因此政黨比例代表名單是排有順位，基於婦女

不得低於二分之一，很可能前面順位的男性候選人不能當選，而由後面順位的婦女當選。

（七）「政黨比例代表制」與「地區選區」的關係

「政黨比例代表制」與「地區選區」的關係，有些國家是各自獨立，互不相關，各有各的當選名額、候選人、選票。亦即有兩張選票，一張選黨，一張選選區候選人。例如中華民國2008年12月1日第七屆立法委員的選舉。

有些則兩者有相關。①政黨的選票掛在地區候選人上，「政黨比例代表制」與「地區選區」一票制。例如中華民國立法委員選舉，從1992年12月19日第二屆立法委員選舉到2004年12月11日第六屆立法委員選舉，雖有全國政黨不分區代表選舉，但是並沒有單獨的政黨選票，而是由選民在地區候選人選票中加註政黨的黨籍，選候選人的票也就同時表示投了政黨的票。②政黨比例代表的當選人，部分是由地區候選人選票的當選人充任。例如：德國聯邦議會議員選舉，一張是投給地區候選人的選票，另外一張是投給政黨的選票。但是在決定政黨比例代表的當選人（法定名額598），係由299個選區當選人充任。

又例如日本眾議員的選舉，政黨可以在單一選區（全國分為300個地區單一選區）與政黨比例代表選區（全國分11個政黨比例代表選區）同時提名。政黨比例代表的當選人，由候選名單的順位依次當選，如有順位排名在前者，已於地區選上，則屬於在地區當選，不在政黨比例代表占名額，由下一順位當選。如同一順位有數位候選人未能在單一選區當選，則比較其惜敗率，惜敗率高者優先當選。

（八）有否超額當選人數

有些國家政黨比例代表（選黨）與地區選區（選候選人），各有各的名額，非常明確，例如中華民國立法委員選舉、日本眾議員的選舉。但是，像德國聯邦議會議員的選舉，全國政黨比例代表的法定名額是598，但有一半的名額（299），要由地區單一選區的當選人充任，各黨在獲得

全國政黨比例代表分配名額後，再依獲票數，計算各政黨在各邦的當選名額。政黨的各邦當選名額，由誰當選呢？第一波由各邦（16邦，也即16個全國政黨比例代表分區）的地區單一選區當選人充任，如有剩餘，才由政黨選票上所列的候選人依次當選，額滿為止。但有種情況，政黨在某邦所分配到的政黨比例代表當選名額，少於在該邦單一選區候選人當選名額，則該政黨在該邦所當選的名額，超過該政黨應分配當選的名額，形成超額當選。

三、「政黨比例代表制」與「區域選舉」並立制

　　「政黨比例代表制」與「區域選舉」並立制，例如：南韓在盧泰愚上臺（1987年）後實施第六共和憲法並進行政治改革，其選舉制度自1988年起改採並立制，目前國會席次共299席，其中245席由單一選區相對多數決制選出，另外54席由政黨比例代表方式選出。

　　蘇聯解體後，民主化的俄羅斯國家杜馬（下議院）於1993年採取二分之一單一選區相對多數決與二分之一比例代表的並立制，席次共450席，其中225席由單一選區相對多數決制選出，另外225席由政黨比例代表方式選出。不過，俄羅斯於2007年12月的國會選舉，改為全新的政黨名單比例代表制，國會席次仍然維持450席。

　　日本，1996年10月20日眾議員選舉，採用並立制，單一選區300席，政黨分區（11區）比例選舉200席。2000年6月25日的眾議員改選，比例代表席次部分減為180席，區域選舉部分則仍維持300席，不變。

　　中華民國依據2005年6月7日國民大會複決通過的第七次修憲增修條文第4條的規定，立法委員自第七屆起名額減為113席；採行「單一選區兩票制」；其中由區域選區部分選出的73席改採單一選區相對多數決制，全國不分區名額34席，使用政黨名單比例代表制產生，另有6席原住民議席（平地、山地原住民各3席）仍使用複數選區單記非讓渡投票制。見表1-8、表1-9。

表1-8　台灣立委選舉新、舊制的比較

項目	舊制	新制
總席次	225	113
區域立委席次	168（SNTV-MMD）	73
原住民席次	8（SNTV-MMD）	6（SNTV-MMD）
全國不分區及僑選席次	41+8（PR）	34（PR）＋（1/2婦女）
席位分配方式	並立式一票制	並立式兩票制
不分區政黨門檻	5%	5%
不分區政黨名單	封閉式政黨名單	封閉式政黨名單
不分區席位計算	最大餘數法	最大餘數法
立委任期	三年	四年

資料來源：王業立，2008：40。

表1-9　台灣立委新選制與日本並立制的比較

項目	日本	台灣
席位分配方式	並立式兩票制	並立式兩票制
席次比例	300：180（37.5%）	73：34（30%）
比例代表席位計算	最高平均數法	最大餘數法
比例代表政黨門檻	無	5%
比例代表選區	11	1
重複登記制	有	無
婦女保障名額	無	全國不分區1/2名額
原住民保障名額	無	平地、山地各3名

資料來源：王業立，2008：40。

參考書目

中文部分

王業立，1989，〈由集體選擇理論探討我國立委選舉制度〉《政治學報》，第十七期，頁55-85。

王業立，1991，〈我國現行中央民代選舉制度的理論與實際〉，《政治科學論叢》，第二期，頁135-152。

王業立，1992，〈美國總統選舉制度的探討：直接選舉或間接選舉〉《美國月刊》，第七卷，第六期，頁4-16。

王業立，1994，〈相對多數決制之下的政黨競爭：82年縣市長選舉制度的觀察〉，《政策與理論》，第八卷，第二期，頁14-28。

王業立，1995a，〈單記非讓渡投票制的政治影響：我國民意代表選舉制度的探討〉，《選舉研究》，第二卷，第一期，頁147-167。

王業立，1995b，〈若法國大選模式用在台灣〉，《中國時報》，4月29日，版11。

王業立，1996a，〈選舉制度的改良方向及對憲政運作的影響〉，收錄於許慶復主編，《地球村中的台灣》，台北：正中書局，頁175-196。

王業立，1996b，〈相對多數vs.絕對多數：各國總統直選方式的比較研究〉，《選舉研究》，第三卷，第一期，頁49-67。

王業立，1997，〈單一選區絕對多數之研究〉，行政院國家科學委員會專題研究計畫成果報告（NSC86-2417-H-029-001-I11）。

王業立，1999，〈立委選舉制度改革之探討〉，《政策與理論》，第十三卷，第二期，頁143-160。

王業立，2008，《比較選舉制度》，五版。台北：五南。

王業立、黃豪聖，2000，〈選舉制度與政黨轉型：一個新制度論的分析架構〉收錄於林繼文主編，《政治制度》，台北：中央研究院中山人文社會科學研究所，頁401-430。

張世賢。1979，〈選舉與公共問題的解決〉，政治學報，第8期，頁

173-248。

陳新民，1996，《憲法學導論》，台北：三民書局。

謝復生，1992。〈從勸退、退黨看黨紀問題〉，《中國時報》5月7日，版11。

英文部分

Baker, Andy, and Ethan Scheiner, 2004. "Adaptive Parties Party Strategic Capacity under Japanese SNTV" *Electoral Studies*. Vol.23, No.2, pp.251-278.

Benoit, Kenneth, 2004, "Models of Electoral System Change", *Electoral Studies*. Vol.23 No.3, pp.363-389.

Blais, Andre, Louis Massicotte, and Agnieszka Dobrzynska, 1997, "Direct Presidential Elections: A World Summary" *Electoral Studies*. Vol.16, No.4, pp.441-455.

Colomer, Josep M., 2004, *Handbook of Electoral System Choice*. New York: Palgrave Macmillan.

Cox, Gary w., 1991, "SNTV and d'Hondt are 'Equivalent'", *Electoral Studies*, Vol.10, pp.348-352.

Cox, Gary W., and Frances Rosenbluth, 1994, "Reducing Nomination Errors: Factional Competition and Party Strategy in Japan" *Electoral Studies*, Vol.13, pp.4-16.

Ferrara, Federico, 2004, "Electoral Coordination and the Strategic Desertion of Strong Parties in Compensatory mixed systems with Negative Vote Transfers", *Electoral Studies*, Vol.23, No3, pp.391-413.

Golder, Matt, 2005, "Democratic Electoral System around the World", *Electoral Studies*, Vol.24, No.1, pp103-121.

Goldey, D.B., and A.F. Knapp, 1996, "The French Presidential Election of 23 April-7 May 1995", *Electoral Studies*, Vol.15, No1, pp.97-109.

Ho, Karl, 1999, "The Hong Kong Legislative Election of 1998" *Electoral*

Studies, Vol.18, No.3, pp438-445.

International IDEA, 2005, *The International IDEA Handbook of Electoral System Design*, 2ed ed. Stockholm, Sweden: International IDEA.

Jesse, Neal G., 1999, "Candidate Success in multi-Member Districts: An Investigation og Duverger and Cox" *Electoral Studies*, Vol.18, No.3, pp.323-340.

Johnston, R,J, and C.J. Pattie, 2002, "Campaigning and Split-Ticket Voting in New Electoral System: The First NMP Election in New Zealand, Scotland and Wales", *Electoral Studies*, Vol.21, No.4, pp 583-600.

Karp, Jeffrey A., Jack Vowles, Susan A, Banducci and Todd Donovan, 2002, "Strategic Voting, Party Activity, and Candidate Effects: Testing Explanations for Split Voting in New Zealand's New Mixed System", *Electoral Studies*, Vol.21, No.1, pp.1-22.

Kostadinova, Tatiana, 2002, "Do Mixed Electoral System Matter?: A Case National Analysis of Their Effects in Eastern Europe", *Electoral Studies*, Vol.21, No.1, pp.23-34.

Liphart, Arend, 1984, Democracies: *Patterns of Majoritarian and Consensus Government in Twenty-One Countries*. New Haven, CT: Yale University Press.

Lijphart, Arend, and Bernard Grofman, 1984, *Choosing and Electoral System: Issues and Alternatives*. New York: Praeger.

Mackie, Thomas, and Richard Rose, 1991. *The International Almanac of Electoral History*. Washington, D.C.: Congressional Quarterly.

Maeda, Ko, 2006, "The Gereral Election in Japan, September 2005" *Electoral Studies*, Vol.25, No.3, pp.621-627.

Massicotte, Louis, and Andre Blais, 1999, "mixed Electoral System: A Conceptual and Empirical Survey" *Electoral Studies*, Vol.18, No.3, pp.341-366.

McAllister, Ian and Stephen White, 2000, "Split Ticket Voting in the 1995

Russian Duma Elections", *Electoral Studies*, Vol.19, No.4, pp.563-576.

Moser, Robert G., and Ethan Scheiner, 2004, "Mixed electoral Systems and Electoral System Effects: Controlled Comparison and Cross-National Analysis", *Electoral Studies*, Vol.23, No.4, pp.575-599.

Murray, David, 1998. "Thailand's Recent Electoral Reforms", *Electoral Studies*, Vol.17, No.4, pp.525-535.

Nishikawa, Misa and Erik S. Herron, 2004, "Mixed Electoral Rules' Impact on Party Systems", *Electoral Studies*, Vol.23, No.4, pp.753-768.

Norris, Pippa, 2004, *Electoral Engineering: Voting Rules and Political Behavior*, Cambridge: Cambridge University Press.

Ranney, Austin, 2001, *Governing: An Introduction to Political Science* (8th edition), Upper Saddle River, NJ: Prentice-Hall.

Reed, Steven R., 1996, "Seats and Votes: Testing Taagepera in Japan", *Electoral Studies*, Vol.15, No.1, pp.71-81.

Reynolds, Andrew, Ben Reilly, and Andrew Ellis, 2005, *Electoral System Design: The New International IDEA Handbook*. Stockholm, Sweden: International IDEA.

Schaap, Ross D., 2005, "The House of Representatives' Election in Japan, November 2003" *Electoral Studies*, Vol.24, No.1, pp.136-142.

Schoen, Harald, 1999, "Split-Ticket Voting in German Federal Elections, 1953-90: An Example of Sophisticated Balloting?" *Electoral Studies*, Vol.18, No.4, pp.473-496.

Sills, David L., 1968, *International Encyclopedia of the Social Science*, 17 Vols. New York: Crowell Collier and MacMillam.

第一篇

總　統

第二章　美國總統選舉

林雅婷、方婉菁

　　美國總統（The President of the United States of America）是美國的國家元首和政府首長，同時也是三軍統帥。美國總統一職根據1788年通過的美國憲法而設立，第一任總統於1789年上任。美國總統每屆任期為4年，第22修正案規定任何人至多擔任兩屆總統。依據美利堅合眾國憲法第2條第1款，總統須年滿35歲，居住美國14年以上，也一定要是「自然出生的美國公民」或者是在憲法通過時為美國公民。美國官職中唯正副總統兩職帶有「出生時為合眾國公民」的任職條件[1]。

　　美國總統和副總統選舉先由選民投票，之後採用選舉人票制，選出總統和副總統。選舉每四年才舉行一次（從1792年起）。選舉日為11月第一個星期一之後的星期二。最近一次的總統選舉於2008年11月4日進行，歐巴馬（Barack Obama）大勝。下一次選舉將於2012年11月6日舉行。

第一節　選舉程序

一、政黨初選

　　四年一度的美國總統選舉過程漫長而複雜，主要包括初選、各黨召開全國代表大會確定總統候選人、總統候選人競選、全國選舉、選舉人團（Electoral College）投票表決和當選總統就職。

　　初選是美國總統選舉的第一階段，被視為美國大選的前奏。該階段通常於大選年2月開始，至6月結束。黨內初選絕大多數是在星期二舉行。在

1　中國人民網，2010http://www.people.com.cn/，檢索於2010年2月9日。

初選階段，美國民主（Democratic Party）、共和（Republican Party）兩大
政黨將分別在全國大多數州選出參加本黨全國代表大會的代表。少數不舉
行初選的州，則由兩黨的州委員會或州代表大會選拔參加本黨全國代表大
會的代表。這些代表將在黨代會上提出本黨的總統候選人。因此，初選實
際上是對總統候選人資格的爭奪。

　　各州的初選制度是1902年以後才逐漸發展起來的。初選有兩種形式，
分別是政黨「黨團會議」（caucus）和直接初選（direct primary）。前者
是指兩黨在各州自下而上，從選舉點、縣、選區到州逐級召開代表會議，
最終選出本黨參加全國代表大會的代表。後者在形式上如同普選，一個州
的兩黨選民同一天到投票站投票，選出本黨參加全國代表大會的代表，這
是大多數州目前採用的初選方式。

　　「初選」在形式上如同普選，一個州的兩黨選民在同一天到投票站投
票選出各自出席本黨全國代表大會（提名大會）的「承諾代表」（或譯為
「宣誓代表」，須在全國黨代表大會即提名大會前宣誓，以地方意願作為
投票依歸），並表示支持本黨的某一競選人。「初選」這種形式比較正
規。目前，美國大多數州都採用這種形式的初選。

　　各州總統初選將產生本州參加全國代表大會的「承諾代表」，他們以
預選結果為依據，承諾支持本黨的某一競選人。兩黨「承諾代表」的名額
和分配機制有所不同。民主黨一般根據預選中各競選人的支持率來分配代
表數額。共和黨在一部分州按競選人支持率來分配代表數額，在其他州則
執行「勝者全拿」（winner-take-all）的規定。除「承諾代表」外，參加
黨代會的還包括少數「未承諾代表」（民主黨稱「超級代表」）。他們主
要是黨內知名人士，如黨的全國委員會成員、參議員或州長以及黨派領導
人等；他們並非經由初選表決推舉，可以在黨代會前不承諾支持某位候選
人。

　　衡量競選人在初選中的表現，主要是看競選人獲得的本黨「承諾代
表」支持的比例，而不取決於其獲得支持率的高低。兩黨競選人如要確保
贏得總統候選人提名，至少需要獲得全國黨代會半數以上代表的支持。

　　在民主黨方面，各州都有一定的代表名額，參選者可根據在初選中的

選民支持率分得相應代表數額。在2008年4,049個代表名額中，3,253個產生於州初選，其餘796個「超級代表」則由民主黨全國委員會成員、民主黨參議員或州長以及黨派領導人自動獲得。在8月底於丹佛舉行的提名大會上，獲得205名以上代表支持的競選人將代表民主黨競選總統。

在共和黨方面，有的州像民主黨一樣按參選者的支持率來分配代表數額，有的則是執行「勝者全得」的規定（如紐澤西、紐約、維吉尼亞等15個州）。在共和黨於2008年9月初在明尼阿波利斯舉行的提名大會上，共有2,380名代表投票選舉總統候選人，其中包括1,917名「承諾代表」，即在會前就表明他們支持哪位參選者的代表。還有463名「未承諾代表」，其中123人屬於共和黨全國委員會成員，最終獲得1,191名以上代表支持的參選者將獲勝。

數十年來，愛荷華州和新罕布什爾州一直分別是，美國大選年舉行首個政黨基層會議和首次初選的州。在初選階段，一個州的面積大小和人口多寡與該州對整個選情的影響力並不成正比，而最重要的是初選日期——往往日期越早，影響越大。因此，儘管愛荷華和新罕布什爾是小州，但對整個預選階段具有「風向球」的作用，受到兩黨競選人和各路媒體的高度關注。

初選結束後，兩黨通常將分別在7、8月分召開全國代表大會，確定本黨總統候選人。在兩黨全國代表大會上，哪位競選人得到最多出席者支持，就能被推舉為該黨總統候選人。

二、政黨全國代表大會及政黨提名

兩黨通常在七、八月分各自舉行全國代表大會，由各州選出參加全國代表大會的黨代表，將在此推選本黨的總統、副總統候選人，聽取各委員會報告，同時制定黨綱。

在五、六月間，全國代表大會的大部分成員已經產生，各總統候選人擁有多少代表支持也已明朗化，誰將贏得政黨最後提名大致上已經底定。因此，全國代表大會實際上只是認可總統、副總統候選人提名的最後一道

程序而已。總統候選人的提名，通常在大會的第三天或第四天進行。

三、競選造勢

　　兩黨全國代表大會之後，總統競選活動便正式拉開帷幕。兩黨總統候選人耗費巨資，在全國各地開展競選旅行、進行廣告大戰、發表競選演說、會見選民、召開記者招待會以及進行公開辯論等。此外，候選人還將通過多種形式闡述對國內外事務的政策主張，以贏得選民信任，爭取選票。

四、投　票

　　總統大選的投票分為兩個進程，一為全民投票，二為選舉人團投票。

　　全民投票：在大選年（西元，可用4除盡的年）11月分第一個星期一之後的星期二，明定為投票日。這一天的全民投票，實際上並非選舉總統，而是選舉出代表選民的「選舉人團」。選舉人團將在稍後的投票中選出總統。因此，美國總統選舉並非直接選舉，而是間接選舉。

　　選舉人團投票：大選年12月第二個星期三之後的第一個星期一，選舉人團成員將在各州首府分別投票，選舉總統和副總統。正式的選舉結果，其實在全民投票當天即已確定。因此，選舉人團的投票只是一種形式，並不具實質意義。

五、當選及宣誓就職

　　各州總統選舉的投票結果，將在選舉後的翌年1月6日美東時間下午1時，由參議院主席在參眾兩院聯席會議上公布。總統、副總統當選人，將於同年1月20日中午宣誓就職。

初選（大選年的2月～6月）

民主、共和兩黨分別在各州進行初選。

總統候選人提名大會（大選年的7月～8月）

兩黨分別召開全國代表大會，選出本黨的總統候選人，然後通過由總統候選人提名的副總統候選人，並制定正式的競選綱領。

競選活動（自全國代表大會結束時開始，至全國投票日）

總統候選人為在全國選民中尋求選票展開各種活動。

全國選舉（大選年的11月第一個星期一之後的星期二）

選民到指定地點進行投票，在總統候選人之間作出選擇，同時選出代表各州的總統選舉人。總統候選人如在某州得票獲勝，即獲得該州全部總統選舉人票。總統候選人如率先獲得270張候選人票，即當選為美國總統（實質上）。

選舉人團投票表決

總統選舉人團按照該州選民投票結果投票，投票選總統。（形式上）

選舉人票：共538張

每州參議員數、眾議員數，再加華盛頓D.C.3張（即全國參議員數100，加眾議員數435，再加華盛頓D.C.3張）

圖2-1　美國總統選舉之流程圖

資料來源：作者整理。

第二節　選舉人團制度

　　根據美國憲法，美國總統選舉實行選舉人團制度，總統由各州議會選出的選舉人團選舉產生，而不是由選民直接選舉產生。這一制度於1788年第一次實行，現已經歷了200多年的發展與演變。

　　根據選舉人團制度，選民投票時，不僅要在總統候選人當中選擇，而且要選出代表50個州和首都華盛頓哥倫比亞特區（簡稱華盛頓D.C.）的538名選舉人，以組成選舉人團。總統候選人獲得超過半數的選舉人票（270張或以上），即可當選總統。

　　根據法律規定，全國選民投票在選舉年11月分第一個星期一之後的星期二舉行。所有美國選民都到指定地點進行投票，在兩個總統候選人之間作出選擇（在同一張選票上選出各州的總統「選舉人」）。一個（黨的）總統候選人在一個州的選舉中獲得多數取勝，他就擁有這個州的全部總統「選舉人」票，這就是全州統選制。全國選民投票日也叫總統大選日。由於美國總統選舉實行選舉人團制度，因此總統大選日實際上是選舉代表選民的「選舉人」。

　　美國各州擁有的選舉人票數目與該州在國會的參、眾議員人數相等。參議院由各州選舉兩名議員組成，眾議院議員人數則根據各州人口比例來確定。人口多的州，眾議員人數相應就多，同時在總統選舉時擁有的選舉人票也多。例如，美國人口最多的加州所擁有的選舉人票多達55張，而人口較少的阿拉斯加州只有3張選舉人票。鑑於這種情況，在歷屆美國總統選舉中，人口眾多的州都成為總統候選人爭奪的重要目標。

　　選舉人票的數量，體現州權平等原則，根據各州在國會的議員數量而定。例如，每個州都在國會有2名參議員和至少1名的眾議員，所以，任何州都至少有3票。但人口多的大州，除了這3票以外，眾議員人數越多，選舉人票數也就越多。1961年，美國憲法修正案批准華盛頓D.C.可以像州一樣有總統選舉人。這樣，美國國會有100參議員、435名眾議員，加上華盛頓哥倫比亞特區的3票，總統選舉人票總共就是538票。（見表2-1）

表2-1　美國選舉人票的分配

參議員（每州2名）	共100名
眾議員（各州案人口比例）	共435名
華盛頓D.C.	共3名
合計	共538名

　　選舉人團制度還規定，除了緬因和內布拉斯加兩個州是按普選票得票比例分配選舉人票（即「區域計票制」，District system）外，其餘48個州和華盛頓均實行「勝者全拿」（winner-take-all）制度，即將其選舉人票全部給予獲得相對多數選民票的總統候選人。由於各州選舉人票數量相差較大，這樣就可能出現在全國投票中，累計獲得更多選民票的總統候選人不能贏得總統選舉的情形。美國歷史上曾數次發生這種情形，一些總統候選人雖然在大選中獲得的選民票少於對手，卻因得到足夠的選舉人票而當選。

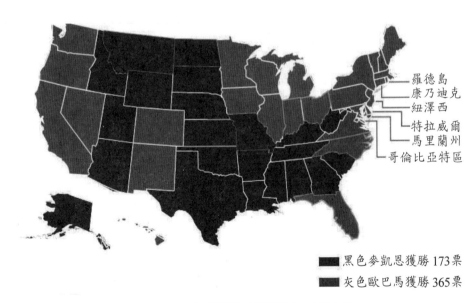

羅德島
康乃迪克
紐澤西
特拉威爾
馬里蘭州
哥倫比亞特區

■ 黑色麥凱恩獲勝 173票
■ 灰色歐巴馬獲勝 365票

圖2-2　2008年美國總統選舉人票分布圖

資料來源：中文維基百科，網址：http://zh.wikipedia.org/zh-tw/2008%E5%B9%B 4%E7%BE%8E%E5%9B%BD%E6%80%BB%E7%BB%9F%E9%80%89% E4%B8%BE#.E5.90.84.E5.B7.9E.E7.B5.B1.E8.A8.88，檢索於2010年2月9日。

美國憲法還規定,如果所有總統候選人都未獲得半數以上的選舉人票,由國會眾議院從得票最多的前三名候選人中選出總統。1824年,約翰‧昆西‧亞當斯就是在這種情況下,經眾議院投票表決被指定為總統的。

選舉人團制度是美國共和制、聯邦制和分權與制衡原則結合的產物,也是多種利益間妥協與協調的結果,存在其自身難以克服的缺陷與弊端。近年來,美國要求改革選舉人團制度的呼聲不斷,但由於多種因素阻礙,改革始終無法進行。(美國各州選舉人票分布情況,見表2-2)

表2-2　美國2008年各州選舉人票分配表

伊利諾伊州	22票	懷俄明州	3票	康涅狄格州	8票	維吉尼亞州	13票	緬因州	4票
印第安納州	12票	夏威夷州	4票	科羅拉多州	8票	西弗吉尼亞州	5票	猶他州	5票
佛羅里達州	25票	德拉瓦州	3票	新墨西哥州	5票	內布拉斯加州	5票	蒙大拿州	3票
田納西州	11票	阿肯色州	6票	阿拉巴馬州	9票	路易斯安那州	9票	俄勒岡州	7票
馬里蘭州	10票	肯塔基州	8票	亞利桑那州	8票	奧克拉何馬州	8票	羅得島州	4票
麻薩諸塞州	12票	內華達州	4票	阿拉斯加州	3票	新罕布什爾州	4票	密蘇里州	11票
明尼蘇達州	10票	愛荷華州	7票	南達科他州	3票	南卡羅來納州	8票	俄亥俄州	21票
得克薩斯州	32票	堪薩斯州	6票	北達科他州	3票	北卡羅來納州	14票	密西根州	18票
華盛頓州	11票	愛達荷州	4票	密西西比州	7票	加利福尼亞州	54票	新澤西州	15票
喬治亞州	13票	佛蒙特州	3票	威斯康辛州	11票	賓夕法尼亞州	23票	紐約州	33票
華盛頓特區	3票								

資料來源:中文維基百科,網址:http://zh.wikipedia.org/zh-tw/2008%E5 %B9%B4%E7%BE%8E%E5%9B%BD%E6%80%BB%E7%BB%9F%E9%80%89%E4%B8%BE#.E5.90.84.E5.B7.9E.E7.B5.B1.E8.A8.88,檢索於2010年2月9日。

第三節　歷屆美國總統

美國自1789年後至2008年共有四十四任總統,整理如表2-3。

表2-3　美國歷任總統列表

任數	姓名	任期	政黨	副總統	屆數
1	喬治・華盛頓（George Washington）	1789年4月30日～1826年7月4日	無	約翰・亞當斯（John Adams）	1
					2
2	約翰・亞當斯（John Adams）	1797年3月4日～1801年3月4日	聯邦黨	湯瑪斯・傑佛遜（Thomas Jefferson）	3
3	湯瑪斯・傑佛遜 Thomas Jefferson）	1801年3月4日～1809年3月4日	民主共和黨	阿倫・伯爾（Aaron Burr）	4
				喬治・柯林頓（George Clinton）	5
4	詹姆斯・麥迪遜（James Madison）	1809年3月4日～1817年3月4日	民主共和黨	喬治・柯林頓（George Clinton）任內去世	6
				埃爾布里奇・格里（Elbridge Gerry）任內去世	7
5	詹姆斯・門羅（James Monroe）	1817年3月4日～1825年3月4日	民主共和黨	丹尼爾・湯普金斯（Daniel Tompkins）	8
					9
6	約翰・昆西・亞當斯（John Quincy Adams）	1825年3月4日～1829年3月4日	民主共和黨	約翰・卡爾霍恩（John C. Calhoun）	10
7	安德魯・傑克遜（Andrew Jackson）	1829年3月4日～1837年3月4日	民主黨	約翰・卡爾霍恩（John C. Calhoun）任內辭職	11
				馬丁・范布倫（Martin Van Buren）	12
8	馬丁・范布倫（Martin Van Buren）	1837年3月4日～1841年3月4日	民主黨	理察・詹森（Richard M. Johnson）	13

任數	姓名	任期	政黨	副總統	屆數
9	威廉·亨利·哈里森（William Henry Harrison）	1841年3月4日～1841年4月4日（任內去世）	輝格黨	約翰·泰勒（John Tyler）	14
10	約翰·泰勒（John Tyler）	1841年4月4日～1845年3月4日	輝格黨		
11	詹姆斯·諾克斯·波爾克（James Knox Polk）	1845年3月4日～1849年3月4日	民主黨	喬治·M·達拉斯（George M. Dallas）	15
12	扎卡里·泰勒（Zachary Taylor）	1849年3月4日～1850年7月9日（任內去世）	輝格黨	米勒德·菲爾莫爾（Millard Fillmore）	16
13	米勒德·菲爾莫爾（Millard Fillmore）	1850年7月9日～1853年3月4日	輝格黨		
14	福蘭克林·皮爾斯（Franklin Pierce）	1853年3月4日～1857年3月4日	民主黨	威廉·魯福斯·金（William Rufus King）任內去世	17
15	詹姆斯·布坎南（James Buchanan）	1857年3月4日～1861年3月4日	民主黨	約翰·C·布雷肯里奇（John C. Breckinridge）	18
16	亞伯拉罕·林肯（Abraham Lincoln）	1861年3月4日～1865年4月15日（任內遇刺）	共和黨	漢尼巴爾·哈姆林（Hannibal Hamlin）	19
				安德魯·詹森（Andrew Johnson）	20
17	安德魯·詹森（Andrew Johnson）	1865年4月15日～1869年3月4日	民主黨		

任數	姓名	任期	政黨	副總統	屆數
18	尤里西斯‧格蘭特（Ulysses Grant）	1869年3月4日～1877年3月4日	共和黨	斯凱勒‧科爾法克斯（Schuyler Colfax）	21
				亨利‧威爾遜（Henry Wilson）任內去世	22
19	拉瑟福德‧伯查德‧海斯（Rutherford Birchard Hayes）	1877年3月4日～1881年3月4日	共和黨	威廉‧A‧惠勒（William A. Wheeler）	23
20	詹姆斯‧加菲爾德（James Garfield）	1881年3月4日～1881年9月19日（任內遇刺）	共和黨	切斯特‧A‧阿瑟（Chester A. Arthur）	24
21	切斯特‧A‧阿瑟（Chester A. Arthur）	1881年9月19日～1885年3月4日	共和黨		
22	格羅弗‧克利夫蘭（Grover Cleveland）	1885年3月4日～1889年3月4日	民主黨	湯瑪斯‧A‧亨德里克斯（Thomas A. Hendricks）任內去世	25
23	班傑明‧哈里森（Benjamin Harrison）	1889年3月4日～1893年3月4日	共和黨	利瓦伊‧P‧莫頓（Levi P. Morton）	26
24	格羅弗‧克利夫蘭（Grover Cleveland）	1893年3月4日～1897年3月4日	民主黨	阿德萊‧E‧史蒂文森（Adlai E. Stevenson）	27
25	威廉‧麥金萊（William McKinley）	1897年3月4日～1901年9月14日（任內遇刺）	共和黨	加勒特‧A‧霍巴特（Garret A. Hobar）任內去世	28
				西奧多‧羅斯福（Theodore Roosevelt）	29
26	西奧多‧羅斯福（Theodore Roosevelt）	1901年9月14日～1909年3月4日	共和黨	查爾斯‧W‧費爾班克斯（Charles W. Fairbanks）	30

任數	姓名	任期	政黨	副總統	屆數
27	威廉・霍華德・塔虎脫（William Howard Taft）	1909年3月4日～1913年3月4日	共和黨	詹姆斯・S・謝爾曼（James S. Sherman）任內去世	31
28	伍德羅・威爾遜（Woodrow Wilson）	1913年3月4日～1921年3月4日	民主黨	湯瑪斯・R・馬歇爾（Thomas R. Marshall）	32 / 33
29	沃倫・蓋瑪利爾・哈定（Warren Gamaliel Harding）	1921年3月4日～1923年8月2日（任內去世）	共和黨	卡爾文・柯立芝（Calvin Coolidge）	34
30	卡爾文・柯立芝（Calvin Coolidge）	1923年8月2日～1929年3月4日	共和黨	查爾斯・G・道斯（Charles G. Dawes）	35
31	赫伯特・胡佛（Herbert Hoover）	1929年3月4日～1933年3月4日	共和黨	查爾斯・柯蒂斯（Charles Curtis）	36
32	富蘭克林・德拉諾・羅斯福（Franklin Delano Roosevelt）	1933年3月4日～1945年4月12日（任內去世）	民主黨	約翰・N・迦納（John N. Garner） 〔37 / 38〕 亨利・A・華萊士（Henry A. Wallace）〔39〕 哈瑞・S・杜魯門（Harry Truman）〔40〕	37 / 38 / 39 / 40
33	哈瑞・S・杜魯門（Harry Truman）	1945年4月12日～1953年1月20日	民主黨	艾爾本・W・巴克利（Alben W. Barkley）	41
34	德懷特・艾森豪（Dwight Eisenhower）	1953年1月20日～1961年1月20日	共和黨		42 / 43

任數	姓名	任期	政黨	副總統	屆數
35	約翰·甘迺迪（John F. Kennedy）	1961年1月20日～1963年11月22日（任內遇刺）	民主黨	林登·詹森（Lyndon Johnson）	44
36	林登·詹森（Lyndon Johnson）	1963年11月22日～1969年1月20日	民主黨	休伯特·漢弗萊（Hubert Humphrey）	45
37	理察·尼克森（Richard Nixon）	1969年1月20日～1974年8月9日（任內辭職）	共和黨	斯皮羅·阿格紐（Spiro Agnew）	46
				斯皮羅·阿格紐（Spiro Agnew）任內辭職	47
				傑拉爾德·福特（Gerald Ford）	
38	傑拉爾德·福特（Gerald Ford）	1974年8月9日～1977年1月20日	共和黨	納爾遜·洛克菲勒（Nelson Rockefeller）	
39	吉米·卡特（Jimmy Carter）	1977年1月20日～1981年1月20日	民主黨	沃爾特·蒙代爾（Walter Mondale）	48
40	隆納·雷根（Ronald Reagan）	1981年1月20日～1989年1月20日	共和黨	喬治·赫伯特·沃克·布希（George H. W. Bush）	49
					50
41	喬治·赫伯特·沃克·布希（George H. W. Bush）	1989年1月20日～1993年1月20日	共和黨	丹·奎爾（Dan Quayle）	51
42	比爾·柯林頓（Bill Clinton）	1993年1月20日～2001年1月20日	民主黨	艾伯特·戈爾（Albert Gore）	52
					53

任數	姓名	任期	政黨	副總統	屆數
43	喬治・沃克・布希（George W. Bush）	2001年1月20日～2009年1月20日	共和黨	迪克・錢尼（Dick Cheney）	54
					55
44	巴拉克・歐巴馬（Barack Obama）	2009年1月20日	民主黨	喬・拜登（Joe Biden）	56

資料來源：中文維基百科，網址：http://zh.wikipedia.org/zh-tw/200 8%E5%B9%B4%E7%BE%8E%E5%
9B%BD%E6%80%BB%E7%BB%9F%E9%80%89%E4%B8%BE#.E5.90.84.E5.B7.9E.E7.B5.
B1.E8.A8.88，檢索於2010年2月9日。

第四節　歷屆美國總統選舉

　　歷屆美國總統選舉當選人及候選人情形，如表2-4。當選人及重要候選人後面所標的數字，為得票數。

表2-4　歷屆美國總統當選人、候選人名錄

屆數	選舉年	當選人	其他較重要的候選人
1屆	1789	喬治・華盛頓（無黨派）–69	約翰・亞當斯**（無黨派）–34
			約翰・傑伊（無黨派）–9
			羅伯特・夏里遜（無黨派）–6
			約翰・拉特利奇（無黨派）–6
2屆	1792	喬治・華盛頓（無黨派）–132	約翰・亞當斯**（聯邦黨）–77
			喬治・柯林頓（民主共和黨）–50
3屆	1796	約翰・亞當斯（聯邦黨）–71	托馬斯・傑弗遜**（民主共和黨）–68
			托馬斯・平克尼（聯邦黨）–59
			阿龍・伯爾（民主共和黨）–30
			塞繆爾・亞當斯（民主共和黨）–15
			奧立佛・艾爾伍茲（聯邦黨）–11
			喬治・柯林頓（民主共和黨）–7

屆數	選舉年	當選人	其他較重要的候選人
4屆	1800	托馬斯·傑弗遜（民主共和黨）－73	阿龍·伯爾（民主共和黨）－73
			約翰·亞當斯（聯邦黨）－65
			查爾斯·平克尼（聯邦黨）－64
5屆	1804	托馬斯·傑弗遜（民主共和黨）－162	查爾斯·平克尼（聯邦黨）－14
6屆	1808	詹姆斯·麥迪遜（民主共和黨）－122	查爾斯·平克尼（聯邦黨）－47
			喬治·柯林頓（民主共和黨）－6
			詹姆斯·門羅（民主共和黨）－0
7屆	1812	詹姆斯·麥迪遜（民主共和黨）－128	德韋特·柯林頓（聯邦黨）－89
8屆	1816	詹姆斯·門羅（民主共和黨）－183	羅福斯·金（聯邦黨）－34
9屆	1820	詹姆斯·門羅（民主共和黨）－215/218	（無競爭對手）
10屆	1824*†	約翰·昆西·亞當斯*（民主共和黨）－84	安德魯·傑克森†（民主共和黨）－99
			威廉·H·克勞福德（民主共和黨）－41
			亨利·克萊（民主共和黨）－37
11屆	1828	安德魯·傑克森（民主黨）－178	約翰·昆西·亞當斯（國民共和黨）－83
12屆	1832	安德魯·傑克森（民主黨）－219	亨利·克萊（國民共和黨）－49
			約翰·弗洛伊德（無效者黨）－11
			威廉·沃特（反共濟會黨）－7
13屆	1836	馬丁·范布倫（民主黨）－170	威廉·亨利·哈里森（輝格黨）－73
			胡·羅遜·韋特（輝格黨）－26
			丹尼爾·韋伯斯特（輝格黨）－14
			威利·佩森·曼格姆（輝格黨）－11
14屆	1840	威廉·亨利·哈里森（輝格黨）－234	馬丁·范布倫（民主黨）－60

屆數	選舉年	當選人	其他較重要的候選人
15屆	1844*	詹姆斯・諾克斯・波爾克*（民主黨）－170	亨利・克萊（民權黨）－105
			詹姆斯・貝內爾（自由黨）－0
16屆	1848	扎卡里・泰勒（民權黨）－163	路易斯・卡斯（民主黨）－127
			馬丁・范布倫（自由之土黨）－0
17屆	1852	富蘭克林・皮爾斯（民主黨）－254	溫菲爾德・斯科特（民權黨）－42
			約翰・P・哈爾（自由之土黨）－0
18屆	1856*	詹姆斯・布坎南*（民主黨）－174	約翰・C・佛利民（共和黨）－114
			美納特・菲爾莫爾（一無所知黨／輝格黨）－8
19屆	1860*	亞伯拉罕・林肯*（共和黨）－180	約翰・布雷肯里奇（民主黨）－72
			約翰・貝爾（憲政聯合黨）－39
			斯蒂芬・A・道格拉斯（民主黨）－12
20屆	1864	亞伯拉罕・林肯（國家聯合黨）－212	喬治・麥克里蘭（民主黨）－11
21屆	1868	尤里西斯・格蘭特（共和黨）－214	候拉提歐・西摩爾（民主黨）－80
22屆	1872	尤里西斯・格蘭特（共和黨）－286	荷瑞斯・格里利（民主黨／自由共和黨）－0
			托馬士・亨里克斯（民主黨）－42
			B・格拉茲・布朗（民主黨／自由共和黨）－18
			查爾斯・J・詹金斯（民主黨）－2
23屆	1876*‡	拉瑟福德・伯乍得・海斯*（共和黨）－185	森美爾・泰頓‡（民主黨）－184
24屆	1880*	詹姆斯・加菲爾德*（共和黨）－214	溫菲爾德・漢考克（民主黨）－155
			詹姆斯・韋弗（美鈔黨）－0
25屆	1884*	格羅佛・克里夫蘭*（民主黨）－219	詹姆士・G・白蘭內（共和黨）－182
			約翰・聖約翰（禁酒黨）－0
			班傑明・巴特勒（美鈔黨）－0

屆數	選舉年	當選人	其他較重要的候選人
26屆	1888*†	班傑明・哈里森*（共和黨）－233	格羅佛・克里夫蘭†（民主黨）－168
			克林頓・B・費斯克（禁酒黨）－0
			阿爾森・斯特列塔爾（聯合工黨）－0
27屆	1892*	格羅佛・克里夫蘭*（民主黨）－277	班傑明・哈里森（共和黨）－145
			詹姆斯・韋弗（民粹黨）－22
			約翰・貝威爾（禁酒黨）－0
28屆	1896	威廉・麥金萊（共和黨）－271	威廉・詹寧斯・布萊恩（民主黨／民粹黨）－176
29屆	1900	威廉・麥金萊（共和黨）－292	威廉・詹寧斯・布萊恩（民主黨）－155
			約翰・伍爾萊（禁酒黨）－0
30屆	1904	西奧多・羅斯福（共和黨）－336	奧爾頓・B・帕克（民主黨）－140
			烏根・V・迪布斯（美國社會黨）－0
			斯拉茲・斯瓦洛（禁酒黨）－0
31屆	1908	威廉・霍華德・塔虎脫（共和黨）－321	威廉・詹寧斯・布萊恩（民主黨）－162
			烏根・V・迪布斯（美國社會黨）－0
			尤金・查芬（禁酒黨）－0
32屆	1912*	伍德羅・威爾遜*（民主黨）－435	西奧多・羅斯福（進步黨）－88
			威廉・霍華德・塔夫脫（共和黨）－8
			尤金・德布茲（社會黨）－0
			尤金・查芬（禁酒黨）－0
33屆	1916*	伍德羅・威爾遜*（民主黨）－277	查爾斯・埃文斯・休斯（共和黨）－254
			艾倫・L・賓遜（社會黨）－0
			詹姆士・亨萊（禁酒黨）－0
34屆	1920	沃倫・蓋瑪利爾・哈定（共和黨）－404	詹姆斯・M・科克斯（民主黨）－127
			尤金・德布茲（美國社會黨）－0
35屆	1924	卡爾文・柯立芝（共和黨）－382	約翰・W・戴維斯（民主黨）－136
			老羅伯特・賴・佛里特（進步黨）－13
36屆	1928	赫伯特・胡佛（共和黨）－444	阿爾・史密斯（民主黨）－87

屆數	選舉年	當選人	其他較重要的候選人
37屆	1932	富蘭克林·德拉諾·羅斯福（民主黨）－472	赫伯特·胡佛（共和黨）－59
			諾曼·托馬斯（社會黨）－0
38屆	1936	富蘭克林·德拉諾·羅斯福（民主黨）－523	阿爾夫·朗頓（共和黨）－8
			威廉·勒姆克（聯合黨）－0
39屆	1940	富蘭克林·德拉諾·羅斯福（民主黨）－449	文德爾·威克爾（共和黨）－82
40屆	1944	富蘭克林·德拉諾·羅斯福（民主黨）－432	托馬斯·杜威（共和黨）－99
41屆	1948*	哈利·杜魯門*（民主黨）－303	托馬斯·杜威（共和黨）－189
			斯特羅姆·瑟蒙德（迪克西民主黨）－39
			亨利·華勒斯（進步黨／工黨）－0
42屆	1952	德懷特·艾森豪（共和黨）－442	阿德萊·史蒂文森（民主黨）－89
43屆	1956	德懷特·艾森豪（共和黨）－457	阿德萊·史蒂文森（民主黨）－73
44屆	1960*	約翰·甘迺迪*（民主黨）－303	理查德·尼克森（共和黨）－219
			哈利·拜德（民主黨）－15
45屆	1964	林登·強森（民主黨）－486	貝利·高華德（共和黨）－52
46屆	1968*	理查德·尼克森*（共和黨）－301	休伯特·漢弗萊（民主黨）－191
			喬治·華勒斯（獨立黨）－46
47屆	1972	理查德·尼克森（共和黨）－520	喬治·麥戈文（民主黨）－17
			約翰·舒密茲獨立黨）－0
48屆	1976	吉米·卡特（民主黨）－297	傑拉爾德·福特（共和黨）－240

屆數	選舉年	當選人	其他較重要的候選人
49屆	1980	朗奴·雷根（共和黨）－489	吉米·卡特（民主黨）－49
			約翰·安德森（無黨派）－0
			埃德·克拉克（民主黨）－0
50屆	1984	朗奴·雷根（共和黨）－525	沃爾特·蒙代爾（民主黨）－13
51屆	1988	喬治·赫伯特·沃克·布希（共和黨）－426	邁克爾·杜卡基斯（民主黨）－111
52屆	1992*	比爾·柯林頓*（民主黨）－370	喬治·赫伯特·沃克·布希（共和黨）－168
			羅斯·佩羅特（無黨派）－0
53屆	1996*	比爾·柯林頓*（民主黨）－379	鮑勃·多爾（共和黨）－159
			羅斯·佩羅特（改革黨）－0
54屆	2000*†	喬治·沃克·布希*（共和黨）－271	艾伯特·高爾†（民主黨）－266
			拉爾夫·納德（綠黨）－0
55屆	2004	喬治·沃克·布希（共和黨）－286	約翰·克里（民主黨）－252
56屆	2008	巴瑞克·奧巴馬（民主黨）－365	約翰·麥凱恩（共和黨）－173

註：候選人的政黨在人名後的括號中標明；候選人名後之數字為其所得之選舉人票。
　　* 當選人在普選中未獲得絕對多數票數
　　† 落敗者在普選中獲得最多票數
　　‡ 落敗者在普選中獲得絕對多數票數
　　** 選舉中的第二位，在憲法第十二修正案通過之前被選為美國副總統

　　在美國歷史上曾於1876年、1888年和2000年發生過三次獲得全國最多普選票的候選人未獲最多的選舉人票之情況。所以，反對這種選舉法者認為此系統並不民主，因為獲最高民意支持者也許無法成為總統。支持此系統者則認為這種總統選舉法可預防地域主義。因為在多州獲得些微多數普選票的候選人，可以勝過只在一州獲得壓倒性多數普選票者。所以為了獲

得選舉人票，候選人必須普遍考慮美國各地區的要求，不能只在乎其中一部分。

表2-5　2008年總統選舉候選人各州得票數

約翰・麥凱恩／佩林勝出州分。

巴瑞克・歐巴馬／拜登勝出州分。

州名稱	歐巴馬	麥凱恩	納德	巴拿	百溫	麥根尼	其他
亞拉巴馬州[2]	813,479	1,266,546	6,788	4,991	4,310	0	3,705
阿拉斯加州[3]	123,594	193,841	3,783	1,589	1,660	0	1,730
亞利桑那州[4]	1,034,707	1,230,111	11,301	12,555	1,371	3,406	24
阿肯色州[5]	422,310	638,017	12,882	4,776	4,023	3,470	1,139
加利福尼亞州[6]	8,274,473	5,011,781	108,381	67,582	3,145	38,774	57,764
科羅拉多州[7]	1,288,576	1,073,589	13,350	10,897	6,233	2,822	5,894
康乃狄克州[8]	997,772	629,428	19,162		311	90	29
德拉瓦州[9]	255,459	152,374	2,401	1,109	626	385	58
華盛頓哥倫比亞特區[10]	245,800	17,367	958			590	1,138

---

[2]　http://www.sos.state.al.us/Elections/2008/ElectionInfo2008.aspx，檢索於2010年2月9日。

[3]　http://soaelections.gci.net/data/results.htm，檢索於2010年2月9日。

[4]　http://www.azsos.gov/election/2008/General/Canvass2008GE.pdf，檢索於2010年2月9日。

[5]　http://www.arelections.org/index.php?ac:show:contest_statewide=1&elecid=181&contestid=6，檢索於2010年2月9日。

[6]　http://www.sos.ca.gov/elections/sov/2008_general/sov_complete.pdf，檢索於2010年2月9日。

[7]　http://coreports.ezvotetally.com/CanvassReportCumulative/tabid/59/Default.aspx，檢索於2010年2月9日。

[8]　http://www.sots.ct.gov/sots/lib/sots/electionservices/electionresults/2008_election_results/2008_president_by_cd.pdf，檢索於2010年2月9日。

[9]　http://elections.delaware.gov/results/html/stwoff_KNS.shtml，檢索於2010年2月9日。

[10]　http://www.dcboee.org/election_info/election_results/election_result_new/results_final_gen.asp?prev=0&electionid=2&result_type=3，檢索於2010年2月9日。

州名稱	歐巴馬	麥凱恩	納德	巴拿	百溫	麥根尼	其他
佛羅里達州[11]	4,282,074	4,045,624	28,124	17,218	7,915	2,887	6,902
喬治亞州[12]	1,844,137	2,048,744	1,123	28,812	1,305	249	62
夏威夷州[13]	325,871	120,566	3,825	1,314	1,013	979	
愛德荷州[14]	236,440	403,012	7,175	4,747	3,658		
伊利諾州[15]	3,419,673	2,031,527	30,952	19,645	8,256	11,838	1,160
印地安那州[16]	1,374,039	1,345,648	909	29,257	1024	87	90
愛荷華州[17]	828,940	682,379	8,014	4,590	4,445	1,423	7,332
堪薩斯州[18]	514,765	699,655	10,527	6,706	4,148	35	36
肯塔基州[19]	751,985	1,048,462	15,378	5,989	4,694		
路易西安那州[20]	782,989	1,148,275	6,997		2,581	9,187	10,732
緬因州[21]	421,923	295,273	10,636			2,900	431
緬因州國會第一選區[22]	232,145	144,604	5,263			1,362	252

11　http://election.dos.state.fl.us/elections/resultsarchive/enight.asp，檢索於2010年2月9日。

12　http://sos.georgia.gov/elections/election_results/2008_1104/swfed.htm，檢索於2010年2月9日。

13　http://hawaii.gov/elections/results/2008/general/，檢索於2010年2月9日。

14　http://www.sos.idaho.gov/ELECT/results/2008/General/tot_stwd.htm，檢索於2010年2月9日。

15　http://www.elections.il.gov/ElectionInformation/VoteTotalsList.aspx?officeid=4555，檢索於2010年2月9日。

16　http://www.in.gov/apps/sos/election/general/general2008?page=office&countyID=-1&officeID=36&districtID=-1&candidate=，檢索於2010年2月9日。

17　http://www.sos.state.ia.us/pdfs/elections/2008/OfficialCanvass2008General.pdf，檢索於2010年2月9日。

18　http://www.kssos.org/elections/08elec/2008_General_Official_Results.pdf，檢索於2010年2月9日。

19　http://elect.ky.gov/NR/rdonlyres/1283C01A-3F26-4821-8336-5878446F15E4/173402/STATE.TXT，檢索於2010年2月9日。

20　http://www400.sos.louisiana.gov:8090/cgibin/?rqstyp=elcms2&rqsdta=110408，檢索於2010年2月9日。

21　http://www.maine.gov/sos/cec/elec/2008/tabs-can-pr-cnty-11-08.html，檢索於2010年2月9日。

22　同上。

州名稱	歐巴馬	麥凱恩	納德	巴拿	百溫	麥根尼	其他
緬因州國會第二選區[23]	189,778	150,669	5,373			1,538	179
馬里蘭州[24]	1,629,467	959,862	14,713	9,842	3,760	4,747	9,205
麻薩諸塞州[25]	1,904,097	1,108,854	28,841	13,189	4,971	6,550	14,483
密西根州[26]	2,872,579	2,048,639	33,085	23,716	14,685	8,892	170
明尼蘇達州[27]	1,573,354	1,275,409	30,152	9,174	6,787	5,174	10,319
密西西比州[28]	554,662	724,597	4,011	2,529	2,551	1,034	481
密蘇里州[29]	1,441,911	1,445,814	17,813	11,386	8,201	80	
蒙大拿州[30]	231,667	242,763	3,686	1,355			10,638
內布拉斯加州[31]	333,319	452,979	5,406	2,740	2,972	1,028	2,837
內布拉斯加州國會第一選區[32]	121,468	148,179	1,970	929	1,019	393	

[23] http://maine.gov/sos/cec/elec/2008/tabs-can-pr-condistrict-summary-11-08.html，檢索於2010年2月9日。

[24] http://www.elections.state.md.us/elections/2008/results/general/office_President_and_Vice_President_of_the_United_States.html，檢索於2010年2月9日。

[25] http://www.sec.state.ma.us/ele/elepdf/2008%20Return%20of%20Votes%20Complete.pdf，檢索於2010年2月9日。

[26] http://miboecfr.nictusa.com/election/results/08GEN/01000000.html，檢索於2010年2月9日。

[27] http://electionresults.sos.state.mn.us/20081104/ElecRslts.asp?M=S&R=P，檢索於2010年2月9日。

[28] http://www.sos.state.ms.us/elections/2008/08%20Certification%20Results/Cert/President%20&%20VP.pdf，檢索於2010年2月9日。

[29] Missouri Secretary of State Official Election Returns - 2008 General Election，檢索於2010年2月9日。

[30] http://sos.mt.gov/elb/archives/2008/results/2008_State_General.pdf，檢索於2010年2月9日。

[31] http://www.sos.ne.gov/elec/pdf/2008%20General%20Canvass%20Book.pdf，檢索於2010年2月9日。

[32] 同上。

州名稱	歐巴馬	麥凱恩	納德	巴拿	百溫	麥根尼	其他
內布拉斯加州國會第二選區[33]	138,752	135,439	1,621	1,007	604	321	
內布拉斯加州國會第三選區[34]	73,099	169,361	1,815	804	1,349	314	
內華達州[35]	533,736	412,827	6,150	4,263	3,194	1,411	6,267
新罕布夏州[36]	384,826	316,534	3,503	2,217	226	40	3,624
新澤西州[37]	2,215,422	1,613,207	21,298	8,441	3,956	3,636	2,277
新墨西哥州[38]	472,422	346,832	5,327	2,428	1,597	1,552	
紐約州[39]	4,769,700	2,742,298	41,086	19,513	614	12,729	8,873
北卡羅來納州[40]	2,142,651	2,128,474		25,722			13,942
北達科他州[41]	141,278	168,601	4,189	1,354	1,199		
俄亥俄州[42]	2,933,388	2,674,491	42,288	19,888	12,550	8,513	7,142
奧克拉荷馬州[43]	502,496	960,165					
奧勒岡州[44]	1,037,291	738,475	18,614	7,635	7,693	4,543	13,613

---

[33] 同上。

[34] 同上。

[35] http://sos.state.nv.us/elections/results/2008StateWideGeneral/ElectionSummary.asp，檢索於2010年2月9日。

[36] http://www.sos.nh.gov/gencral2008/sumpres08.htm；http://www.sos.nh.gov/sumpres%20wins2008.pdf，檢索於2010年2月9日。

[37] http://www.njelections.org/2008results/08generalelection/08-official-gen-elect-tallies-pres-120208.pdf，檢索於2010年2月9日。

[38] http://67.192.207.121/county0.htm，檢索於2010年2月9日。

[39] http://www.elections.state.ny.us/2008ElectionResults.html，檢索於2010年2月9日。

[40] http://results.enr.clarityelections.com/NC/7937/14128/en/summary.html，檢索於2010年2月9日。

[41] http://web.apps.state.nd.us/sec/emspublic/gp/electionresultssearch.htm?showMap=N&cmd=Search&electionDate=11042008&searchType=STATE，檢索於2010年2月9日。

[42] http://vote.sos.state.oh.us/pls/enrpublic/f?p=130:14:0，檢索於2010年2月9日。

[43] http://www.ok.gov/~elections/08gen.html，檢索於2010年2月9日。

[44] http://www.sos.state.or.us/elections/nov42008/results/pr.pdf，檢索於2010年2月9日。

州名稱	歐巴馬	麥凱恩	納德	巴拿	百溫	麥根尼	其他
賓夕法尼亞州[45]	3,276,363	2,655,885	42,977	19,912			
羅德島州[46]	296,571	165,391	4,829	1,382	675	797	122
南卡羅萊那州[47]	862,449	1,034,896	5,053	7,283	6,827	4,461	
南達科他州[48]	170,924	203,054	4,267	1,835	1,895		
田納西州[49]	1,087,437	1,479,178	11,560	8,547	8,191	2,499	2,337
德克薩斯州[50]	3,528,633	4,479,328	5,214	56,116	5,052	671	2,781
猶他州[51]	327,670	596,030	8,416	6,966	12,012	982	294
佛蒙特州[52]	219,262	98,974	3,339	1,067	500		1,904
維吉尼亞州[53]	1,959,532	1,725,005	11,483	11,067	7,474	2,344	6,355
華盛頓州[54]	1,750,848	1,229,216	29,489	12,728	9,432	3,819	1,346
西維吉尼亞州[55]	303,857	397,466	7,219		2,465	2,355	89
威斯康辛州[56]	1,677,211	1,262,393	17,605	8,858	5,072	4,216	8,062

[45] http://www.electionreturns.state.pa.us/ElectionsInformation.aspx?FunctionID=13&ElectionID=28&OfficeID=1，檢索於2010年2月9日。

[46] http://www.ri.gov/election/results/2008/general_election/，檢索於2010年2月9日。

[47] http://www.enr-scvotes.org/SC/8562/13981/en/summary.html，檢索於2010年2月9日。

[48] http://www.sdsos.gov/electionsvoteregistration/pastelections_electioninfo08_generalsw.shtm，檢索於2010年2月9日。

[49] http://www.tennessee.gov/sos/election/results/2008-11/swpressen.pdf，檢索於2010年2月9日。

[50] http://www.sos.state.tx.us/elections/historical/presidential.shtml，檢索於2010年2月9日。

[51] http://elections.utah.gov/CANVASS%202008.xls，檢索於2010年2月9日。

[52] http://vermont-elections.org/elections1/2008GEUSPres.xls，檢索於2010年2月9日。

[53] https://www.voterinfo.sbe.virginia.gov/election/DATA/2008/07261AFC-9ED3-410F-B07D-84D014AB2C6B/Official/1_s.shtml，檢索於2010年2月9日。

[54] http://vote.wa.gov/elections/wei/Results.aspx?RaceTypeCode=O&JurisdictionTypeID=1&ElectionID=26&ViewMode=Results，檢索於2010年2月9日。

[55] http://www.wvvotes.com/election-results/results-statewide.php；http://www.wvsos.com/elections/history/OfficialWrite-inTotals_Gen08.pdf，檢索於2010年2月9日。

[56] http://elections.state.wi.us/docview.asp?docid=15399&locid=47，檢索於2010年2月9日。

州名稱	歐巴馬	麥凱恩	納德	巴拿	百溫	麥根尼	其他
懷俄明州[57]	82,868	164,958	2,525	1,594	1,192		1,521
全美國總計	69,456,897	59,934,814	736,804	524,524	196,461	161,195	226,908

資料來源：維基百科，2008年美國總統選舉，網址：http://zh.wikipedia.org/zh-tw/2008%E5%B9%B4%E7%BE%8E%E5%9B%BD%E6%80%BB%E7%BB%9F%E9%80%89%E4%B8%BE#.E5.90.84.E5.B7.9E.E7.B5.B1.E8.A8.88，檢索於2010年2月9日。

第五節 2000年美國總統選舉的糾紛

　　2000年美國總統選舉是美國歷史上選舉結果最接近的幾次之一，並在選後引起爭執，主要是雙方在佛羅里達州的得票數異常接近。經過一個月多次的反覆點算普選票以及司法判決後，佛羅里達州25張選舉人票的歸屬可以決定選舉的勝負。在布希對高爾一案中，美國最高法院判決：重新點算選票的過程違憲，並禁止進行任何新一輪的選票重點工作。高爾對此結果雖不滿，但也表示「為了我們人民的團結與民主的力量，我作出讓步」。

一、電視網的選舉結果

　　在本次選舉的開票過程中，各大電視網有志一同地在美國行政區劃圖上，以紅色代表共和黨確定勝選的州，藍色代表民主黨，而白色代表結果未定。由於開票爭議持續數天，各大電視網也播出此圖數天，是為美國媒體首次大規模以此種方式呈現選舉結果，其後並沿用至今。

二、選舉結果

　　在2000年總統大選過後，美國多家媒體主辦的選票重點結果顯示，即

---

[57] http://soswy.state.wy.us/Elections/08Results/General/SW-Candidates.pdf，檢索於2010年2月9日。

使最高法庭決定重新點算選票，布希仍然會贏得佛羅里達州的勝利。但是如果採用其他方法點算選票，則高爾有可能獲勝。美國總統選舉由選舉人票決定當選人，因此高爾雖然贏得較多普選選票，但仍由獲得較多選舉人票的布希當選總統。

表2-6　美國2000年總統選舉票數分配表

總統候選人	選舉人票	普選票	百分比	黨派	副總統候選人（選舉人票）
喬治・布希（勝出）	271	50,456,002	47.87	共和黨	理察・錢尼（271）
艾爾・高爾	266	50,999,897	48.38	民主黨	喬・李伯曼（266）
拉爾夫・納德	0	2,882,955	2.74	綠黨	維諾娜・拉杜克（0）
派屈克・布坎南	0	448,895	0.42	改革黨	左拉・福斯特（0）
哈里・布朗	0	384,431	0.36	自由黨	厄特・奧利弗（0）
霍華德・菲利普	0	98,020	0.09	憲法黨	柯蒂斯・弗雷澤（0）
約翰・哈根林	0	83,714	0.08	自然法黨／改革黨	奈特・葛哈伯（0）
其他	0	51,186	0.05		
未投出的選舉人票（DC）	1				
總計	538	105,405,100	100		

資料來源：U.S. Office of the Federal Register (electoral vote)，網址：http://www.archives.gov/federal-register/electoral-college/index.html，檢索於2011年4月1日；Federal Election Commission (popular vote)，網址：http://www.fec.gov/pubrec/fe2000/prespop.htm，檢索於2011年4月1日。

參考書目

中文部分

2008美國總統大選，中新網，網址：http://big5.chinanews.com.cn:89/

special/2008/0606/7.shtml，檢索於2010年2月9日。

維基百科，2008年美國總統選舉，網址：http://zh.wikipedia.org/zh-tw/
2008%E5%B9%B4%E7%BE%8E%E5%9B%BD%E6%80% BB%E7%BB%
9F%E9%80%89%E4%B8%BE#.E5.90.84.E5.B7.9E.E7.B5.B1.E8.A8.88，
檢索於2010年2月9日。

英 文部分

U.S. Office of the Federal Register (electoral vote)，網址：http://www.
archives.gov/federal-register/electoral-college/index.html，檢索於2011年4
月1日。

Federal Election Commission (popular vote)，網址：http://www.fec.gov/
pubrec/fe2000/prespop.htm，檢索於2011年4月1日。

第三章　英國國家元首產生

余君山

　　英國國家最高元首，理論上，應該是英王；但實際上，英王只是一個象徵性的職位，其權力受到慣例與民意約束。英王基本上可以行使三種權利：被諮詢的權利、提供意見的權利和警告的權利。而在英國，實際上擁有最高權力的是英國首相。

第一節　英國國王

　　目前的英國國王為伊莉莎白二世（全名為伊莉莎白・亞歷山德拉・瑪麗），於1952年6月2日登基，是目前在位時間第二長的君主，僅次於泰王蒲美蓬・阿杜德。

第二節　王位繼承

　　英國王位繼承是根據長子繼承權來決定，即王位應先由現任君主的長子繼承，然後才依次序輪到其他兒子，最後才輪到女兒。但是根據1701年《王位繼承法》（Act of Settlement）規定，王位應該傳給漢諾瓦選帝侯夫人索菲婭的有血緣關係的後代，而且繼承者不得是天主教徒，也不得嫁娶一名天主教徒。該規定與英國其他法律中禁止宗教歧視的條款有衝突。不過實際上，絕大多數有資格繼承王位的人都是基督教新教徒，而且在公開場合都大多宣稱自己是聖公會成員。此外，該法案還規定，王位的繼承是由議會來決定的，而非君主本人。

　　英國王位繼承，自1603年以後至今，如表3-1。

表3-1　英國歷任國王表

國王名稱	在位時期
James I	1603-1625
Charles I	1625-1649
Interregnum	1649-1660
Charles II	1660 -1685
James II	1685-1688
Anne	1702-1714
George I	1714-1727
George II	1727-1760
George III	1760-1820
George IV	1820-1830
William IV	1830-1837
Victoria	1837-1901
Edward VII	1901-1910
George V	1910-1936
Edward VIII	Jan-Dec 1936
George VI	1936-1952
Queen Elizabeth	1952-至今

資料來源：維基百科http://www.qilecn.com:8088/f/%E5%8E%86%E4%BB%B B%E8%
8B%B1%E5%9B%BD%E5%9B%BD%E7%8E%8B/%E8%8B%B1%E5%9B%B D%E5%
9B%BD%E7%8E%8B_%E7%99%BE%E5%BA%A6%E7%99%BE%E7%A7%91----
YmFpa2UuYmFpZHUuY29tL3ZpZXcvMzIzMDg2Lmh0bQ==.html

第三節　繼承順位

　　由於歐洲各國王室通婚的結果，很多歐洲國家的君主和王族也有權繼
承英國王位，而且超過900人都有資格繼承王位。挪威國王哈拉爾五世是
英國王位的第60位順序繼承人，瑞典國王卡爾十六世‧古斯塔夫排在第
184位，丹麥女王瑪格麗特二世排在第213位，荷蘭女王貝婭特麗克絲排在
第810位。作為希臘-丹麥王族的後代和維多利亞女王的五世孫，愛丁堡公

爵菲利普親王排在第468位。這裡列出了有資格繼承王位的前16人：
　　目前的君主：伊莉莎白二世女王陛下。

1. 威爾斯親王查爾斯王儲殿下Charles Philip Arthur George Mountbatten-Windsor（伊莉莎白二世的長子）
2. 威爾斯的威廉王子殿下William Arthur Philip Louis Mountbatten-Windsor（查爾斯王儲的長子）
3. 威爾斯的亨利王子殿下Henry Charles Albert David Mountbatten-Windsor（查爾斯王儲的次子）
4. 約克公爵安德魯王子殿下Andrew Albert Christian Edward（伊莉莎白二世的次子）
5. 約克的比阿特麗斯公主殿下Princess Beatrice（約克公爵的長女，1988年生）
6. 約克的歐吉妮公主殿下Princess Eugenie（約克公爵的次女，1990年生）
7. 威塞克斯伯爵愛德華王子殿下Prince Edward, Earl of Wessex（伊莉莎白二世的三子，1964年生）
8. 塞文子爵詹姆士James, Viscount Severn （威塞克斯伯爵的兒子，2007年生）
9. 路易斯・溫莎郡主（威塞克斯伯爵的長女，2003年生）
10. 安妮長公主殿下（伊莉莎白二世的女兒）
11. 彼得・菲利浦斯（安妮公主的兒子）
12. 扎拉・菲利浦斯（安妮公主的女兒）
13. 林萊子爵（喬治六世的外孫，瑪格麗特公主的兒子）
14. 查爾斯・阿姆斯特朗—瓊斯閣下（林萊子爵的兒子）
15. 瑪格麗塔・阿姆斯特朗—瓊斯閣下（林萊子爵的女兒）
16. 薩拉・切托夫人（喬治六世的外孫女、瑪格麗特公主的女兒）

第四節　實際掌權人：英國首相

（一）產生方式

　　英國首相（Prime Minister），代表英國王室和民眾執掌國家行政權力的最高政府首長。一般情況下，國會平民院的多數黨黨魁或執政聯盟的首領自動成為首相人選，人選經國王／女王確認並任命後才正式成為首相。

（二）沿　革

　　1721年，輝格黨（Whig）領袖華波爾爵士（Sir Robert Walpole）被英王喬治一世（George I）任命為內閣首領，是為英國首相一職之始，但職位正式名稱並非首相，而是「第一財政大臣」（First Lord of the Treasury）。1905年，亨利‧坎貝爾—班納文爵士（Sir Henry Campbell-Bannerman）獲任命為英國首相。在任命他的英王敕令上，首相（Prime Minister）一字首次出現，成為一個正式的英國官銜。

　　首相可向國王或女王提名政府內閣成員，亦可提出解散下議院的請求。

第五節　結　語

　　雖然英國國王只是象徵性的權力，沒有實權。但英國國王在一般民眾的心中，仍然擁有非常崇高的地位。故國王的建言，也會深深影響首相的決定。因此英國國王仍具有一定程度的影響力。

參考書目

英國皇室官方網站，網址：http://www.royal.gov.uk/於2010.02.09下載

維基百科，網址：http://zh.wikipedia.org/zh-tw/%E8% 8B%B1%E5%9C%8B
　　%E7%8E%8B%E5%AE%A4於2010.02.09下載

知識人網站http://iask.sina.com.cn/b/15148110.html於2010.02.09下載

第四章　法國總統選舉

楊宜佳

第一節　選舉制度緣由

　　法蘭西共和國（French Republic）位於西歐，面積547,030平方公哩，人口約6,087萬人。5世紀時法蘭克人移居至此。西元486年Clovis統一法國。西元846年成為獨立國家。17、18世紀國力極盛一時。1789年7月14日法國大革命，推翻王朝，成立臨時政府。1792年建立第一共和，1804年拿破崙稱帝，建立了第一帝國。1814年拿破崙戰敗，法國恢復王朝，但1848年則再度被法國人民推翻，建立第二共和。1852年路易拿破崙稱帝。1870年路易拿破崙於普法戰爭中戰敗，法國人民乃推翻帝國，1875年建立了第三共和，從此奠定法國共和政體。1945年及1958年建立之第四、第五共和，國會依國情需要得修改憲法及政治制度，但維持共和體制。而2000年9月24日則舉行公民投票，將總統任期改為5年。

　　法國國體為民主共和國，現行憲法於1958年10月4日生效。總統為國家元首，由人民直接選舉產生，任期5年，總統依法任命總理。立法權屬於國會採兩院制，包含參議院（Senat）與國民議會（l'Assemblee nationale），司法權屬各級法院。法國國旗與位置圖，如圖4-1與圖4-2所示。

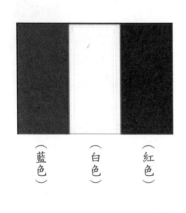

（藍色）　　（白色）　　（紅色）

圖4-1　法蘭西共和國國旗　　　　　　圖4-2　法蘭西共和國位置圖

資料來源：互動百科：http://www.hudong.com/wiki/%E6%B3%95% E5%85%B0%E8%A5%BF%E5%85%B1%E5%92%8C%E5%9B%BD）

　　依1958年憲法第6條與第7條之規定，共和國總統任期7年，由國會兩院議員、省議員與海外地區議會議員，以及各區議會選出之代表所組成之選舉團選舉之。共和國總統選舉第一次投票以獲得絕對多數選票者當選，如無人獲得絕對多數，以第一次投票中獲得選票最多之兩名為候選人，進行第二次投票，以獲得相對多數選票者當選共和國總統。1962年法國總統戴高樂將軍發表的一項電視廣播演說中，表示國家元首有更改由人民普選之必要。遂於同年10月28日經公民複決投票修訂憲法中總統選舉相關規定，並於同年11月6日正式頒布。總統選舉改由人民直接普選產生。而第二輪投票應於第一次投票後之第二個星期日舉行。前總統席哈克（Jacques Chirac）在1995年的法蘭西第七屆總統任內，對總統任期進行了修訂，通過2000年的全民公決，得到了73.21%的公民許可。從2002年第八屆總統開始，任期縮短為五年，解決長期以來總統任期過長的爭議，以及總統與國會議員任期不一的情況（總統任期七年，而國會議員任期五年），同時亦

降低「左右共治」出現的可能性。

第二節 現行選舉制度之設計與規劃

一、選舉程序

依法國憲法第7條之規定，應於總統任期屆滿前35日至20日之間舉行下屆總統選舉，若是總統在其法定任期內中止其職責、產生出缺時，則應於原總統因故任期終止日起20日至35日內舉行總統補選。法國選舉制度採取「兩次投票制」，候選人同時必須獲得過半數選票使得當選，達到絕對多數的條件。依法國之傳統，絕對多數的定義除了候選人在投票中所贏得的選票總和應達到有效選票的二分之一加一票的數量外，得票數尚須占登記投票選民總數的四分之一。第一次選舉中，若有任何一位候選人獲得過半數選票即宣布當選。若無任何人得票超過有效票總數之半數，以第一次投票時得票前兩名進行第二次投票，第二次投票則以得票數最高者當選。

二、候選人資格

法國第五共和採行半總統半議會民主制，總統掌握行政權，非第三、第四共和時期的「虛位元首」，任期五年，並且連選得連任，沒有次數限制。根據相關法規之規定，政府應於共和國總統選舉第一次投票舉行前15日將總統候選人名單正式公布於「政府公報」。欲參加總統競選者，必須經由500名以上，代表30個不同省或海外地區的國會議員、經濟暨社會委員會委員，或民選的省議員與區長單獨或集體，於第一次投票舉行前18日將推薦簽署送達憲法委員會。同時每一位候選人必須於第一次投票舉行前17日結束以前繳交保證金。倘若候選人於第一次投票中不能獲得有效選票5%的選票時，則該保證金不予以退還，而得票率超過5%者除可領回保證金外，並可獲得政府對於競選經費之補助津貼。

欲參加競選的候選人則必須具備以下條件：

1. 年滿23歲。
2. 擁有投票資格之選民。
3. 得到全法國各省分，共500位民選代表連署支持。

另外，根據法國法律的規定，有參加總統選舉投票資格的選民必須符合以下幾項條件：

1. 年滿18歲。
2. 擁有法國國籍。
3. 享有政治和公民權力。
4. 已在選舉名冊上做過登記。

表4-1列出法國第五共和的歷任總統資料。

表4-1　法國第五共和歷任總統表

肖像	總統	所屬政黨	任期開始	任期結束
	夏爾‧安德烈‧約瑟夫‧瑪利‧戴高樂 Charles André Joseph Marie de Gaulle	共和國民主聯盟	1959年1月8日	1969年4月28日
	阿蘭‧波厄 Alain Émile Louis Marie Poher	無黨派獨立人士	1969年4月28日（代理）	1969年6月20日
	喬治‧讓‧雷蒙‧蓬皮杜 Georges Jean Raymond Pompidou	共和國民主聯盟	1969年6月20日	1974年4月2日
	阿蘭‧波厄 Alain Émile Louis Marie Poher	無黨派獨立人士	1974年4月3日（代理）	1974年5月27日

肖像	總統	所屬政黨	任期開始	任期結束
	瓦萊里·瑪利·勒內·喬治·吉斯卡爾·德斯坦 Valéry Marie René Georges Giscard d'Estaing	全國獨立共和主義聯盟（至1978年）法國民主同盟（自1978年）	1974年5月27日	1981年5月21日
	弗朗索瓦·莫里斯·阿德里安·瑪利·密特朗 François Maurice Adrien Marie Mitterrand	社會黨	1981年5月21日	1995年5月17日
	雅克·勒內·席哈克 Jacques René Chirac	保衛共和國黨（至2002年）總統多數票聯盟（2002年）人民運動聯盟（自2002年）	1995年5月17日	2007年5月16日
	尼古拉·保羅·斯特凡納·薩科齊·德納吉－博喬 Nicolas Paul Stéphane Sarközy de Nagy-Bocsa	人民運動聯盟	2007年5月16日	2012年5月16日

資料來源：維基百科http://zh.wikipedia.org/wiki/%E6%B3%95%E5%9B%BD%E6%80%BB%E7%BB%9F%E5%88%97%E8%A1%A8

三、法國總統選舉制度的利弊分析

　　法國總統的選舉制度為兩輪多數決投票制，如此選舉制度對法國的政治產生了之利弊分析如下：

1. 優　勢

(1)民意基礎厚實：就總統而言，無論在第一輪或第二輪的選舉中，當選者都是得到了過半數的選票，具有較高的民意基礎與正當性。

(2)政黨結盟：總統選舉在第二輪投票時，通常可以集結出各屬於自己的兩大陣營，此結盟亦會影響到國會議員的選舉，雖造成國會中多黨林立，但卻存在一種鬆散的政治聯盟取向（支持或反對總統），這種多元現象，反而為法國的第五共和帶來了較第四共和更佳的穩定性（王建勛，1987）。

(3)總統任期縮減：法國於西元2000年修憲，將總統任期從原本的七年一任改為五年一任，此舉可以降低總統若在任內遇上國會改選，但總統所屬的政黨卻成為國會少數，而須仰賴左右共治來統制法國時的影響，並因為總統任期的縮短，使得總統選舉間隔不會有太大的時間差距，較能夠適時的反映出民意。

(4)雙首長制：此一設計可降低將絕對權力交付一人之手時所需冒之風險，更可以藉由分散總統所需承擔之工作，使政府的運作效率有顯著的提升。

2. 劣　勢

(1)二輪選舉制決曠日費時：二輪選舉制須歷時半個月的統整與舉行二次投票，往往會耗費多餘的人力資源與財政開銷，造成財務消耗。與我國相對多數決比較起來，有失效率。

(2)總統實權過大：在非共治時期，總統掌握了行政大權與充分掌握國會多數，總統的實權幾乎是無其他的憲政機關可以比擬的，國會此時更幾乎完全喪失其對總統權力的制約能力。

資料來源：http://www.shs.edu.tw/works/essay/2008/10/2008103023044667，擷取日期：2011/03/23。

第三節　2007年總統選舉實例

一、選前工作

　　2007年法蘭西第五共和國第九屆總統選舉的選民登記工作在2006年12月31日結束。共有43,973,024名註冊選民，其中近一百萬選民透過投票機投票。候選人必須在2007年3月16日18點以前遞交五百位民選代表聯署支持名單。法國憲法理事會則於3月20日對外公布各候選人提交的民選代表支持名單，共計12名，順序由憲法理事會抽籤決定，12名候選人如表4-2所示。

二、競選活動

　　正式拉票活動於2007年4月9日零時起，至2007年4月20日24時止。整個活動過程中，每個候選人必須受到完全平等的對待。這包括電視台的出鏡時間，電台、報紙其他媒體必須公允的報導每個候選人。這些都受到法國廣播監管機構CSA的監督。85,000個選舉局前的候選人海報大小高度必須相同，順序由憲法理事會抽籤決定。正式拉票活動結束後直至投票結果公布前，候選人不得接受任何形式的採訪。第一輪選舉結果揭曉以後，左翼、極左翼陣營和綠黨的所有候選人（奧利維‧貝贊司諾、約瑟‧博維、瑪麗—喬治‧布菲、阿爾萊特‧拉吉耶和多米尼克‧瓦內）都表示在第二輪中支持羅雅爾，右翼候選人菲利普‧德‧維里耶呼籲選民選舉薩科齊，極右翼的勒龐則呼籲選民放棄投票，其他候選人都沒有表明立場。第二輪拉票活動於2007年4月23日零時起，至2007年5月4日24時，其中包括5月2日舉行的電視辯論。

表4-2　2007年法國總統選舉候選人表

姓名	簡介
弗朗索瓦‧貝魯（François Bayrou）	國會議員，中間派法國民主聯盟黨主席。
讓—瑪麗‧勒龐（Jean-Marie Le Pen）	歐洲議員，極右派民族主義法蘭西民族陣線領導人。
塞格琳‧羅雅爾 （Ségolène Royal）	普瓦圖—夏朗德大區議會主席，2006年11月16日在左翼政黨法國社會黨的黨內選舉中擊敗前總理洛朗‧法比尤斯和前經濟部長多米尼克‧史特勞斯—卡恩推選為總統候選人。
尼古拉‧薩科齊 （Nicolas Sarkozy）	前內政部長（原任期至2007年5月，於2007年3月26日辭職全心投入拉票活動），2007年1月14日作為黨內的唯一候選人，被執政黨屬保守黨派的人民運動聯盟推選為總統候選人。
奧利維‧貝贊司諾 （Olivier Besancenot）	極左翼政黨革命共產聯盟候選人。
約瑟‧博維（José Bové）	獨立候選人，反對全球化代表，農民領袖。
瑪麗—喬治‧布菲 （Marie-George Buffet）	參議院議員，前法國青年體育部長，法國共產黨候選人。
菲利普‧德‧維里耶 （Philippe de Villiers）	旺代省省議會主席兼該省國會議員，右翼政黨保衛法國運動候選人。
阿爾萊特‧拉吉耶 （Arlette Laguiller）	托洛斯基派代表，極左翼政黨工人鬥爭候選人，第五次參加競選。
弗雷德里克‧尼吾 （Frédéric Nihous）	打獵、釣魚、自然與傳統黨候選人。
熱拉爾‧西瓦爾帝 （Gérard Schivardi）	參依阿克市市長，勞工黨所支持候選人。
多米尼克‧瓦內 （Dominique Voynet）	參議院議員，前法國環境部長，法國綠黨候選人。

資料來源：維基百科http://zh.wikipedia.org/wiki/2007%E5%B9%B4%E6%B3%95% E5%9B%BD%E6%8 0%BB%E7%BB%9F%E9%80%89%E4%B8%BE

三、選舉結果

　　第一輪投票於2007年4月22日舉行，法國選民在第一輪選舉中踴躍投票，投票率高達83.77%，這個數據可以和1965年和1974年總統大選的投票率所相近，為三十年來的最高投票率（如圖4-3）。尼古拉·薩科齊和塞格琳·羅雅爾分別得到31.18%和25.87%的選票進入第二輪，弗朗索瓦·貝胡和讓－馬里耶·勒龐也獲得了超過10%的選票。其餘的候選人都沒能獲得5%的選票，因此不能得到法國憲法委員會的競選補助。在兩週後的5月6日舉行總統選舉的第二輪投票，在歷屆總統選舉中，第二輪的投票率總是高於第一輪投票，這次在第一輪高投票率的情況下，第二輪投票率以84%超過了第一輪，為1988年總統選舉以來的最高。尼古拉·薩科齊獲得53%的選票擊敗了塞格琳·羅雅爾，當選為法蘭西第五共和國第六位總統，並於2007年5月17日正式上任。見表4-3。

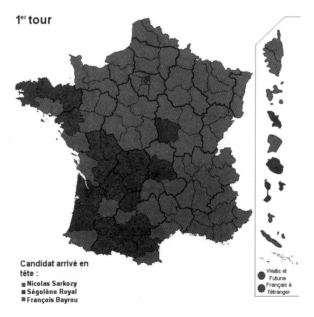

圖4-3　2007年法國總統選舉第一輪選票分布圖

資料來源：法國總統府，http://www.elysee.fr/accueil/，擷取日期：2009/03/08。

表4-3　2007年法國總統選舉第一輪與第二輪候選人得票結果

序號	候選人	政黨	第一輪得票數	得票率	第二輪得票數	得票率
1	奧利維・貝贊司諾	革命共產聯盟（Ligue communiste revolutionnaire）	1,498 581	4.08%		
2	瑪麗—喬治・布菲	法國共產黨（Parti communiste francais）	707,268	1.93%		
3	熱拉爾・西瓦爾帝	勞工黨（Parti des travailleurs）	123,540	0.34%		
4	弗朗索瓦・貝魯	法國民主聯盟（Union pour la democratie francaise）	6,820,119	18.57%		
5	約瑟・博維	反對全球化代表	483,008	1.32%		
6	多米尼克・瓦內	法國綠黨（Les Verts）	576,666	1.57%		
7	菲利普・德・維里耶	保衛法國運動（Mouvement pour la France）	818,407	2.23%		
8	塞格琳・羅雅爾	法國社會黨（Parti Socialiste）	9,500,112	25.87%	16,790,440	46.94%
9	弗雷德里克・尼吾	打獵、釣魚、自然與傳統黨（Chasse, peche, nature, traditions）	420,645	1.15%		
10	讓—馬里耶・勒龐	法蘭西民族陣線（Front national）	3,834,530	10.44%		
11	阿爾萊特・拉吉耶	工人鬥爭（Lutte Ouvriere）	487,857	1.33%		

序號	候選人	政黨	第一輪得票數	得票率	第二輪得票數	得票率
12	尼古拉·薩科齊	人民運動聯盟（Union pour un Mouvement Populaire）	11,448,663	31.18%	18,983,138	53.06%

參考書目

中 文部分

王建勛，1987，《法國第五共和的政治發展》。台北：台灣商務印書館。

張世賢、陳恆鈞，2010，《比較政府》，四版。台北：五南。

法國國家統計局，http://www.insee.fr/en/，擷取日期：2009/03/08。

法國憲法，1958年頒布。

法國總統府，http://www.elysee.fr/accueil/，擷取日期：2009/03/08。

張台麟，1994a，《法國選舉法規輯要》。台北：中央選舉委員會。

張台麟，2003b，《法國政府與政治》。台北：五南。

齊祐，1980，《法國「第五共和」總統任期與選舉規定之涵義》。台北：友聯。

英 文部分

Elgie, Robert.2004. Political Institutions in Contemporary France. New York: Oxford University Press.

Masclet, Jean-Claude著、張台麟譯，1996，《法國選舉法規釋義》。台北：中央選舉委員會。

Theen, Rolf, and Frank Wilson. 2001. Comparative Politics: An Introduction to Seven Countries (4th ed.). NJ: Prentice-Hall.

第五章　德國總統選舉

楊宜佳

德意志民族於西元962年建立神聖羅馬帝國。1871年建立統一的德意志帝國。1914年發動第一次世界大戰。1919年建立威瑪共和國。1939年發動第二次世界大戰。德意志第三帝國於1945年戰敗投降後，由美、蘇、英、法四強在德國分別設占領區。1949年5月23日西部德國制訂頒布基本法，同年8月14日舉行大選，於是成立「德意志聯邦共和國」（Federal Republic of Germany, FRG），通稱西德。同年10月7日，蘇聯占領區亦宣布成立「德意志民主共和國」（German Democratic Republic ），通稱東德。

1972年12月21日東、西德簽訂基本條約，雙方同意在平等基礎上，發展睦鄰關係，放棄使用武力或以武力為威脅，促進歐洲之合作，效力國際裁減軍備，相互尊重其獨立主權，並共謀解決實際與人道的問題。1989年11月9日柏林圍牆為德國人民推倒。1990年5月18日，東西德簽署關於貨幣、經濟暨社會同盟的「國家條約」，同年7月1日該約生效。同年8月31日兩德政府關於實現政治統一的「統一條約」。1990年10月3日，東德根據西德基本法第23條加盟德意志聯邦共和國，經過長達半世紀的對峙，德國終於和平統一。其國旗與位置圖如圖5-1、圖5-2所示。

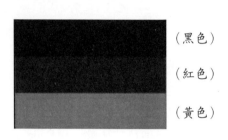

（黑色）

（紅色）

（黃色）

圖5-1　德意志聯邦共和國國旗

圖5-2　德意志聯邦共和國位置圖

　　直至2008年德國人口8,202萬人。全國共有16邦（states），各邦位置如圖5-3，各邦中、英文名稱則如表5-1所示。國體自1949年始為聯邦共和國，國會屬兩院制，包含上下議院，亦即聯邦參議院（Bundesrat）與聯邦議會（Bundestag），至2009年總員額分別為69名與612名。德國並採行責任內閣制，由聯邦議會大選中獲勝的政黨組閣，其黨魁出任總理，並任命部長、次長向國會負責，而目前德國主要政黨則如表5-2。

圖5-3　德國各邦相對位置圖

資料來源：http://www.deutschland.de/aufeinenblick/deutschlandkarte.php?lang=2
擷取日期：2009/04/11。

表5-1　德國各邦中、英名稱對照

各邦名稱	
巴登—伍騰堡邦 （Baden-Wuertemberg）	下薩克森邦（Niedersachsen）
拜燕邦（Bayern）	北萊茵邦（Nordrhein-Westfalen）
柏林市（Berlin）	萊茵—法爾茲邦（Rheinland-Pfalz）
布蘭登堡邦（Brandenburg）	薩爾邦（Saarland）
布萊梅市（Bremen）	薩克森邦（Sachesen）
漢堡市（Hamburg）	薩克森—安赫邦（Sachsen-Anhalt）
黑森邦（Hessen）	什列斯威—霍爾斯坦邦 （Schleswig-Holstein）
邁克林堡—弗泊莫邦 （Mecklenburg-Vorpommern）	圖林根邦 （Thüeringen）

表5-2　德國主要政黨

政黨名稱	縮寫
Christlich Demokratische Union，基督教民主聯盟	基民盟，CDU
Christlich Soziale Union in Bayern，基督教社會聯盟	基社盟，CSU
Sozialdemokratische Partei Deutschlands，社會民主黨	社民黨，SPD
Freie Demokratische Partei，自由民主黨	自民黨，FDP
Die Linkspartei，左翼黨	
Bundnis 90，90聯盟	
die Grunen，綠黨	

第一節　選舉制度緣由

　　第一次大戰前，德國為君主所統治。1919年則因第一次世界大戰戰敗的教訓所致，制定威瑪憲法由帝制改為共和。依威瑪憲法之規定，德國採行半總統制，聯邦大總統為國家元首，總統、內閣與國會接握有權力，每七年改選一次。1919年2月11日國民大會以379票對277票推選社民黨的艾伯特作為第一任聯邦大總統。1933年1月希特勒擔任總理一職。同年3月23日國會通過授權法案，使威瑪憲法喪失原本的功能。希特勒於1934年內閣逝世時頒布法令，合法地將聯邦大總統的位置直接交予自身，聯邦大總統被廢除，並由元首兼帝國總理所取代，直至第二次世界大戰結束後，德國基本法產生才終止。

　　德國於第二次大戰前，依據威瑪憲法採取二元體系，總統與國會議員均由人民直接選舉產生，兩者相互牽制。二次大戰後，實施的基本法則採取典型的議會內閣民主制度，放棄威瑪憲法二元體系式之規定，取消總統直接選舉方式，改採間接選舉。也就是說，基本法的架構為避免威瑪共和期間總統的實權走向獨裁之路，因而走向國會領袖，出任內閣總理的總理制（Conradt, 2001: 200）。聯邦總統的產生是由「聯邦大會」（Bundesversammlung）選舉，聯邦總統的權限受到相當程度的限制，對外代表國家，對內則忠誠地為人民奉獻，實質上成為「虛位元首」。

　　德國聯邦政府由聯邦內閣總理及其內閣閣員組織之，總理由聯邦總統提請聯邦議會選舉，內閣閣員則由聯邦總理提請聯邦總統任免。有鑒於威瑪共和時代，因在野黨反對政府，動輒倒閣以致於政局不穩的經驗，基本法中特別採行「建設性不信任投票」方式，依其規定，聯邦議會擬對現任總理表示不信任時，必須同時經多數表決選出其繼任人；動議與選舉之間，則必須間隔48小時。

第二節　現行選舉制度之設計與規劃

一、選舉程序

　　依據德國基本法第54條規定，聯邦總統由聯邦議會（Bundestag）全體議員與各邦議會所選舉出，同聯邦議會數額之代表共同組成的聯邦會議選出，非經由人民直接選舉。依據聯邦會議於每屆總統任滿30日以前集會，如遇總統任期未滿前離職，則於離職後30日以內集會。聯邦會議由聯邦議會主席召集，由聯邦議會主席決定聯邦會議舉行之時間與地點。1949年於波昂（Bonn）舉行德國首次聯邦大會，1954、1959、1964以及1969年則於柏林（Berlin）舉行，而1974年與1979年又重回波昂舉行。

　　聯邦總統選舉法依據德國基本法第54條第7項之規定所制定，每個年滿40歲的德國人，且具備選舉聯邦眾議院議員之選舉權者，即擁有聯邦總統之被選舉權。基本法第121條規定，若總統候選人無人獲得聯邦會議一半以上的支持時，則進行第二輪投票，得票數過半者當選。前兩輪投票均為絕對多數制。經過第一、二輪投票均無人過半時則進行第三輪投票，此時獲得相對多數支持者即可當選。聯邦大會開會期間之討論僅止於選舉議事過程，競選機關與候選人個人並不進行公開辯論，相關討論並非針對候選人之個別條件。依聯邦總統選舉法第9條規定，選舉結束後聯邦議會主席應通知當選人，並要求當選人於兩天以內聲明是否接受選舉結果。當選

人若是聲明接受選舉結果，則聯邦眾議院主席即應宣布聯邦會議開會結束。

　　據德國基本法第52條第2項第2款規定，聯邦總統連選得連任一次，任期5年。但若第一任為接續上一任總統之缺位，則可以連任至第三任任期為止。此外，德國並無設立副總統之職位，最主要原因是副總統在所有國家扮演的角色與地位，大部分僅是備位性質，憲法中並沒有賦予副總統任何職權。又德國總統屬於「虛位元首」，由總理掌握國家行政之實權，因此無須設立副總統一職，倘若聯邦總統因故不能視事或於任期未滿前缺位，依德國基本法第57條之規定，由聯邦參議院議長遞補。

二、德國歷任總統

　　德意志聯邦共和國自1949年舉行總統選舉以來，至2009年新一屆的選舉結果出爐，總共歷經10任總統，當中以基督教民主聯盟囊括6屆最多。歷任總統簡介如表5-3。

表5-3　德國歷任總統表

姓名		所屬政黨	任期開始	任期結束
	特奧多爾·豪斯（Prof. Dr. Theodor Heuss）	德國自由民主黨	1949年9月12日	1959年9月12日
	海因里希·呂布克（Dr. h. c. Heinrich Lübke）	德國基督教民主聯盟	1959年9月13日	1969年6月30日
	古斯塔夫·海涅曼（Dr. Dr. Gustav Heinemann）	德國社會民主黨	1969年7月1日	1974年6月30日

姓名	所屬政黨	任期開始	任期結束
瓦爾特・謝爾（Walter Scheel）	德國自由民主黨	1974年7月1日	1979年6月30日
卡爾・卡斯騰斯（Prof. Dr. Karl Carstens）	德國基督教民主聯盟	1979年7月1日	1984年6月30日
里夏德・馮・魏茨澤克（Dr. Richard von Weizsäcker）	德國基督教民主聯盟	1984年7月1日	1994年6月30日
羅曼・赫爾佐克（Prof. Dr. Roman Herzog）	德國基督教民主聯盟	1994年7月1日	1999年6月30日
約翰內斯・勞（Johannes Rau）	德國社會民主黨	1999年7月1日	2004年6月30日
霍斯特・克勒（Prof. Dr. Horst Köhler）	德國基督教民主聯盟	2004年7月1日	2009年6月30日
霍斯特・克勒（Prof. Dr. Horst Köhler）	德國基督教民主聯盟	2009年7月1日	2010年5月31日辭職
克里斯蒂安・武爾夫（Christian Wulff）	德國基督教民主聯盟	2010年7月1日	

資料來源：http://www.bundespraesident.de/tag.de/，擷取日期：2011/07/29。

第三節　2004年與2010年總統選舉實例

　　德國聯邦總統的任期是5年，正常情況下，聯邦大會每5年舉行一次，除非聯邦總統的任期提前結束，如聯邦總統死亡、自願辭職或被迫辭職。聯邦大會於何時何地舉行，由聯邦議院議長決定，但是憲法和政治慣例使他並沒有太大的自由選擇空間，德國《基本法》規定，聯邦大會最遲須在聯邦總統任期結束前30天舉行（Artikel 54 GG），慣例是比這一期限再提前2至6週。

　　在1979年第7屆聯邦大會籌備期間，聯邦議院議長卡爾·卡斯滕斯（Karl Carstens）決定將1979年5月23日作為聯邦大會舉行的日期，以紀念1949年5月23日德國《基本法》的公布。此後他的繼任者都無一例外地繼承了這一傳統，將5月23日這一特殊的日子作為1984年、1989年、1994年、1999年和2004年的聯邦大會日。

　　如果聯邦總統的任期提前結束，聯邦大會最遲須在此後的30天內舉行（Artikel 54, Absatz 4 GG），聯邦議院議長通常在與各黨派主席商討，並與聯邦議院主席團成員達成一致後，確定聯邦總統的選舉日期。

　　聯邦議院議長是聯邦大會的主席，由於聯邦大會沒有自己的議事程序，故聯邦大會遵循聯邦議院的議事程序。

　　聯邦大會的唯一任務是選舉聯邦總統，聯邦大會的每一個成員都有權提名聯邦總統的候選人，實踐中只有各黨派事先確定的候選人會被提名。聯邦總統的選舉採用祕密投票，在第一輪或第二輪投票中獲得絕對多數票者即為當選，若兩輪過後無人當選，則進行第三輪投票，在第三輪中獲得相對多數票即為當選。在當選人接受選舉後，聯邦議院議長宣布聯邦大會閉幕。（維基百科：http://zh.wikipedia.org/zh-hk /%E5%BE%B7%E5%9B%BD%E8%81%94%E9%82%A6%E5% A4%A7%E4%BC%9A）

　　聯邦大會（Bundesversammlung）是由聯邦議會議員，以及由各邦邦議會依政黨比例推選的各行各業代表等量組成，專門負責每5年舉行一次的總統選舉，《德國聯邦大會聯邦總統選舉法》（Gesetz uber die Wahl des Bundesprasidenten durch die Bundesversammlung）由聯邦議會制訂於1959

年公布實施。2004年5月23日之聯邦大會，是由1,205名代表組成，其中參加投票人數為1,204人，候選人必須獲得絕對多數的票數才能當選新一屆的總統，以2004年選舉來說，當選門檻為603票，基民盟與自民黨合作的結果，於聯邦大會中共擁有622名席次，最後選舉結果克勒獲得604票當選為德國第9任的聯邦總統。

　　而第10屆總統選舉則於2009年5月23日召開聯邦大會選舉之，總計1,223名代表參加，現任總統克勒獲得613票、社民黨候選人獲得503票、左翼黨候選人獲得91票，而極右翼政黨僅獲得4票，此外有2張廢票、10名代表棄權。最後，則是由基督教民主聯盟提名的克勒當選第10屆總統，成功獲得連任。2010年5月31日克勒辭辭。接著，改選總統。

　　執政聯盟候選人、51歲的下薩克森州州長武爾夫成功獲聯邦大會過半數支持，當選德國第11任兼最年輕的總統，但選舉經過3輪投票方有結果，多名聯盟成員倒戈，無疑大大打擊總理默克爾的管治威信。武爾夫與中國交往密切，為推動中德文化交流貢獻良多，其當選或有利中德關係進一步發展。前德國總統克勒因為發表不當言論而宣告辭職，隨後德國總理默克爾宣布她領導的執政聯盟決定推舉武爾夫作為總統候選人。

　　若要當選總統，武爾夫必須獲得德國聯邦大會1,244席中，見表5-4，過半數的623票支持。雖然默克爾領導的執政聯盟在大會中握有644票，但武爾夫在首兩輪投票中只取得600票和615票，直到前晚第3輪才勉強取得625票當選。投票歷時9小時，創下德國戰後最長的總統選舉紀錄。（中國評論新聞網）

表5-4　德國聯邦大會組成表

當然代表（聯邦議會議員）	622人
選任代表	622人
合計	1244人

參考書目

德國總統府，2011/07/29，http://www.bundespraesident.de/，擷取日期：
　2011/07/29。

德國聯邦參議院，http://www.bundesrat.de/DE/Home/homepage__node.
　html?__nnn=true，擷取日期：2009/03/08。

德國聯邦議會，http://www.bundestag.de/，擷取日期：2009/03/08〈德國聯
　邦大會聯邦總統選舉法〉（Gesetz über die Wahl des Bundespräsidenten
　durch die Bundesversammlung），1959年公布，http://www.gesetze-im-
　internet.de/bundesrecht/bpr_swahlg/gesamt.pdf，擷取日期：2009/06/06。

〈國際貨幣基金組織前總裁克勒當選為德國新總統〉，http://big5.
　xinhuanet.com/gate/big5/news.xinhuanet.com/world/2004-05/23/
　content_1485702.htm，擷取日期：2009/03/21。

〈霍斯特-克勒勝選將連任德國總統（圖）〉，http://news.sina.com.tw/
　article/20090523/1744802.html，擷取日期：2009/06/06。

Conradt, David P. , 2001, The German Polity (7th ed.). US:Longman.
　　中央社2010/7/1，總統選3輪才上重挫梅克爾聲望，聯合報A25版。

第六章　俄國總統選舉

李俊泓

第一節　俄羅斯總統地位及產生

一、俄羅斯總統的地位

　　在所有實施半總統制的國家當中，俄羅斯體制可說是其中相當特殊的一個案例。從新制度主義中的上游─制度抉擇、中游─制度設計與運作以及下游─制度影響的研究途徑來觀察俄羅斯的政權轉型與憲政運作時可發現，在上游的制度抉擇部分，該國在蘇聯尚未解體之前，實質上是由單一政黨（俄共）掌握國家機器，名義上則是維持著部長會議主席（政府），向人民代表會議以及最高蘇維埃（國會）負責、類似西方內閣制的模式。

　　民主化之後，共黨權力基礎崩潰，行政權回歸於部長會議主席手中，緊接著在1991年5月，俄羅斯人民用選票選出首屆民選總統，但是部長會議主席向人民代表大會主席，以及最高蘇維埃負責的模式卻仍然維持，導致俄羅斯同時具備民選總統、政府與國會等三項機構，而此三項機構同時並存，即為半總統制政體的顯著外觀。在中游的制度設計與運作部分，由於舊憲法設計不明確，沒有清楚畫分民選總統與國會的職權，導致從1992年至1993年之間，俄羅斯總統與國會為了爭奪控制政府的主導權，而爆發尖銳衝突，最後是總統以炮轟國會，近乎政變的方式徹底剷除反對派收場。經過流血事件之後，該國在總統主導之下制定並且經過公民投票通過一部賦予總統極大權力的憲法。

　　依該憲法架構的設計，總統成為國家權力的核心所在，尤其是在該憲法第111條第4項的授權之下，總統有權任命其所屬意之人選組織政府，俄羅斯國會若連續三次否決總統對於國家主席的提名，則總統可以直接任命

國家主席人選並且解散國會。更有甚者,該憲法並未明確規範總統三次的
提名人選必須為不同人士,進而導致總統若是執意提名特定人士,國會根
本無從反對的局面,俄羅斯總統也因此而牢牢掌握住政府的人事權,這同
時也是1998年俄羅斯府會憲政風暴的主要癥結。至於從下游的制度影響部
分觀察可知,俄羅斯因為該部憲法的實施而使其國家體制演變為在所有半
總統制類型中,將總統權力極大化的「超級總統制」。

　　俄羅斯總統為超級總統制,也就是說俄國總統為具有實權之國家元
首。其地位為:聯邦憲法及人權、公民權之維護者;依憲法程序維護聯邦
主權、國家獨立與整合、確保國家公權機關之協調與運作,依聯邦憲法與
法律決定國家內外政策方針,對內對外代表俄羅斯聯邦。

歷任總統列表

次	肖像	姓名	政黨	就任日期	離任日期
1		鮑里斯・尼古拉耶維奇・葉利欽 Борис Николаевич Ельцин	無	1991年7月10日	1999年12月31日
代理 2		弗拉基米爾・弗拉基米羅維奇・普京 Владимир Владимирович Путин	統一俄羅斯黨	1999年12月31日	2000年3月7日
				2000年3月7日	2008年5月7日
3		德米特里・阿納托利耶維奇・梅德韋傑夫 Дмитрий Анатольевич Медведев	統一俄羅斯黨	2008年5月7日	現任

二、俄羅斯總統的選舉

（一）總統選舉法律根據

1. 俄羅斯聯邦憲法1996年之新修憲版。
2. 俄羅斯聯邦公務妨礙法。其中在第5條之1到第5條之25對於妨礙投票的行為進行規範。
3. 俄羅斯聯邦民事訴訟法。其中在第259條到第261條規範出對個人提出選舉訴訟的規範。
4. 俄羅斯聯邦刑法。第141條及第142條明定關於妨礙投票之罰責。
5. 俄羅斯聯邦國家自動化系統「選舉」法。立法目的在於確保選舉過程的透明化以及各種選舉資訊的公開。
6. 俄羅斯聯邦國會國家杜馬代表選舉法。
7. 俄羅斯聯邦總統選舉法。
8. 俄羅斯聯邦公民參與選舉及公投之基本保障法。
9. 俄羅斯聯邦政黨法。

（二）俄羅斯總統的選舉

　　俄羅斯總統選舉與其說是民選制，其實更趨向於「提名制」，前任總統的意願和行為不僅影響選民情緒，也相當程度地左右了總統選舉結果。總統「提名制」是以總統集權為核心的「特別民主制度」，表現出俄羅斯「強總統，弱議會，小政府」的國家權力結構，成為俄羅斯總統大選中重要而獨特的現象。總統「提名制」對於俄羅斯政治制度的穩定性與政策的延續性，具有相當的作用（丁珮華，2008）。

　　總統的選舉制度：

1. 新憲法規定，總統由擁有選舉權的公民通過直接選舉產生，任期4年。任何一個年齡不小於35歲，在俄羅斯聯邦常住不少於10年的俄聯邦公民都可以競選總統。
2. 同一個人不得連續超過兩次擔任總統。總統選舉事宜由聯邦委員會決

定。

3. 選民和競選聯盟均可推舉總統候選人。每個候選人必須向俄聯邦中央選舉委員會提交有關個人收入和財產的資料，徵集足夠的符合憲法規定的簽名，最後由中央選舉委員會做出是否同意其參加競選的決定。根據《俄羅斯聯邦總統選舉法》，獲得參加投票的選民半數以上選票的註冊候選人被認為當選。

如果候選人有兩名以上，而其中任何一名候選人都沒有當選，中央選舉委員會宣布對得票領先的前兩名候選人進行第二輪投票；如果在第二輪投票中得票領先的一名候選人所得的贊成票數量超過完全反對票數量，則當選。如果出現下列三種情況，俄聯邦委員會將宣布重新進行選舉。

1. 總統選舉被認為無效；
2. 參加第二輪投票的候選人在投票當日撤選或由於其他原因退選；
3. 參加第二輪投票的候選人無一當選。

第二節　2008年俄羅斯總統選舉實例

一、2008年俄羅斯總統歷程

俄羅斯總統選舉於2008年3月2日舉行。毫無疑問，這次選舉吸引了全世界的目光。俄政府第一副總理梅德韋傑夫（Dmitry Anatolyevich MEDVEDEV）、俄共中央主席久加諾夫（Gennady Andreyevich ZYUGANOV）、自由民主黨主席日裏諾夫斯基（Vladimir Volfovich ZHIRINOVSKY）和民主黨領導人波格丹諾夫（Andrey Vladimirovich BOGDANOV）等4位總統候選人角逐總統職位。得到普京總統鼎力支持的梅德韋傑夫最新民調支持率已經超過70%，在選舉中以絕對優勢勝出似無懸念。

讓「普京路線」能夠繼續得以延續，也許是此次大選對俄羅斯未來的

意義所在。「同一個人擔任俄羅斯總統不得連續超過兩任」。俄憲法對國家元首任期所做的這項規定，使入主克里姆林宮8年的普京失去了謀求第三個總統任期的可能。而在過去的8年中，俄羅斯政局穩定，經濟連年快速增長，進入世界十大經濟體之列。目前，俄政府還確定了2020年俄國內生產總值進入世界五強、人均GDP達到3萬美元的戰略目標。另外，在普京執政的兩個任期裡，俄羅斯堅定的對外政策也使其鞏固了應有的國際地位。無論對內對外，俄民眾切身感受到了「普京路線」帶來的好處，也希望這些符合國情的方針政策在普京卸任後繼續得到延續。

　　實際上，繼任人選一直是普京思考的問題。梅德韋傑夫與普京相識多年，深得普京信任，在擔任一系列要職期間顯示出卓越的才華和對時局的駕馭能力，是被輿論稱為不會發生任何意外的最合適之總統候選人。深獲眾望的普京對梅德韋傑夫全力支持，事實上等於是為梅德韋傑夫勝選投下了最為關鍵的一票；而普京同意在梅德韋傑夫當選總統的條件下出任政府總理，更是為梅德韋傑夫增添了順利獲勝的籌碼。從另一個角度講，作為「普京路線」的堅定執行者，梅德韋傑夫力邀普京出任政府總理，將有助於國家現行政策得到最充分的貫徹和延續。

　　梅德韋傑夫也沒有讓普京「失望」。大選雖然還沒有開始，但強調延續「普京路線」，與普京「一個聲音」說話，已經在梅德韋傑夫並不多見的外交活動中得到了體現。日前，梅德韋傑夫先是不同尋常地與普京一起，以東道主身分出席了在莫斯科舉行的獨聯體國家領導人非正式峰會，強調發展與獨聯體國家關係仍然是俄外交的「絕對優先方向」；隨後又親赴貝爾格萊德，重申堅決反對科索沃單方面宣布獨立的堅定立場，顯示俄對塞爾維亞的強力支持。這些引人注目的外交舉動既有為參加選舉造勢的用意，也可以看作其準備進入新角色的「熱身」。

　　另外，大選開始之前，俄羅斯今後穩定的政治格局也已初步奠定。被稱為「政權黨」的統一俄羅斯黨，2007年12月在俄國家杜馬（議會下院）選舉中獲得了決定性勝利，全面鞏固了自己在國家杜馬的核心地位，這為該黨提名的總統候選人梅德韋傑夫勝選提供了保障。在梅德韋傑夫順利當選的前提下，普京若應邀再出任政府總理一職，那麼，大選後國家三大權

力機構的合作將達到空前的協調一致。這對全面維護國家政局的長期穩定必將發揮不容忽視的關鍵作用。目前，無論政治力量的組合還是政治格局的穩定，充分的選前安排已經保證了俄羅斯政局將在既定的軌道上向前發展。這是俄羅斯發展的需要，也是民眾對國家未來發展道路的選擇。

二、2008年俄羅斯總統選舉結果

2008年3月的俄羅斯總統選舉投票人數及結果如表6-1及表6-2所示。梅德韋傑夫獲得現任總統普京極力支持，因此獲得壓倒性的勝利。

表6-1　2008年俄羅斯總統選舉投票人數

登記投票人：	107222016	（2008年3月根據中央選舉委員會的審議結果）
投票數：	102767070	〔95.85%的登記選民數〕
有效票：	73731116	〔71.75%的投票數〕
無效票：	29035954	〔28.25%的投票數〕

資料來源 http://www.electionguide.org/results.php?ID=1301

表6-2　2008年俄羅斯總統選舉結果

總統候選人	政黨	得票數	得票率
梅德韋傑夫 Medvedev	United Russia	52,530,712	71.25%
波格丹諾夫 Bogdanov	Democratic Party of Russia	968,344	1.31%
裏諾夫斯基 Zhirinovsky	Liberal-Democratic Party of Russia	6,988,510	9.48%
久加諾夫 Zyuganov	Communist Party of the Russian Federation	13,243,550	17.96%

資料來源 http://www.electionguide.org/results.php?ID=1301

參考書目

丁佩華，2008，透視俄羅斯總統制，http://big5.xinhuanet.com/gate/big5/
news.xinhuanet.com/world/2008-02/29/content_7690012.htm，2010.2.9下
載

維基百科http://zh.wikipedia.org/wiki/%E4%BF%84%E7%BD%97% E6%96%
AF%E6%80%BB%E7%BB%9F

Election Profile: Russia Presidential 2008 Date: March 2, 2008, Election
Guide,Website http://www.electionguide.org/results.php?ID=1301，
2010.2.10下載

第七章　日本國家元首產生

余君山

第一節　前　言

　　1868年日本在內憂外患下，意識到若是想要達成富國強兵的目標，必須擺脫德川幕府的控制，因此要求德川幕府第十五代將軍德川慶喜交出政權，結束了德川幕府長達200多年的控制，並開啟了日本天皇擁有實質統治權力的時代，展開一連串的改革，即為日本史上著名的明治維新運動。從明治維新到二次世界大戰結束，日本一共經歷三位天皇，分別為明治天皇、大正天皇和裕仁天皇。

第二節　戰前日本天皇

　　在戰前的日本憲法為明治憲法，為伊藤博文等人仿照德意志憲法來制定，將天皇尊為「現人神」，為神聖不可侵犯的國家最高元首，掌握國家所有權力。其中最重要的便是憲法中規定的「統帥權的獨立」，軍隊的指揮命令專屬為天皇，不受其他國家機關約束、不受民眾監督，國會也只是聽命於天皇的機關。

　　明治憲法結合德意志君主至上的思想及日本傳統尊君的理念，並以此支配日本長達五十餘年。而領導階層便利用此天皇的權威跟神聖性來使部屬接受命令、貫徹執行。日本此時的社會以家父長制為基本，將家族倫理的精神極大化，讓民眾對天皇產生對父親一般的景仰與忠誠，形成不可動搖的支持。

第三節　戰後日本天皇

　　戰後的日本國憲法則為盟軍主導下的產物，天皇變成象徵性，如日本國憲法第1條即表示「天皇是日本國的象徵，是日本國民統一的象徵，其地位主權所在的全體日本國民的意志為依據」。天皇的地位是國民所賦予，因此國民為實質上擁有主權的人，天皇只是從屬，因此戰後的天皇只是象徵性，並無真正的實權，真正的實權掌握在日本首相手中。雖然日本天皇制需奠基於國民的意願基礎上，但實際上日本人民並未有機會對天皇制的贊同與否表達意見。

　　戰後天皇制之所以能保留，無疑是政治妥協下的產物。日本天皇的支配建立在古代君權神授、萬世一系、神聖不可侵犯的皇統上，因此日本戰爭的失敗對於日本民眾無疑是一個很大的打擊，等於否定了天皇神聖不可侵犯的神格。有鑑於日本天皇在民眾心中，已成為日本道統文化與歷史情感的中心，故天皇有其存在的必要，因此當時的盟軍為了避免再造成不必要的動盪，遂將天皇制保留，但為了避免日本軍國主義的復甦，以及違背民主主義的發展，將天皇制度改為象徵性天皇制度。表7-1為日本立憲後之歷任天皇。

表7-1　日本立憲之歷任天皇

天皇	就任期間
明治（Meiji）	1968～1912
大正（Taisho）	1912～1926
昭和（Showa）	1926～1989
平成（Heisei）	1989～迄今

資料來源：張世賢、陳恆鈞，2010：156。

第四節 天皇在各憲法版本之地位

戰後的日本憲法為盟軍所主導,而當時的日本政府由於為戰敗國,只能被迫採納盟軍所制定的憲法。雖然明治憲法與日本現行憲法因主導者的不同,一個為當時的領導階層伊藤博文制定,而另一個則為盟軍所主導,尤其是美國。但其都有一個共通點,皆為由上而下制定,基層人民無法參與。

當初除了日本國現行憲法的版本外,尚有其他版本,大致上可歸類為四種:分別為自由派、保守派、急進派、反動派。

一、自由派

自由派主張國民主權,即天皇象徵化,以現今日本國憲法為代表,認為如果要根絕日本軍國主義,勢必要改革日本天皇制。

二、保守派

保守派主張國家主權,即君民同治,以社會黨草案為代表,認為天皇擁有部分統治權,為社會道義中心。

三、急進派

急進派主張人民主權,即廢除天皇制度,以共產黨為代表,認為應該要廢除階級制度。

四、反動派

反動派主張天皇主權,即國體護持,以松本草案、近衛草案、自由黨草案、進步黨草案為代表,認為天皇至尊不可侵犯,所以要維持天皇制,天皇總覽統治權,國家為統治權的主體。

戰後日本修憲思潮中,主張天皇主權的草案居多,當時的日本政府與

保守勢力認為戰爭產生的原因，並非是明治憲法的原因，而是使用者的問題。明治憲法本身並沒有任何重大缺陷，問題在於運用出了差錯，因此對於修訂日本憲法並無太大意願。而當時主導修改憲法的代表為麥克阿瑟，其認為若不修訂明治憲法，將來仍有發生軍國主義的可能，遂以戰勝國的姿態強制修了日本現今憲法，其中有三大原則：1.天皇制度的改革；2.戰爭權的廢棄；3.封建制度的廢止。此憲法草案僅短短花費一週便完成，而此草案也成為日後日本憲法架構的依據，因此也有人稱日本憲法為麥克阿瑟憲法。

第五節　現今日本皇室

現今日本皇室所要面臨的最大問題便是少子化，雖然秋篠宮紀子妃已經產下一名男嬰，可以繼承日後的皇位，暫時，將是否要修改「皇室典範」，讓女子可以繼承天皇之位的爭議告一段落。但現今皇室男子高齡化的問題仍然存在。現今日本天皇繼承順位依照排序為：

1. 德仁皇太子（皇長子）；
2. 秋篠宮文仁親王（皇次子）；
3. 秋篠宮悠仁親王（皇次子長子）；
4. 常陸宮正仁親王（天皇次弟）；
5. 三笠宮崇仁親王（天皇四叔）；
6. 三笠宮寬仁親王（崇仁親王長子）；
7. 桂宮宜仁親王（崇仁親王次子）。

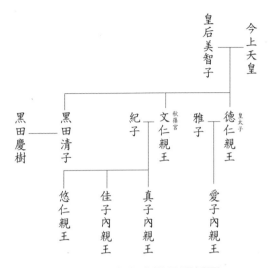

圖7-1　日本皇室繼承關係圖

資料來源：維基百科，http://zh.wikipedia.org/wiki/%E6%97%A5%E6%9C%AC%E7%9A%8 7%E5%AE%A4

　　隨著悠仁親王的誕生，暫時紓緩了皇室的繼承問題，但也有人提出另一個可能面臨的潛在危機，即當皇太子若是成為第126代天皇，而又沒有皇太子時，文仁親王將會成為第一順位繼承人。但文仁親王是德仁皇太子的胞弟，因此無法成為皇太子，只能成為皇太弟，這與現行皇室典範將會產生矛盾。而另一個問題便是皇太子與皇太弟的待遇，目前日本皇室的生活費皆由國庫支出，天皇、皇后、皇太子的內庭費、醫療照顧與皇太弟的待遇也有所不同，這些問題值得日本將來去面對。

參考書目

許介鱗，2006，《日本政治制度》。台北：三民書局。

皇室典範，維基百科，http://ja.wikipedia.org/wiki/%E7%9A%87%E5%AE%A4%E5%85%B8%E7%AF%84，2010/2/10下載

日本皇室繼承關係，維基百科，http://zh.wikipedia.org/wiki/%E6%97%A5%
　E6%9C%AC%E7%9A%87%E5%AE%A4，2010/2/10下載
張世賢、陳恆鈞，2010，《比較政府》，四版。台北：五南圖書。

第八章　中華民國總統選舉

王錫雯

第一節　前言

　　中華民國第一任至第八任總統皆是由國民大會選出，直至1994年第二屆國民大會第四次臨時會三讀通過中華民國憲法增修條文，其中第2條第1項規定：「總統、副總統由中華民國自由地區全體人民直接選舉之，自1996年第九任總統、副總統選舉實施。總統、副總統候選人應聯名登記，在選票上同列一組圈選，以得票最多之一組為當選。」故於1996年開放人民直選正副總統後，直到第十二任總統（2008年～2012年），皆以人民直選之方式選舉正副總統。中華民國總統的選舉由過去國民大會選舉間接產生，到開放人民直接選舉，在歷經選舉制度上的變革後，使人民更能夠實現當家作主之民主精神，並發揮政權之實際效益。人民直選制度就時間上看來，雖然不長僅實施過四任，亦即十六年，但對中華民國奠定民主政體而言，卻是意義深遠。

　　中華民國從1987年蔣經國總統頒布總統令，宣告解除戒嚴令，一直到民國1991年李登輝總統明令宣告廢止動員戡亂時期臨時條款。民主的深化逐漸成熟，不只是表現在制度上，就連政府與人民在心態上也產生了改變，透過憲法增修條文第2條的規定，賦予人民直接選舉總統的權利，而不再是由國民大會間接選舉。發展至今，已出現兩次和平的政權移轉。能有今日的成果，一切都須仰賴制度上的改革與穩定，否則台灣民主就不會有鞏固的機會。

　　本章將把中華民國總統選舉分成三大部分，首先介紹中華民國第一任至第十二任的正、副總統，內容包含任期的起點、終點與黨籍，以及任期交替過程中的代行職權、復行視事、繼任。其次，針對選舉制度，區分參選資格與投票資格的不同、並說明選舉程序、選舉方式之變革、登記為候選人之兩種方式。最後，對人民直選的第九任到第十二任進行比較分析，

並將四次選舉以圖表之方式呈現，以便觀察候選人參選方式、學經歷背景、出生地以及得票數與得票率的不同。

第二節　歷屆正副總統

　　1947年12月25日，中華民國行使憲法後，廢除「國民政府主席」一職，改以「中華民國總統」取代，並將日治時期之總督府改為總統、副總統之辦公機關。第一任總統由蔣中正先生於1948年5月20日就任，選舉方式由過去的國民大會間接選舉轉變為1996年第九任開始的人民直選，選舉制度的改變延續至2008年5月20日第十二任總統，由人民直選勝出的馬英九先生就任中華民國第十二任總統。以下，以表8-1，說明中華民國第一任至第十二任歷屆正副總統就任的起訖時間、黨籍、歷史沿革與任期轉變的過程。

表8-1　中華民國歷屆正副總統任期表

任次	總統	副總統	起訖時間		黨籍
第一任	蔣中正	李宗仁	1948/05/20	1949/01/21	中國國民黨
第二任	蔣中正	陳　誠	1954/05/20	1960/05/20	中國國民黨
第三任	蔣中正	陳　誠	1960/05/20	1966/05/20	中國國民黨
第四任	蔣中正	嚴家淦	1966/05/20	1972/05/20	中國國民黨
第五任	蔣中正	嚴家淦	1972/05/20	1975/04/05	中國國民黨
	嚴家淦		1975/04/06	1978/05/20	中國國民黨
第六任	蔣經國	謝東閔	1978/05/20	1984/05/20	中國國民黨
第七任	蔣經國	李登輝	1984/05/20	1988/01/13	中國國民黨
	李登輝		1988/01/13	1990/05/20	中國國民黨
第八任	李登輝	李元簇	1990/05/20	1991/05/20	中國國民黨
第九任	李登輝	連　戰	1996/05/20	2000/05/20	中國國民黨
第十任	陳水扁	呂秀蓮	2000/05/20	2004/05/20	民主進步黨
第十一任	陳水扁	呂秀蓮	2004/05/20	2008/05/20	民主進步黨
第十二任	馬英九	蕭萬長	2008/05/20	現任中	中國國民黨

資料來源：作者依據中華民國總統府網站資料製表。

一、蔣中正

　　第一任總統蔣中正先生就任期間內因面臨國共內戰，故於1949年1月21日發布引退文告，由副總統李宗仁先生代行總統的職權。國民政府播遷來台後，1950年3月1日由蔣總統中正先生在台北復行視事。1954年就任第二任總統，而後每隔六年，由國民大會選出總統就任者。因此，蔣中正先生一共擔任了五任總統，皆以國民大會選舉方式產生。但蔣中正先生於第五任總統就任期間內（1975年4月5日）病逝，依據憲法第49條之規定「總統缺位時，由副總統繼任，至總統任期屆滿為止。」故當時由副總統嚴家淦先生繼任，並於4月6日上午宣誓就任總統。此為中華民國史上第一次副總統繼任總統，本次繼任期間為1975年4月6日至1978年5月20日。

二、蔣經國

　　蔣總統經國先生於1978年經國民大會選舉，當選中華民國第六任總統；1984年再度當選第七任總統。但於第七任總統就任期間內（1988年1月13日）病逝，故由副總統李登輝先生繼任，繼任期間自1988年1月13日至1990年5月20日，此為中華民國第二次總統病逝，而由副總統依據憲法第49條之規定繼任總統。

三、李登輝

　　李總統登輝先生繼任兩年多總統後，隨後於1990年3月21日，經國民大會選舉為中華民國第八任總統；六年後第九任總統的推舉方式出現改變，改由人民直選之方式產生正副總統。是故，李登輝先生在第一次人民直選總統的方式之下，以54%的得票率當選為中華民國第九任總統。

四、陳水扁

　　中華民國自第一任總統以來直至第九任總統的黨籍皆為國民黨，台灣在國民黨六十多年來的長期執政下，從未實現過政黨輪替的情形，直至

2000年第二次人民直選總統，才首度發生政黨輪替與政權和平移轉，是由民進黨籍候選人陳水扁先生、呂秀蓮小姐以39.3%的得票率當選為第十任總統。

五、馬英九

在民進黨作為執政黨的八年後，國民黨提名馬英九先生作為第十二任總統候選人，並以蕭萬長先生作為馬英九先生的搭配副手。2008年第十二任總統選舉為台灣的第四次人民直選總統，選舉結果最後是由國民黨的馬蕭配以58%的得票率當選為正副總統，使國民黨重新取回執政權，也令台灣實現第二次的政黨輪替。

第三節　選舉制度

一、參選資格

正副總統參選資格之規定，可於憲法及總統副總統選舉罷免法中得知，並可分為積極資格與消極資格兩部分。

（一）積極資格

1.年齡、居住、設籍

關於正副總統候選人年齡之限制，於憲法本文第45條中有明文規定，「中華民國國民年滿四十歲者，得被選為總統、副總統。」

依總統副總統選舉罷免法第20條之規定，「在中華民國自由地區繼續居住六個月以上且曾設籍十五年以上之選舉人，年滿四十歲，得申請登記為總統、副總統候選人。回復中華民國國籍、因歸化取得中華民國國籍、大陸地區人民或香港、澳門居民經許可進入臺灣地區者，不得登記為總統、副總統候選人。」

2. 聯名登記

　　總統副總統選舉罷免法第21條規定，「總統、副總統候選人，應備具中央選舉委員會規定之表件及保證金，於規定時間內，向該會聯名申請登記。未聯名申請登記、表件或保證金不合規定，或未於規定時間內辦理者，不予受理。」此外，「同一組總統、副總統候選人，如經審定一人或二人資格不符規定，則該組候選人，應不准予登記。」

3. 申請登記應繳納保證金

　　總統副總統選舉罷免法第31條，「登記為總統、副總統候選人時，各組應繳納保證金新臺幣一千五百萬元。」同法第32條「保證金之繳納，以現金、金融機構簽發之本票、保付支票或郵局之劃撥支票為限。」

　　保證金應於公告當選人名單後十日內發還，但得票數不足選舉人總數百分之五者，不予發還。

（二）消極資格

　　首先，依總統副總統選舉罷免法第26條之規定，有下列情事之一者，不得登記為總統、副總統候選人：

1. 動員戡亂時期終止後，曾犯內亂、外患罪，經判刑確定者。
2. 曾犯貪汙罪，經判刑確定者。
3. 曾犯第84條第1項、第2項、第85條第1項第1款及其未遂犯、第86條第1項、第87條第1項第1款、第88條第1項、第89條第1項、公職人員選舉罷免法第89條第1項、第2項、第90條第1項第1款及其未遂犯、第90條之1第1項、第91條第1項第1款、第91條之1第1項、刑法第142條或第144條之罪，經判刑確定者。
4. 曾犯組織犯罪防制條例之罪，經判刑確定者。
5. 犯前四款以外之罪，判處有期徒刑以上之刑確定，尚未執行、執行未畢或於緩刑期間者。
6. 受死刑、無期徒刑或十年以上有期徒刑之判決尚未確定者。
7. 受宣告強制工作之保安處分或流氓感訓處分之裁判確定，尚未執行、

執行未畢或執行完畢未滿十年者。

8. 受其他保安處分之裁判確定，尚未執行或執行未畢者。

9. 受破產宣告確定，尚未復權者。

10. 依法停止任用或受休職處分，尚未期滿者。

11. 褫奪公權，尚未復權者。

12. 受禁治產宣告，尚未撤銷者。

　　其次，總統副總統選舉罷免法第27條規定，下列人員不得申請登記為總統、副總統候選人：

1. 現役軍人[1]。

2. 辦理選舉事務人員。

3. 具有外國國籍者。

　　以第十二任總統、副總統候選人有無具有外國國籍問題為例，中央選舉委員會民國97年3月10日新聞稿表示，查詢國家包括美國、日本及英國。美國方面經中央選舉會查證，依美國公民或移民紀錄，均未顯示候選人為美國公民。日本方面，如取得日本國籍必須事先喪失原國籍，經向內政部戶政司查詢，四位總統副總統候選人均有中華民國國籍，所以不可能取得日本國籍。

二、投票資格

（一）選舉權

　　總統副總統選舉罷免法第11條規定，「中華民國自由地區人民，年滿二十歲，除受禁治產宣告尚未撤銷者外，有選舉權。」

---

[1]　現役軍人，屬於後備軍人應召者，在應召未入營前，或係受教育、勤務及點閱召集，均不受限制。

（二）選舉人

1. 要　件

總統副總統選舉罷免法第12條中，有明文規定選舉人之要件：

(1)現在中華民國自由地區繼續居住六個月以上者。

(2)曾在中華民國自由地區繼續居住六個月以上，現在國外，持有效中華民國護照，並在規定期間內向其最後遷出國外時之原戶籍地戶政機關辦理選舉人登記者。

此外，在國外之中華民國自由地區人民申請返國行使選舉權登記查核辦法，由中央選舉委員會會同外交部、僑務委員會另定之。

2. 投票地

總統副總統選舉罷免法第13條：「選舉人，除另有規定外，應於戶籍地投票所投票。返國行使選舉權之選舉人，應於最後遷出國外時之原戶籍地投票所投票。」

三、選舉程序

依規定選舉程序共可分為十一個階段，如圖8-1所示：

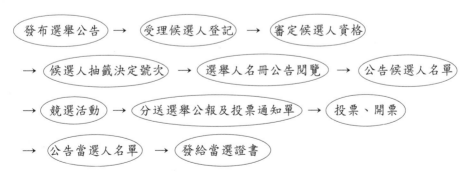

圖8-1　中央選舉委員會選舉階段

資料來源：作者依據中央選舉委員會網站資料製作。

　　在現任總統、副總統任期屆滿120日前,由選舉委員會發布選舉公告;總統、副總統選舉的受理候選人登記期間不得少於5日[2]。

　　選舉委員會除了審查登記候選人之積極資格外,還需向有關機關查證其消極資格,據以審定候選人之資格。經審定合格後,由選舉委員會於候選人名單公告3日前辦理公開抽籤,決定其姓名號次[3]。

　　選舉人名冊編造後,戶政機關應送由鄉(鎮、市、區)公所函報直轄市、縣(市)選舉委員會備查,並由鄉(鎮、市、區)公所公開陳列、公告閱覽,選舉人發現錯誤或遺漏時,得於閱覽期間內申請更正[4]。

　　競選活動期間以投票日前一日向前推算28天,每日競選活動自上午7時起,至下午10時止[5]。

　　中央選舉委員會應彙集各組候選人之號次、相片、姓名、出生年月日、性別、出生地、登記方式、住址、學歷、經歷及選舉投票等有關規定,編印選舉公報,並得錄製有聲選舉公報。選舉公報應於投票日二日前送達選舉區內各戶,並分別張貼適當地點[6]。

　　總統、副總統選舉,應視選舉人分布情形,就機關(構)、學校、公共場所或其他適當處所,分設投票所。投票所於投票完畢後,即改為開票所,當眾唱名開票[7]。

　　投票日後7日內,由選舉委員會依審定選舉結果公告當選人名單;總統、副總統之當選證書,由中央選舉委員會製發[8]。

　　依中央選舉委員會新聞稿所示,第十二任總統副總統選舉工作之重要選務工作日程如表8-2。

---

[2]　總統副總統選舉罷免法第34條。

[3]　總統副總統選舉罷免法第33條。

[4]　總統副總統選舉罷免法第18條。

[5]　總統副總統選舉罷免法第36條。

[6]　總統副總統選舉罷免法第44條。

[7]　總統副總統選舉罷免法第53條。

[8]　總統副總統選舉罷免法第66條。

表8-2　第十二任中華民國正副總統選舉選務工作日程

時　間	事　項
96年11月8日	發布選舉公告及發布在國外之中華民國自由地區人民申請返國行使總統、副總統選舉權登記公告
96年11月8日至97年2月11日	受理申請總統、副總統選舉返國行使選舉權選舉人登記
96年11月9日至11月13日	受理申請為總統、副總統選舉被連署人
96年11月15日	公告總統、副總統選舉被連署人
96年11月16日至96年12月30日	受理總統、副總統選舉連署書件
97年1月18日前	公告總統副總統選舉連署結果
97年1月22日	公告候選人登記日期及必備事項
97年1月26日至1月30日	受理候選人登記之申請
97年2月13日前	審定候選人名單，並通知抽籤
97年2月15日	候選人抽籤決定號次
97年2月22日	公告候選人名單與競選活動期間之起、止日期及每日競選活動之起、止時間
97年2月23日至3月21日	辦理候選人電視政見發表會
97年3月22日	投票開票
97年3月28日	公告當選人名單
97年3月31日前	致送當選證書

資料來源：作者依據中選會96年8月8日新聞稿製表。

四、選舉制度之變革

（一）產生方式

　　過去正副總統是由國民大會間接選舉而產生，但經民國83年第二屆國民大會第四次臨時會三讀通過憲法修正案後，依中華民國憲法增修條文第2條之規定，「總統、副總統由中華民國自由地區全體人民直接選舉之，自中華民國85年第九任總統、副總統選舉實施。」

（二）總統選制變革之原因

民國79年6月29日所召開的國是會議，內容針對「憲政改革」等展開討論，獲致總統由民選產生的共識。民國81年1月12日，國民黨中央邀集全體黨籍國代舉行第二階段修憲座談會，36位發言國代多數主張委任直選。此時民進黨也推動總統直選聯盟的工作，欲與國民黨的委任直選案相抗衡。在民意反映以及國民黨內意見逐漸凝聚之下，國民黨重新評估了公民直選總統的可能性。在第十三屆三中全會中，針對甲案「總統直選，由選民投票」制及乙案「總統直選，委任國民大會代表投票」制兩案進行投票，其中14人支持公民直選，10人支持委任直選，並於民國81年3月14日的三中全會中獲得修憲共識（杜哲宇，2004：22-23）。

（三）中華民國總統選制採相對多數決之原因

在確立公民直選的方向後，總統當選標準究竟要採行相對多數決或絕對多數決，也在學界引起廣泛的討論，此議題於民國83年1月修憲諮詢顧問小組第三次會議中被提出討論，小組成員中主張絕對多數者共12位，如關中、魏鏞等人，其理由包括：採行絕對多數制將有助於政黨內部整合；凝聚國人共識，突顯台灣生命共同體；可抑止冒進的想法；符合民眾期望安定的心理；可避免選出多數人所排斥的台獨總統；有助於總統之行使政策大權及未來的聲望與領導等等。而支持相對多數決制者共8位，如黃主文、王金平等，其論點認為：相對多數當選可避免選票不過半時，舉行第二輪選舉可能嚴重影響政局穩定，而小黨將藉機擴大影響力，進而造成政黨間不當的利益交換；較符合我國行之多年的行政首長選舉慣例；對於一個並非總統制的國家，現行總統之職權並未大幅度更動的情況下，並不需要絕對多數來刻意強調總統的角色。儘管贊成絕對多數者略占多數，但當時可能由於黨中央評估首次民選總統採相對多數制將有利於國民黨籍總統候選人當選，較傾向主張相對多數制的立場，因此，在民國83年2月16日修憲策劃小組第三會議中乃以符合行政首長慣例及社會安定之顧慮為由，決議採相對多數決制，此項議題自此定案，直到臨中全會結束後，於黨版

修憲條文第2條中規定「以得票最多之一組為當選。」（杜哲宇，2004：
25-26）。

（四）任　期

憲法本文第47條之規定：「總統、副總統之任期為六年，連選得連任
一次。」原先，正副總統之任期為一任六年，但經修憲過後，依憲法增修
條文第2條之規定，「總統、副總統之任期為四年，連選得連任一次，不
適用憲法第47條之規定。」

五、登記為候選人之方式

（一）政黨推薦方式

1. 政黨推薦書

總統副總統選舉罷免法第22條規定，「依政黨推薦方式向中央選舉委
員會申請登記為總統、副總統候選人者，應檢附加蓋內政部發給該政黨圖
記之政黨推薦書；二個以上政黨共同推薦一組候選人時，應檢附一份政黨
推薦書，排列推薦政黨之順序，並分別蓋用圖記。同一政黨，不得推薦二
組以上候選人，推薦二組以上候選人者，其後登記者，不予受理。」

2. 政黨推薦之門檻限制

最近任何一次總統、副總統或立法委員選舉，政黨所推薦候選人得票
數之和，應達該次選舉有效票總和百分之五以上。二個以上政黨共同推薦
一組總統、副總統候選人者，各該政黨推薦候選人之得票數，以推薦政黨
數除其推薦候選人得票數計算之。

3. 政黨推薦方式舉例說明——以第十二任總統副總統選舉為例

第12任正副總統選舉政黨推薦候選人應於第11任總統副總統選舉或第
七屆立法委員選舉，其所推薦候選人得票數之和，達該次選舉有效票總和
百分之五以上。

　　依照中央選舉委員會2008年1月22日新聞稿表示，第12任總統副總統選舉，可以推薦候選人參選的政黨，有中國國民黨、民主進步黨及親民黨3個政黨。

　　最後經審查符合規定的2組第12任總統副總統選舉候選人，分別為中國國民黨推薦的馬英九、蕭萬長，以及民主進步黨所推薦的謝長廷、蘇貞昌。

（二）連署方式

1. 連署書件、保證金

　　依總統副總統選舉罷免法第23條之規定，「依連署方式申請登記為總統、副總統候選人者，應於選舉公告發布後五日內，向中央選舉委員會申請為被連署人，申領連署人名冊格式，並繳交連署保證金新臺幣一百萬元。中央選舉委員會受理前項申請後，應定期公告申請人為被連署人，並函請直轄市、縣（市）選舉委員會於公告之次日起四十五日內，受理被連署人或其代理人提出連署書件。但補選或重行選舉時，應於公告之次日起二十五日內為之。」

2. 連署人與連署人數

　　由總統副總統選舉罷免法第23條，可知連署人與連署人數之相關規定。

(1)中華民國自由地區人民，於選舉公告日，年滿二十歲者，得為連署人。

(2)連署人數，已達最近一次立法委員選舉選舉人總數百分之一點五者，中央選舉委員會應定期為完成連署之公告，發給被連署人完成連署證明書，並發還保證金。連署人數不足規定人數二分之一者，保證金不予發還。

(3)被連署人或其代理人應依中央選舉委員會規定之連署人名冊及切結書格式，依式印製，徵求連署。連署人連署時，並應附本人之國民

身分證影本。同一連署人，以連署一組被連署人為限，同時為二組以上之連署時，其連署均無效。

3. 查核連署書件之機關與程序

　　查核總統、副總統選舉連署書件辦理機關為中央選舉委員會、直轄市與縣（市）選舉委員會。辦理程序為直轄市、縣（市）選舉委員會以人工方式查核總統、副總統選舉連署書件；以電腦登錄連署人資料及統計查核結果；再將連署人資料電腦檔案磁碟片，併同電腦統計列印之連署書件受理及查核結果報告表1份，於指定日前備函指派專人送達中央選舉委員會，並將電腦檔案傳輸中央選舉委員會。中央選舉委員會彙齊直轄市、縣（市）選舉委員會之電腦磁碟片，進行電腦檔案合併，檢查有無重複連署之情形。最後由中央選舉委員會完成被連署人之連署書件受理及查核結果統計，並提委員會審議。（台中市選舉委員會，第12任總統副總統選舉工作進行程序表）

　　總統副總統選舉連署及查核辦法第8條也出現相同之規定，直轄市、縣（市）選舉委員會受理連署書件後，應予查核，完成連署書件查核後，應將下列受理及查核結果於規定期限內函報中央選舉委員會。

4. 爭議——連署與保證金是否違憲

　　總統、副總統選罷法等法規就連署及保證金之規定曾引起是否違憲之虞，依釋字第468號解釋文，「憲法第46條規定：總統、副總統之選舉，以法律定之。立法機關依此制定法律，規範總統、副總統之選舉程序，應符合公平合理之原則。總統副總統選舉罷免法第23條第2項及第4項規定，總統、副總統候選人須於法定期間內尋求最近一次中央民意代表選舉選舉人總數百分之一點五以上之連署，旨在採行連署制度，以表達被連署人有相當程度之政治支持，藉與政黨推薦候選人之要件相平衡，並防止人民任意參與總統、副總統之候選，耗費社會資源，在合理範圍內所為適當之規範，尚難認為對總統、副總統之被選舉權為不必要之限制，與憲法規定之平等權亦無違背。又為保證連署人數確有同條第4項所定人數二分之一以上，由被連署人依同條第1項提供保證金新台幣一百萬元，並未逾越立法

裁量之範圍，與憲法第23條規定尚無違背。總統副總統選舉連署及查核辦法係主管機關依總統副總統選舉罷免法第23條第9項授權所訂定，其授權有明確之目的及範圍，同辦法第2條第3項關於書件不全、不符規定或保證金不足者，中央選舉委員會應拒絕受理其申請之規定，符合法律授權之意旨，與憲法並無牴觸。惟關於上開被選舉權行使之要件，應隨社會變遷及政治發展之情形，適時檢討改進，以副憲法保障人民參政權之本旨，乃屬當然。」

　　由上可知，關於連署與一百萬保證金之規定，經大法官會議解釋並未構成違反憲法之條件，乃屬合理範圍內所為適當之規範，並未逾越立法裁量之範圍。

5. 連署方式舉例說明——以第十一任、第十二任總統副總統選舉為例

(1) 第十一任總統副總統選舉

　　第十一任總統副總統選舉共有兩組候選人是以連署方式登記參選，如表8-3所示。依規定第十一任正副總統選舉之法定連署人數為237,341人[9]；最後兩組候選人，均未達成法定連署人數。

　　兩組人員因未達法定人數而無法成為第十一任正副總統候選人外，由於連署人數不足規定人數二分之一，所以保證金一百萬也不予發還。

表8-3　第十一任總統副總統選舉兩組連署人

組別	總統選舉被連署人	副總統選舉被連署人	提出連署人數	符合規定人數	連署結果
第一組	吳松財	吳志宏	0	0	未完成法定連署人數
第二組	楊天錫	黃春申	294	287	未完成法定連署人數

資料來源：作者依據中央選舉委員會網站資料製表。

---

[9]　計算方式：15822684（2001年第五屆立委選舉之選舉人數）×0.015（百分之一點五）＝237340.26（連署最低門檻）。

(2) 第十二任總統副總統選舉

　　第十二任總統副總統選舉共有三組候選人是以連署方式登記參選，如表8-4所示。依規定第十二任正副總統選舉之法定連署人數為248,389人[10]；然而最後三組人員王崇任與趙連出（提出連署人數500人）、蕭陽義與張振德（提出連署人數0人）、林金英與宋楚瑜（提出連署人數209人），均未完成法定連署人數。

　　三組人員因未達法定人數而無法成為第十二任正副總統候選人外，由於連署人數不足規定人數二分之一，所以一百萬的保證金也不予發還。

表8-4　第十二任總統副總統選舉三組連署人

組別	總統選舉被連署人	副總統選舉被連署人	提出連署人數	符合規定人數	連署結果
第一組	王崇任	趙連出	500	500	未完成法定連署人數
第二組	蕭陽義	張振德	0	0	未完成法定連署人數
第三組	林金英	宋楚瑜	209	209	未完成法定連署人數

資料來源：作者依據中央選舉委員會網站資料製表。

六、競選費用之補貼[11]

　　各組候選人選舉得票數達當選票數三分之一以上者，應補貼其競選費用，每票補貼新台幣30元。但其最高額，不得超過候選人競選經費最高金額。以第十二任為例，同一組候選人競選經費最高金額為420,955,000元。

　　中央選舉委員會應於當選人名單公告之次日起20日內，核算補貼金

10　計算方式：16559254（2004年第六屆立委選舉之選舉人數）×0.015（百分之一點五）＝248388.81（連署最低門檻）。

11　總統副總統選舉罷免法第41條。

額，並通知依連署方式登記之同組候選人，或推薦候選人之政黨，於三個月內掣據向中央選舉委員會領取。

　　候選人或政黨未於規定期限內領取競選費用補貼者，中央選舉委員會應催告其於三個月內具領；屆期未領者，視為放棄領取。

第四節　人民直選總統第九任到第十二任之比較分析

一、第九任

　　民國85年首度開放人民直選總統，此次共有四組候選人參選，最後由中國國民黨推派之李登輝先生與連戰先生，以過半的得票率大幅領先排名第二的民進黨籍候選人當選中華民國第九任正、副總統，而且這也是截至第十二任正副總統選舉為止選舉票數差距最大的一次。表8-5清楚列出候選人的推舉方式、學歷、經歷、出生地、得票數與得票率，而四組的排列次序是依候選人的競選號次依序排列。其中，因篇幅有限，故經歷的部分僅標記出候選人參選前的一項重要職位。

表8-5　第九任正副總統選舉候選人

候選人	推薦政黨	經歷	學歷	出生地	得票數	得票率
陳履安	無黨籍	監察院第五任院長	美國紐約大學數學碩士	中國廬山縣	1074044	9.98%
王清峰		第二屆監察委員	國立政治大學法律研究所	台灣台南市		
李登輝	中國國民黨	副總統繼任總統	美國康乃爾大學農業經濟學博士	台灣台北縣	5813699	54%
連戰		行政院院長	芝加哥大學政治學博士	中國西安市		

候選人	推薦政黨	經歷	學歷	出生地	得票數	得票率
彭明敏	民主進步黨	彭明敏文教基金會董事長	法國巴黎大學法學博士	台灣台中縣	2274586	21.13%
謝長廷		立法院第二屆委員	日本京都大學法哲學碩士	台灣台北市		
林洋港	無黨籍	中國國民黨副主席	國立臺灣大學政治學系	台灣南投縣	1603790	14.9%
郝柏村		中山科學研究院院長	陸軍大學二十期正規班	中國江蘇省		

資料來源：作者依據中央選舉委員會網站資料製表。

　　由表8-5可知，總統、副總統推舉方式、經歷、學歷以及出生地之間不同的變化。首先，就「推舉方式」看來，四組候選人，只有兩組是由政黨推薦的方式，另外兩組「陳王配」、「林郝配」不是由政黨推派，而是以連署的方式來參選。其次，「學、經歷」的部分，都具有大學以上的學歷，也具有與政治相關的公職或工作經驗。第三，出生地以台灣占多數，八位之中僅有三位出生於中國。最後，由國民黨推派的李登輝與連戰當選中華民國第九任總統，而且是以顯著的差異獲勝，大幅領先民進黨籍彭謝配，以54%大勝對手21%。

　　以第九任總統副總統選舉而言，由政黨推薦的候選人只有兩組，另外兩組是由連署方式產生，分別是林洋港、郝柏村以及陳履安、王清峰，皆以連署的方式獲得參選資格。依總統副總統選舉罷免法之規定，連署人數應達最近一次立法委員選舉選舉人總數1.5%；而1996年第九任總統副總統選舉之法定連署人數為201,318人。

二、第十任

　　民國89年第十任正副總統選舉為開放人民直選總統後的第二次，競爭組數共有五組比第九任多出一組（如表8-6），就參與選民人數就超過1,200萬，投票率達82.69%，為歷年來最高紀錄。最終由民進黨推派的陳

呂配當選中華民國第十任正副總統，以39%的得票率獲勝，但就其與對手的差距看來，未有上次總統選舉的差距大，陳呂配與排名第二的宋張配僅差距3%，但這次的獲選卻為民進黨取得政權，也為台灣帶來第一次的政權移轉。

　　五組候選人中有兩組候選人是依據選罷法第23條，以連署的方式取到參選資格，分別獨立參選為正副總統候選人，另外三組分別是由國民黨、

表8-6　第十任正副總統選舉候選人

候選人	推薦政黨	經歷	學歷	出生地	得票數	得票率
宋楚瑜	無黨籍	臺灣省政府第一任省長	喬治城大學政治學博士	中國湖南省	4664972	36.84%
張昭雄		長庚醫院院長	台灣大學醫學系	台灣高雄市		
連戰	中國國民黨	第九任副總統	芝加哥大學政治學博士	中國西安市	2925513	23.1%
蕭萬長		行政院院長	國立政治大學外交研究所碩士	台灣嘉義市		
李敖	新黨	作家及節目主持人	台灣大學歷史系	中國吉林省	16782	0.13%
馮滬祥		立法院第四屆委員	美國波士頓大學哲學博士	中國上海市		
許信良	無黨籍	民主進步黨第七屆主席	國立政治大學政治系	台灣桃園縣	79429	0.63%
朱惠良		立法院第四屆委員	美國普林斯頓大學藝術考古研究所博士	台灣		
陳水扁	民主進步黨	民主進步黨第十屆主席	國立臺灣大學法律系	台灣台南縣	4977697	39.3%
呂秀蓮		桃園縣第十三屆縣長	美國哈佛大學法學碩士	台灣桃園縣		

資料來源：作者依據中央選舉委員會網站資料製表。

新黨、民進黨依據選罷法第22條提名為正副總統候選人。「學歷」方面參選人都具有大學以上的學歷。「經歷」的部分，只有張昭雄先生與李敖先生未有公職經驗，另外8位都具有公職經驗。「出生地」僅有宋楚瑜、連戰、李敖、馮滬祥4位是出生於大陸，另外六位都是出生於台灣。最後由民進黨籍的陳呂配當選，成為民進黨成立政黨以來第一次贏得總統大選。

三、第十一任

民國93年第十一任正副總統選舉為第三次人民直選總統，競爭組數比起前面兩次明顯減少，為總統直選以來組別最少的一次，形成強烈的藍綠對決。最終是由民進黨籍的陳呂配連任當選第十一任正副總統，但兩組候選人得票率的差距比起第十任還要少，只有0.22%的微幅差距。此次選票差距為歷年來相差最接近的一次，而且廢票高達三十三萬票，數量為第十任總統選舉的三倍之多。

第十一任欲以連署方式參與選舉之候選人共有兩組，第一組被連署人吳松財、吳志宏沒有提出連署人；而第二組被連署人楊天錫、黃春申，雖提出交294人的連署書件，但經資格查核，只有287人符合連署人資格。即使如此，仍不符合23萬7,341人的最低連署門檻。因此，這兩組參選人均不符合被連署資格，故未成為候選人。

表8-7　第十一任正副總統選舉候選人

候選人	推薦政黨	經歷	學歷	出生地	得票數	得票率
陳水扁	民主進步黨	第十任總統	國立臺灣大學法律系	台灣台南縣	6471970	50.11%
呂秀蓮		第十任副總統	美國哈佛大學法學碩士	台灣桃園縣		
連戰	中國國民黨及親民黨	中國國民黨第三屆主席	芝加哥大學政治學博士	中國西安市	6442452	49.89%
宋楚瑜		親民黨主席	喬治城大學政治學博士	中國湖南省		

資料來源：作者依據中央選舉委員會網站資料製表。

　　四位候選人都參與過第十任的選舉競爭，陳呂配的組合爭取連任，但連宋配的組合卻與四年前不一樣，宋楚瑜於參選第十任敗選後組成親民黨，所以參選第十一任與國民黨合作是希望透過泛藍的整合，來增加當選的機率。不過，最後還是由民進黨的陳呂配以微幅的票數差距當選。

　　二組候選人差距為29,518票，經過驗票，二組候選人差距縮小為25,563票，再加上廢票的比例過高。因此，連宋陣營針對當選人陳水扁、呂秀蓮向高等法院提出「當選無效之訴」，並針對中央選舉委員會提出「選舉無效之訟」。

（一）當選無效

　　依總統副總統選舉罷免法第104條之規定，當選人有下列情事之一者，選舉機關、檢察官或候選人得以當選人為被告，自公告當選之日起三十日內，向管轄法院提起當選無效之訴：

1. 當選票數不實，足認有影響選舉結果之虞者。
2. 對於候選人、有投票權人或選務人員，以強暴、脅迫或其他非法之方法，妨害他人競選、自由行使投票權或執行職務者。
3. 有第84條、第87條第1項第1款、第89條第1項或刑法第146條第1項之行為者。
4. 有第86條第1項之行為，足認有影響選舉結果之虞者。

　　2005年6月17日，最高法院宣判，國親連宋陣營被判敗訴。依選罷法規定，國親不得提再審或上訴，全案定讞。

（二）選舉無效

　　總統副總統選舉罷免法第102條「選舉委員會辦理選舉違法，足以影響選舉結果者，檢察官、候選人，得自當選人名單公告之日起十五日內，以各該選舉委員會為被告，向管轄法院提起選舉無效之訴。」

　　2005年9月16日，最高法院判決連宋陣營所提之陳、呂選舉無效之訴敗訴，選舉無效之訴宣告定讞。

四、第十二任

　　第十二任總統副總統選舉是開放人民直選後的第四次，競爭組數與第十一任同樣為兩組，一樣是藍綠雙方的對決（如表8-8）。最後，由國民黨籍的馬蕭配獲得勝利，當選第十二任的正副總統，與對手陣營長昌配相差十七個百分點，完成第二次的政權和平移轉。

表8-8　第十二任正副總統選舉候選人

候選人	推薦政黨	經歷	學歷	出生地	得票數	得票率
謝長廷	民主進步黨	民主進步黨第十三屆黨主席	日本京都大學法哲學碩士	台灣台北市	5444949	41.55%
蘇貞昌		行政院院長	國立臺灣大學法律學系	台灣屏東縣		
馬英九	中國國民黨	中國國民黨第四任黨主席	美國哈佛大學法學博士	中國香港	7659014	58.45%
蕭萬長		中國國民黨副主席	國立政治大學外交研究所碩士	台灣嘉義市		

資料來源：作者依據中央選舉委員會網站資料製表。

　　兩組候選人分別由不同的政黨推薦，長昌配是由民進黨推派；馬蕭配則是由國民黨推派。「經歷」方面，四位候選人皆具公職經驗；「學歷」的部分都有大學以上。「出生地」僅有馬英九先生是出生於香港，另外三位都是在台灣出生。馬蕭配的獲勝替國民黨重新掌有政權，相隔八年後也為台灣創造第二次政權和平移轉的經驗。

　　第十二任總統副總統選舉共有三組人員是以連署之方式來參選，依規定第十二任正副總統選舉之法定連署人數為248,389人；然而最後三組人員王崇任與趙連出（提出連署人數500人）、蕭陽義與張振德（提出連署人數0人）、林金英與宋楚瑜（提出連署人數209人），均未完成法定連署人數。三組人員除未達法定人數而無法成為第十二任正副總統候選人外，由於連署人數不足規定人數二分之一，所以一百萬的保證金也不予發還。

第五節　總統副總統選舉罷免法

一、總統副總統選舉罷免法重點

　　中華民國總統選舉是正副總統一起選舉，其正式名稱為「總統副總統選舉」。其適用制度法源除了憲法之外，最主要就是《總統副總統選舉罷免法》──民國84年8月9日制定，民國97年1月16日修正。該法的重點為：

　　一、總統選舉機關：總統、副總統選舉由中央選舉委員會主管並指揮、監督省（市）、縣（市）選舉委員會辦理之。

　　二、選舉人（擁有投票權）：包括在國內及現在國外之由中華民國自由地區公民，均得為總統、副總統之選舉人，但在國外之中華民國自由地區公民行使選舉權，需返國為之。

　　三、總統（副總統）候選人資格：在中華民國自由地區繼續居住六個月以上且曾設籍十五年以上之選舉人，年滿四十歲，得申請登記為總統、副總統候選人。 回復中華民國國籍、因歸化取得中華民國國籍、大陸地區人民或香港、澳門居民經許可進入臺灣地區者，不得登記為總統、副總統候選人。（第20條）

　　四、候選人除了以上的通則外，為了避免候選人過多，影響選情。該法還規定總統候選人必須要有主要政黨推薦。而主要政黨定義為：最近任何一次總統、副總統或立法委員選舉（取其一），其所推薦候選人得票數之和，應達該次選舉有效票總和百分之五以上。二個以上政黨共同推薦一組總統、副總統候選人者，各該政黨推薦候選人之得票數，以推薦政黨數除其推薦候選人得票數計算之。

　　五、除此，為了救濟無主要政黨推薦的總統候選人仍可選舉，該法規定該候選人可由公民連署提出。總統選舉的公民連署定義為：連署人數於第二項規定期間內，已達最近一次立法委員選舉選舉人總數百分之一點五者。此連署的連署人必須具名，且須造冊。

二、總統副總統選舉罷免法沿革

名　　稱　總統副總統選舉罷免法（新84.08.09制定）
公布日期　民國 84 年 08 月 09 日
修正日期　民國 98 年 05 月 27 日
資料更新　民國 100 年 03 月 11 日
　　　　　1.中華民國84年8月9日總統令制定公布全文107條
　　　　　2.中華民國92年10月29日總統令修正公布全文117條；並自公布
　　　　　　日施行
　　　　　3.中華民國93年4月7日總統令修正公布第61條條文；並增訂第
　　　　　　93-1條條文
　　　　　4.中華民國95年5月30日總統令修正公布第11、86、89、117條
　　　　　　條文；並自95年7月1日施行
　　　　　5.中華民國96年8月8日總統令修正公布第55條條文
　　　　　6.中華民國97年1月16日總統令修正公布第60條條文；並增訂
　　　　　　第63-1條條文；並自公布日施行
　　　　　7.中華民國98年5月27日總統令修正公布第11、26、117條條
　　　　　　文；並自98年11月23日施行

參考書目

中央選舉委員會。http://www.cec.gov.tw/
中華民國總統府。http://www.president.gov.tw/
台中市選舉委員會第12任總統副總統選舉工作進行程序表。http://tc.cec.
　gov.tw/files/F080618/20080618134853.doc
全國法規資料庫。http://law.moj.gov.tw/
全國法規資料庫，總統副總統選舉罷免法（1995.08.09制定，2009.05.27
　修正）http://law.moj.gov.tw/LawClass/LawAll.aspx?PCode=D0020053，

2010/2/10下載

杜哲宇，2004，《中華民國總統選舉制度：相對多數決與絕對多數決之探
　　討》，國立臺灣大學國家發展研究所碩士論文

基隆市選舉委員會第223次委員會議紀錄。http://kl.cec.gov.tw/
　　files/20080128171900_11.doc

富權，〈兩岸觀察〉，新華澳報，http://www.waou.com.mo/detail.
　　asp?id=1335，2010/2/10下載。

歷任總統、副總統介紹，總統府網站。http://www.president.gov.tw/
　　1_roc_intro/xpresident/index.html，2010/2/10下載

選舉資料庫網站。http://210.69.23.140/

http://tc.cec.gov.tw/files/F080618/20080618134741_1.名單，公告.doc

第九章 中華人民共和國國家主席選舉

王錫雯

第一節　國家主席制度沿革

　　中華人民共和國主席職位之存廢情形，在其國家的歷史演進脈絡中，國家主席的設立與否係取決於憲法中是否有設置國家主席之規定，整體而言，約略可分為以下四個階段，由國家主席的設立到撤銷再到恢復建立國家主席、穩定發展的現階段（資料來源：中華人民共和國中央人民政府門戶網站）。中華人民共和國主席的設立大致可分為四個階段：即1949年中華人民共和國成立，至1954年第一部《憲法》的頒布，此時只有中央人民政府主席一職；1954年國家主席的設立至1975年第二部《憲法》對國家主席的撤消；自1975年國家主席在《憲法》上的缺位至1982年第四部《憲法》對國家主席的恢復；以及1982年至今國家主席制度的穩步發展時期（資料來源：維基百科—中華人民共和國主席）。

一、1949年～1954年：「國家主席」不存在時期

　　自1949年10月1日中華人民共和國的成立直到1954年，國家主席的職位並不存在，而是由中央人民政府委員會行使國家主席的職權。中央人民政府委員會的組織結構為設立主席1名，副主席6名，委員56名，祕書長1名。當時，中央人民政府主席是由毛澤東擔任，副主席共6名，分別是朱德、劉少奇、宋慶齡、李濟深、張瀾、高崗。主席的職責包含主持中央人民政府委員會會議以及領導中央人民政府委員會的工作。

肖像	主席	任期始於	任期終於
	中華人民共和國太祖高皇帝 毛澤東 籍貫：湖南湘潭 生卒：1893年12月26日－1976 　　　年9月9日	1949年10月1日	1954年9月27日

二、1954年～1975年：「國家主席」創設時期

　　1954年9月20日第一屆全國人民代表大會第一次會議通過，中華人民共和國的第一部社會主義憲法，亦稱為「五四憲法」。基於此憲法進而設置國家主席的職位，明定國家主席的產生方式、任期、職權等，並取消中央人民政府委員會。依據此憲法而生的國家主席與先前的中央人民政府主席，就其地位與職權有相當的差距，舉例而言，國家主席是國家的代表，並有公布法律、任免權、發布大赦令和特赦令等職權。

肖像	主席	任期始於	任期終於
	中華人民共和國太祖高皇帝 毛澤東 籍貫：湖南湘潭 生卒：1893年12月26日－ 　　　1976年9月9日	1949年10月1日	1954年9月27日
	劉少奇 籍貫：湖南寧鄉 生卒：1898年11月24日－ 　　　1969年11月12日	1959年4月27日	1968年10月31日

肖像	主席	任期始於	任期終於
	宋慶齡 副主席代行主席的職權	1968年10月31日	1972年2月24日
	董必武 以代主席名義行主席職權	1972年2月24日	1975年1月17日

資料來源：中華人民共和國主席，維基百科，http://zh.wikipedia.org/wiki/%E4%B8%AD%E5%
8D%8E%E4%BA%　BA%E6%B0%91%E5%85%B1%E5%92%8C%E5%9B%BD%E5%9B%B
D%E5%AE%B6%E4%B8%BB%E5%B8%AD

三、1975年～1982年：「國家主席」廢除時期

　　1975年1月17日，第四屆全國人民代表大會第一次會議通過中華人民共和國成立後的第二部成文憲法亦被稱為「七五憲法」，整部憲法共四章30條，卻未有關於國家主席之規定，乃因這部憲法取消國家主席的設立。第三部憲法誕生於1978年3月5日的第五屆全國人民代表大會，被稱為「七八憲法」。第三部憲法共四章60條，仍未出現關於國家主席之規定。

四、1982年～至今：「國家主席」恢復與發展時期

　　1982年12月4日，第五屆全國人民代表大會第五次會議通過了中華人民共和國成立後的第四部成文憲法，亦稱為「八二憲法」。此部憲法即為現行的憲法條文，但於1988年、1993年、1999年與2004年共歷經四次的憲法修正；本憲法條文中恢復關於中華人民共和國主席之規定，共六條，其中包含產生正、副主席的產生方式、參選資格、任期、職權以及缺位時該如何遞補代行職權之規定。

肖像	主席	任期始於	任期終於
	李先念 籍貫：湖北紅安 生卒：1909年6月23日－1992年6月21日	1983年6月18日	1988年4月8日
	楊尚昆 籍貫：重慶潼南 生卒：1907年8月3日－1998年9月14日	1988年4月8日	1993年3月27日
	江澤民 籍貫：江蘇揚州 生卒：1926年8月17日－	1993年3月27日	2003年3月15日
	胡錦濤 籍貫：安徽績溪 生卒：1942年12月21日－	2003年3月15日	現任

資料來源：中華人民共和國主席，維基百科，http://zh.wikipedia.org/wiki/%E4%B8%AD %E5%8D%8E
%E4%BA%BA%E6%B0%91%E5%85%B1%E5%92%8C%E5%9B%BD%E5%9B%BD%E5%
AE%B6%E4%B8%BB%E5%B8%AD

第二節　歷屆中華人民共和國國家主席

　　表9-1僅例出中華人民共和國國家主席，而在中華人民共和國中央人民政府時期（1949年9月至1954年9月），就已由毛澤東擔任國家主席；朱德、劉少奇、宋慶齡、李濟深、張瀾、高崗共六人擔任副主席。

表9-1　中華人民共和國歷屆國家主席與副主席

全國人大屆次	主席	副主席	任期起訖時間	
第一屆全國人大期間	毛澤東	朱德	1954年9月	1959年4月
第二屆全國人大期間	劉少奇	宋慶齡 董必武	1959年4月	1965年1月
第三屆全國人大期間	劉少奇	宋慶齡 董必武	1965年1月	1966年
第六屆全國人大期間	李先念	烏蘭夫	1983年6月	1988年4月
第七屆全國人大期間	楊尚昆	王震	1988年4月	1993年3月
第八屆全國人大期間	江澤民	榮毅仁	1993年3月	1998年3月
第九屆全國人大期間	江澤民	胡錦濤	1998年3月	2003年3月
第十屆全國人大期間	胡錦濤	曾慶紅	2003年3月	2008年3月
第十一屆全國人大期間	胡錦濤	習近平	2008年3月	現任中

資料來源：作者依據中華人民共和國中央人民政府門戶網站資料製表。

由9-1表可知：

一、1954年9月至1959年4月，由毛澤東和朱德分別擔任中華人民共和國的第一任國家正副主席。

二、1959年和1965年，由劉少奇擔任兩任國家主席；但1966年至1975年間，因劉少奇逝世故國家主席職位長期處於無人擔任的情形。後又因第二部與第三部憲法對國家主席職位的廢除，以致於1975年到1982年間，沒有國家主席的存在空間，僅於1981年第五屆全國人大期間授予宋慶齡女士「中華人民共和國名譽主席」的榮譽稱號。

三、1982年第四部成文憲法的頒布，因而恢復對國家主席職位的設置；隔年，第六屆全國人民代表大會上李先念先生當選為中華人民共和國主席，任期五年。往後每隔五年，隨著全國人民代表大會的開議，而更選下任的國家主席，乃依據中華人民共和國憲法第79條之規定，「中華人民共和國主席、副主席由全國人民代表大會選舉」。

第三節　國家正副主席產生方式、資格、職權與限制

關於中華人民共和國主席之相關條文，規定於中華人民共和國憲法第三章第二節中，以下將分別說明國家主席之產生方式、程序、特色、參選資格、職權與限制以及缺位時之規定：

一、產生方式與程序

（一）產生方式

依據憲法第79條之規定「中華人民共和國主席、副主席由全國人民代表大會選舉。」

（二）產生程序

首先在全國人民代表大會會議召開期間，由選舉產生的代表組成會議主席團，會議主席團提出國家主席、副主席的候選人名單，由各代表團討論協商後，會議主席團根據多數決原則確定正式候選人名單，提交大會表決，繼而產生國家主席和副主席。

二、特　色

（一）等額選舉

根據全國人民代表大會通過的選舉和決定任命的辦法，全國人大常委會委員長、副委員長、祕書長，國家主席、副主席，國家中央軍事委員會主席，進行等額選舉。

（二）虛位元首

國務院是國家最高權力的執行機關，也是國家最高行政機關；立法權方面，是由全國人民代表大會負責；軍權方面則是由中央軍事委員會領導

全國武裝力量。

三、參選資格

依憲法第79條之規定「有選舉權和被選舉權的年滿四十五週歲的中華人民共和國公民可以被選為中華人民共和國主席、副主席。」由此可知，要當選成為正副主席，必須符合三種條件：有選舉權與被選舉權、年滿四十五週歲、中華人民共和國公民。

四、職　權

（一）主席之職權

國家主席職權依憲法第80條以及第81條之規定可分為對內職權與對外職權兩部分，關於副主席的職權則規定於憲法第82條中。國家主席主要權力包含公布權、任免權、外交權、榮典權。

1. 對內職權

憲法第80條「中華人民共和國主席根據全國人民代表大會的決定和全國人民代表大會常務委員會的決定，公布法律，任免國務院總理、副總理、國務委員、各部部長、各委員會主任、審計長、祕書長，授予國家的勳章和榮譽稱號，發布特赦令，宣布進入緊急狀態，宣布戰爭狀態，發布動員令。」由條文中可知，主席的對內職權包含以下四點：

(1)公布法律。
(2)任免國務院人員權。
(3)榮典權。
(4)發布命令。

2. 對外職權

憲法第81條「中華人民共和國主席代表中華人民共和國，進行國事活

動，接受外國使節；根據全國人民代表大會常務委員會的決定，派遣和召回駐外全權代表，批准和廢除同外國締結的條約和重要協定。」由憲法條文可知國家主席對外職權包含以下三點：

(1)代表國家進行國事活動與接見外國使節。

(2)根據全國人民代表大會常務委員會的決定，派遣和召回駐外全權代表。

(3)根據全國人民代表大會常務委員會的決定，批准和廢除同外國締結的條約和重要協定。

（二）副主席之職權

憲法第82條「中華人民共和國副主席協助主席工作。」同條「中華人民共和國副主席受主席的委託，可以代行主席的部分職權。」

五、限　制

（一）任期：五年，連續任職不得超過兩屆

關於任期之限制規定於憲法第79條中「中華人民共和國主席、副主席每屆任期同全國人民代表大會每屆任期相同，連續任職不得超過兩屆。」

（二）職權行使終點

憲法第83條「中華人民共和國主席、副主席行使職權到下屆全國人民代表大會選出的主席、副主席就職為止。」

六、正副主席缺位時之規定

（一）主席缺位時

憲法第84條「中華人民共和國主席缺位的時候，由副主席繼任主席的職位。」

（二）副主席缺位時

憲法第84條「中華人民共和國副主席缺位的時候，由全國人民代表大會補選。」

（三）正副主席皆缺位時

憲法第84條「中華人民共和國主席、副主席都缺位的時候，由全國人民代表大會補選；在補選以前，由全國人民代表大會常務委員會委員長暫時代理主席職位。」

第四節　2003年與2008年實例

一、2003年第十屆國家正副主席

第十屆全國人大代表，以無記名投票方式，選舉胡錦濤為中華人民共和國主席，曾慶紅為中華人民共和國副主席。會議應出席代表2,985人（第十屆全國人大代表人數），出席2,951人，缺席34人，出席人數符合法定人數。

胡錦濤於第九屆全國人大第一次會議當選為中華人民共和國副主席；並於第十屆全國人大第一次會議當選為中華人民共和國主席。胡錦濤在2,944張有效選票中，獲得2,937張贊成票，4票反對、3票棄權，得票率高達99.8%。胡錦濤以近乎全票當選國家主席，成為繼毛澤東、劉少奇、李先念、楊尚昆和江澤民之後的第六位國家主席。

至於國家副主席選舉，曾慶紅得到2,578贊成票，177票反對，190票棄權，得票率87%。

表9-2　2003年國家主席選舉候選人胡錦濤得票數分布

贊成	2937
反對	4
棄權	3
有效票	2944
得票率	99.8%

資料來源：星島日報網。表格：作者簡繪。

表9-3　2003年國家副主席選舉候選人曾慶紅得票數分布

贊成	2578
反對	177
棄權	190
有效票	2945
得票率	87%

資料來源：星島日報網。表格：作者簡繪。

二、2008年第十一屆

第十一屆全國人民代表大會第一次會議，以無記名投票方式，選舉胡錦濤為中華人民共和國主席、中華人民共和國中央軍事委員會主席，習近平為中華人民共和國副主席。會議應出席代表2,987人（第十一屆全國人大代表人數），出席2,967人，缺席20人，出席人數已達法定人數。發出中華人民共和國主席、副主席選舉票2,967張，收回2,964張。

胡錦濤以2,956張贊成票、3張反對票和5張棄權，當選為中華人民共和國主席；近99.7%的得票率連任國家主席。但受限於憲法79條之規定，國家主席連續任職不得超過兩屆，所以這是胡錦濤最後一次擔任國家元首之職務。

習近平以2,919張贊成票、28張反對票、17張棄權票；超過九成八的比例當選為國家副主席，比起第十屆副主席當選人曾慶紅的得票率高。

表9-4　2008年十一屆國家主席選舉候選人胡錦濤得票數分布

贊成	2,956
反對	3
棄權	5
有效票	2964
得票率	99.7%

資料來源：作者依據星島環球網站資料製表

表9-5　2008年國家十一屆副主席候選人習近平得票數分布

贊成	2,919
反對	28
棄權	17
有效票	2964
得票率	98%

資料來源：作者依據星島環球網站資料製表

參考書目

謝慶奎、楊鳳春、燕繼榮(2005)，《中國大陸政府與政治》，台北：五南。

中華人民共和國中央人民政府門戶網站。http://www.gov.cn/，2009/4/12下載。

香港文匯報—國家主席軍委主席胡錦濤連任。http://www.wenweipo.com 2008/03/16

星島日報網頁—胡錦濤高票膺國家主席。http://www.singtao.com/ 2003/3/16

人民網—胡錦濤當選國家主席中央軍委主席 吳邦國當選全國人大常委會委員長 習近平當選國家副主席。http://military.people.com.cn/ BIG5/1076/7004731.html

人民網─十屆人大一次會議舉行第五次全體會議 新一屆國家領導人選
　　出。http://www.people.com.cn/BIG5/paper1787/8714/814954.html
星島環球網─全國人大選舉國家主席、軍委主席文字直播。http://www.
　　stnn.cc:82/live/200803/t20080315_747696.html
中華人民共和國主席，維基百科，http://zh.wikipedia.org/wiki/%E4%B8%
　　AD%E5%8D%8E% E4%BA%BA%E6%B0%91%E5%85%B1%E5%92%8
　　C%E5%9B%BD%E5%9B%BD%E5%AE%B6%E4%B8%BB%E5%B8%A
　　D

第十章　韓國總統選舉

林俊佑、王志良

第一節　前　言

　　大韓民國（Republic of Korea；簡稱「韓國」或「南韓」）在1980年代中期，搭上第三波民主化的浪潮，從威權政府走向了民主政體（Huntington, 1991）。不僅如此，韓國在1980年代後，經濟表現突飛猛進，也因此與當時經濟表現亮眼的臺灣、香港及新加坡並稱為「東亞四小龍」（Four Asian Tigers）。[1]根據統計指出，2007年韓國的人均所得已經達到21,761美元，遠超過當時臺灣的17,154美元。[2]無可否認，韓國現今已成為東亞地區舉足輕重的國家之一。值得注意的是，在二次世界大戰後，韓國與臺灣在政治、經濟的發展演變上，有許多的共同之處。因此，韓國的成功經驗頗值得我國參考。基於本文主題，本文將針對韓國的政治制度作一簡單的介紹，具體而言，本文將探討韓國總統（稱為大統領）在憲政體制上的定位，而後介紹韓國總統的產生方式，最後再作一簡短總結。

第二節　韓國總統在憲政體制上的角色

　　根據Elgie（2010）對「半總統制」（semi-presidentialism）的定義：

1　這些國家即是學界所稱的「發展型國家」（developmental state）。經濟發展為發展型國家的首要目標，國家選定特定產業後，便將大量資源挹注其中，大力扶植。此外，國家與民間企業不斷的協商，但同時國家又能保有自主性，抗拒社會的壓力，更避免被特定利益把持。透過「國家能力」與「國家自主性」，發展型國家得以成功的達到高度的經濟成長。關於發展型國家的討論，參見Evans, 1995; Johnson, 1982; Wade, 1990; 鄭為元，1999。

2　資料來源為行政院主計處：http://www.dgbas.gov.tw/mp.asp?mp=1，檢索日期：2011/3/23。

有一個直選且任期固定的總統，以及有一個向議會負責的總理與內閣。據此，韓國目前的憲政體制，即可歸類於半總統制類型（Elgie, 2007）。[3]總統是國家元首，由人民直選產生具有相當的實權，主導國家的大政方針。另有一位總理是由總統向國會提名選出。一般而言，只要在「一致政府」（unified government）之下，亦即行政與立法部門都是由相同政黨所掌握的時候，總理通常都是由總統的人馬出任。[4]由此可知，總統在韓國實際政治上扮演相當重要的角色。故要真正了解韓國總統選舉制度，便必須將總統的角色及影響力放進韓國政治社會的脈絡之下，才能算是完整。

韓國目前已經歷過了六次共和以及九次的修憲，政治變遷的幅度不可謂不大。一開始，總統並非實施直接民選，而是由國會間接選出。不過，其後幾次的修憲對於總統的任期與連任限制，甚至是選舉方式不僅反覆且作了相當程度的修正（李憲榮，2010；蔡增家，2005：71）。在最近一次（1987年）的修憲中，韓國總統的選舉方式確定改為直接民選且任期五年，不得連任。對於總統的選舉方式，容後再述。

歷屆的韓國總統作風多屬強勢，從李承晚到朴正熙等總統，這些政治強人的威權性格明顯。同時，韓國多充滿「人治」的色彩，郭秋慶（2010）便指出韓國的政黨以「黨老闆」為核心，政黨沒有強烈的意識型態或政綱訴求，而是以政黨領導人為行動依據。此外，韓國的「地域主義」（regionalism）相當猖狂。Horiuchi and Lee（2008: 867）便指出地域主義已經取代了之前支持民主與反民主陣營的對立，成為韓國當前最顯著的社會分歧（social cleavage）。地域主義也相當程度反映在總統的選舉

3　須進一步說明的是，亦有不少學者認為現今韓國的憲政體系屬於「總統制」（李憲榮，2010；黃德福，1997；蔡增家，2005）。造成分類上不一的原因，係在於各家學者對各種憲政體制採取的定義之嚴鬆度有所差異。本文基於臺韓比較的觀點，故採Elgie（2007）的定義，將韓國歸類於半總統制。

4　所謂的「一致政府」（unified government）意指行政與立法部門皆由相同政黨掌握；反之，分立政府則是指行政部門與立法部門分屬不同政黨所掌控。在「一院制」（unicameralism）國家，當行政部門與議會多數由不同政黨控制時，即稱為分立政府；在「兩院制」（bicameralism）國家，若兩院均有實質的立法權，只要有一院的議會多數與行政部門分屬不同政黨，即為分立政府（吳重禮，1998：62）。

上，韓國許多總統便出身於「全羅道」與「慶尚道」，然而這兩個地區對於總統的支持卻呈現的是互相抗衡的情況。換句話說，全羅道的人民不會支持慶尚道出身的總統；反之，亦然。不過，一項研究也指出，這種地域主義的強盛，使得總統在進行財政資源分配時，往往會將地域納入考量，然而，由於韓國特殊的制度與文化脈絡，使得資源集中在較支持與較反對總統的兩大城市，亦即呈現出U字型的資源分配樣態（Horiuchi and Lee, 2008）。圖10-1為韓國的行政區域圖。

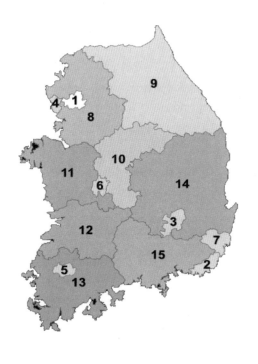

地區	圖號	名　稱
京畿	1	首爾特別市
	8	京畿道
	4	仁川廣域市
江原	9	江原道
全羅	12	全羅北道
	13	全羅南道
	5	光州廣域市
慶尚	14	慶尚北道
	15	慶尚南道
	2	釜山廣域市
	3	大邱廣域市
	7	蔚山廣域市
忠清	10	忠清北道
	11	忠清南道
	6	大田廣域市
濟州	16	濟州特別自治道

圖10-1　韓國行政區域

資料來源：維基百科：http://zh.wikipedia.org/wiki/%E5%A4%A7%E9%9F%A9%E6%B0%91%9B%BD#.E8.A1.8C.E6.94.BF.E5.8D.80.E5.9F.9F，檢索日期2011/4/7。

表10-1　歷屆韓國總統及其任期

任　期	總　統	任　期
第1屆	李承晚	1948年8月15日-1952年8月4日
第2屆	李承晚	1952年8月5日-1956年5月14日
第3屆	李承晚	1956年5月15日-1960年4月26日
代理職務	許　政	1960年4月27日-1960年6月16日
代理職務	郭尚勳	1960年6月16日-1960年6月23日
代理職務	許　政	1960年6月23日-1960年8月12日
第4屆	尹潽善	1960年8月-1962年3月
代理職務	張都暎	1961年5月19日-1961年7月3日
代理職務	朴正熙	1961年7月3日-1963年10月14日
第5屆	朴正熙	1963年12月17日-1967年5月2日
第6屆	朴正熙	1967年5月3日-1971年4月26日
第7屆	朴正熙	1971年4月27日-1972年12月22日
第8屆	朴正熙	1972年12月23日-1978年7月5日
第9屆	朴正熙	1978年7月6日-1979年10月26日
代理職務	崔圭夏	1979年10月26日-1979年12月8日
第10屆	崔圭夏	1979年12月8日-1980年8月16日
代理職務	朴忠勳	1980年8月16日-1980年9月1日
第11屆	全斗煥	1980年9月1日-1981年3月5日
第12屆	全斗煥	1981年3月5日-1988年2月25日
第13屆	盧泰愚	1988年2月25日-1993年2月25日
第14屆	金泳三	1993年2月25日-1998年2月25日
第15屆	金大中	1998年2月25日-2003年2月24日
第16屆	盧武鉉	2003年2月25日-2004年3月12日
代理職務	高　建	2004年3月12日-2004年5月14日
第16屆	盧武鉉	2004年5月14日-2008年2月24日
第17屆	李明博	2008年2月25日-

表格來源：維基百科：http://zh.wikipedia.org/zh-hant/%E9%9F%93%E5%9C%8B%E7%B8%BD%E7%B5%B1#.E5.8E.86.E4.BB.BB.E5.A4.A7.E9.9F.A9.E6.B0.91.E5.9B.BD.E6.80.BB.E7.BB.9F，檢索日期2011/3/31。

第三節　韓國總統的選舉方式

　　根據1987年的修憲條文，韓國現行的總統選舉方式由人民直選，採行「單一選區相對多數決制」（plurality with single-member-district system; SMD），任期五年，且不得連任。[5]所謂的單一選區，指的是應選席次只有一名，在學理上又稱作「小選區」。而這裡的總統職位，只會有一個當選人，故為單一選區，自無疑義。所謂的相對多數決制，指的是「當選者的票數不一定要超過有效選票的半數，只要候選人的選票領先即為當選」（王業立，2008：10）。

　　單一選區相對多數決制，又稱為「領先者當選制」（first-past-the-post system）。在此種制度下，由於候選人只要獲得相對多的票數，無須過半，即可贏得職位，因而具有「贏者全拿」（winner-take-all）的特性。在這種制度下，當參選人超過兩名的時候，較容易因為多位候選人瓜分多數選票，使得沒有候選人的得票超過半數。換句話說，當選總統的候選人，實際上可能並未獲得多數選民的認可，也使得政治上容易出現「少數總統」（王業立，2009：版A15；李憲榮，2010：45），總統的「正當性」（legitimacy）容易遭受質疑。就歷屆的總統選舉得票率來看，從1987-1997年間三次的總統選舉當選人之得票率皆未過半，其中，盧泰愚的得票率更是不到四成；[6]再看最近的選舉結果，2002年及2007年的總統選舉，當選人獲得的票數也僅是接近過半而已，見表10-2。

　　比較而言，臺灣的總統選舉亦是採行單一選區相對多數決制，2000年的總統大選，由於參選人呈現三強鼎立的情形，使得「民主進步黨」（Democratic Progressive Party, DPP）的候選人陳水扁以不到四成的得票數當選，其不僅正當性屢遭質疑，在推動政策上亦較窒礙難行。理論上，由

5　對於過去韓國總統選舉方式的演變，請見李憲榮，2010；林秋山，2009。

6　1987年的總統選舉，軍人出身的盧泰愚之所以能贏得選舉勝利，即是因為反對黨嚴重分裂，以致於未能有效整合出一位候選人，進而分散了多數選票（蕭新煌、具海根，1997：509）。

表10-2 歷屆韓國總統選舉的當選人得票率：1987-2007年

年度	當選人	得票率	總投票率
1987	盧泰愚	37%	89%
1992	金泳三	42%	82%
1997	金大中	40%	81%
2002	盧武鉉	49%	71%
2007	李明博	49%	63%

表格來源：作者整理自韓國〈中央選舉管理委員會〉（National Election Commission）：http://www.
nec.go.kr/engvote/main/main.jsp。

於在單一選區相對多數決制之下，當選門檻的要求不高，對於這種重要職位的選舉，容易產生正當性不足的情形，較不利於政局之穩定。

就總統大選的舉辦時間而言，根據〈韓國公職選舉與選舉違法防止法〉規定，總統大選的時間定為「現任總統任期屆滿日的前70天之後的第一個星期三」。不過，如選舉日遇到重大的民俗節慶或公休日，或者是選舉前後一天為公休日時，則將順延至下個星期三舉行。附帶一提的是，若是遇到總統出缺時，則應於選舉原因確定後的60天內舉辦，且任期重新計算。

第四節 結 語

第二次世界大戰結束後沒多久，南北韓即正式分裂（朱松柏，2004），代表自由世界的南韓，在全球經濟競爭日益激烈的世界，以「發展型國家」之姿成為經濟上的一方之霸。經濟發展的成功，總統的影響力不可忽視（Hahm and Plein, 1995）。此外，由於過去威權政治的施行，加上現今的憲政體制，使得總統的角色越形重要。換句話說，掌握了總統一職，即掌握了國家未來的發展與政策走向。有鑑於臺韓兩國在歷史的發展脈絡上，有許多相似之處，故了解韓國的政治、經濟、社會，可以成為我國政經發展的重要參考（吳親恩，2010；紀舜傑，2010；倪炎元，1995；

蔡增家，2005）。囿於本文篇幅，故本文將著重於政治制度——總統選舉制度的探討。

　　Huntington（1991）對「民主」的定義，即是判斷該國是否採行自由、公正的選舉。自從1987年舉辦首次自由競爭的總統選舉，韓國跨越民主的門檻，正式從威權政體轉型到民主（Chung, 2003; 郭秋慶，2010）。韓國現今在憲政體制上採行半總統制，總統的選舉制度則採行單一選區相對多數決制，國會議員選舉採行的是「混合制」（mixed system）。[7]相較而言，臺灣除了同樣與大陸處於分裂的狀態外，亦是在第三波民主化浪潮中，成功轉型至民主政體的國家（胡佛等，1997）。無獨有偶的，自從第四次修憲後，不少學者也認為我國具備半總統制的憲政特徵（Elgie, 2010; 吳玉山，2002；沈有忠，2005；林繼文，2009；陳宏銘、梁元棟，2007；黃德福，2000）。此外，我國現今的總統跟國會選舉亦與韓國有諸多類似之處。

　　正由於兩者具備許多相同之處，若我國未來欲思考選制甚至是憲政體制的改革，則韓國經驗便可作為吾人的借鏡。當然，沒有一種制度的設計是十全十美的，正所謂「擇其善者而從之，其不善者而改之」，比較韓國經驗可以讓我們找出現行制度的缺失，以思改進之道。總結而言，韓國與臺灣的總統選舉都是採行單一選區相對多數決制，但是由於這種制度的特性，並不要求當選人必須獲得過半數的選票支持，也因此當參選人數超過二名時，容易產生少數總統，使得總統的正當性不足，理論上，政局也較難穩定。本文建議未來臺韓兩國如欲進一步作選舉改革時，可以考慮「絕對多數決制」（majority），亦即當選人的得票必須過半數的選舉制度。

---

[7]　對於國會議員的選舉制度，在第十九章有完整的介紹。

參考書目

中文部分

王業立，1999，〈總統選舉制度變革的可能效應與影響〉，《國策專刊》
　　8：15-17。

王業立，2008，《比較選舉制度》。臺北：五南。

王業立，2009，〈總統選制－應著眼過半統治〉，《聯合報》11月3日：
　　版A15。

朱松柏，2004，《南北韓的關係與統一》。臺北：臺灣商務。

吳玉山，2002，〈半總統制下的內閣組成與政治穩定：比較俄羅斯、波蘭
　　與中華民國〉，《俄羅斯學報》2：229-265。

吳明上譯，森山茂德著，2005，《韓國現代政治》。臺北：五南。

吳重禮，1998，〈美國「分立性政府」與「一致性政府」體制運作之比較
　　與評析〉，《政治科學論叢》9：61-90。

吳重禮，2006，〈憲政設計、政黨政治與權力分立：美國分立政府的運作
　　經驗及其啟示〉，《問題與研究》45（3）：133-166。

吳重禮，2008，《政黨與選舉：理論與實踐》。臺北：三民。

吳親恩，2010，〈發展途徑、金融危機與金融重建：臺灣與韓國的比
　　較〉，《問題與研究》49（3）：105-143。

李在光，1994，〈金泳三政府政治改革評議〉，《理論與政策》8（4）：
　　31-36。

李憲榮，2010，〈南韓總統的選舉制度〉，《臺灣國際研究季刊》6
　　（4）：29-51。

沈有忠，2005，〈制度制約下的行政與立法關係〉，《政治科學論叢》
　　23：27-60。

林文斌，2010，〈立法從嚴、執法更嚴：韓國政治資金與選舉管理〉，
　　《國會月刊》38（8）：24-41。

林秋山，2009，《韓國憲政與總統選舉》。臺北：臺灣商務。

林繼文，2009，〈共治可能成為半總統制的憲政慣例嗎？法國與台灣的比較〉，《東吳政治學報》27（1）：1-51。

胡佛、朱雲漢、文正仁，1997，〈臺灣與南韓民主化過程中的國際面向分析〉，載於田弘茂等主編《新興民主的機遇與挑戰》，頁458-514，臺北：業強。

紀舜傑，2010，〈韓國民主化與國家認同－美國、核武、與統一〉，《臺灣國際研究季刊》6（4）：93-110。

倪炎元，1995，《東亞威權政體之轉型：比較臺灣與南韓的民主化歷程》。臺北：月旦。

陳宏銘、梁元棟，2007，〈半總統制的形成和演化－台灣、法國、波蘭與芬蘭的比較研究〉，《台灣民主季刊》4（4）：27-69。

郭秋慶，2010，〈韓國民主轉型的形成與延伸的問題〉，《臺灣國際研究季刊》6（4）：1-27。

黃德福，1997，〈政黨體系與民主政治之鞏固：以臺灣和南韓為例〉，載於田弘茂等主編《鞏固第三波民主》，頁223-260，臺北：業強。

黃德福，2000，〈少數政府與責任政治：台灣「半總統制」之下的政黨競爭〉，《問題與研究》39（2）：1-23。

楊人從譯，2003，《韓國公職選舉與選舉違法防止法》。臺北：中央選舉委員會。

蔡增家，2005，《南韓轉型－政黨輪替與政經體制的轉變》。臺北：巨流。

鄭為元，1999，〈發展型「國家」或發展型國家「理論」的終結？〉，《臺灣社會研究》34：1-68。

蕭新煌、具海根，1997，〈東亞的中產階級與民主化：臺灣與南韓的比較〉，載於田弘茂等主編《鞏固第三波民主》，頁501-532，臺北：業強。

英 文部分

Cho, Soon Sung. 1968. "Korea: Election Year." *Asian Survey* 8(1): 29-42.

Choi, Sung-il. 1973. "The Electoral Reform, the New National Assembly, and Democracy in South Korea: a Functional Analysis." *Asian Survey* 13(12): 1902-1101.

Chung, Chien-peng. 2003. "Democratization in South Korea and Inter-Korean Relations." *Pacific Affairs* 76(1): 9-35.

Elgie, Robert. 2007. "Varieties of Semi-Presidentialism and Their Impact on Nascent Democracies." *Taiwan Journal of Democracy* 3(2): 53-71.

Elgie, Robert. 2010. "Semi-presidentialism, Cohabitation and the Collapse of Electoral Democracies, 1990-2008." *Government and Opposition* 45(1): 29-49.

Evans, Peter. 1995. *Embedded Autonomy: States and Industrial Transformation.* Princeton, N.J.: Princeton University Press.

Hahm, Sung Deuk, and L. Christopher Plein. 1995. "Institutions and Technological Development in Korea: the Role of the Presidency." *Comparative Politics* 28(1): 55-76.

Horiuchi, Yusaku, and Seungjoo Lee. 2008. "The Presidency, Regionalism, and Distributive Politics in South Korea." *Comparative Political Studies* 41(6): 861-882.

Huntington, Samuel P. 1991. *The Third Wave: Democratization in the Late Twentieth Century.* Norman: University of Oklahoma Press.

Johnson, Chalmers. 1982. *MITI and the Japanese miracle: the Growth of Industrial Policy, 1925-1975.* Stanford, Calif.: Stanford University Press.

Kim, C. I. Eugene. 1979. "Significance of Korea's 10th National Assembly Election." *Asian Survey* 19(5): 523-532.

Kim, C. I. Eugene. 1987. "South Korea in 1986: Preparing for a Power Transition." *Asian Survey* 27(1): 64-74.

Kim, HeeMin. 1997. "Rational Choice Theory and Third World Politics: the 1990 Party Merger in Korea." *Comparative Politics* 30(1): 83-100.

Kim, Jae-on, and B. C. Koh. 1972. "Electoral Behavior and Social Development in South Korea: An Aggregate Data Analysis of Presidential Elections." *Journal of Politics* 34(3): 825-859.

Lee, Chae-Jin. 1972. "South Korea: Political Competition and Government Adaptation." *Asian Survey* 12(1): 38-45.

Lee, Chae-Jin. 1972. "Urban Electoral Participation in Korea." *Midwest Journal of Political Science* 16(2): 303-312.

Lee, Hong Yung. 2003. "South Korea in 2002: Multiple Political Dramas." *Asian Survey* 43(1): 64-77.

Lee, Hong Yung. 2004. "South Korea in 2003: A Question of Leadership?" *Asian Survey* 44(1): 130-138.

Lee, Yoonkyung. 2006. "Varieties of Labor Politics in Northeast Asian Democracies: Political Institutions and Union Activism in Korea and Taiwan." *Asian Survey* 46(5): 721-740.

McNamara, Dennis L. 1992. "State and Concentration in Korea's First Republic, 1948-60." *Modern Asian Studies* 26(4): 701-718.

Steinberg, David I., and Myung Shin. 2006. "Tensions in South Korea Political Parties in Transition: From Entourage to Ideology?" *Asian Survey* 46(4): 517-537.

Wade, Robert. 1990. *Governing the Market: Economic Theory and the Role of Government in East Asian Industrialization*. Princeton, N.J.: Princeton University Press.

第二篇

參議院

第十一章　美國參議院參議員選舉

林雅婷

第一節　兩院制的由來

　　在邦聯條例中，國會為一院制，各州推舉一名代表。邦聯政府在該條例約制下運作，國會因其無效率而於1787年召開大陸會議。各州除羅德島外都同意委派代表與會。國會結構是大陸會議所面對之意見分裂的議題之一。詹姆士‧麥迪遜的維吉尼亞方案要求兩院制國會；其下議院應由人民直選，而其上議院由下議院選出。該方案因為要求代表權以人口數為基礎，因而吸引如維吉尼亞、麻塞諸塞與賓夕法尼亞等大州的支持；然而，小州傾向要求一院制與平等代表權的紐澤西方案。最後，會議中終於達成了康乃狄克妥協案，又稱大折衷案。在該案中，國會中的一院（眾議院）規定為比例代表制，另一院（參議院）規定為平均代表制。

　　一個國家採行一院制或兩院制，基本上是歷史或結構因素造成的。就結構因素而論，如美國因採行聯邦主義，為了保障少數人口州的權利，就設置代表州權的參議院，賦予每州兩名參議員的平等地位。另外設置代表人口的眾議院，以反映人口比例，兼顧大州的利益（彭懷恩，1996：183）。

　　在施行十三條款的聯邦時代，國會為一院制，亦為唯一的中央機關，其權力因受各州的監督而受限制，在費城的憲法會議中，為了國會的組織與權力問題而爭執相持不下，幸有康乃狄克的妥協（Great Compromise），即以參議院代表州權，眾議院代表民權，建立兩院制，才能完成憲法，而有今日的美國國會（陳思澤，2001：19）。

第二節　參議院介紹

　　美國參議院（United States Senate）是美國國會的兩院之一，另一院為眾議院。兩院制與聯邦制的國家結構形式緊密相連，根據1980年代的一項統計，在十七個聯邦制國家中有十六個實行兩院制。在聯邦制的國家結構形式下，兩院制有利於實現聯邦政府和地方政府的平衡與整合。美國所實施的兩院制，因為其建國的基礎乃得自於各邦交出部分的政治權力，才能夠整合成一個聯邦型的大國，而為了充分展現出各邦在國家事務的參與性與重要性，才設計出兩院制（周繼祥，2005：314）。

　　美國參議院是真正的上院（upper house），美國每一州於參議院中均有兩位議員作為代表，與各州人口無關。所以參議院員額總數為100名議員。自1913年以來改採普選方式產生，參議員任期六年，相互交錯，故每隔兩年改選約三分之一的席位。目前參議院代表州權的意義已經減弱，逐漸變成代表農業地區與都市地區的不同利益表達。

　　美國副總統任參議院議長，無參議員資格；除非為了在表決平手時，打破僵局，不得投票。參議院議決公認較眾議院更為審慎；參議員名額較少而任期較長，容許學院派看法與黨派之見，較眾議院更易自外於公共輿論。參議院權限大於眾議院。其中最重要的是，美國總統批准條約或任命重要人事時，須「採酌參議院之建議並得其認可」（美國憲法第一修正案）（維基百科網站資料）。

　　兩院制國會是於制憲會議中所訂立的康乃迪克協議所得的結果。依該協議，各州在眾議院中的代表權以人口為基礎，但在參議院中具均等代表權。憲法規定法律之制定須經兩院通過。參議院單獨擁有的權力較眾議院單獨擁有的權力更為重要。其結果使得參議院（上議院）所負的責任較眾議院（下議院）更為廣泛。在舉世採用兩院制的民主國家當中，美國參議院是鶴立雞群，因為唯有它享有高於下院的權力。

　　美國參議院承襲古羅馬元老院（Senate）之名。其議場座落於首都華盛頓D.C.，位於國會山莊北翼。眾議院則在同一幢建築的南翼召開會議。（維基百科網站資料）

　　美國參眾兩院的重要性反映在，他的開會天數遠遠超過其他內閣制以及雙首長制的國家。第20條憲法修正案規定，除非國會（參眾議院）另外做成決議，否則應於每年1月3日開議。8月通常有一個月的休會期間，除了耶誕及新年假期，幾乎可說是全年無休。（胡祖慶，2007：64）

　　每次參眾議員的選舉，在各州都是極為重大的事情，因為美國選民，是透過選出參眾議員來構造美國政府和政策。美國各地報紙，每天專設一欄，列出本州參眾議員在每項聯邦議案中的表決態度，讓選民們清楚了解每名議員是否能夠代表自己的立場和意願。

　　各州參眾議員還定期在自己的選區，舉行選民意見討論會，茶點招待，挨家挨戶發請帖，請選民出席，發表自己對各種問題的看法，使議員們能夠到聯邦國會去為選民們講話。美國聯邦參眾兩院議員都明白，他們的衣食父母，不是美國總統，不是某個實權部長，不是共和黨或民主黨，而是自己選區裡的普通選民。

第三節　議會成員與選舉

一、選舉程序

　　憲法第一修正案規定每州可選出兩名參議員。憲法又進一步規定憲法修正案不得剝奪任何一州在參議院中的選舉權，除非該州同意。哥倫比亞特區與未成立州府的屬土不具任何代表權。美國目前共有50州，所以參議院共有100名議員。參議員一任六年，其任期交錯，故每兩年有約三分之一的席次改選。任期交錯安排讓任一州的兩名參議員不會在同一場大選中相互競逐。參議院改選在西元的偶數年11月的第一個星期二舉行，選舉日與眾議院改選在同一天。每一名參議員由其所代表州之全體州民選出。一般說來，共和黨與民主黨在大選前數月所舉行的黨內初選中選出其參選人。獨立人士與其他小黨的選舉細則各州不同。在大選中，幾乎所有的州

都行使單一選區多數決（First Past the Post）。在該體系下，贏得相對多數選票（不一定過半）者獲勝。例外有路易西安納州，喬治亞州和華盛頓州使用複選式排序投票（runoff voting）。（維基百科網站資料）

二、候選人資格限制

　　憲法第1條第3款所設立的參選參議員席位三項資格限制是：須年長於三十歲、至少在過去九年為美國公民、並且須（在選舉開始時）為其所代表的州之居民。對有意角逐成為參議員者，其年齡與公民權上的資格限制嚴格於欲參選眾議員席位者。詹姆斯・麥迪遜（James Madison）在聯邦第六十二號文件（Federalist No. 62）中，以論證「參議院的委任」需有「更高明的見聞與穩定度」為由為這樣的安排作辯護。（維基百科網站資料）

　　在第四修正案中，另外規定，任何聯邦或州政府官員，若在宣誓效忠憲法後鼓動叛亂或協助美國的敵人者，取消成為參議員的資格。該法條在內戰結束後迅速成為強制性，阻止支持聯盟國者任職。該修正案也規定，若國會兩院都以三分之二多數表決通過撤除前此之資格取消，被取消資格者仍可任職。

　　憲法中規定，授權參議院（而非法院）裁定個人是否具就任資格。參議院早期並未詳查議員的資格。其結果是未達法定年齡者也獲得就職許可：29歲的亨利・克萊（1806年）、28歲的Armistead Mason（1816年）與John Eaton（1818年）。這些事例之後未曾再發生過。1934年，Rush D. Holt Sr.當選為參議員時才29歲，他直到滿卅歲之後才宣誓就職。（維基百科網站資料）

三、參議員補選

　　參議員一旦當選之後，其任期至其任滿、身故、或辭職為止。憲法更進一步准許參議院在三分之二多數同意之下開除議員。參議院史上曾有15名議員遭開除，其中14位在1861年至1862年間因支持導致內戰的美利堅聯盟國而遭免職。自此之後，再無參議員遭到驅逐。然而，許多議員在免職

程序進行中選擇辭職（最近的例子是1995年的Bob Packwood）。參議院也曾通過對若干議員的譴責案。譴責案只需簡單多數通過即可，但不能將議員免除其職（維基百科網站資料）。

美國憲法第17條修正案第2款規定「當任何一州有參議員出缺時，該州行政當局應頒布選舉令，以便補充空缺。各州州議會授權該州行政當局任命臨時參議員，其任期至該州人民依照州議會的指示進行選舉缺為止。」參議院席位「補選」無須在議席出缺時立即舉行，典型是與下次二年一度的國會選舉同時舉行。補選如果與國家其他職位的大選撞期，並不會合併選舉，而是個別舉行。自「補選」勝選的議員，其任期為至原任者的六年任期屆滿為止，而非自選上起全部六年任期（維基百科網站資料）。

美國聯邦參議員補選的實例：麻州聯邦參議員補選是因為民主黨籍的愛德華·甘迺迪參議員2009年8月因癌症去世而舉行。美國麻州聯邦參議員席次出缺補選結果，2010年1月19日揭曉，共和黨候選人布朗（Scott Brown），以52%比47%的得票率，扳倒民主黨候選人、現任麻州檢察長寇克莉（Martha Coakley），為共和黨拿下關鍵第41席，民主黨只剩59席，失去可避免國會議事杯葛的絕對多數席次優勢，使得歐巴馬從醫療保險改革到大法官提名等議程，執政之路將更為艱辛（自由電子報，2010.01.21）。

麻州是美國最自由派的州，從1972年起就沒有選過共和黨人進入聯邦參議院。民主黨失去麻州聯邦參院議席次，對2010年1月20日就職屆滿一週年的歐巴馬總統，不僅顏面無光也是一大警訊，同時對民主黨發出警訊（自由電子報，2010.01.21）。

四、指派任命之參議員

依第十七修正案規定，州議會得授權該州州長於該州參議院席位出缺時，在補選實施前，指派任命人選，以暫時代理聯邦參議員行使其職權。全部五十州，除亞利桑那州之外，均通過授權由州長指定暫時代理人選的

法律。如歐巴馬、拜登、希拉蕊等人的參議員遺缺，目前都由州長在2009年初任命補缺人選，任期到期中選舉時同步改選，約一年九個月（維基百科網站資料）。

　　美國聯邦參議員指派任命的實例：美國伊利諾州聯邦參議員歐巴馬（Barack Hussein Obama II）在2008年11月當選美國總統，除去聯邦參議員職務。該聯邦參議員職務，在未補選之前，由該州州長指派任命人選，以暫時代理聯邦參議員行使其職權。美國伊利諾州州長布拉戈耶維奇（Rod Blagojevich）即任命前伊利諾州司法部長伯里斯（Roland W. Burris）為聯邦參議員。當時輿論議論紛紛，指出任命過程涉嫌「賣官」。不過，後來這項任命案雖經過風風雨雨，仍然塵埃落定，由伯里斯擔任此項職務。本案凸顯由州長指派聯邦參議員遞補人選制度的缺失。不過，美國當初正是為了杜絕「買賣」聯邦參議員席次，才在一個世紀前修憲，將選舉辦法改為現制。而當時修憲的導火線，同樣也是發生在伊利諾州的買官醜聞（蘋果日報2008.12.11），見表11-1。

　　美國規定，各州聯邦參議員原本是由各州議會議員選出。19世紀晚期，富人透過「撒錢」賄賂議員，以利躋身參議院的情況時有所聞。從1866年到1906年，參議院至少爆發6起相關賄賂案，到了1912年，伊利諾州聯邦參議員勞瑞莫（William Lorimer）也被揭發買票醜聞，有議員坦承接受他1千美元酬庸。勞瑞莫成為眾矢之的，最後被參議院以55對28票通過開除資格（蘋果日報，2008.12.11）。

　　這起案件爆發之後，美國便開始檢討參院選舉制度，並在1913年修改憲法，把每州兩名聯邦參議員席次改為「由人民選出」。不過，修正案條款也明訂，如果參議院各州代表「出現空缺」時，可由該州州長指派或舉行補選。這套制度在過去95年來運作良好，法律專家表示，印象所及，並未有任何州長被控涉及賄賂買官（蘋果日報，2008.12.11）。

表11-1 美國參議員指派任命表

Roland W. Burris (D-IL) 指派日期：2008.12.31 備註：生效2009.01.12 宣誓上任日期2009.01.15，補歐巴馬的缺。
Edward E. Kaufman (D-DE) 指派日期： 2009.01.15 補拜登的缺
Michael F. Bennet (D-CO) 指派日期：2009.01.21
Kirsten E. Gillibrand (D-NY) 指派日期：2009.01.26 備註：原指派日期 2009.01.23，生效日期：辭去眾議員職務後生效2009.01.26 宣 　　　誓上任日期 2009.01.27，補希拉蕊的缺。
George S. LeMieux (R-FL) 指派日期：2009.09.09，宣誓上任日期2009.09.10
Paul G. Kirk, Jr. (D-MA) 指派日期：2009.09.24,宣誓上任日期2009.09.25
Carte P. Goodwin (D-WV) 指派日期：2010.07.16，宣誓上任日期2010.07.20

資料來源：Appointed Senators ,United States Senate Website
　　　　　http://www.senate.gov/artandhistory/history/common/briefing/senators_appointed.htm

五、期中改選

　　期中改選（midterm election）是美國總統制的特色。美國總統任期四年，眾議員任期兩年，參議員任期六年，每兩年改選三分之一。因此，無論在總統選舉年以及稍後的期中改選，參眾議院席次都將會出現變動。期中改選又被稱為「非總統選舉年的全國性選舉」（off-year election）。

　　制衡原則（check and balance）是美國期中改選的理論基礎。期中改選的時間與總統選舉有兩年的間隔，透過經常而有規律的選舉，制衡原則得到進一步落實。期中改選的結果不僅被視為總統施政成敗的指標，同時也會影響政黨間氣勢的消長（胡祖慶，2007：124）。

　　在總統任期一半舉行的期中選舉無關總統人事更迭，但選舉結果歷來被視作是對現任總統政策的公投。選舉分為國會選舉與州一級選舉，選民除了選出參眾議員，還選出州長、州議員、郡長、市長等諸多公職。

六、美國參議院第111屆參議員

　　第111屆國會成員：任期於2009年1月3日中午開始，見表11-2，表11-3。

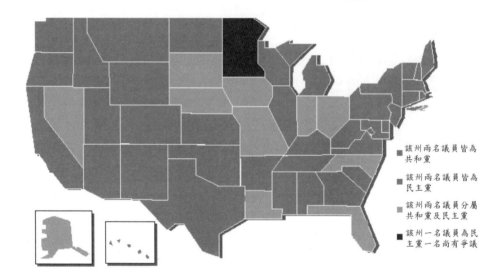

圖11-1　美國2009參議院參議員組成圖

資料來源：維基百科網站資料。

表11-2　美國參議院參議員政黨人數表（任期於2011年1月3日開始）

黨派	參議員數	備註
民主黨	51	
共和黨	46	
獨立人士（無黨籍）	3	兩名民主黨和新成員，一名共和黨
總數	100	民主黨是參議院多數黨

資料來源：維基百科網站資料。

表11-3　美國現任參議員任期表

任期至2011	
民主黨（Democrats）	共和黨（Republicans）
Bayh, Evan (D-IN)	Bennett, Robert F. (R-UT)
Bennet, Michael F. (D-CO)指派任命	Bond, Christopher S. (R-MO)
Boxer, Barbara (D-CA)	Brownback, Sam (R-KS)
Burris, Roland W. (D-IL)指派任命	Bunning, Jim (R-KY)
Dodd, Christopher J. (D-CT)	Burr, Richard (R-NC)
Dorgan, Byron L. (D-ND)	Coburn, Tom (R-OK)
Feingold, Russell D. (D-WI)	Crapo, Mike (R-ID)
Inouye, Daniel K. (D-HI)	DeMint, Jim (R-SC)
Leahy, Patrick J. (D-VT)	Grassley, Chuck (R-IA)
Lincoln, Blanche L. (D-AR)	Gregg, Judd (R-NH)
Mikulski, Barbara A. (D-MD)	Isakson, Johnny (R-GA)
Murray, Patty (D-WA)	LeMieux, George S. (R-FL)指派任命
Reid, Harry (D-NV)	McCain, John (R-AZ)
Schumer, Charles E. (D-NY)	Murkowski, Lisa (R-AK)
Specter, Arlen (D-PA)	Shelby, Richard C. (R-AL)
Wyden, Ron (D-OR)	Thune, John (R-SD)
	Vitter, David (R-LA)
	Voinovich, George V. (R-OH)

任期至 2013	
民主黨（Democrats）	共和黨（Republicans）
Akaka, Daniel K. (D-I)	Barrasso, John (R-WY)
Bingaman, Jeff (D-NM)	Brown, Scott (R-MA)補選上
Brown, Sherrod (D-OH)	Corker, Bob (R-TN)
Byrd, Robert C. (D-WV)	Ensign, John (R-NV)
Cantwell, Maria (D-WA)	Hatch, Orrin G. (R-UT)
Cardin, Benjamin L. (D-MD)	Hutchison, Kay Bailey (R-TX)
Carper, Thomas R. (D-DE)	Kyl, Jon (R-AZ)
Casey, Robert P., Jr. (D-PA)	Lugar, Richard G. (R-IN)
Conrad, Kent (D-ND)	Snowe, Olympia J. (R-ME)

任期至 2013	
民主黨（Democrats）	共和黨（Republicans）
Feinstein, Dianne (D-CA)	Wicker, Roger F. (R-MS)
Gillibrand, Kirsten E. (D-NY)指派任命	
Klobuchar, Amy (D-MN)	無黨籍(Independents)
Kohl, Herb (D-WI)	Lieberman, Joseph I. (ID-CT)
McCaskill, Claire (D-MO)	Sanders, Bernard (I-VT)
Menendez, Robert (D-NJ)	
Nelson, Ben (D-NE)	
Nelson, Bill (D-FL)	
Stabenow, Debbie (D-MI)	
Tester, Jon (D-MT)	
Webb, Jim (D-VA)	
Whitehouse, Sheldon (D-RI)	

任期至2015	
民主黨（Democrats）	共和黨（Republicans）
Baucus, Max (D-MT)	Alexander, Lamar (R-TN)
Begich, Mark (D-AK)	Chambliss, Saxby (R-GA)
Durbin, Richard J. (D-IL)	Cochran, Thad (R-MS)
Franken, Al (D-MN)	Collins, Susan M. (R-ME)
Hagan, Kay R. (D-NC)	Cornyn, John (R-TX)
Harkin, Tom (D-IA)	Enzi, Michael B. (R-WY)
Johnson, Tim (D-SD)	Graham, Lindsey (R-SC)
Kaufman, Edward E. (D-DE)指派任命	Inhofe, James M. (R-OK)
Kerry, John F. (D-MA)	Johanns, Mike (R-NE)
Landrieu, Mary L. (D-LA)	McConnell, Mitch (R-KY)
Lautenberg, Frank R. (D-NJ)	Risch, James E. (R-ID)
Levin, Carl (D-MI)	Roberts, Pat (R-KS)
Merkley, Jeff (D-OR)	Sessions, Jeff (R-AL)
Pryor, Mark L. (D-AR)	
Reed, Jack (D-RI)	
Rockefeller, John D., IV (D-WV)	

任期至2015	
民主黨（Democrats）	共和黨（Republicans）
Shaheen, Jeanne (D-NH)	
Udall, Mark (D-CO)	
Udall, Tom (D-NM)	
Warner, Mark R. (D-VA)	

資料來源：維基百科，http://zh.wikipedia.org/wiki/%E7%BE%8E%E5%9B%BD%E5%8F%
82%E8%AE%AE%E9%99%A2

七、美國參議院第112屆參議員

　　2010年11月2日，參議院改選加補選37席（全院100席），共和黨贏得24席，加上未改選的23席，共47席，較選前增加6席。民主黨則拿下13席，加上未改選的38席，共計51席，無黨籍2席，民主黨保住多數黨地位，但是較選前的57席不可同日而語，如表11-4。

表11-4　美國參議院2010年11月2日選舉結果表

政黨	2008年選舉結果（111屆）	2010改（補）選席次	2010改（補）選席次結果	2010年選舉結果（112屆）
民主黨	57	19	13	51
共和黨	41	18	24	47
其他	2	0	0	2
合計	100	37	37	100

資料來源：http://en.wikipedia.org/wiki/United_States_Senate_elections,_2010

參考書目

中文部分

胡祖慶，2007，《比較政府與政治》。台北：五南圖書。

周繼祥，2005，《政治學21世紀的觀點》。台北：威仕曼文化。

彭懷恩，1996，《比較政治：當代各國政體導讀》。台北：風雲論壇。

陳思澤，2001，《當代比較政府》。台北：風雲論壇。

蘋果日報：http://tw.nextmedia.com/applenews/article/art_id/31220629/IssueID/20081211，檢閱日期2010/11/2

麻州補選 歐巴馬輸掉參院關鍵一席，自由電子報： http://www.libertytimes.com.tw/2010/new/jan/21/today-int1.htm ，檢閱日期2010/11/2

美國舉行期中選舉共和黨一舉翻身：

http://big5.xinhuanet.com/gate/big5/news.xinhuanet.com/2010-11/03/c_12735135.htm，檢閱日期2011/3/20

英文部分

http://www.senate.gov/reference/reference_index_subjects/Elections_Campaigns_vrd.htm ，檢閱日期2010/11/2

http://www.senate.gov/artandhistory/history/common/briefing/senate_salaries.htm ，檢閱日期2010/11/2

http://www.cnn.com/2003/ALLPOLITICS/06/13/senators.finances/ ，檢閱日期2010/11/2

http://www.senate.gov/artandhistory/history/minute/Youngest_Senator.htm，檢閱日期2010/11/2

Senate Election Law Guidebook, United States Senate Website:

http://www.senate.gov/reference/resources/pdf/senateelectionlawguidebook.pdf，檢閱日期2010/11/2

Term of a Senator: When Does It Begin and End?, United States Senate
　　Website:
http://www.senate.gov/reference/resources/pdf/termofasenator.pdf，檢閱日期
　　2010/11/2
Appointed Senators, United States Senate Website http://www.senate.gov/
　　artandhistory/history/common/briefing/senators_appointed.htm，
檢閱日期2010/11/2

第十二章　英國貴族院議員產生

余君山

第一節　貴族院沿革

英國貴族院最早創立於14世紀，在過去貴族院的影響力比平民院的影響力高出許多。但隨著時間的演變，貴族院的影響力逐漸下降。根據1911年與1949年通過的英國「國會法」（Parliament Act），貴族院對於平民院所通過的預算案只有一個月的擱置權，對於平民院所通過的法案只有12個月的擱置權，即所謂的政治學中的延宕性否決（張世賢、陳恆鈞，2005：111～112）。

近年來，廢除貴族院的聲浪不斷地湧現，2007年3月7日英國平民院通過一項具有重要象徵性的議案「貴族院全面改選」（all-elected Lords plan），貴族院議員將從世襲或任命改為全部由選舉產生。但是，貴族院議員於3月14日以多數加以否決，另外支持全面任命。雖然平民院「貴族院改革」議案的通過，只是一個意向調查，並沒有法律上的效力，但對於英國政治制度改革卻是歷史性的一刻（Reform of the House of Lords，Wikipedia網站資料）。

第二節　成員產生方式

一、終身貴族

目前貴族院人數最多的便是終身貴族（life peers），一共有587名。其產生方式依據1958年、1963年「終身貴族法」（Act of Life Peerage）所冊封。同樣由首相提請君王冊封，爵位為男爵。首相會於議會中允許各政黨

領袖選拔數位終身貴族，進入貴族院以維持貴族院中的政治均勢。而中立議員則由貴族院中的獨立任命委員會所任命。

二、大主教與主教

在古代，英國貴族院最主要的組織成員是靈職貴族（Lords Spiritual），代表英國國教會（Church of England），包含英國國教會的大主教（Archbishop）、主教（Bishop）、男修道院院長（Abbot）與女修道院院長（Abbess）。但1539年解散修道院之後，使得男女修道院院長無法產生，僅僅剩下大主教及主教參與貴族院。

1847年的曼徹斯特主教職位法（Bishopric of Manchester Act 1847）再度限制靈職議員的人數，靈職人數不得超過26人，包含英國國教會內最重要的五名主教長：坎特伯里大主教（The Lord Archbishop of Canterbury）、約克大主教（The Lord Archbishop of York）、倫敦主教（The Lord Bishop of London）、達拉謨主教（The Lord Bishop of Durham）、與曼徹斯特主教（The Lord Bishop of Manchester），以及21名英國國教會中最資深的教區主教。現任貴族院大主教與主教全體名單見：Lords Spiritual, Members of the House of Lords（Wikipedia）。

三、選任的世襲貴族

過去的「世襲貴族」（hereditary Peers）是由君王所冊封，包含公、侯、伯、子、男與國會縉紳。依據1999年貴族院法（House of Lords Act 1999），世襲貴族定額為92人，其世襲任期至全面改選為止。而貴族院裡的「選任的世襲貴族」（elected hereditary Peers）產生方式又分為三種：

（一）政黨選出

一共75名，以政黨分組，由院內議員自行挑選，如表12-1所示，75名議員中保守黨的人數為39人，中立議員占第二多數，一共有29人。剩下的分別為自由民主黨3名、工黨2名，及其他黨派2名為代表。

（二）全院選出

一共15名，由貴族院全院選舉所產生，如表12-1所示，15名議員中保守黨的人數為9名，工黨、自由民主黨、中立議員則分別各占兩名。

（三）執掌王室職務

一共兩名，分別為英國紋章院院長（Earl Marshal）與掌禮大臣（Lord Great Chamberlain）。紋章院與掌禮大臣主要處理貴族院的事務。如在國會大典上，國王會命令掌禮大臣去傳召平民院議員。

表12-1　英國貴族院議員組成（2009.11.02）

所屬政黨	終身貴族	選任的世襲貴族			靈職貴族	總數
		政黨選出	全院選出	執掌王室職務		
工黨	208	2	2	-	-	212
保守黨	142	39	9	-	-	190
自由民主黨	66	3	2	-	-	71
英國獨立黨	1	1	-	-	-	2
中立議員	150	29	2	2	-	183
靈職	-	-	-	-	26	26
其他政黨	20	1	-	-	-	21
總數	587	75	15	2	26	705

資料來源：en-Wikipedia網站資料(2 November 2009)

表12-2　英國貴族院議員組成（2011.04.01）

Party	Life Peers 終身貴族	Excepted Hereditary Peers 選任的世襲貴族	Bishops 靈職貴族	Total
保守黨Conservative	170	48		218
工黨Labour	239	4		243
自由民主黨Liberal Democrat	89	4		93
中立議員Crossbench	153	31		184
靈職Bishops			25	25

Party	Life Peers 終身貴族	Excepted Hereditary Peers 選任的世襲貴族	Bishops 靈職貴族	Total
其他Other	27	2		29
Total	678	89	25	792

資料來源：英國國會網站：http://www.parliament.uk/index.cfm

第三節　結　語

　　英國貴族院的權力曾經遠遠超越平民院，但隨者時間的推進、潮流的轉變，貴族院被代表民意的平民院所取代。目前提議改革貴族院的聲浪仍然不斷湧現（Reform of the House of Lords，見Wikipedia網站資料），希望能將貴族院轉為國會第二院，讓貴族院更能表達民意。

參考書目

張世賢、陳恆鈞，2005，《比較政府》。台北：五南出版社。

House of Lords，網址：http://www.parliament.uk/lords/index.cfm，下載日期：2011.04.01。

House of Lords Act 1999，www.parlliament.uk，http://www.parliament.uk/commons/lib/research/rp2000/rp00-060.pdf

Reform of the House of Lords，Wikipedia，http://en.wikipedia.org/wiki/Reform_of_the_House_of_Lords#2007_white_paper

Current composition of The House of Lords，Wikipedia，http://en.wikipedia.org/wiki/House_of_Lords

Members of the House of Lords，Wikipedia，http://en.wikipedia.org/wiki/Members_of_the_House_of_Lords

第十三章　法國參議院參議員選舉

楊宜佳

第一節　選舉制度緣由

　　法國兩院制議會包括國民議會（l'Assemblée Nationale）以及參議院（Sénat）。參議院院址位於巴黎第六區的盧森堡宮（Luxembourg Palace），由共和國衛隊（Garde Républicaine）所保護。參議院是法國立法機關的一部分，它最重要的任務在於立法和監督政府。但是參議院對政府的監督能力有限，他們的決定可以被國民議會否決。雖然參議院可以向政府提問和公開調查結果，但是實際上參議院沒有制裁政府的權力。在大部分情況下，它多扮演顧問的角色，其建議並無強制性。因此參議院的力量到底有多大，往往是由其他政治機構中哪個黨派占多數決定。假設國民議會中的多數黨派與執政黨不同的時候，參議院可以選擇支持政府或是支持國民議會。若是政府執政黨與國民議會多數黨相同，但與參議院不同時，則是起批評和拖延的作用。

　　1976年所畫分的選區沿用至2004年。至2004年為止，每3年改選三分之一的參議員，因此參議員的任期僅部分交替。選區畫分是以省（départments）為單位，法國一共有100個省，共分為3組：A組由編號1至33的省組成，B組由編號34至66的省組成，C組由編號67以上的省組成。每次選舉僅一組參加。

　　透過參議院所提出兩項2003年7月分修正過後的法，對於參議員的地位以及選舉過程進行修改，並至2011年逐步實施。此項改變的意義在於，確保地方組織與其人口更具代表性。修改的重點如下：

1. 參議員任期從9年減少至6年，2004年所出的議員有些依然任職9年，有些只任6年，但是2008年所選出的議員則一致適用任期6年的規定。
2. 參議員的參選年齡從35歲降低至30歲。

3. 從2011年開始，改為每3年改選半數議員而非三分之一。
4. 議員數目分期逐步提高：過去的員額為321席，2004年則增加為331席，2008年提高到343名，2011年則提高到348名。

　　透過這些改革，參議院能夠更有效地介入政治，給予參議院更多自主權，亦根據各省分人口數量的變更，重新調整議員數額。

第二節　現行選舉制度之設計

一、基本原則

　　法國國會包含國民議會與參議院，參議院議員選舉是以間接選舉方式產生，交由人民選出的各省選舉團（collèges électoraux）選出，而國民議會議員則是以直接選舉方式進行。兩院的職權是制定、通過法律，並監督政府工作，如出現意見分歧時，則由國民議會做出最後裁決。根據法國第五共和憲法第3條，法國國家主權屬於全體國民，經由其代議士及公民複決（référendum）方式行使，而選舉投票方式則是依憲法規定，依照不同的選舉採行直接或間接選舉，且選舉過程必須採用普遍（universel）、平等（égal）、祕密（secret）方式進行。凡享有公民權及政治權的成年法國男女，只要符合法定條件者均得為選舉人。另外，憲法第24條亦規定參議院除了一間接選舉選出外，應該確保法國所屬各行政區域之代表性，居住於法國境外之法國人民得選出代表參加參議院。而參議員基本上並無連任次數之限制。

　　各省選舉團的成員則是包含了5%的該省國民議會議員、省議會（département's Général Council），以及行區議會（Regional Council.）議員。該縣議會（municipal councils）議員則是占了95%。而選舉團的人數，則是根據該選區的人口數而定。人口數小於9,000人者，選舉團人數為1至15名不等，人口數在9,000至30,000之間，則有29至69名代表，人口

數若是大於30,000，每增加1,000人，增加1位代表。

　　而參議員選舉的投票制度，同時有多數決制與比例代表制，當選人數同樣依地區而定。有70個選區採取兩輪投票制的「第一名過關制」（first-past-the-post system），參議員人數最多3名。有39個選區採行比例代表制，參議員人數大於4名。而12名法國人海外代表則是由150名法國海外居民大會（Assemblée des Français de l'étranger）以比例代表制選出。法國總共有52%左右的參議員（180名），是由比例代表制選出。

二、員　額

　　法國共分為22個行區（Région）、95個省（Départment），再下去還有縣轄區（Arrondissment）、鄉鎮區（Canton）、市鎮（Commune），各省中法文對照如表13-1。2004年的參議員共331名，313名由法國本土、科西嘉以及法國海外領地選舉產生，其餘新喀里多尼亞、法屬玻里尼西亞、瓦利斯及富圖納群島、聖皮埃爾和密克龍群島各1名，有2名來自馬約特，又海外法國人代表有12名。2008年的總員額為343名，而2011年的選舉，參議院組成有所改變，總員額增加至348名，其中326名參議員是由法國本土、科西嘉和法國海外領地選舉產生，新喀里多尼亞、法屬玻里尼西亞則會各增加1名。2004年、2008年與2011年法國海內外席次分配，則如表13-2。

表13-1　法國各省名稱

Drôme，德龍	Pyrénées-Atlantiques，庇里牛斯大西洋	Gironde，紀龍德
Essonne，埃松	Hautes-Pyrénées，上庇里牛斯	Hérault，埃羅
Eure，厄爾	Pyrénées-Orientales，東庇里牛斯	Ille-et-Vilaine，伊維爾蘭
Eure-et-Loir，厄爾－盧瓦爾	Bas-Rhin，下萊茵	Indre，安德爾

表13-1　法國各省名稱（續）

Finistère， 菲尼斯太爾	Haut-Rhin， 上萊茵	Indre-et-Loire， 安德爾魯瓦爾
Gard，加爾	Rhône，羅納	Sarthe，薩爾特
Haute-Garonne， 上加龍	Haute-Saône， 上索恩	Savoie， 薩瓦
Gers，熱爾	Saône-et-Loire， 索恩盧瓦爾	Haute-Savoie， 上薩瓦
Hauts-de-Seine， 上塞納	Var，瓦爾	French Guyana， 奎亞那
Seine-Maritime， 塞納濱海	Vaucluse， 沃克呂茲	Martinique， 馬提尼克島
Seine-et-Marne， 塞納馬恩	Vendée，旺代	Réunion，留尼旺
Seine-Saint-Denis， 賽納聖德尼	Vienne，維埃納	Mayotte（departmental collectivity），馬約特
Deux-Sèvres， 德塞夫勒	Haute-Vienne， 上維埃納	Saint-Pierre and Miquelon， 聖皮埃爾和密克隆群島
Somme，索姆	Vosges，孚日	French Polynesia（overseas country）， 法屬波利尼西亞
Tarn，塔爾納	Yonne，榮納	Wallis and Futuna（territory）， 瓦利斯及富圖納群島
Tarn-et-Garonne， 塔納爾加龍	Yvelines，伊夫林	New Caledonia， 新喀里多尼亞及其島嶼
Val-de-Marne， 瓦爾德馬恩	Guadeloupe， 瓜特羅普	
Val-d'Oise， 瓦爾德瓦茲		

表13-2　法國參議員數目表（2004、2008、2 011）

地區／年份	2004	2008	2011
法國本土與海外領地	313	333	326
法國其他海外屬地	6	8	10
海外代表	12	12	12
總員額	331	343	348

資料來源：作者整理自http://www.senat.fr/，2009/06/30/下載。

三、選舉程序

　　法國參議員是由約15萬名地方代表和地方政治家間接選舉產生，其選舉方式按照憲法第24條進行，由各省的選舉團（colleges electoraux）召開選舉會議。包含了5%的該省國民議會議員、省議會（departement's General Council）議員，以及行區議會（Regional Council）議員，該縣議會（municipal councils）議員則是占了95%。每個省的選舉團成員數量由其居民人口數決定，但是不與居民人數成正比。基本上鄉村地區的選票較城市地區多，人口稀少的地方代表，相對來說較多，而人口密集的地方代表，相對來說則較少。有31%的選民代表16%、住在人數少於1,000人的鎮公民，而占全國人口15%、住在人口超過10萬人的大城市公民只有7%的選民。總的來說，半數以上的選民僅代表三分之一的法國人，而且選民本身的選擇也不一樣：人口少於9,000人的鎮透過鎮議會的多數來確定所有選民。人口高於9,000人的鎮選民則是按照各黨派在議會中占的比例選出，此種規定提高了小地方的多數派黨派的力量。

　　一個地區的地方代表人數與該地區的人口數量有關，但不完全成正比。總的來說，鄉村地區較城市地區的選票多。參議員的任期為六年，在法國政治中他們參加立法，但是他們的決定可以被眾議院否決。參議院對政府的監督權力有限：雖然參議院可以向政府提問和公開調查結果，但是形式上參議院沒有制裁政府的權力。

四、候選人資格

欲參選參議員選舉者，必須符合以下條件：

1. 年滿30歲（2004年以前為35歲）。
2. 一些高階首長，如：省長（prefet）、行區首長、省級的法官、警察局局長、檢察官和政府任命的總檢察（Inspecteurs generaux）不得參選。
3. 從1972年開始，國有企業的經理以及主要於政府機關服務或是獲得政府補貼的私有企業之經理可以參選，但是必須在當選後1個月內卸職，或放棄其參議員身分。

第三節   2008年法國參議員選舉實例

　　法國2008年參議院議員選舉輪到編號A組之43個省舉行，總共必須選出95席。第一輪投票於9月21日舉行，總共有30名候選人當選，其名單如表13-3。而第二次投票則是在10月1日舉行，選出剩餘65個參議員席次，第二輪各省參議員當選名單如表13-4所示，今過此次改選後，各省全部參議員名單則是如表13-5，其中參議員當選年齡最高者為83歲，最年輕為34歲，年齡最多集中於50歲至70歲之間。總員額343名當中，女性參議員僅有75位，占21.9%。

表13-3　2008年法國參議員選舉各省第一輪當選名單

Aisne	Côtes-d'Armor
（男）ANDRÉ (Pierre)（連任）	（男）BOTREL (Yannick)（新任）
（男）LEFEVRE (Antoine)（新任）	（女）CHEVE (Jacqueline)（新任）
Alpes de Haute-Provence	（男）LE CAM (Gérard)（連任）
（男）DOMEIZEL (Claude)（連任）	Creuse
Ardèche	（男）LEJEUNE (André)（連任）

表13-3　2008年法國參議員選舉各省第一輪當選名單（續）

（男）TESTON (Michel)（連任）	（男）LOZACH (Jean-Jacques)（新任）
Ariège	Dordogne
（男）BEL (Jean-Pierre)（連任）	（男）CAZEAU (Bernard)（連任）
Aube	Drôme
（男）ADNOT (Philippe)（連任）	（男）GUILLAUME (Didier)（新任）
Aude	Eure
（男）COURTEAU (Roland)（連任）	（男）BOURDIN (Joël)（連任）
（男）RAINAUD (Marcel)（連任）	（男）MAUREY (Hervé)（新任）
Cantal	（男）PONIATOWSKI (Ladislas)（連任）
（男）JARLIER (Pierre)（連任）	Eure-et-Loir
Charente-Maritime	（男）BILLARD (Joël)（連任）
（男）BELOT (Claude)（連任）	（男）CORNU (Gérard)（連任）
（男）DOUBLET (Michel)（連任）	（男）de MONTGOLFIER (Albéric)（新任）
（男）LAURENT (Daniel)（新任）	Gers
Cher	（男）de MONTESQUIOU (Aymeri)（連任）
（男）POINTEREAU (Rémy)（連任）	Iles Wallis et Futuna
Corse-du-Sud	（男）LAUFOAULU (Robert)（連任）
（男）ALFONSI (Nicolas)（連任）	
Haute-Corse	
（男）VENDASI (François)（連任）	總員額：30

資料來源：整理自http://www.senat.fr/senateurs/elections/2008/s4.html，擷取日期：2009/06/30。

表13-4　2008年法國參議員選舉各省第二輪當選名單

縣名	組別	姓氏	名	性別
Ain	A	BERTHOU	Jacques	男
Ain	A	GOY-CHAVENT	Sylvie	女
Ain	A	MAZUIR	Rachel	男
Aisne	A	DAUDIGNY	Yves	男
Aisne	A	LEFÈVRE	Antoine	男
Allier	A	SCHURCH	Mireille	女
Alpes-Maritimes	A	DAUNIS	Marc	男
Alpes-Maritimes	A	GIUDICELLI	Colette	女
Alpes-Maritimes	A	LELEUX	Jean-Pierre	男
Alpes-Maritimes	A	NÈGRE	Louis	男
Alpes-Maritimes	A	VESTRI	René	男
Ardèche	A	CHASTAN	Yves	男
Aveyron	A	ESCOFFIER	Anne-Marie	女
Aveyron	A	FAUCONNIER	Alain	男
Bouches-du-Rhône	A	ANDREONI	Serge	男
Bouches-du-Rhône	A	GHALI	Samia	女
Bouches-du-Rhône	A	GILLES	Bruno	男
Bouches-du-Rhône	A	JOISSAINS	Sophie	女
Bouches-du-Rhône	A	PASQUET	Isabelle	女
Bouches-du-Rhône	A	POVINELLI	Roland	男
Cantal	A	MÉZARD	Jacques	男
Charente	A	BONNEFOY	Nicole	女
Charente	A	BOUTANT	Michel	男
Charente-Maritime	A	LAURENT	Daniel	男
Corrèze	A	BOURZAI	Bernadette	女
Corrèze	A	TEULADE	René	男
Côte-d'Or	A	HOUPERT	Alain	男
Côte-d'Or	A	PATRIAT	François	男

縣名	組別	姓氏	名	性別
Côte-d'Or	A	REBSAMEN	François	男
Côtes-d'Armor	A	BOTREL	Yannick	男
Côtes-d'Armor	A	CHEVÉ	Jacqueline	女
Creuse	A	LOZACH	Jean-Jacques	男
Dordogne	A	BÉRIT-DÉBAT	Claude	男
Doubs	A	BOURQUIN	Martial	男
Doubs	A	JEANNEROT	Claude	男
Drôme	A	GUILLAUME	Didier	男
Eure	A	MAUREY	Hervé	男
Eure-et-Loir	A	de MONTGOLFIER	Albéric	男
Finistère	A	BLONDIN	Maryvonne	女
Finistère	A	FICHET	Jean-Luc	男
Finistère	A	PAUL	Philippe	男
Français établis hors de France	A	FRASSA	Christophe-André	男
Français établis hors de France	A	LEPAGE	Claudine	女
Gard	A	FOURNIER	Jean-Paul	男
Gard	A	LAURENT-PERRIGOT	Françoise	女
Gers	A	VALL	Raymond	男
Gironde	A	ANZIANI	Alain	男
Gironde	A	CARTRON	Françoise	女
Gironde	A	DES ESGAULX	Marie-Hélène	女
Guyane	A	ANTOINETTE	Jean-Etienne	男
Guyane	A	PATIENT	Georges	男
Haute-Garonne	A	CHATILLON	Alain	男
Haute-Garonne	A	LABORDE	Françoise	女
Haute-Garonne	A	MIRASSOU	Jean-Jacques	男
Hérault	A	BRUGUIÈRE	Marie-Thérèse	女

縣名	組別	姓氏	名	性別
Hérault	A	NAVARRO	Robert	男
Ille-et-Vilaine	A	HERVÉ	Edmond	男
Ille-et-Vilaine	A	KLÈS	Virginie	女
Ille-et-Vilaine	A	de LEGGE	Dominique	男
Ille-et-Vilaine	A	LE MENN	Jacky	男
Indre	A	MAYET	Jean-François	男
Polynésie française	A	TUHEIAVA	Richard	男
Saint-Barthélemy	A	MAGRAS	Michel	男
Saint-Martin	A	FLEMING	Louis-Constant	男
Territoire de Belfort	A	CHEVÈNEMENT	Jean-Pierre	男

資料來源：整理自http://www.senat.fr/senateurs/elections/2008/s4.html，擷取日期：2009/06/30。

表13-5　2008年法國各省參議員名單

Ain	Bouches-du-Rhône	Dordogne	Gard
（男）BERTHOU (Jacques)	（男）ANDREONI (Serge)	（男）BÉRIT-DÉBAT (Claude)	（男）FOURNIER (Jean-Paul)
（女）GOY-CHAVENT (Sylvie)	（男）GAUDIN (Jean-Claude)	（男）CAZEAU (Bernard)	（女）LAURENT-PERRIGOT (Françoise)
（男）MAZUIR (Rachel)	（女）GHALI (Samia)	Doubs	（男）SUTOUR (Simon)
Aisne	（男）GILLES (Bruno)	（男）BOURQUIN (Martial)	Haute-Garonne
（男）ANDRÉ (Pierre)	（男）GUÉRINI (Jean-Noël)	（男）HUMBERT (Jean-François)	（男）AUBAN (Bertrand)
（男）DAUDIGNY (Yves)	（女）JOISSAINS (Sophie)	（男）JEANNEROT (Claude)	（男）CHATILLON (Alain)
（男）LEFÈVRE (Antoine)	（女）PASQUET (Isabelle)	Drôme	（女）LABORDE (Françoise)

Ain	Bouches-du-Rhône	Dordogne	Gard
Allier(2名)	（男）POVINELLI (Roland)	（男）BESSON (Jean)	（男）MIRASSOU (Jean-Jacques)
（男）DÉRIOT (Gérard)	Calvados	（男）GUILLAUME (Didier)	（男）PLANCADE (Jean-Pierre)
（女）SCHURCH (Mireille)	（男）DUPONT (Ambroise)	（男）PIRAS (Bernard)	Gers
Alpes de Haute-Provence	（男）DUPONT (Jean-Léonce)	Essonne	（男）de MONTESQUIOU (Aymeri)
（男）DOMEIZEL (Claude)	（男）GARREC (René)	（男）BÉTEILLE (Laurent)	（男）VALL (Raymond)
Hautes-Alpes	Cantal	（女）CAMPION (Claire-Lise)	Gironde
（男）BERNARD-REYMOND (Pierre)	（男）JARLIER (Pierre)	（男）DASSAULT (Serge)	（男）ANZIANI (Alain)
Alpes-Maritimes	（男）MÉZARD (Jacques)	（男）MÉLENCHON (Jean-Luc)	（女）CARTRON (Françoise)
（男）DAUNIS (Marc)	Charente	（男）VERA (Bernard)	（男）CÉSAR (Gérard)
（女）GIUDICELLI (Colette)	（女）BONNEFOY (Nicole)	Eure	（女）DES ESGAULX (Marie-Hélène)
（男）LELEUX (Jean-Pierre)	（男）BOUTANT (Michel)	（男）BOURDIN (Joël)	（男）MADRELLE (Philippe)
（男）NÈGRE (Louis)	Charente-Maritime	（男）MAUREY (Hervé)	（男）PINTAT (Xavier)
（男）VESTRI (René)	（男）BELOT (Claude)	（男）PONIATOWSKI (Ladislas)	Guadeloupe

Ain	Bouches-du-Rhône	Dordogne	Gard
Ardèche	（男）DOUBLET (Michel)	Eure-et-Loir	（男）GILLOT (Jacques)
（男）CHASTAN (Yves)	（男）LAURENT (Daniel)	（男）BILLARD (Joël)	（男）MARSIN (Daniel)
（男）TESTON (Michel)	Cher	（男）CORNU (Gérard)	（女）MICHAUX-CHEVRY (Lucette)
Ardennes	（男）PILLET (François)	（男）de MONT-GOLFIER (Albéric)	Guyane
（男）HURÉ (Benoît)	（男）POIN-TEREAU (Rémy)	Finistère	（男）ANTOI-NETTE (Jean-Etienne)
（男）LAMÉNIE (Marc)	Corrèze	（女）BLONDIN (Maryvonne)	（男）PATIENT (Georges)
Ariège	（女）BOURZAI (Bernadette)	（男）FICHET (Jean-Luc)	Hauts-de-Seine
（男）BEL (Jean-Pierre)	（男）TEULADE (René)	（男）MARC (François)	（男）BADINTER (Robert)
Aube	Corse-du-Sud	（男）PAUL (Philippe)	（男）BADRÉ (Denis)
（男）ADNOT (Philippe)	（男）ALFONSI (Nicolas)	Français établis hors de France	（女）DEBRÉ (Isabelle)
（男）GAILLARD (Yann)	Haute-Corse	（男）CANTEG-RIT (Jean-Pierre)	（男）FOUR-CADE (Jean-Pierre)
Aude	（男）VENDASI (François)	（女）CERISIER-ben GUIGA (Monique)	（男）GAUTIER (Jacques)
（男）COUR-TEAU (Roland)	Côte-d'Or	（男）COINTAT (Christian)	（女）GONTHI-ER-MAURIN (Brigitte)
（男）RAINAUD (Marcel)	（男）HOUPERT (Alain)	（男）del PIC-CHIA (Robert)	（男）PASQUA (Charles)

Ain	Bouches-du-Rhône	Dordogne	Gard
Aveyron	（男）PATRIAT (François)	（男）DUVER-NOIS (Louis)	Hérault
（女）ESCOFFIER (Anne-Marie)	（男）REBSA-MEN (François)	（男）FERRAND (André)	（女）BRU-GUIÈRE (Marie-Thérèse)
（男）FAUCON-NIER (Alain)	Côtes-d'Armor	（男）FRASSA (Christophe-André)	（男）COUDERC (Raymond)
Territoire de Belfort	（男）BOTREL (Yannick)	（女）GARRI-AUD-MAYLAM (Joëlle)	（男）NAVARRO (Robert)
（男）CHEVÈNE-MENT (Jean-Pierre)	（女）CHEVÉ (Jacqueline)	（男）GUERRY (Michel)	（男）TROPE-ANO (Robert)
Creuse	（男）LE CAM (Gérard)	（女）KA（女）RMANN (Chris-tiane)	Ille-et-Vilaine
（男）LEJEUNE (André)		（女）LEPAGE (Claudine)	（男）HERVÉ (Ed-mond)
（男）LOZACH (Jean-Jacques)		（男）YUNG (Richard)	（女）KLÈS (Vir-ginie)
			（男）de LEGGE (Dominique)
			（男）LE MENN (Jacky)

Indre	Lot	Moselle	Pas-de-Calais
（男）MAYET (Jean-François)	（男）MILHAU (Jean)	（男）LEROY (Philippe)	（女）BOUT (Bri-gitte)
（男）PINTON (Louis)	（男）MIQUEL (Gérard)	（男）MASSERET (Jean-Pierre)	（男）DANGLOT (Jean-Claude)
Indre-et-Loire	Lot-et-Garonne	（男）MASSON (Jean Louis)	（女）HENNE-RON (Françoise)

Indre	Lot	Moselle	Pas-de-Calais
（女）BEAUFILS (Marie-France)	（男）FRANÇOIS-PONCET (Jean)	（女）PRINTZ (Gisèle)	（男）PERCHE-RON (Daniel)
（男）DAUGE (Yves)	（男）SOULAGE (Daniel)	（男）TODESCHI-NI (Jean-Marc)	（女）SAN VI-CENTE-BAUDRIN (Michèle)
（男）LECLERC (Dominique)	Lozère	Nièvre	（男）SERGENT (Michel)
Isère	（男）BLANC (Jacques)	（男）BOULAUD (Didier)	（男）VAN-LERENBERGHE (Jean-Marie)
（女）DAVID (An-nie)	Maine-et-Loire	（男）SIGNÉ (René-Pierre)	Polynésie française
（男）FAURE (Jean)	（男）GAUDIN (Christian)	Nord	（男）FLOSSE (Gaston)
（男）MERMAZ (Louis)	（男）LARDEUX (André)	（女）BLANDIN (Marie-Christine)	（男）TUHEIAVA (Richard)
（男）SAUGEY (Bernard)	（男）RAOUL (Daniel)	（女）DEMESS-INE (Michelle)	Puy-de-Dôme
Jura	Manche	（女）DESCAMPS (Béatrice)	（女）ANDRÉ (Michèle)
（男）BAILLY (Gérard)	（男）BIZET (Jean)	（女）DESMAR-ESCAUX (Sylvie)	（男）CHARASSE (Michel)
（男）BARBIER (Gilbert)	（男）GODE-FROY (Jean-Pierre)	（男）FRIMAT (Bernard)	（男）JUILHARD (Jean-Marc)
La Réunion	（男）LE GRAND (Jean-François)	（男）LECERF (Jean-René)	Pyrénées-Atlan-tiques
（女）HOARAU (Gélita)	Marne	（男）LEGENDRE (Jacques)	（男）BOROTRA (Didier)
（女）PAYET (Anne-Marie)	（男）DÉ-TRAIGNE (Yves)	（男）MAUROY (Pierre)	（男）CAZALET (Auguste)

Indre	Lot	Moselle	Pas-de-Calais
（男）VI-RAPOULLÉ (Jean-Paul)	（男）ETIENNE (Jean-Claude)	（男）RAOULT (Paul)	（女）JARRAUD-VERGNOLLE (Annie)
Landes	（女）FÉRAT (Françoise)	（男）RENAR (Ivan)	Hautes-Pyrénées
（男）CARRÈRE (Jean-Louis)	Haute-Marne	（男）TÜRK (Alex)	（女）DURRIEU (Josette)
（男）LABEYRIE (Philippe)	（男）GUENÉ (Charles)	Nouvelle-Calédonie	（男）FORTAS-SIN (François)
Loir-et-Cher	（男）SIDO (Bruno)	（男）LOUECK-HOTE (Simon)	Pyrénées-Orientales
（男）FAUCHON (Pierre)	Martinique	Oise	（男）ALDUY (Jean-Paul)
（女）GOURAULT (Jacqueline)	（男）LARCHER (Serge)	（男）MARINI (Philippe)	（男）BLANC (Paul)
Loire	（男）LISE (Claude)	（男）VANTO（女）(André)	Bas-Rhin
（男）FOURNIER (Bernard)	Mayenne	（男）VASSELLE (Alain)	（男）GRIGNON (Francis)
（男）FRÉCON (Jean-Claude)	（男）ARTHUIS (Jean)	Orne	（女）KELLER (Fabienne)
（女）MATHON-POINAT (Josiane)	（男）ZOCCHET-TO (François)	（女）GOULET (Nathalie)	（男）RICHERT (Philippe)
（男）THIO-LLIÈRE (Michel)	Mayotte	（男）LAMBERT (Alain)	（男）RIES (Roland)
Haute-Loire	（男）GIRAUD (Adrien)	Paris	（女）SITTLER (Esther)
（男）BOYER (Jean)	（男）IBRAHIM RAMADANI (Soibahadine)	（男）AS-SOULINE (David)	Haut-Rhin

Indre	Lot	Moselle	Pas-de-Calais
（男）GOUTEY-RON (Adrien)	Meurthe-et-Moselle	（女）BORVO COHEN-SEAT (Nicole)	（男）HAENEL (Hubert)
Loire-Atlantique	（女）DIDIER (Évelyne)	（女）BOUME-DIENE-THIERY (Alima)	（男）MULLER (Jacques)
（男）AUTAIN (François)	（男）NACHBAR (Philippe)	（男）CAFFET (Jean-Pierre)	（女）SCHILLINGER (Patricia)
（男）GAUTIER (Charles)	（女）PANIS (Jacqueline)	（男）DESESSARD (Jean)	（女）TROENDLE (Catherine)
（女）GAUTIER (Gisèle)	（男）REINER (Daniel)	（男）DOMINATI (Philippe)	Rhône
（女）PAPON (Monique)	Meuse	（女）DUMAS (Catherine)	（男）BUFFET (François-Noël)
（男）TRILLARD (André)	（男）BIWER (Claude)	（女）HERMANGE (Marie-Thérèse)	（男）COLLOMB (Gérard)
Loiret	（男）LONGUET (Gérard)	（女）KHIARI (Bariza)	（女）DE-MONTÈS (Christiane)
（男）DOLIGÉ (Éric)	Morbihan	（男）MADEC (Roger)	（女）DINI (Muguette)
（女）ROZIER (Janine)	（女）HERVIAUX (Odette)	（男）POZZO di BORGO (Yves)	（男）FISCHER (Guy)
（男）SUEUR (Jean-Pierre)	（男）KERGUERIS (Joseph)	（男）ROMANI (Roger)	（女）LAMURE (Élisabeth)
	（男）de ROHAN (Josselin)		（男）MERCIER (Michel)
			Saint-Pierre-et-Miquelon
			（男）DETCH-EVERRY (Denis)

Saint-Barthélemy	Deux-Sèvres	Vosges
（男）MAGRAS (Michel)	（男）BÉCOT (Michel)	（男）PIERRE (Jackie)
Saint-Martin	（男）DULAIT (André)	（男）PONCELET (Christian)
（男）FLEMING (Louis-Constant)	Somme	Iles Wallis et Futuna
Haute-Saône	（男）DENEUX (Marcel)	（男）LAUFOAULU (Robert)
（男）KRATTINGER (Yves)	（男）DUBOIS (Daniel)	Yonne
（男）MICHEL (Jean-Pierre)	（男）MARTIN (Pierre)	（男）BORDIER (Pierre)
Saône-et-Loire	Tarn	（男）de RAINCOURT (Henri)
（男）BEAUMONT (René)	（女）ALQUIER (Jacqueline)	Yvelines
（男）COURTOIS (Jean-Patrick)	（男）PASTOR (Jean-Marc)	（男）ABOUT (Nicolas)
（男）EMORINE (Jean-Paul)	Tarn-et-Garonne	（男）BRAYE (Dominique)
Sarthe	（男）BAYLET (Jean-Michel)	（女）DUPONT (Bernadette)
（男）CHAUVEAU (Jean-Pierre)	（男）COLLIN (Yvon)	（男）GOURNAC (Alain)
（男）CLÉACH (Marcel-Pierre)	Val-d'Oise	（男）LARCHER (Gérard)
（男）du LUART (Roland)	（男）ANGELS (Bernard)	（女）TASCA (Catherine)
Savoie	（男）HUE (Robert)	Seine-Saint-Denis
（男）REPENTIN (Thierry)	（女）LE TEXIER (Raymonde)	（女）ASSASSI (Éliane)
（男）VIAL (Jean-Pierre)	（女）MALOVRY (Lucienne)	（男）DALLIER (Philippe)

Saint-Barthélemy	Deux-Sèvres	Vosges
Haute-Savoie	（男）PORTELLI (Hugues)	（男）DEMUYNCK (Christian)
（男）AMOUDRY (Jean-Paul)	Val-de-Marne	（男）MAHÉAS (Jacques)
（男）CARLE (Jean-Claude)	（男）CAMBON (Christian)	（男）RALITE (Jack)
（男）HÉRISSON (Pierre)	（男）JÉGOU (Jean-Jacques)	（女）VOYNET (Dominique)
Seine-Maritime	（男）LAGAUCHE (Serge)	Vendée
（男）FOUCAUD (Thierry)	（女）PROCACCIA (Catherine)	（男）DARNICHE (Philippe)
（男）GÉLARD (Patrice)	（女）TERRADE (Odette)	（男）MERCERON (Jean-Claude)
（男）LE VERN (Alain)	（男）VOGUET (Jean-François)	（男）RETAILLEAU (Bruno)
（男）MASSION (Marc)	Var	Vienne
（女）MORIN-DESAILLY (Catherine)	（男）BRUN (Elie)	（男）FOUCHÉ (Alain)
（男）REVET (Charles)	（男）COLLOMBAT (Pierre-Yves)	（男）RAFFARIN (Jean-Pierre)
Seine-et-Marne	（女）HU（女）L (Christiane)	Haute-Vienne
（男）BILLOUT (Michel)	（男）TRUCY (François)	（男）DEMERLIAT (Jean-Pierre)
（男）BODIN (Yannick)	Vaucluse	（男）PEYRONNET (Jean-Claude)
（女）BRICQ (Nicole)	（男）DUFAUT (Alain)	
（男）HOUEL (Michel)	（男）HAUT (Claude)	
（男）HYEST (Jean-Jacques)	（男）MILON (Alain)	

Saint-Barthélemy	Deux-Sèvres	Vosges
（女）MÉLOT (Colette)		總員額：343名

資料來源：整理自http://www.senat.fr/senateurs/elections/2008/senatoriales2008/d/liste_par_circonscription
_senat.pdf，擷取日期：2009/07/13。

第四節　2011年法國參議員選舉實例

　　2011年法國參議院選舉，時間訂在9月第四個星期天，即9月25日，選舉後，法國參議院改革成功，從2004年即計畫將參議員任期從9年，每3年改選三分之一，改為6年，每3年改選一半。參議員人數為348，比2008年的343，增加5人。這次選舉的席次有170席，其中112席以政黨比例代表制（最高商數法）產生，58席由單一選區產生。海外代表由政黨比例代表制產生，12席中，每次只改選一半，即6席。

　　法國參議員的選舉係採用間接選舉，由各選舉人團（electoral college）投票。選舉人團由各該省的各級民意代表組成，縣代表（delegates of mllnicipal crunical）約占各選舉人團的95%，單一選區採絕對多數制，兩輪投票制。第一輪投票，未有人當選，則在第二輪進行決選，最高票者當選（法國2011年參議員選舉網站）。

參考書目

2008年法國參議員選舉各省當選名單http://www.senat.fr/senateurs/
　　elections/2008/s4.html
2008年法國各省參議員名單http://www.senat.fr/senateurs/elections/2008/
　　senatoriales2008/d/liste_par_circonscription_senat.pdf
法國法律網站http://www.librairie.senat.fr/
2011年法國參議員選舉網站，http://www.senat.fr/senatoriales_2011.html

第十四章　德國聯邦參議院議員產生

楊宜佳

第一節　現行參議院組成之設計

一、德國聯邦參議員

　　德國聯邦參議院（Bundesrat），根據德國基本法第50條所述，是各邦（Lander）參與聯邦政府之行政與立法，以及歐盟相關事務的管道，因此代表各邦的利益，參議院可說是各邦政府在中央的代議機關。而參議院之組成，根據基本法第51條規定，是由邦政府負責任命與罷免，也可以由自己政府中的成員替換，因此並非由民眾直接選舉產生，不同於美國式的參議院模式。各邦的代表數額則由各邦居民人數決定，因此各邦參議員人數不盡相同，不過基本上每邦至少有3名席次，居民數量超過200萬人者則有4名，600萬人以上有5名，700萬人以上則有6名。雖然德國參議院並非如美國參議院每一個代表擁有等量的基礎，使得人口較多的邦產生低度代表的情形，而人口較少的邦被過度代表，例如：有6個席次的拜燕邦（Bayern），一個席次代表了至少208萬的民眾，而人口較少的薩爾邦（Saarland），每34.5萬的民眾即擁有一位代表。但是德國參議院的制度，另一方面卻可以讓較小邦有更多發聲的機會。

　　而參議院於表決時，各邦的票必須統一投出，亦即聯邦參議員必須遵照邦政府之指示行事。德國目前共有16個邦，參議員數量為69名，各邦人數及參議員席次分配如表14-1所示。

表14-1　德國各邦人數與聯邦參議員席次之分配（2011）

邦名稱	居民人數	參議員數量
巴登－伍騰堡邦 （Baden-Wüertemberg）	10,749,506	6
拜燕邦（Bayern）	12,519,728	6
柏林市（Berlin）	3,431,675	4
布蘭登堡邦（Brandenburg）	2,522,493	4
布萊梅市（Bremen）	661,866	3
漢堡市（Hamburg）	1,772,100	3
黑森邦（Hessen）	6,064,953	5
邁克林堡－弗泊莫邦（Mecklenburg-Vorpommern）	1,664,356	3
下薩克森邦（Niedersachsen）	7,947,244	6
北萊茵邦（Nordrhein-Westfalen）	17,933,064	6
萊茵－法爾茲邦（Rheinland-Pfalz）	4,028,351	4
薩爾邦（Saarland）	1,030,324	3
薩克森邦（Sachesen）	4,192,801	4
薩克森－安赫邦（Sachsen-Anhalt）	2,381,872	4
什列斯威－霍爾斯坦邦（Schleswig-Holstein）	2,834,260	4
圖林根邦（Thüeringen）	2,267,763	4
總數	82,002,356	69

資料來源：整理自德國聯邦統計局與各邦統計局截至2010年1月8日人口統計http://www.statistik-portal.
de/Statistik-Portal/en/en_jb01_jahrtab1.asp，擷取日期2010年1月8日。

表14-2　德國各邦總理與各邦參議員名單

邦名稱	邦總理	邦政府組成之政黨	參議員數量	參議員名單
巴登－伍騰堡邦 （Baden- Wüertemberg）	Stefan Mappus	CDU/FDP	6	Stefan Mappus (CDU) Ernst Pfister (FDP) Willi Stächele (CDU) Tanja Gönner (CDU) Prof. Dr. Ulrich Goll (FDP) Prof. Dr. Wolfgang Reinhart (CDU)
拜燕邦 （Bayern）	Horst Seehofer	CSU/FDP	6	Horst Seehofer (CSU) Siegfried Schneider (CSU) Emilia Müller (CSU) Martin Zeil (FDP) Georg Fahrenschon (CSU) Christine Haderthauer (CSU)
柏林市 （Berlin）	Klaus Wowereit	SPD/ Die Linke	4	Klaus Wowereit (SPD) Harald Wolf (Die Linke) Dr. Ulrich Nußbaum (parteilos) Gisela von der Aue (SPD)
布蘭登堡邦 （Brandenburg）	Matthias Platzeck	SPD/CDU	4	Matthias Platzeck (SPD) Helmuth Markov (Die Linke) Rainer Speer (SPD) Anita Tack (Die Linke)
布萊梅市 （Bremen）	Jens Böhrnsen	SPD/ Bündnis 90/ Die Grünen	3	Jens Böhrnsen (SPD) Karoline Linnert (BUENDNIS 90/DIE GRUENEN) Dr. Kerstin Kießler (SPD)

邦名稱	邦總理	邦政府組成之政黨	參議員數量	參議員名單
漢堡市 （Hamburg）	Olaf Scholz	CDU/GAL	3	Olaf Scholz (CDU) Dr. Till Steffen (BUENDNIS 90/DIE GRUENEN) Dr. Michael Freytag (CDU)
黑森邦 （Hessen）	Volker Bouffier	CDU	5	Volker Bouffier(CDU) Jörg-Uwe Hahn (FDP) Michael Boddenberg (CDU) Volker Bouffier (CDU) Dieter Posch (FDP)
邁克林堡－弗泊莫邦 （Mecklenburg-Vorpommern）	Erwin Sellering	SPD/CDU	3	Erwin Sellering (SPD) Jürgen Seidel (CDU) Heike Polzin (SPD)
下薩克森邦 （Niedersachsen）	David McAllister	CDU/FDP	6	David McAllister(CDU) Jörg Bode (FDP) Hartmut Möllring (CDU) Uwe Schünemann (CDU) Bernhard Busemann (CDU) Hans-Heinrich Ehlen (CDU)
北萊茵邦 （Nordrhein-Westfalen）	Hannelore Kraft	SPD	6	Hannelore Kraft (SPD) Angelica Schwall-Düren(SPD) Norbert Walter-Borjans (SPD) Ralf Jäger(SPD) Guntram Schneider (SPD) Johannes Remme (DIE GRUENEN)

邦名稱	邦總理	邦政府組成之政黨	參議員數量	參議員名單
萊茵—法爾茲邦（Rheinland-Pfalz）	Kurt Beck	SPD	4	Kurt Beck (SPD) Karl Peter Bruch (SPD) Malu Dreyer (SPD) Doris Maria Ahnen (SPD)
薩爾邦（Saarland）	Peter Müller	CDU	3	Peter Müller (CDU) Karl Rauber (CDU) Dr. Christoph Hartmann (FDP)
薩克森邦（Sachesen）	Stanislaw Tillich	CDU/SPD	4	Stanislaw Tillich (CDU) Sven Morlok (FDP) Prof. Dr. Georg Unland (parteilos) Dr. Karl Johannes Beermann (CDU)
薩克森—安赫邦（Sachsen-Anhalt）	Prof. Dr. Wolfgang Böhmer	CDU/SPD	4	Prof. Dr. Wolfgang Böhmer (CDU) Jens Bullerjahn (SPD) Rainer Robra (CDU) Prof. Dr. Angela Kolb (SPD)
什列斯威—霍爾斯坦邦（Schleswig-Holstein）	Peter Harry Carstensen	CDU/SPD	4	Peter Harry Carstensen (CDU) Dr. Heiner Garg (FDP) Dr. Ekkehard Klug (SPD) Rainer Wiegard (CDU)
圖林根邦（Thüeringen）	Christine Lieberknech	CDU	4	Christine Lieberknecht (CDU) Christoph Matschie (CDU) Dr. Jürgen Schöning (parteilos) Dr. Holger Poppenhäger (SPD)
		總數	69	

資料來源：德國參議院各邦介紹

　　http://www.bundesrat.de/cln_116/nn_42932/DE/organe-mitglieder/mitglieder/laender/laender-node.html?__nnn=true，擷取日期2011年3月15日。

二、德國聯邦參議院議長

　　德國聯邦參議院設議長1人，副議長2人，根據基本法第52條規定，議長每年由聯邦參議院全體會議選舉產生。但是1950年於Konigstein召開的各邦政府總理會議決定，議長和副議長均按照各邦人口數量為序，輪流擔任，議長由人口數最多的邦開始。而通常任期將滿的議長會變成副議長之一，副議長由人口最少的州政府總理開始輪（顧俊禮，2001：138）。此種方式具有雙重優點，一來確保各邦每16年皆能夠有一次擔任議長的機會，另一方面，亦讓參議院的所有權不是以多數黨的變遷以及政黨政治的考量為基礎。

　　參議院議長的職責在於其任內負責召集參議院之會期，同時，基本法第57條亦賦予議長關於參議院以外的權限，也就是若遇到聯邦總統無法履行其職權時，則由參議院議長代其職位。一般對於聯邦制的國家來說，參議院議長的地位僅次於聯邦總統，然而此種形勢卻未明白表現於德國聯邦共和國的相關規定之中。聯邦總統無庸置疑擁有最高權力，但是最主要的憲政體制下，亦即參議院、聯邦議會、聯邦政府，以及聯邦憲法法庭這之間的地位關係卻未被規定。

第二節　制度的演進

　　德國聯邦參議院不是基本法的創舉，而是德國長期以來「憲法傳統」的繼承。德意志神聖羅馬帝國時累根斯堡的「永久帝國議會」，1815年維也納和會建立德意志邦聯議會，以及1849年法蘭克福保羅教堂憲法設計的議會，都是現在聯邦參議院的雛型（顧俊禮，2001：136）。雖然1971年的德意志帝國憲法與1919年的威瑪憲法，皆有聯邦參議院的設置，但是其法律地位和職權與現在不同。而德國現代議會制度則是確立於威瑪共和國時期。1919年8月制定的威瑪憲法規定，德意志帝國是共和國，議會採用兩院制。帝國議院（Reichstag）的議員按照比例代表制，以普遍、

平等、直接、祕密的原則選舉產生。帝國參議院（Reichsrat）由各州代表組成，代表州的利益，參與立法和行政管理（顧俊禮，2001：125）。1949年德國聯邦基本法則是延續此兩院制的傳統，形成現行的聯邦議會（Bundestag）與聯邦參議院（Bundesrat）兩個立法機構。

　　在1990年東西德統一前，德國參議院各邦席次的分配範圍從最大邦5名到最小邦3名。在此安排下，最大的4個邦在總席次41席中擁有20席。由於必須超過2/3以上才可以否決，否則只能維持原案，因此小邦無法聯合起來反對大邦所支持的方案。然而在統一時，當時的制度將可以讓4個大邦在60多個席次中只擁有20席，因此沒有能力阻礙立法過程。但是統一後4個西德的大邦堅持一個能夠保留其否決權的新規則，經過廣泛討論後將基本法第51條修正為大邦擁有6個席次，4個大邦總共有24席，而能夠阻礙立法過程中須2/3以上才得以否決的門檻，亦即只要有23票以上不否決，則必須維持原案。這是較大且富有的邦在聯邦制擴張下，為了保留其地位的行動所產生的大問題（Conradt, 2001: 181）。

第三節　德國聯邦參議院之功能

　　德國聯邦參議院是德國聯邦共和國國會的第二議會，並且體現德國聯邦共和國所依循的聯邦體制。參議院同時代表本身邦政府及邦議會之意見，其成員多具有政黨領導機關之重要地位，可見參議員身上背負多種責任。造成參議員很大的工作量，在參議院中無法對他們的行動有積極、正向的影響（Theen & Wilson, 2001: 200）。一般來說，聯邦政府與聯邦議會的互動較為緊密，聯邦政府多反映聯邦議會多數的意見。然而聯邦參議院則像是代表聯邦議會中的少數立場，作為對統治的多數黨與聯盟的抗衡力量。

　　根據德國基本法的規定，德國參議院具有法案提案權，但是參議院並不常使用此項權利。此外，所有與國家事務相關的法案，如：教育、交通運輸、土地利用、警察事務、國家與地方財政問題，以及任何會影響各邦

疆界、國家緊急事務與憲法修正提案相關之法案，皆須獲得參議院的同意。雖然聯邦議會的提案，參議院具有否決權，但是須經過參議院核准並非要件，聯邦議會可依其否決權維持原案。德國參議院同時在整個聯邦行政法扮演重要角色，聯邦政府提出的一般行政規則只能由參議院核准。

第四節　德國聯邦參議院之正當性

　　自從德國聯邦參議院並非由民眾直接選舉產生後，乍看之下似乎產生其民主正當性的疑異。但是，德國聯邦基本法第51條規定德國聯邦參議院是由各邦政府在其參議院可代表票數下，自行決定參議員人選。而剩下的各邦內閣成員，通常會被指定為候補代表。因此，參議院的組成反而是受各邦政府選舉的影響。而另一方面，我們也可以說各邦政府的選舉將產生全國性的影響力，因為其會改變參議院的組成。

　　此外，選民一方面透過選舉決定各邦議會的組成，以及決定由誰領導統治該邦，也就是邦政府的組成。此時選民亦決定了誰將會擁有參議院的席次、誰能夠在參議院上發聲。因此，德國聯邦參議院的運作，同樣是透過選舉展現了民眾的意志。

參考書目

中 文部分

李國雄，2005，《比較政府與政治》。台北：三民書局。

張世賢、陳恆鈞，2010，《比較政府》，四版。台北：五南圖書。

顧俊禮，2001，《德國政府與政治》。台北：揚智文化。

Kurt Sontheimer, Wilhelm Bleek原著，張安藍譯，1999，《德國政府與政治》。台北：五南圖書。

英 文部分

Conradt, David P., 2001, *The German Polity (7th ed.)*. US:Addison Wesley Longman Inc.

Theen, Rolf, and Frank Wilson, 2001, *Comparative Politics: An Introduction to Seven Countries (4th ed.)*. New Jersey: Prentice-Hall, Inc.

德國聯邦統計局與各邦統計局，http://www.statistik-portal.de/Statistik-Portal/en/，擷取日期2009年3月8日。

德國聯邦參議院，http://www.bundesrat.de/EN/Home/homepage__node.html，擷取日期2009年3月8日。

第十五章 俄羅斯聯邦院議員選舉

周承賢

第一節 前 言

俄羅斯聯邦院（The Council of Federation），或譯為聯邦委員會，不妥，容易與其內部之委員會混淆，是俄羅斯聯邦國會的上議院，於1993年設立。根據現行的俄羅斯聯邦憲法，由聯邦內83個俄羅斯聯邦主體（包括21個自治共和國，46個州，9個邊疆區，2個聯邦直轄市，4個民族自治區和1個自治州），各派出兩名代表組成委員會。截至2008年3月，俄羅斯聯邦院共有166個席位。每個主體在聯邦院的席次是相同的，並且它們在聯邦內的權利是均等的。

第二節 聯邦主體的合併

自2005年起，一些主體以公民投票的方式合併為更大的地區，見表15-1。

表15-1　聯邦主體調整表

公決日期	合併日期	涉及地區
2003年12月7日	2005年12月1日	彼爾姆州 + 科米彼爾米亞克自治區 → 彼爾姆邊疆區(90)
2005年4月17日	2007年1月1日	克拉斯諾亞爾斯克邊疆區 + 埃文基自治區 + 泰梅爾自治區 → 克拉斯諾亞爾斯克邊疆區
2005年10月12日	2007年7月1日	堪察加州 + 科里亞克自治區 → 堪察加邊疆區(91)
2006年4月16日	2008年1月1日	伊爾庫茨克州 + 烏斯季奧爾登斯基布里亞特自治區 → 伊爾庫茨克州
2007年3月11日	2008年3月1日	赤塔州 + 阿加布里亞特自治區 → 外貝加爾邊疆區(92)

資料來源：維基百科，http://zh.wikipedia.org/wiki/俄羅斯聯邦主體。

第三節　聯邦主體名稱

俄羅斯聯邦主體名稱，總共有83個，見表15-2。

表15-2　俄羅斯聯邦主體名稱表（2011）

共和國（共21個）：是為某些少數民族而設立，名義上自治，有自己的憲法、總統及議會，外交事務由聯邦負責。

編號	聯邦主體	編號	聯邦主體	編號	聯邦主體
01	阿迪格共和國	08	卡爾梅克共和國	15	北奧塞梯-阿蘭共和國
02	巴什科爾托斯坦共和國	09	卡拉恰伊-切爾克斯共和國	16	韃靼斯坦共和國
03	布里亞特共和國	10	卡累利阿共和國	17	圖瓦共和國
04	阿爾泰共和國	11	科米共和國	18	烏德穆爾特共和國
05	達吉斯坦共和國	12	馬里埃爾共和國	19	哈卡斯共和國
06	印古什共和國	13	莫爾多瓦共和國	20	車臣共和國
07	卡巴爾達-巴爾卡爾共和國	14	薩哈共和國（雅庫特）	21	楚瓦什共和國（恰瓦什）

邊疆區（共9個）：類似州但位置比較偏遠。

編號	聯邦主體	編號	聯邦主體	編號	聯邦主體
22	阿爾泰邊疆區	25	濱海邊疆區	90	彼爾姆邊疆區
23	克拉斯諾達爾邊疆區	26	斯塔夫羅波爾邊疆區		堪察加邊疆區
24	克拉斯諾亞爾斯克邊疆區	27	哈巴羅夫斯克邊疆區		外貝加爾邊疆區

州（共46個）：最常見的行政規劃，州長由中央政府委任，輔以民選議會。通常以州府（行政中心，又是最大城市）命名。

編號	聯邦主體	編號	聯邦主體		聯邦主體
28	阿穆爾州	45	庫爾干州		梁贊州
29	阿爾漢格爾斯克州	46	庫爾斯克州		薩馬拉州
30	阿斯特拉罕州	47	列寧格勒州		薩拉托夫州
31	別爾哥羅德州	48	利佩茨克州		薩哈林州

32	布良斯克州	49	馬加丹州		斯維爾德洛夫斯克州
33	弗拉基米爾州	50	莫斯科州		斯摩棱斯克州
34	伏爾加格勒州	51	摩爾曼斯克州		坦波夫州
35	沃洛格達州	52	下諾夫哥羅德州		特維爾州
36	沃羅涅日州	53	諾夫哥羅德州		托木斯克州
37	伊萬諾沃州	54	新西伯利亞州		圖拉州
38	伊爾庫茨克州	55	鄂木斯克州		秋明州
39	加里寧格勒州	56	奧倫堡州		烏里揚諾夫斯克州
40	卡盧加州	57	奧廖爾州		車里雅賓斯克州
42	克麥羅沃州	58	奔薩州		雅羅斯拉夫爾州
43	基洛夫州	60	普斯科夫州		
44	科斯特羅馬州	61	羅斯托夫州		

聯邦直轄市（共2個）

編號	聯邦主體
77	莫斯科
78	聖彼得堡

自治州（共1個）

編號	聯邦主體
79	猶太自治州

民族自治區（共4個）：為以少數民族為主的地區而設立，自治程度比州高，但低於共和國。

編號	聯邦主體
83	涅涅茨自治區
86	漢特—曼西自治區
87	楚科奇自治區
89	亞馬爾—涅涅茨自治區

資料來源：筆者自行整理自：維基百科，http://zh.wikipedia.org/wiki/俄羅斯聯邦主體。

第四節　尚未通過的合併提議

1. 阿爾漢格爾斯克州及涅涅茨自治區。
2. 哈巴羅夫斯克邊疆區、猶太自治州及阿穆爾州。
3. 馬加丹州及楚科奇自治區。
4. 伊爾庫茨克州、布里亞特共和國及外貝加爾邊疆區。
5. 秋明州、亞馬爾—涅涅茨自治區及漢特—曼西自治區。
6. 新西伯利亞州、鄂木斯克州及托木斯克州。
7. 克麥羅沃州、阿爾泰共和國及阿爾泰邊疆區。
8. 聖彼得堡市及列寧格勒州。
9. 莫斯科市及莫斯科州。
10. 雅羅斯拉夫爾州及科斯特羅馬州。
11. 諾夫哥羅德州及普斯科夫州。
12. 克拉斯諾達爾邊疆區及阿迪格共和國。
13. 車臣共和國及印古什共和國。

第五節　聯邦院的地位和組織

　　聯邦院是俄羅斯聯邦會議的上議院。

　　根據俄羅斯聯邦憲法第2部第95條，每個俄羅斯聯邦主體的兩名代表，進入聯邦院：一個是來自其立法機關，而另一個來自其行政機關。

　　聯邦院形成的過程於聯邦法律N192-FZ在1995年12月5日「俄羅斯聯邦會議的聯邦委員會之形成程序」開始，直到2000年8月8日結束。這會議是由每個聯邦主體2個代表全部共178個代表組成（當時聯邦主體有89個）。聯邦院的成員行使其職權就像聯邦議會的官員一樣。

　　新聯邦法N113-FZ「俄羅斯聯邦會議的聯邦院之形成程序」於2000年8月5日通過，並於2000年8月8日開始生效。聯邦院代表由聯邦主體的立法機關選出或由聯邦主體的最高行政首長來任命。代表的任職期間為聯邦主

體機關所選出，或任命他們的期間，但此任命可提前撤回，透過上述的聯邦主體機關根據申請聯邦院成員的選舉之相同程序。俄羅斯聯邦的公民30歲以上就享有憲法權利，透過選舉進入國家立法機關並能夠被推選或任命為聯邦院的成員。

　　聯邦院的候選人由聯邦主體的立法機關藉由其主席或參眾兩院輪流的主席提議，如果立法機關包括兩院。選舉人數不能少於議會代表總人數的三分之一。立法機關對於代表的選舉之決定是採取不記名投票方式，且通過上述的立法機關之決議或兩院的聯合決議來定案。

　　聯邦主體最高首長對任命聯邦院的代表之決策是來自於聯邦主體的行政機關，且透過聯邦主體的最高首長頒布法令。該法令應在三天之內提交給聯邦主體的立法機關。如果聯邦主體立法機關之代表總人數的三分之二，投票支持在下個會期的聯邦院之代表的任命，該法令將生效。

　　按照新的聯邦法，對於聯邦院成員的選舉，於2002年1月1日大致底定。新當選成員在這固定的基礎上行使職權。

　　聯邦院是一個常設性的機關。如果有必要，它的會期是確立的，但一個月不得少於兩次。聯邦院的會期是議會活動的主要形式。其會期和國家杜馬分開舉行，且不包括總統演講的聽證會、俄羅斯聯邦憲法法院的演講，或外國領導人的發言。

　　聯邦院的會期為1月25日至7月15日，以及9月16日至12月31日在莫斯科舉行，並且向大眾公開。而聯邦院可以調整會期的時程。

　　聯邦院選舉出主席，副主席和副委員長來主持會議及議會章程。E. S. Stroev，前聯邦院主席，被選為聯邦院榮譽主席。E. S. Stroev和首次召開聯邦院的主席V. F. Shumeiko一樣，在會議廳被授予個人席次。他們得到了特別的身分證和胸甲。他們都可以參加聯邦院的議會，並享受其他的議會特權。

　　聯邦院由機關、常設委員會及臨時委員會組成。聯邦院有權成立、解散或重組各委員會或機關。

　　聯邦院的機關和常設委員會是議會的常設單位。聯邦院所有成員，除了主席、副主席和副委員長之外，都可進入委員會。聯邦院的成員一次只

能進入一個委員會，除非委員會少於7名成員。機關及委員會的組織要被
會議批准。聯邦院目前有以下的機關及委員會：

編號	委員會名稱	編號	委員會名稱
01	聯邦憲政立法委員會	15	聯邦青年及體育委員會
02	聯邦司法及法律事務委員會	16	聯邦經濟政策、商業及所有權委員會
03	聯邦聯邦事務及區域政策委員會	17	聯邦工業政策委員會
04	聯邦地方政府委員會	18	聯邦自然壟斷委員會
05	聯邦國防及安全委員會	19	聯邦自然資源及環境保護委員會
06	聯邦預算委員會	20	聯邦農業、糧食政策及漁業委員會
07	聯邦金融市場及貨幣流通委員會	21	聯邦北方領土及原住民委員會
08	聯邦俄羅斯聯邦審計院交流委員會	22	聯邦資訊政策委員會
09	聯邦外交委員會	23	聯邦議會功能維護監控委員會
10	聯邦獨立國家國協委員會	24	聯邦國家海軍政策委員會
11	聯邦會議常規及執行單位委員會	25	聯邦文化委員會
12	聯邦立憲權執行委員會	26	聯邦住房政策及公共事務委員會
13	聯邦社會政策委員會		
14	聯邦科學、教育、公衛及生態委員會		

資料來源：整理自The Council of Federation of the Federal Assembly of the Russian Federation網站

第六節　聯邦院的職權

1. 確認俄羅斯聯邦各主體之間的邊界。
2. 批准俄羅斯聯邦總統發布的實行軍事和緊急狀態令。
3. 決定是否在俄羅斯境外動用俄國武裝力量。
4. 規定總統選舉事宜。

5. 彈劾總統。
6. 任命憲法法院、最高法院、最高仲裁法院的法官和俄羅斯聯邦總檢察
　　長。

參考書目

俄羅斯新聞網，http://big5.rusnews.cn/db_eguoguoqing/db_eluosi_huiyi/，檢
　　索日期於2011年3月30日。
維基百科，http://zh.wikipedia.org/wiki/俄羅斯聯邦主體，檢索日期於2011
　　年3月30日。
維基百科，http://zh.wikipedia.org/wiki/俄羅斯聯邦院#cite_note-
　　Constitution-0，檢索日期於2011年3月30日。
The Council of Federation，http://www.council.gov.ru/eng/index.html，檢索
　　日期於2011年3月30日。

第十六章　日本參議院參議員選舉

余君山

第一節　參議院選舉制度沿革

　　參議院第一次選舉是在1947年舉行，一共選出250位議員，參議院議員選舉通常稱為「通常選舉」。其選舉制度分為兩種，其一是以各地方都道府縣為單位分為47個選舉區，而另一方式是以全國為一個選舉區，投票方式採取單記非讓渡方式投票，並依照得票數的順序來決定當選人。

　　由於以此全國為單一選舉區的選舉方式產生了許多問題，遂經過多次的討論以及多方的協商，終於在1982年做出改革，採用政黨比例代表制。而2000年再度做出修正，依據修改的選舉法規定，自本次選舉開始，參議院總額分兩階段減少10席，所以本次改選名額為121席。其中48席採用政黨比例代表制，由全國選區產生。

　　政黨或政治團體得以提出候選人名單的條件為：(1)需有國會議員五人以上；(2)在最近的國會議員選舉中，總得票數占有效票2%以上；(3)在參議院選舉必須有10人以上之候選人，而得以分配席次的條件（門檻）為本次選舉總有效票的2%。

第二節　選區制度

　　日本參議院選舉採用「大選舉區與比例代表制」，全國依照都道府縣畫分47個大選區，而比例代表制是全國統一實行。這點與日本眾議院將全國分為11個比例代表區有明顯的不同。

　　日本參議院議員一共要選出242名，分別由選舉區與比例代表產生：(1)大選舉區一共為47區，每一區選出2到10人，總共產生出146議席，每一

區的法定議員人數一定是偶數，以方便每三年改選。(2)比例代表制為全國不分區，以全國為一個選舉區，一共產生出96個席次。日本參議院議員任期一共6年，每3年改選一半，表16-1為日本各都道府縣大選舉區選出的議員人數。

表16-1　日本參議院選舉區的畫分

日本參議院大選舉區制					
選區	席次	選區	席次	選區	席次
北海道	4	長野	4	島根	2
青森	2	富山	2	廣島	4
岩手	2	石川	2	山口	2
宮城	4	福井	2	香川	2
秋田	2	岐阜	4	德島	2
山形	2	愛知	6	愛媛	2
福島	4	靜岡	4	高知	2
東京都	10(9)	三重	2	鹿兒島	2
茨城	4	和歌山	2	福岡	4
木	2(3)	奈良	2	宮崎	2
群馬	2(3)	京都	4	佐賀	2
埼玉	6	大阪	6	大分	2
神奈川	6	滋賀	2	熊本	2
千葉	6(5)	兵庫	4	長崎	2
山梨	2	鳥取	2	沖繩	2
新潟	4	岡山	2		

資料來源：筆者自行整理。

一、大選舉區

全國一共分為47個選舉區，其中有27個選舉區為一人選舉區（每3年改選一半），而每一區的選舉人數也會因為人口數而做調整（即表16-1中

的括號為下一次改選的名額）。從表16-2與表16-3可知第19屆（2001）的
參議院選舉中，獲得最多議席的政黨是自民黨，一共獲得34個席次，而民
主黨獲得31個席次，排名第二。但第20屆（2004）的參議院議員改選，民
主黨卻獲得40個席次，高於自民黨所獲得的23個席次。

　　以2004年參議院選舉福島縣選區為例：該區要改選兩名參議院議員，
而該區一共有3名候選人參選，分別為岩城光英、阿部裕美子、佐藤雄
平，各參選人得票數如表16-4所示，按照順序排列為佐藤雄平、岩城光
英、阿部裕美子。因此當選人為排序前面兩名的佐藤雄平與岩城光英。

表16-2　日本第19屆參議院各黨派分配表（2001）

政黨	自民	民主	公明	共產	社民	國民	改革	新黨日本	無黨籍	合計
總計	49	50	11	4	2	0	0	0	5	121
選舉區	34	31	3	0	0	0	0	0	5	73
比例代表	15	19	8	4	2	0	0	0	0	48

資料來源：筆者自行整理。

表16-3　日本第20屆參議院各黨派分配表（2004）

政黨	自民	民主	公明	共產	社民	國民	改革	新黨日本	無黨籍	合計
總計	37	60	9	3	2	3	0	1	7	121
選舉區	23	40	2	0	0	2	0	0	7	73
比例代表	14	20	7	3	2	1	0	1	0	48

資料來源：筆者自行整理。

表16-4　2004年參議院選舉福島縣選區選舉情況

地區	姓名	當選與否	政黨	得票數
福島縣	岩城光英	當選	自民黨	406793
	阿部裕美子	落選	共產黨	128300
	佐藤雄平	當選	民主黨	445560

資料來源：筆者自行整理。

二、比例代表制

在此制度下，每一政黨提出本黨的候選人名單並且向選民公布，而選民在投票時，一票投給選舉區的候選人，另一票投給政黨名單上的候選人。各政黨依照得票比例來分配議席。第19屆（2001）的參議院選舉中，獲得最多議席的政黨是民主黨，一共獲得19席，而自民黨獲得15席。其產生步驟為：以2004年參議院選舉為例：

（一）首先，各政黨提交比例代表名單，如表16-2為自民黨2004年選舉的比例代表名單。

（二）依照政黨得票數分配名額，如表16-3自民黨的得票率為30.03%，這次選舉的比例代表名額為48名，所以48×30.03%為14.1141，可分配15個席次，而民主黨的得票率為37.79%，故可以分配到19個席次。

（三）再統計政黨比例代表名單上各候選人的得票數，以民主黨的小林正夫為例，如表16-5再比較各後選人票數的高低來決定當選與否。

表16-5　自民黨2004年參議院選舉政黨比例代表名單

得票順位	當選與否	參選人	得票數
1	當選	小林正夫	301322
2	當選	加藤敏幸	247917
3	當選	內藤正光	220311
4	當選	家西悟	217095
5	當選	柳沢光美	216760
6	當選	直嶋正行	211257
7	當選	大石正光	209382
8	當選	白真勳	203052
9	當選	那谷屋正義	202612
10	當選	藤末健三	182891
11	當選	嘉納昌吉	178815
12	當選	高嶋良充	167709
13	當選	津田弥太郎	162618

得票順位	當選與否	參選人	得票數
14	當選	工藤堅太郎	142656
15	當選	円より子	130249
16	當選	下田敦子	120306
17	當選	松岡徹	114136
18	當選	前田武志	110043
19	當選	渡邊秀央	106140
20		信田邦雄	82072
21		吉田公一	76908
22		古賀敬章	72855
23		渡辺義彦	44735
24		樋口俊一	28373
25		半田善三	24734
26		中島あきお	17466

資料來源：筆者自行整理。

表16-5　2004年參議院選舉各政黨得票數

政黨	自民黨	民主黨	公明黨	共產黨	社民黨
得票數	16797686.469	21137457.499	8621265.450	4362573.847	2990665.949
得票率	30.03%	37.79%	15.41%	7.80%	5.35%
分配名額	15	19	8	4	2

資料來源：筆者自行整理。

表16-6　2004年參議院選舉小林正夫得票數

地區	得票數	地區	得票數
北海道	13415.729	滋賀縣	2966.629
青森縣	4075.336	京都府	4176.996
岩手縣	3391.029	大阪府	11254.089
宮城縣	5716.152	兵庫縣	14263.998
秋田縣	3452.316	奈良縣	2468.411
山形縣	2965.118	和歌山縣	3315.023

地區	得票數	地區	得票數
福島縣	8144.452	鳥取縣	2021.197
茨城縣	8867.672	島根縣	4666.871
栃木縣	4626.462	岡山縣	5517.876
群馬縣	4705.574	廣島縣	10240.756
埼玉縣	8796.651	山口縣	6990.593
千葉縣	10256.143	德島縣	2968.923
東京都	24174.458	香川縣	3578.386
神奈川縣	8498.788	愛媛縣	3730.988
新潟縣	7822.802	高知縣	2144.351
富山縣	4871.527	福岡縣	8882.339
石川縣	2768.681	佐賀縣	3475.673
福井縣	3968.096	長崎縣	4310.446
山梨縣	3226.683	熊本縣	4906.266
長野縣	7355.879	大分縣	6679.224
岐阜縣	7463.973	宮崎縣	3271.350
靜岡縣	10292.101	鹿兒島縣	4105.018
愛知縣	17090522	沖繩縣	2592.671
三重縣	6848.489		

資料來源：筆者自行整理。

三、2010年第22屆參議院選舉

　　日本第22屆參議院選舉於2010年7月11日舉行投開票，此次投票為民主黨於2009年9月取得政權後的第一次國會選舉。日本參議院共242席，參議員任期為6年，每3年改選半數席次，這次共改選121席。執政聯盟的民主黨在前次改選時拿下54議席，這次只拿下40多席。

　　雖執政聯盟席次數下滑，但其在眾院仍占優勢，不至於影響執政體制，但參議院的選舉結果使執政聯盟喪失參院的優勢，若無法爭取其他政黨加入執政聯盟，隨著在野黨在參院的勢力擴大，今後在國會將難以順利

推動法案，國會運作將陷入困境。

日本主要9個政黨中，除民主、國民新黨之外，最大的在野黨自民黨拿下51席、社民黨拿下2席、公明黨拿下9席、全民黨（Your Party）拿下10席、共產黨3席。在野黨一共獲得77個席次，加上未改選的55個議席，使在野黨在參議院的議席總數達到132個議席，超過參議院議席總數的一半。

自民黨從原來的38席增加到50席，堪稱最大贏家。自民黨選舉對策本部長石原伸晃表示，這代表著離開自民黨的人已有回流的傾向。

另一個大贏家則是「全民黨」，該黨黨魁、自民黨前行政改革大臣渡邊喜美表示，選民原本期待2009年實現政黨輪替之後，民主黨能帶給日本的是煥然一新，沒想到民主黨主張反覆不定，而全民黨的信念卻使始終堅定。

日本參議院進行的改選，民主黨執政表現不如預期，加上首相菅直人調高消費稅的構想引起反感，因而遭到挫敗。民主黨的落敗，代表其在參院失去多數黨的地位，菅直人的法案推動都將受阻。不過由於民主黨在權力較大的眾議院仍居多數黨地位，因此菅直人並無倒閣危機，而菅直人也表示不會因此下台。

日本參院共242席次，此次有121席次改選，民主黨與國民新黨組成的聯合政府若要擁有過半席次，至少需拿下56席，而菅直人則是把目標定在54席，但實際上卻只拿下40多席，反而新成立的全民黨表現亮眼，成為民主黨極力爭取的結盟對象。（2010-07-12，工商時報）

其各政黨議席數及得票數、得票率請見下頁，表16-7。

表16-7　第22屆日本參議院議員通常選舉結果（各政黨議席數及得票數、得
票率）

政黨	比例代表制			地區選舉			合計席次	非改選席次	新議會席次分布	增減 (+/-)
	得票數	得票率	席次	得票數	得票率	席次				
民主黨	18,450,139.059	31.56%	16	22,756,000.342	38.97%	28	44	62	106	-10
國民新黨	1,000,036.492	1.71%	0	167,555.000	0.29%	0	0	3	3	-3
執政黨小計	19,450,175.551	33.27%	16	22,923,555.342	39.25%	28	44	65	109	-13
自由民主黨	14,071,671.422	24.07%	12	19,496,083.000	33.38%	39	51	33	84	+13
公明黨	7,639,432.739	13.07%	6	2,265,818.000	3.88%	3	9	10	19	-2
眾人之黨	7,943,649.369	13.59%	7	5,977,391.485	10.24%	3	10	1	11	+10
日本共產黨	3,563,556.590	6.10%	3	4,256,400.000	7.29%	0	3	3	6	-1
社會民主黨	2,242,735.155	3.84%	2	602,684.000	1.03%	0	2	2	4	-1
奮起日本	1,232,207.336	2.11%	1	328,475.000	0.56%	0	1	2	3	±0
新黨改革	1,172,395.190	2.01%	1	625,431.000	1.07%	0	1	1	2	-4
幸福實現黨	229,026.162	0.39%	0	291,810.000	0.50%	0	0	1	1	±0
沖繩社會大眾黨	—	—	—	—	—	—	—	1	1	±0
其他政黨	908,582.924	1.55%	0	318,847.000	0.55%	0	0	0	0	±0
無黨籍	—	—	—	1,314,313.072	2.25%	0	0	2	2	-1
在野黨小計	39,003,256.887	66.73%	32	35,477,252.557	60.75%	45	77	55	133	+14
合計	58,453,432.438	100.00%	48	58,400,807.899	100.00%	73	121	121	242	(欠

資料來源：維基百科，http://zh.wikipedia.org/wiki/ %E7%AC%AC22%E5%B1%86%E6%97%A5%E6%9
C%AC%E5%8F%83%E8%AD%B0%E9%99%A2%E8%AD%B0%E5%93%A1%E9%80%9A
%E5%B8%B8%E9%81%B8%E8%88%89，檢索日期：2011年3月24日

第三節　結　論

　　日本參議院雖然與眾議院皆採用比例代表制，但參議院是採全國為單
位，每個地區的區民都可以投給自己心中的理想候選人，而眾議院是採政
黨為單位，即每個政黨均會提出一份名單，並列有排序，依照各後選人於

各地選區的席敗率來決定當選與否。

　　在日本憲法裡面，參議院的組織與眾議院並沒有太大的差別，但眾議院卻比參議院多了許多實權。眾議院擁有在法律、預算、締結條約、內閣總理的議決權上面擁有優越的地位。因此雖然日本國會設定兩院相互制衡，但參議院往往淪落為眾議院的橡皮圖章，因此參議院多半是政客多半是政客政治上的跳板。

參考書目

許介鱗，2006，《日本政治制度》，台北：三民書局。

日本參議院官方網站，http://www.sangiin.go.jp/，檢索日期：2010年3月20日

黃菁菁，2010，〈日參院改選 民主黨席次直直落　自民黨席次大增　是最大贏家〉，中國時報，7月12日，第A11版。

王曉伯，2010，〈日執政黨參院落敗　不利股市〉，工商時報，7月12日，第A6版。

于倩若，2010，〈日本參院選舉　執政黨落敗〉，經濟日報，7月12日，第A5版。

第三篇

一院制國會

第十七章　中華民國立法院立法委員選舉

王錫雯

　　我國立法委員之選舉在第七屆立委選舉面臨了選舉制度上的改革,不僅是席次減半也包含任期由三年延長至四年。以下先對立法院作說明,包括立法院的起源、會期與會議、委員會、職權。其次,針對第一屆到第七屆立委選舉的起訖時間、人數作說明。最後,再針對選舉制度的差異與改變作闡述。

第二節　立法院介紹

一、緣　起

　　中華民國乃根據國父孫中山先生所創立之五權憲法,將中央機關分設為行政院、立法院、司法院、考試院以及監察院的五院體系,不同於美國行政、立法及司法的三權分立,使中華民國成為世界上唯一一個行使五權分立的國家。在五權分立的制度下,特別將監察功能由立法體系獨立出來,是為降低立法院同時身兼球員與裁判兩種角色所衍生的弊病。是故,在五權分立的體系中,立法院作為國家最高立法機關,並由人民直接選舉之立法委員組成,兼負代表人民行使立法權之重責大任。

二、會期與會議

依照立法院職權行使法第2條之規定，「立法委員應分別於每年2月1日及9月1日起報到，開議日由各黨團協商決定之。」因此，立法院會期為一年兩次，分別為2月至5月底及9月至12月底，此為法定開會期間。同法之第5條「立法院每次會期屆至，必要時，得由院長或立法委員提議或行政院之請求延長會期，經院會議決行之；立法委員之提議，並應有二十人以上之連署或附議。」是故，除法定期間之外，得視必要之情形，延長會期。

上述會期為正常之情況下，但若發生例外之情形，像是解散後、院會停開期間時，則另有特別之規定。如經總統解散後改選者，於選舉結果公告後第三日起報到，第十日開議。立法院於停開院會期間，遇有重大事項發生，經立法委員四分之一以上之請求，可以恢復開會。此外，經總統之咨請或立法委員四分之一以上之請求，得開臨時會。

按立法院議事規則第20條規定，「本院會議於每星期二、星期五開會，必要時經院會議決，得增減會次。本院會議超過一日者，經黨團協商之同意，得合併若干日為一次會議。」

三、委員會

為配合第七次修憲對立委席次的改變，故常設委員會之數目有所調整，現今立法院共有八個常設委員會以及四種特設委員會。「常設委員會」分別為內政、外交及國防、經濟、財政、教育及文化、交通、司法及法制、社會福利及衛生環境。「特設委員會」為程序、紀律、修憲、經費稽核委員會。除此之外，「全院委員會」乃由全體立法委員所組成，並非常設委員會亦非特設委員會，行使任命同意權、審查緊急命令、罷免或彈劾總統或副總統案、不信任案，或遇有行政院移請覆議案時舉行之。

四、地　位

立法院之地位如同其他民主國家之國會，但今日立法院能有如此之地

位，卻是歷經多年大法官釋憲以及修憲而來。過去常引起爭議的是立法院、監察院以及國民大會三者到底誰具有國會的地位，如同大法官釋字第76號所說，「我國憲法係依據　孫中山先生之遺教而制定，於國民大會外並建立五院，與三權分立制度本難比擬。國民大會代表全國國民行使政權，立法院為國家最高立法機關，監察院為國家最高監察機關，均由人民直接間接選舉之代表或委員所組成。其所分別行使之職權亦為民主國家國會重要之職權。雖其職權行使之方式，如每年定期集會、多數開議、多數決議等，不盡與各民主國家國會相同，但就憲法上之地位及職權之性質而言，應認國民大會、立法院、監察院共同相當於民主國家之國會。」

　　但民國82年大法官做出釋字325條，內文如下：「本院釋字第76號解釋認監察院與其他中央民意機構共同相當於民主國家之國會，於憲法增修條文第15條規定施行後，監察院已非中央民意機構，其地位及職權亦有所變更，上開解釋自不再適用於監察院。惟憲法之五院體制並未改變，原屬於監察院職權中之彈劾、糾舉、糾正權及為行使此等職權，依憲法第95條、第96條具有之調查權，憲法增修條文亦未修改，此項調查權仍應專由監察院行使。立法院為行使憲法所賦予之職權，除依憲法第57條第1款及第67條第2項辦理外，得經院會或委員會之決議，要求有關機關就議案涉及事項提供參考資料，必要時並得經院會決議調閱文件原本，受要求之機關非依法律規定或其他正當理由不得拒絕。但國家機關獨立行使職權受憲法之保障者，如司法機關審理案件所表示之法律見解、考試機關對於應考人成績之評定、監察委員為糾彈或糾正與否之判斷，以及訴訟案件在裁判確定前就偵查、審判所為之處置及其卷證等，監察院對之行使調查權，本受有限制，基於同一理由，立法院之調閱文件，亦同受限制。」所以依照釋字第325號所言，監察院已非中央民意機關，故不等同於一般民主國家的國會。

　　再加上民國89年第六次修憲，對國民大會的虛級化，依憲法增修條文第1條「國民大會代表三百人，於立法院提出憲法修正案、領土變更案，經公告半年，或提出總統、副總統彈劾案時，應於三個月內採比例代表制選出之，不受憲法第26條、第28條及第135條之限制。任期與集會期間相

同，憲法第28條之規定停止適用。第三屆國民大會代表任期至中華民國89年5月19日止。國民大會職權調整後，國民大會組織法應於二年內配合修正。」所言，94年6月以前立法院與國民大會共同為國會，但現今只有立法院等同於其他民主國家的國會。

第三節　歷屆立法委員選舉

　　民國80年12月31日第一屆立法委員全部退職，民國81年12月依憲法增修條文選出161位第二屆立法委員，隨後配合增修條文之修訂，先後於民國84年12月選出164位第三屆立法委員，民國87年12月選出225位第四屆立法委員，民國90年12月選出225位第五屆立法委員，民國93年12月選出225位第六屆立法委員。民國93年8月23日，立法院通過憲法修正案，94年6月7日國民大會複決通過，經總統於94年6月10日公布，因此立法委員自第七屆起改為113席，任期也由3年改為4年。歷屆立委任期起訖時間與任職人數，如表17-1所示。

表17-1　歷屆任期起訖時間與人數

屆次	任期開始	任期結束	人數
第一屆	民國37年5月	民國80年12月	760位
第二屆	民國81年12月	民國84年12月	161位
第三屆	民國84年12月	民國87年12月	164位
第四屆	民國87年12月	民國90年12月	225位
第五屆	民國90年12月	民國93年12月	225位
第六屆	民國93年12月	民國97年12月	225位
第七屆	民國97年12月	現任中	113位

一、第一屆（37年～80年）

　　第1屆立法委員的任期，原應於民國40年5月屆滿，因國家發生重大變

故，事實上不能依法辦理次屆選舉，故依司法院大法官會議釋字第31號解釋繼續行使職權。民國58年依動員戡亂時期臨時條款增補選出11位立法委員；民國61年再依修正後之動員戡亂時期臨時條款，選出3年1任定期改選之增額立法委員51名。民國64年繼續辦理增額立法委員改選，選出增額立法委員52名；民國67年12月因中美斷交辦理增額，故中止立法委員改選，至民國69年11月20日始恢復，並依動員戡亂時期公職人員選舉罷免法規定擴增為97人。其後分別於民國72年改選98名、75年改選100名、78年改選130名。

二、第二屆（81年～84年）

民國81年立法委員選舉為中華民國第一次的國會議員全面改選，包含119席的區域立委、6席原住民立法委員、30席全國不分區立法委員以及6席僑選立法委員，總共161席。

首先，選舉人數看來共有13,421,170位，有效票數9,488,772，投票率高達72.02%。其次，就政黨席次分布看來，以國民黨占多數，取得95個席次，排名第二的是民進黨有51席，而無黨籍及其他則取得15席，如表17-2所示。

表17-2　第二屆立法委員政黨席次分布與政黨得票數

政黨	席次	得票數	百分比
中國國民黨	95	5,030,725	53.02
民主進步黨	51	2,944,195	31.03
無黨籍及其他	15	1,513,852	15.95

資料來源：政大選舉研究中心。表格：筆者簡繪。

三、第三屆（84年～87年）

民國84年的立委選舉為中華民國立委選舉的第二次全面改選，席次共有164席，其中包含122席的區域立委、6席原住民立委、6席僑選立委以及

30席的不分區立委。

1995年立委選舉結果，有效票9,442,136，席次分布為國民黨85席、民進黨54席、新黨21席、無黨籍及其他4席；各政黨得票率分配：國民黨46.1%、民進黨33.2%、新黨13%、中國台灣原住民黨0.1%、無黨籍及其他7.7%，如表17-3所示。

表17-3　第三屆立法委員選舉政黨席次分布與政黨得票數

政黨	席次	得票數	百分比
中國國民黨	85	4,349,089	46.1
民主進步黨	54	3,132,156	33.2
新黨	21	1,222,931	13.0
全國民主非政黨聯盟	0	517	0.0
勞動黨	0	1,207	0.0
中國台灣原住民黨	0	5,707	0.1
公民黨	0	542	0.0
無黨籍及其他	4	729,987	7.7

資料來源：中選會。表格：筆者簡繪。

四、第四屆（87年～90年）

自第四屆開始，立委席次改為225席，由168席區域立委、8席原住民立委、41席不分區和8席僑選立委組成。

1998年立委選舉結果，有效票數10,035,829。席次分布上，如表17-4所示，國民黨123席、民進黨70席、新黨11席、民主聯盟4席、新國家連線1席、建國黨1席、全國民主非政黨聯盟3席、無黨籍及其他12席。各政黨得票率分配：國民黨46.4%、民進黨29.6%、新黨7.1%、民主聯盟3.7%、新國家連線1.6%、建國黨1.5%、全國民主非政黨聯盟0.7%、綠黨0.1%、無黨籍及其他9.4%。

表17-4　第四屆立法委員選舉政黨席次分布與政黨得票數

政黨	席次	得票數	百分比
中國國民黨	123	4,659,679	46.4
民主進步黨	70	2,966,834	29.6
新黨	11	708,465	7.1
民主聯盟	4	375,118	3.7
新國家連線	1	157,826	1.6
建國黨	1	145,118	1.5
全國民主非政黨聯盟	3	66,033	0.7
中國台灣原住民黨	0	1,171	0.0
綠黨	0	8,089	0.1
中國青年黨	0	723	0.0
國家民主黨	0	342	0.0
無黨籍及其他	12	946,431	9.4

資料來源：中選會。表格：筆者簡繪。

五、第五屆（90年～93年）

　　2001年立委選舉結果，有效票數10,327,855。席次分布上國民黨68席、親民黨46席、新黨1席、民進黨87席、台聯13席、台灣吾黨1席、無黨籍及其他9席。各政黨得票率分配：國民黨28.6%、親民黨18.6%、新黨2.6%、民進黨33.4%、台聯7.8%、台灣吾黨0.1%、無黨籍及其他8.7%，如表17-5所示。

六、第六屆（93年～97年）

　　2004年立委選舉結果，有效票數為9,717,359。國民黨79席、民進黨89席、新黨1席、親民黨34席、台聯黨12席、無黨團結聯盟6席、無黨籍及其他4席。各政黨得票率分配：國民黨32.83%、民進黨35.72%、新黨0.12%、親民黨13.9%、台聯黨7.79%、無黨聯盟3.63%、無黨籍及其他5.94%，如表17-6所示。

表17-5　第五屆立法委員選舉政黨席次分布與政黨得票數

政黨	席次	得票數	百分比
中國國民黨	68	2,949,371	28.6
民主進步黨	87	3,447,740	33.4
新黨	1	269,620	2.6
建國黨	0	1,382	0.0
全國民主非政黨聯盟	0	22,784	0.2
親民黨	46	1,917,836	18.6
中國台灣原住民黨	0	790	0.0
台灣團結聯盟	13	801,560	7.8
綠黨	0	1,045	0.0
大中華統一陣線	0	332	0.0
台灣吾黨	1	12,917	0.1
慧行黨	0	3,224	0.0
無黨籍及其他	9	899,254	8.7

資料來源：中選會。表格：筆者簡繪。

表17-6　第六屆立法委員選舉政黨席次與政黨得票

政黨	席次	得票數	百分比
中國國民黨	79	3,190,081	32.83
民主進步黨	89	3,471,429	35.72
新黨	1	12,137	0.12
建國黨	0	1,935	0.02
親民黨	34	1,350,613	13.90
台灣團結聯盟	12	756,712	7.79
臺灣慧行志工黨	0	820	0.01
無黨團結聯盟	6	353,164	3.63
工教聯盟	0	3,176	0.03
無黨籍及其他	4	577,292	5.94

資料來源：中選會。表格：筆者簡繪。

七、第七屆（97年～100年）

第七屆立委選舉開始，立委席次改為113席，是由73席區域立委、6席原住民立委、僑選與全國不分區立委共34席。

2008年第七屆立委選舉結果，區域候選人總得票數9,740,896、原住民選舉候選人總得票數149,880、全國不分區及僑居國外國民選舉政黨總票數9,780,573。席次分布：國民黨81席、親民黨1席、民進黨27席、無黨團結聯盟3席、無黨籍及其他1席，如表17-11所示。各政黨得票率分配：國民黨53.48%、民進黨38.65%、親民黨0.02%、無黨聯盟2.25%，無黨籍及其他3.93%。第七屆立委區域選舉各政黨、無黨籍及未經政黨推薦之得票數，請見表17-7；平地與山地原住民政黨得票數與百分比，請見表17-8、表17-9；全國不分區及僑居國外國民選舉政黨得票數，請見表17-10。

表17-7　第七屆立法委員區域選舉政黨得票數

政黨	得票數	百分比
中國國民黨	5,209,237	53.48
民主進步黨	3,765,222	38.65
民主自由黨	5,094	0.05
公民黨	6,119	0.06
綠黨	14,767	0.15
親民黨	2,064	0.02
台灣團結聯盟	93,840	0.96
洪運忠義黨	581	0.01
世界和平黨	489	0.01
無黨團結聯盟	219,305	2.25
客家黨	8,860	0.09
台灣農民黨	8,681	0.09
第三社會黨	10,057	0.10

政黨	得票數	百分比
大道慈悲濟世黨	3,783	0.04
紅黨	6,355	0.07
制憲聯盟	3,758	0.04
無黨籍及未經政黨推薦	382,684	3.93

資料來源：中選會。表格：筆者簡繪。

表17-8　第七屆立法委員平地原住民選舉政黨得票數

政黨	得票數	百分比
中國國民黨	82,275	54.89
民主進步黨	10,130	6.76
公民黨	443	0.30
親民黨	26,190	17.47
無黨團結聯盟	20,012	13.35
制憲聯盟	168	0.11
無黨籍及未經政黨推薦	10,662	7.11

資料來源：中選會。表格：筆者簡繪。

表17-9　第七屆立法委員山地原住民選舉政黨得票數

政黨	得票數	百分比
中國國民黨	45,050	53.40
民主進步黨	4,420	5.24
公民黨	443	0.53
親民黨	14,265	16.91
無黨團結聯盟	20,012	23.72
制憲聯盟	168	0.20
無黨籍及未經政黨推薦	X	X

資料來源：中選會。表格：筆者簡繪。

表17-10　第七屆立法委員全國不分區及僑居國外國民選舉政黨得票數

政黨	得票數	百分比
公民黨	48,192	0.49
制憲聯盟	30,315	0.31
台灣團結聯盟	344,887	3.53
第三社會黨	45,594	0.47
民主進步黨	3,610,106	36.91
新黨	386,660	3.95
綠黨	58,473	0.60
台灣農民黨	57,144	0.58
無黨團結聯盟	68,527	0.70
中國國民黨	5,010,801	51.23
紅黨	77,870	0.80
客家黨	42,004	0.43

資料來源：中選會。表格：筆者簡繪。

表17-11　第七屆立法委員選舉政黨席次分布

政黨	區域	原住民	全國不分區及僑居國外國民	總和
中國國民黨	57	4	20	81
民主進步黨	13	0	14	27
親民黨	0	1	0	1
無黨團結聯盟	2	1	0	3
無黨籍及其他	1	0	0	1
合計	73	6	34	113

資料來源：中選會。表格：筆者簡繪。

第四節　選制轉變

一、複數選區單記非讓渡

複數選區單記非讓渡（SNTV）制為中華民國第二屆到第六屆立委選舉所使用的制度，選舉方式為各選區選出一席以上的立法委員；每個選區中，選民只能投一票給一位候選人。候選人由獲得相對多數票者當選，但當選者的選票不能轉移至同黨候選人之選票數。

（一）選制優點

一般而言，除非有區域性的強大第三黨存在，否則小黨在「單一選區相對多數決制」下較不易存活；而「比例代表制」的各政黨席位比例性則較高。「單記非讓渡投票制」由於是在複數選區下施行，其比例代表性理論上應是介於單一選區相對多數決制與政黨比例代表制之間，且選區愈大，比例代表性會愈高，由日本及台灣歷次的選舉結果即可印証此一論點，故也有人稱此制為「半比例代表制」。另外，小黨在單記非讓渡投票制下，其生存空間理論上也比在單一選區相對多數決下來得大，且選區愈大，小黨的生存空間也會愈大（王業立，1999：145；謝復生，1992：19；楊泰順，1991：32-36）。因此，具有相當程度的比例代表性，小黨也有一定的生存空間，應是「單記非讓渡投票制」的兩項重要優點，也是國內部分人士支持繼續維持此制的主要理由（張世熒，2002）。

（二）選制缺點

1. 派系壟斷提名管道，由過去的實證經驗來看，國民黨的地方派系對立嚴重，而民進黨亦同，由於各選區政黨提名大多不只一人，迫使參選人必須尋求派系奧援，才有把握當選（王業立，2001：110）。
2. 反政黨政治精神，由於同一選區同黨候選人常不止一人，選民即使認同某一政黨，還必須在同黨候選人中擇一，因此，同黨同志間

之競爭（Intra-party Competition）往往比與他黨之競爭（Inter-party Competition）更為激烈；而候選人當選後，大多不感激黨的協助，不受黨紀的約束，喪失政黨政治精神（Cox & Rosenbluth, 1993: 579）。

3. 黑金嚴重介入選舉，在此選制下，只要在某一選區獲得部分選票即可當選，透過派系、政黨的運作及黑道的脅迫，很容易進行賄選（王業立，1999：150）。

4. 偏激政見及不當競選手段猖獗，在此選制下，候選人只要獲得部分選票即可當選，因此，候選人走偏鋒的情況時有所聞（謝復生，1992：21；王業立，2001：111）。

5. 公職人員貪瀆嚴重，由於賄選普遍存在，候選人當選後往往必須藉機包攬工程、不當貸款、關說人事等，以籌集下次競選經費。

綜合言之，「單記非讓渡投票制」會造成政黨內部派系對立、同黨競爭激烈，政黨認同因而減低，長期而言，將不利政黨政治的良性發展；加以選舉過程所衍生的賄選、暴力介入選舉及競選言論偏激，對台灣民主政治的發展確有負面影響（內政部，2001a：3）。

二、單一選區兩票制

自第七屆立委選舉開始，台灣的立委選舉制度改為單一選區兩票制，選舉方式為每位選民有兩張選票，一張投黨、一張投人，亦即立委席次的產生部分是由單一名額的小選區產生，部分席次是因政黨比例分配而產生。但須注意的是，對單一選區兩票制的採用只施行於立法委員的選舉，地方上的選舉依舊保持複數選區單記非讓渡。

修憲的過程中曾對應採德國的聯立制還是日本的並立制，政黨間產生爭議，最後台灣採取的是日本的並立制。並立制係指區域候選人以最高票者當選，各選區當選者一名，共73席；另外，全國不分區及僑居國外國民立法委員依政黨名單投票選舉產生，共34席，兩者分開計算，沒有關連。

三、選舉制度轉變之沿革

　　在以上對複數選區單記非讓渡與單一選區兩票制的討論中可得知，中華民國過去採用的複數選區單記非讓渡，是一弊遠多於利的選舉制度，而日本於1994年廢除這個選制之後，中華民國成為全世界唯一在中央層級選舉仍採用複數選區單記非讓渡投票制的國家。在1990年代中期以後，改革選舉制度的呼聲也逐漸成為社會的共識，而單一選區兩票制的混合是選舉制度也成為最主要的改革方向。

　　我國從1991年的第二屆國大選舉之後，依照憲法增修條文的規定，在中央民意代表（國民大會代表與立法委員）選舉部分，廢除了職業代表而改以政黨名單比例代表制產生全國不分區代表以及僑選代表；而在區域選舉部分，仍然依照舊制採行複數選區單記非讓渡投票制。在政黨名單比例代表部分，係採「一票制」以及5%的政黨門檻並立制分配方式，換言之，選民只需要在區域選舉中投下一張選票選舉各區域的民意代表，而各政黨在區域選舉中所提民候選人的選票總合，即視為各政黨的得票，凡是總得票率超過5%的政黨，即可依「嘿爾—尼邁耶」最大餘數法分配全國不分區代表及僑選代表的名額。但與其他實施混和制的國家相較，我國的混合是選舉制度有其特殊之處，第一，我國在區域選舉部分，是採行複數選區單記非讓渡投票制，與其他國家所使用的單一選區制不同；第二，我國係採一票制的設計，與大多數國家的兩票制也不相同；第三，我國的候選人不得同時在區域選舉中參選，並名列政黨全國不分區代表（王業立，2008）。

　　而國會面改選後，民眾國會議員的表現滿意度並未提升，選制改革的呼聲在國內也逐漸升高，政黨對於選制改革的必要性也有相當程度的共識。在199年第三屆立法委員選舉後不久，當時擔任行政院長的連戰及代表政府立場首度公開表示，未來選舉制度的改革，可朝向「單一選區」、「兩票制」，方向思考，也建議未來選舉制度的改革，應採「單一選區—比例代表」的混合制，但單一選區在各界尚未形成共識前，建議區域選舉每一選區應選名額，以不超過五名為原則。1996年10月，日本眾議院選舉

首度採行「單一選區─比例代表」並立制後，國內更是掀起一陣探討選舉制度改革的熱潮。同年12月底召開的國家發展會議，也在改進選舉制度、淨化選風的議題上，達成國代總額應減少，改由政黨比例代表產生，下屆停止選舉，立委總額必要時得增為200至250席，以及中央民意代表選舉制度採單一選區比例代表制兩者混合的兩票制，並成立跨黨派的小組研議的共同意見。但1997年7月所進行的第七次修憲過程中，由於國、民、新三個主要政黨對於單一選區兩票制究竟應採德式的聯立制或日式的並立制並未達成共識，因此在國發會中所達成的單一選區兩票制結論在此次修憲中並未入憲（王業立，2008）。

　　而在立法委員選舉部分，雖然單一選區兩票制在第四次修憲胎死腹中，不過卻為了安排將來「凍省」後省議員的出路，因此特別透過政黨協商，再增修條文第4條中規定，立法委員至第四屆起增加為225人，其中由直轄市及各縣市選出者168人，平地原住民及山地原住民各4人，僑選立委8人，全國不分區41人，因此第四屆至第六屆立法委員的區域選舉部分，仍然依照舊制採行複數選區單記非讓渡投票制（王業立，2008）。

　　雖然立委選制的改革在前六次修憲過程中並未有重大的進展，但是無論是一般民眾或各個主要政黨，對於複數選區單記非讓渡投票制的缺失，卻有愈來愈清楚的認識，只是對於改革的方向由於涉及各黨的實際政治利益，地方派系政治生態的變動，甚至是政治人物連任的現實政治考量，因此不容易獲得共識（王業立，2008）。

　　到了2000年的總統大選競選期間，幾個主要的候選人，都將單一選區兩票制的選制改革列為競選政見，而有鑑於立法院整體形象不佳與議事效率低落，部分立委候選人與政黨在2001年年底的第五屆立法委員競選過程中，首度提出立委席次減半的選舉訴求，引起社會各界相當程度的回響。立法院各黨團在選舉的壓力下，也允諾社運團體在選後會推動選制改革的工作。但立法院的修憲委員會卻始終無積極動作，因立委們也私下認為選制改革違反了既得利益，根本是項不可能的任務。但到了2004年總統大選前夕，立委選舉的任期也即將屆滿，以林義雄為首的社運團體，發起靜坐活動，要求立法院各黨團履行承諾，於總統大選前夕通過席次減半修憲

案，後來在各方壓力下，立法院在2004年8月召開臨時會，並於8月23日以198票對0票，三讀通過包括國會席次減半，單一選區兩票制、廢除任務型國大、公民複決入憲等立院史上首次的修憲案。2005年6月7日，任務型國大複決通過了第七次的修憲，在憲法增修條文第4條規定，立法委員自第七屆起名額減為113席，區域立委占73席、不分區及僑選立委占34席、原住民立委六席。區域立委選舉方式乃依照相對多數制；不分區及僑選立委是按政黨得票比例分配席次，但參與分配席次的政黨必須達到得票率5%以上方可獲得不分區席次，依照公職人員選舉罷免法第65條的規定，即是以「嘿爾－尼邁耶」最大餘數法的計算方式，來決定各政黨應分配到的席次。在全國不分區的名單，每一個順位只有一個候選人，依次當選，額滿截止。由於全國不分區有婦女保障名額，「各政黨當選名單中，婦女不得低於二分之一」，因此政黨比例代表名單是排有順位，基於婦女不得低於二分之一，很可能前面順位的男性候選人不能當選，而由後面順位的婦女當選，而原住民立委六席是由兩個複數選區產生，仍採用舊制複數選區單記不可讓渡，以每個選區得票的前三名為當選者（王業立，2008）。

在修憲案通過後，我國立委選舉自第七屆起，改採日本式的並立式兩票制；但不分區席次部分，係以全國為一選區，並且仍採行「嘿爾-尼邁耶」最大餘數法分配不分區席次，由於在此病例至下，單一選區席次比例高達65%，而比例代表制僅有30%（另有5%原住民議席），因此這個制度理論上對大黨是較為有利的。換言之，兩大黨可望在65%的單一選區部分瓜絕大多數的席次，而小黨在比例代表部分所能分配的的席次，卻可能極為有限（王業立，2008）。

2008年所舉行的第七屆立委選舉，是台灣首度實施單一選區兩票制並立式混合制，一如預期，小黨幾乎全軍覆沒，兩大黨合計拿下95.57%的席次，在台灣未來的國會中，只要選制不變，小黨將難有生存空間，兩黨制或一黨獨大或許將常為常態（王業立，2008）。

第五節　參選資格與相關規定

一、參選資格

（一）積極資格

1. 依公職人員選舉罷免法規定，選舉人年滿二十三歲，得於其行使選舉權之選舉區登記為公職人員候選人。
2. 選舉人年滿二十三歲，得由依法設立之政黨登記為全國不分區及僑居國外國民立法委員選舉之全國不分區候選人。
3. 僑居國外之中華民國國民年滿二十三歲，在國內未曾設有戶籍或已將戶籍遷出國外連續八年以上者，得由依法設立之政黨登記為全國不分區及僑居國外國民立法委員選舉之僑居國外國民候選人。
4. 政黨登記之全國不分區及僑居國外國民立法委員選舉候選人，應為該黨黨員，並經各該候選人書面同意；其候選人名單應以書面為之，並排列次序。
5. 回復中華民國國籍滿三年或因歸化取得中華民國國籍滿十年者，得依前四項規定登記為候選人。

（二）消極資格

有下列情事之一者，不得登記為公職人員候選人：

1. 動員戡亂時期終止後，曾犯內亂、外患罪，經依刑法判刑確定者。
2. 曾犯貪汙罪，經判刑確定者。
3. 曾犯刑法第142條、第144條之罪，經判刑確定者。
4. 曾犯組織犯罪防制條例之罪，經判處有期徒刑以上之刑確定者。
5. 犯前4款以外之罪，判處有期徒刑以上之刑確定，尚未執行或執行未畢者。但受緩刑宣告者，不在此限。
6. 受保安處分或感訓處分之裁判確定，尚未執行或執行未畢者。

7. 受破產宣告確定，尚未復權者。

8. 依法停止任用或受休職處分，尚未期滿者。

9. 褫奪公權，尚未復權者。

10. 受禁治產宣告者。

11. 曾犯公職人員選舉罷免法第99條（修正前為第90條之1）第1項之罪（為刑法第144條特別規定），經判刑確定者，仍有公職人員選舉罷免法第26條第3款之適用，即不得登記為公職人員候選人者。（本會86年12月10日86中選法字第74139號函釋）

12. 曾犯組織犯罪防制條例之罪，經判處有期徒刑以上之刑確定者，不得登記為公職人員候選人者。（組織犯罪防制條例第13條）

二、相關規定

（一）每屆立法委員任期4年，連選得連任。

（二）每位委員得置公費助理8至14人，由委員聘任，與委員同進退。

（三）次屆立法委員的選舉於本屆任期任滿前3個月內完成。

（四）立法委員不得兼任官吏。

（五）立委於院內依法行使職權所為之議事行為，對院外不負責任。

（六）立委除現行犯外，在會期中非經立法院許可，不得逮捕或拘禁。

（七）立法委員不得兼任公營事業機構之職務。

參考書目

中華民國立法院網站。http://www.ly.gov.tw/

中央選舉委員會。http://www.cec.gov.tw/

政治大學選舉研究中心。http://esc.nccu.edu.tw/newchinese/main.htm

全國法規資料庫：立法院職權行使法、立法院議事規則、憲法、釋字、憲法增修條文。http://law.moj.gov.tw/

國家政策研究基金會—立委選制改革的必然選擇—單一選區兩票制，周育仁。http://www.npf.org.tw/post/1/713

張世熒，2002，〈立法委員選舉制度的改革與過渡－2001年立委選舉結果的省思〉，《中國行政評論》，11：1-24

王業立，2008，《比較選舉制度》，五版，台北：五南。

第十八章　中華人民共和國全國人民代表大會代表選舉

王錫雯

第一節　前　言

　　1949年10月1日，中華人民共和國立，都北平，改北京。根據中華人民共和國憲法第57條之規定「中華人民共和國全國人民代表大會是最高國家權力機關。它的常設機關是全國人民代表大會常務委員會。」由此可知，中華人民共和國是由全國人民代表大會和全國人民代表大會常務委員會行使國家立法權。全國人民代表大會是由省、自治區、直轄市、特別行政區和軍隊選出的代表組成。全國人民代表大會常務委員會，全國人大常委會組成人員在全國代表大會代表中產生；對全國人民代表大會負責並報告工作。

第二節　全國人民代表大會

一、全國人民代表大會簡介

　　全國人民代表大會，全稱中華人民共和國全國人民代表大會，簡稱全國人大，是《中華人民共和國憲法》規定的中華人民共和國最高國家權力機關。（但是根據中國的國情，人大目前接受中國共產黨的領導）。在一定時期，西方媒體常常將其描述為「橡皮圖章」，只起形式上的憲法認可作用而無實際決策或否決權。在中國國內人大代表則有「四手代表」之稱，即「走訪選民握握手、聽聽報告拍拍手、選舉表決舉舉手、大會閉幕

揮揮手」。隨著中國政治、社會的發展，全國人大在舉行期間也逐漸成為新聞報導的焦點，其會議內容、代表意見、表決結果等也逐漸為中國民眾熟悉，尤其中國政府各職能單位在會議期間必須向大會提交工作報告，成為提升中國政治透明度的一個重要步驟。雖然全國人大至今尚未出現過否決國家級、國務院各部門工作報告的情況，但是在省級以下人大已經多次發生人大否決工作報告等的事件，對中下級的黨和政府起到了一定的監督問責作用。近幾次全國人大會議對於最高人民檢察院和最高人民法院報告的投票贊成率也只有75%上下，出現了較多否決票，被部分媒體認為對這兩個部門起到了一定的警示作用。全國人民代表大會的常設機關是全國人民代表大會常務委員會（簡稱全國人大常委會）。

　　全國人大和全國人大常委會行使國家立法權。全國人民代表大會由省、自治區、直轄市、特別行政區和軍隊選出的代表組成，各少數民族都有一定名額的代表。全國人大代表裡有70%左右為各級官員及中國共產黨的各級領導，其中在軍隊的代表中有將軍一級的軍官占60%以上，地方為各省及自治區一級領導，各省、自治區、直轄市的代表團團長通常為該省（區、市）人大常委會主任、人民政府省長（主席、市長）及／或中國共產黨在該省（區、市）的委員會書記。

二、全國人民代表大會職權

（一）修改憲法並監督憲法的實施

　　憲法第64條規定憲法修改之方式，憲法之修正須由全國人民代表大會常務委員會或者五分之一以上的全國人民代表大會代表提議，並由全國人民代表大會以全體代表的三分之二以上的多數通過。法律和其他議案由全國人民代表大會以全體代表的過半數通過。此外，全國人民代表大會除了被賦予監督、修改憲法之職權外，同時也被賦予制定及修改憲法以外其他法律之職權，如「制定和修改刑事、民事、國家機構的和其他的基本法律」。

（二）選舉權

依據憲法之規定，全國人民代表大會有權選舉：1.中華人民共和國主席、副主席。2.根據中華人民共和國主席的提名，決定國務院總理的人選。3.根據國務院總理的提名，決定國務院副總理、國務委員、各部部長、各委員會主任、審計長、祕書長的人選。4.中央軍事委員會主席。5.根據中央軍事委員會主席的提名，決定中央軍事委員會其他組成人員的人選。6.最高人民法院院長。7.最高人民檢察院檢察長。

（三）罷免權

全國人民代表大會有權罷免之人員包含：1.中華人民共和國主席、副主席。2.國務院總理、副總理、國務委員、各部部長、各委員會主任、審計長、祕書長。3.中央軍事委員會主席和中央軍事委員會其他組成人員。4.最高人民法院院長。5.最高人民檢察院檢察長。

（四）其他職權

此部分之職權包含憲法第62條第9項至第15項之規定，如：審查和批準國民經濟和社會發展計劃和計劃執行情況的報告、審查和批準國家的預算和預算執行情況的報告、改變或者撤銷全國人民代表大會常務委員會不適當的決定、批準省、自治區和直轄市的建置、決定特別行政區的設立及其制度、決定戰爭和和平的問題、應當由最高國家權力機關行使的其他職權。

三、全國人民代表大會條件、特點、保障與資格停止、終止

（一）具備選舉與被選舉之條件

依據選舉法第3條之規定：「中華人民共和國年滿十八歲的公民，不分民族、種族、性別、職業、家庭出身、宗教信仰、教育程度、財產狀況和居住期限，都有選舉權和被選舉權。依照法律被剝奪政治權利的人沒有

選舉權和被選舉權。」亦即，中國的選舉權和被選舉權是一種廣泛的政治權利。只要具備中國國籍、享有政治權利、符合法定年齡等三個基本條件，並履行了相應的法律手續，就可以享有選舉權和被選舉權。

　　然而，關於精神病患者是否具有選舉權、被選舉權，則須由監護人、周圍群眾、所在單位或醫療機構證明患者是否能行使選舉權利。若經常處於失去行使和支配自己意志能力的精神病患者，經選舉委員會確認，可不列入選民名單。相對地，若只是間歇性發作的患者，則應列入選民名單，假使在投票選舉日精神病發作，則作為暫時不能行使選舉權利處理。

　　全國人大代表名額和代表選舉產生辦法由《中華人民共和國全國人民代表大會和地方各級人民代表大會選舉法》規定；各省、自治區和直轄市的全國人大代表，由相應省級人民代表大會間接選舉產生。香港、澳門特別行政區的全國人大代表，由在香港、澳門特別行政區中的中國公民產生。台灣省全國人民代表大會代表由居住在中國大陸的台灣籍公民中產生。中國人民解放軍全國人大代表，由各總部、大軍區級單位和中央軍委辦公廳分別召開軍人代表大會選舉產生。全國人大任期屆滿的兩個月以前，全國人大常委會必須完成下屆全國人大代表的選舉，如果遇到不能進行選舉的非常情況，由全國人大常委會以全體組成人員的三分之二以上的多數通過，可以推遲選舉，延長本屆全國人大的任期，在非常情況結束後一年內，必須完成下屆全國人大代表的選舉。全國人大會議每年舉行一次，由全國人大常委會召集。如果全國人大常委會認為必要，或者有五分之一以上的全國人大代表提議，可以臨時召集全國人大會議。截止目前為止，沒有通過正式決議以推遲選舉、延長全國人大任期的例子，也沒有召集過臨時全國人大會議

（二）人大代表之特點

1. 由民主選舉產生。
2. 實行兼職制。
3. 實行任期制。
4. 集體議事原則。

5. 縣級以上人大代表要　選舉人大常設機關。
6. 港澳特區的全國人大代表按照「一國兩制」的原則開展代表工作和代表活動。

（三）保　障

1. 人身自由保障

憲法第74條「全國人民代表大會代表，非經全國人民代表大會會議主席團許可，在全國人民代表大會閉會期間非經全國人民代表大會常務委員會許可，不受逮捕或者刑事審判。」

中華人民共和國全國人民代表大會組織法第44條「全國人民代表大會代表非經全國人民代表大會主席團許可，在全國人民代表大會閉會期間非經全國人民代表大會常務委員會許可，不受逮捕或者刑事審判。全國人民代表大會代表如果因為是現行犯被拘留，執行拘留的公安機關應當立即向全國人民代表大會主席團或者全國人民代表大會常務委員會報告。」

2. 言論免責保障

憲法第75條「全國人民代表大會代表在全國人民代表大會各種會議上的發言和表決，不受法律追究。」中華人民共和國全國人民代表大會組織法第43條「全國人民代表大會代表、全國人民代表大會常務委員會的組成人員，在全國人民代表大會和全國人民代表大會常務委員會各種會議上的發言和表決，不受法律追究。」。意即，人大代表在人民代表大會各種會議上，如小組會議上、聯組會議上，直到在代表大會全體會議上，也包括人大代表應邀列席的人大常委會會議等各種會議上，其發言和表決不受法律追究。

3. 適當之補貼與物質之便利

中華人民共和國全國人民代表大會組織法第42條「全國人民代表大會代表在出席全國人民代表大會會議和執行其他屬於代表的職務的時候，國家根據實際需要給予適當的補貼和物質上的便利。」

4. 婦女及少數民族名額之保障

中華人民共和國全國人民代表大會和地方各級人民代表大會選舉法第6條「全國人民代表大會和地方各級人民代表大會的代表中，應當有適當數量的婦女代表，並逐步提高婦女代表的比例。」

除此之外，憲法中也特別明文規定「各少數民族都應當有適當名額的代表。」藉以保障中國少數民族的選舉權。

（四）資格停止與終止

1. 停止

依照全國人民代表大會和地方各級人民代表大會代表法第40條之規定，代表有下列情形之一，暫時停止執行代表職務：

(1)因刑事案件被羈押正在受偵查、起訴、審判的。

(2)被依法判處管制、拘役或者有期徒刑而沒有附加剝奪政治權利，正在服刑的。

以上情形在代表任期內消失後，恢復其執行代表職務，但代表資格終止者除外。

2. 終止

根據全國人民代表大會和地方各級人民代表大會代表法第41條，代表有下列情形之一，其代表資格終止：

(1) 地方各級人民代表大會代表遷出或者調離本行政區域的。

(2)辭職被接受的。

(3)未經批准兩次不出席本級人民代表大會會議的。

(4)被罷免的。

(5)喪失中華人民共和國國籍的。

(6)依照法律被剝奪政治權利的。

除此之外，自然死亡者亦喪失代表資格。

　　縣級以上的各級（不包括縣級）人民代表大會代表資格的終止，由產生該代表的原選舉單位提出某一代表應終止其代表資格，並報上一級人大常委會代表資格審查委員會；或是由本級人大常委會代表資格審查委員會直接提出該代表應終止代表資格。

四、全國人民代表的選舉

（一）直接與間接選舉

　　人大代表的選舉可分為兩種方式，一種是直接選舉，另一種是間接選舉。依據選舉法之規定，縣、鄉兩級人大代表由選區選民直接選舉產生。相對地，間接選舉係指由下一級人民代表大會選舉上一級人民代表大會代表。全國人大代表、省級人大代表和設區市級人大代表就是由下一級人民代表大會選舉產生，代表候選人獲得了法定的選票即獲得該級人民代表大會全體組成人員過半數的選票始得當選。但是，代表候選人必須獲得「全體組成人員的過半數的 選票」，而不是「獲得參加投票的組成人員過半數的選票」。以1988年選舉七屆全國人大代表為例：一個自治區選出的全國人大代表中，有5位只獲得出席自治區人民代表大會選舉會議的代表過半數的選票，而不是應到會的全體代表總數的過半數的選票，因此全國人大常委會代表資格審查委員會審查代表資格時，依法不予確認這5位的代表資格。

（二）代表名額

　　全國人民代表大會的代表，由22個省、5個自治區、4個直轄市和人民解放軍、台灣代表組成，全國人民代表大會代表的名額不超過三千人。省、自治區、直轄市應選全國人民代表大會代表的名額，由全國人民代表大會常務委員會，按照農村每一代表所代表的人口數四倍於城市每一代表所代表的人口數原則分配。全國少數民族應選全國人民代表大會代表，由全國人民代表大會常務委員會參照各少數民族的人口數和分布等情況，分配給各省、自治區、直轄市的人民代表大會選出。人口特別稀少的民族，

至少應有代表一人。

（三）名額分配

　　根據《中華人民共和國憲法》和《中華人民共和國全國人民代表大會和地方各級人民代表大會選舉法》的相關規定，第十屆全國人民代表大會第五次會議通過《關於第十一屆全國人民代表大會代表名額和選舉問題的決定》，其內容如下（人民網，關於十一屆全國人大代表名額和選舉問題的決定）：

1. 第十一屆全國人民代表大會代表的名額不超過3,000人。
2. 各省、自治區、直轄市應選第十一屆全國人民代表大會代表的名額與第十屆全國人民代表大會代表的名額相同。
3. 香港特別行政區應選第十一屆全國人民代表大會代表36人，澳門特別行政區應選第十一屆全國人民代表大會代表12人，代表產生辦法由全國人民代表大會另行規定。
4. 台灣省暫時選舉第十一屆全國人民代表大會代表13人，由在各省、自治區、直轄市和中國人民解放軍的台灣省籍同胞中選出。代表產生辦法由全國人民代表大會常務委員會規定。依法應選的其餘名額予以保留。
5. 中國人民解放軍應選第十一屆全國人民代表大會代表265人。
6. 第十一屆全國人民代表大會代表中，少數民族代表的名額應占代表總名額的12%左右。人口特少的民族，至少有全國人民代表大會代表1人。
7. 第十一屆全國人民代表大會代表中，應選歸僑代表35人。
8. 第十一屆全國人民代表大會代表中，婦女代表的比例不低於22%。
9. 第十一屆全國人民代表大會代表中，來自一線的工人和農民代表人數應高於上一屆。在農民工比較集中的省、直轄市，應有農民工代表。
10. 第十一屆全國人民代表大會代表，於2008年1月選出。

　　以第十一屆全國人民代表大會代表名額分配方案為例，見表18-2。

北京市46名、天津市36名、河北省111名、山西省60名、內蒙古自治區53名、遼寧省103名、吉林省63名、黑龍江省93名、上海市55名、江蘇省145名、浙江省78名、安徽省104名、福建省56名、江西省73名、山東省168名、河南省153名、湖北省114名、湖南省109名、廣東省151名、廣西壯族自治區83名、海南省15名、重慶市56名、四川省137名、貴州省60名、雲南省86名、西藏自治區17名、陝西省63名、甘肅省43名、青海省17名、寧夏回族自治區15名、新疆維吾爾自治區56名、香港特別行政區36名、澳門特別行政區12名、臺灣省暫時選舉13名、中國人民解放軍265名。其餘255名由全國人民代表大會常務委員會依據法律另行分配。

表18-2　第十一屆全國人民代表大會代表名額分配

省份	代表數	省份	代表數
北京市	46	天津市	36
河北省	111	山西省	60
內蒙古自治區	53	遼寧省	103
吉林省	63	黑龍江省	93
上海市	55	江蘇省	145
浙江省	78	安徽省	104
福建省	56	江西省	73
山東省	168	河南省	153
湖北省	114	湖南省	109
廣東省	151	廣西壯族自治區	83
海南省	15	重慶市	56
四川省	137	貴州省	60
雲南省	86	西藏自治區	17
陝西省	63	甘肅省	43
青海省	17	寧夏回族自治區	15
新疆維吾爾自治區	56	香港特別行政區	36
澳門特別行政區	12	臺灣省	13
中國人民解放軍	265		

資料來源：中國人大網。表格：作者簡繪。

五、全國人民代表候選人的提名

（一）推薦候選人

全國和地方各級人民代表大會的代表候選人，按選區或者選舉單位提名產生。各政黨、各人民團體，可以聯合或者單獨推薦代表候選人。選民或者代表，十人以上聯名，也可以推薦代表候選人。

（二）候選人名額應多於應選名額

由選民直接選舉的代表候選人名額，應多於應選代表名額三分之一至一倍；由地方各級人民代表大會選舉上一級人民代表大會代表候選人的名額，應多於應選代表名額五分之一至二分之一。

（三）確定正式候選人名單

由選民直接選舉的人民代表大會代表候選人，由各選區選民和各政黨、各人民團體提名推薦。選舉委員會匯總後，在選舉日的十五日以前公布，並交各該選區的選民小組討論、協商，確定正式代表候選人名單。如果所提候選人的人數超過選舉法第30條[1]規定的最高差額比例，由選舉委員會交各該選區的選民小組討論、協商，根據較多數選民的意見，確定正式代表候選人名單；對正式代表候選人不能形成較為一致意見的，進行預選，根據預選時得票多少的順序，確定正式代表候選人名單。正式代表候選人名單應當在選舉日的五日以前公布。縣級以上的地方各級人民代表大會在選舉上一級人民代表大會代表時，提名、醞釀代表候選人的時間不得少於兩天。各該級人民代表大會主席團將依法提出的代表候選人名單印發全體代表，由全體代表醞釀、討論。如果所提候選人的人數符合差額比

---

[1] 全國和地方各級人民代表大會代表候選人的名額，應多於應選代表的名額。由選民直接選舉的代表候選人名額，應多於應選代表名額三分之一至一倍；由地方各級人民代表大會選舉上一級人民代表大會代表候選人的名額，應多於應選代表名額五分之一至二分之一。

例，直接進行投票選舉。如果所提候選人的人數超過最高差額比例，進行預選，根據預選時得票多少的順序，按照本級人民代表大會的選舉辦法根據本法確定的具體差額比例，確定正式代表候選人名單，進行投票選舉。

六、選舉之相關規定

（一）投票時

在選民直接選舉人民代表大會的代表時，選民根據選舉委員會的規定，憑身分證或者選民證領取選票。各選區應當設立投票站、流動票箱或者召開選舉大會進行選舉。投票選舉由選舉委員會主持。縣級以上的地方各級人民代表大會在選舉上一級人民代表大會代表時，由各該級人民代表大會主席團主持。

全國和地方各級人民代表大會代表的選舉，一律採用無記名投票的方法。選民如果是文盲或者因殘疾不能寫選票的，可以委託他信任的人代寫。選民如果在選舉期間外出，經選舉委員會同意，可以書面委託其他選民代為投票。每一選民接受的委託不得超過三人。

（二）投票後

由選民或者代表推選的監票、計票人員和選舉委員會或者人民代表大會主席團的人員將投票人數和票數加以核對，作出紀錄，並由監票人簽字。每次選舉所投的票數，多於投票人數的無效，等於或者少於投票人數的有效。每一選票所選的人數，多於規定應選代表人數的作廢，等於或者少於規定應選代表人數的有效。

選民直接選舉人民代表大會代表時，選區全體選民的過半數參加投票，選舉有效。代表候選人獲得參加投票的選民過半數的選票時，始得當選。縣級以上的地方各級人民代表大會在選舉上一級人民代表大會代表時，代表候選人獲得全體代表過半數的選票時，始得當選。

獲得過半數選票的代表候選人人數超過應選代表名額時，以得票多的當選。如遇票數相等不能確定當選人時，應當就票數相等的候選人再次投

票，以得票多的當選。獲得過半數選票的當選代表人數少於應選代表的名額時，不足的名額另行選舉。另行選舉時，根據在第一次投票時得票多少的順序，按照本法第30條規定的差額比例，確定候選人名單，但是如果只選一個人，候選人應該為二個人。另行選舉縣級和鄉級的人民代表大會代表時，代表候選人以得票多的當選，但是得票數不得少於選票的三分之一；然而縣級以上的地方各級人民代表大會在另行選舉上一級人民代表大會代表時，代表候選人獲得全體代表過半數的選票，始得當選。

選舉結果由選舉委員會或者人民代表大會主席團根據選舉法確定是否有效，並予以宣布。

七、以第十一屆為例

（一）2987名代表

中華人民共和國第十一屆全國人民代表大會代表，按照《中華人民共和國全國人民代表大會和地方各級人民代表大會選舉法》、《中國人民解放軍選舉全國人民代表大會和縣級以上地方各級人民代表大會代表的辦法》、《第十屆全國人民代表大會第五次會議關於第十一屆全國人民代表大會代表名額和選舉問題的決定》、《中華人民共和國香港特別行政區選舉第十一屆全國人民代表大會代表的辦法》、《中華人民共和國澳門特別行政區選舉第十一屆全國人民代表大會代表的辦法》和全國人民代表大會常務委員會批准的《第十一屆全國人民代表大會代表名額分配方案》、《第十一屆全國人民代表大會少數民族代表名額分配方案》、《臺灣省出席第十一屆全國人民代表大會代表協商選舉方案》的規定，由各省、自治區、直轄市、香港特別行政區、澳門特別行政區和中國人民解放軍等35個選舉單位於2008年1月分別選舉產生，共選出第十一屆全國人民代表大會代表2,987名。第十屆全國人民代表大會常務委員會第三十二次會議根據代表資格審查委員會提出的審查報告，審議確認2,987名代表的代表資格全部有效。

　　選出的第十一屆全國人民代表大會代表分布情形為，少數民族代表411名，占代表總數的13.76%；歸僑代表35名；婦女代表637名，占代表總數的21.33%，比十屆時提高了1.09%。來自一線的工人和農民代表人數高於上一屆，其中有3名農民工代表。

（二）代表團

　　全國人民代表大會代表按照選舉單位組成代表團，如表18-2。各代表團分別推選代表團的團長和副團長。團長一般由各個省級地方和軍隊的最高一級的中共黨委書記或地方人大的常委會主任擔任，副團長一般由各個省級地方或軍隊的最高一級的地方人大的常委會主任或副主任擔任。

表18-3　第十一屆全國人民代表大會各省代表數

代表團	代表數	代表團	代表數	代表團	代表數
北京	59	天津	45	河北	121
山西	71	內蒙古	59	遼寧	109
吉林	69	黑龍江	103	上海	66
江蘇	157	浙江	92	安徽	113
福建	61	江西	80	山東	181
河南	166	湖北	123	湖南	116
廣東	156	廣西	88	海南	19
重慶	61	四川	148	貴州	66
雲南	91	西藏	20	陝西	65
甘肅	48	青海	20	寧夏	19
新疆	61	香港	38	澳門	13
臺灣	13	解放軍	267		

資料來源：中國人大網。圖表：作者簡繪。

（三）軍隊代表

　　代表名額的決定與分配規定於《中國人民解放軍選舉全國人民代表大

會和地方各級人民代表大會代表的辦法》第12條至第14條中。人民解放軍應選全國人民代表大會代表的名額，由全國人民代表大會常務委員會決定。各總部、大軍區級單位和中央軍事委員會辦公廳應選全國人民代表大會代表的名額，由人民解放軍選舉委員會分配。其次，各地駐軍應選縣級以上地方各級人民代表大會代表的名額，由駐地各該級人民代表大會常務委員會決定。再者，有關選舉事宜，由省軍區、警備區、軍分區、人民武裝部分別與駐地的人民代表大會常務委員會協商決定；大軍區所在的省、自治區、直轄市，統一由大軍區負責與該級人民代表大會常務委員會協商決定。

以第十一屆為例，軍隊組成了各總部、各軍兵種、各大軍區、軍事科學院、國防大學、國防科技大學、軍委辦公廳等18個選舉單位。先由基層單位召開軍人大會，直接選舉產生旅（團）級軍人代表大會代表；而後旅（團）、師、軍、副大軍區級單位，自下而上逐級召開軍人代表大會，選舉產生上一級軍人代表大會代表；最後各選舉單位召開軍人代表大會，根據解放軍選舉委員會分配的代表名額，以無記名投票的差額選舉方式，選舉產生十一屆全國人大代表。

（四）台灣代表

根據全國人民代表大會和地方各級人民代表大會選舉法、全國人大常委會關於台灣省出席第十一屆全國人民代表大會代表協商選舉方案的規定，選舉會議成員透過討論和協商，確定了16名候選人。122名協商選舉會議成員由全國33個選舉單位民主推選產生，120名協商選舉會議成員參加了投票。

至於各省、自治區、直轄市出席協商選舉會議人選，由各省、自治區、直轄市人大常委會負責組織協商選定；而中央國家機關和解放軍駐京單位出席協商選舉會議人選，由全國人大常委會辦公廳與有關部門協商選定。

最後，台籍人大代表由第十一屆全國人民代表大會代表協商選舉會議，以無記名投票差額選舉的方式，選舉產生了台灣省第十一屆全國人大

代表13名。當選代表分別為孔令智、朱台青、吳瓊開、何大欣、張雄、陳雲英、陳軍、陳清海、陳蔚文、陳耀中、胡有清、梁國揚、魏麗惠，其相關資料請見表18-4。

表18-4　第十一屆台灣代表

代表	性別	出生年月	籍貫
孔令智	男	1968年02月	台中
朱台青	男	1962年12月	台南
吳瓊開	男	1954年10月	雲林
何大欣	男	1953年03月	台中
張　雄	男	1956年09月	台北
陳雲英	女	1953年02月	台北
陳　軍	女	1959年08月	台東（高山族）
陳清海	男	1953年12月	台北
陳蔚文	男	1950年09月	台北
陳耀中	男	1949年01月	澎湖
胡有清	男	1949年04月	台中
梁國揚	男	1951年01月	台中
魏麗惠	女	1944年03月	彰化

資料來源：全國人大網。表格：筆者簡繪。

　　由於台灣地區不在中華人民共和國政府的管轄範圍，而「台灣省全國人民代表大會代表」是中華人民共和國的制度，故產生的代表不能有效代表由中華民國政府所統治的台灣省。現在新一代的台灣人大代表大多已經不是在台灣出生，只是在籍貫上屬台灣，2008年13名全國人大代表只有經濟學家林毅夫的妻子陳雲英一人出生於台灣（資料來源：維基百科－台灣省全國人民代表大會代表）。

八、歷屆全國人民代表大會與歷次會議

　　全國人民代表大會每屆任期五年，從每屆全國人民代表大會舉行第一

次會議開始，到下屆全國人民代表大會舉行第一次會議為止。在任期屆滿前的兩個月，由全國人民代表大會常務委員會主持全國人民代表大會代表的選舉。當產生無法照常選舉的特殊情形時，須由全國人民代表大會常務委員會以全體組成人員的三分之二以上的多數通過，推遲選舉以延長當屆全國人民代表大會的任期。全國人民代表大會會議每年舉行一次（如表18-1），並由全國人民代表大會常務委員會召集。每屆全國人民代表大會第一次會議，在本屆全國人民代表大會代表選舉完成後的兩個月內由上屆全國人民代表大會常務委員會召集。若全國人民代表大會常務委員會認為必要，或者有五分之一以上的全國人民代表大會代表提議，就可以臨時性之方式召集全國人民代表大會會議。

表18-1　中華人民共和國歷屆全國人民代表大會會議

全國人民代表大會屆次	時間	委員長	代表人數
第一屆	1954年9月～1959年4月	劉少奇	1226人
一次會議	1954年9月15日～28日		
二次會議	1955年7月5日～30日		
三次會議	1956年6月15日～30日		
四次會議	1957年6月26日～7月15日		
五次會議	1958年2月1日～11日		
第二屆	1959年4月～1965年1月	朱　德	1226人
一次會議	1959年4月18日～28日		
二次會議	1960年3月30日～4月10日		
三次會議	1962年3月27日～4月16日		
四次會議	1963年11月17日～12月3日		
第三屆	1965年1月～1975年1月	朱　德	3040人
一次會議	1964年12月21日～1965年1月4日		
第四屆	1975年1月～1978年3月	朱　德	2885人
一次會議	1975年1月13日～17日		
第五屆	1978年3月～1983年6月	葉劍英	3497人
一次會議	1978年2月26日～3月5日		
二次會議	1979年6月18日～7月1日		

全國人民代表大會屆次	時間	委員長	代表人數
三次會議	1980年8月30日～9月10日		
四次會議	1981年11月30日～12月13日		
五次會議	1982年11月26日～12月10日		
第六屆	1983年6月～1988年4月	彭　真	2978人
一次會議	1983年6月6日～21日		
二次會議	1984年5月15日～31日		
三次會議	1985年3月27日～4月10日		
四次會議	1986年3月25日～4月12日		
五次會議	1987年3月25日～4月11日		
第七屆	1988年4月～1993年3月	萬　里	2978人
一次會議	1988年3月25日～4月13日		
二次會議	1989年3月20日～4月4日		
三次會議	1990年3月20日～4月4日		
四次會議	1991年3月25日～4月9日		
五次會議	1992年3月20日～4月3日		
第八屆	1993年3月～1998年3月	喬　石	2977人
一次會議	1993年3月15日～31日		
二次會議	1994年3月10日～22日		
三次會議	1995年3月5日～18日		
四次會議	1996年3月5日～17日		
五次會議	1997年3月1日～15日		
第九屆	1998年3月～2003年3月	李　鵬	2980人
一次會議	1998年3月5日～19日		
二次會議	1999年3月5日～16日		
三次會議	2000年3月5日～15日		
四次會議	2001年3月5日～15日		
五次會議	2002年3月5日～15日		
第十屆	2003年3月～2008年3月	吳邦國	2985人
一次會議	2003年3月5日～18日		
二次會議	2004年3月5日～14日		
三次會議	2005年3月5日～14日		

全國人民代表大會屆次	時間	委員長	代表人數
四次會議	2006年3月5日～14日		
五次會議	2007年3月5日～16日		
第十一屆	2008年3月～	吳邦國	2987人
一次會議	2008年3月5日～18日		
二次會議	2009年3月5日～13日		
三次會議	2010年3月5日～14日		
四次會議	2011年3月5日～14日		

資料來源：中國人大網。表格：作者簡繪。

第三節　全國人民代表大會組織

一、全國人民代表大會常務委員會

（一）組　成

　　全國人民代表大會常務委員會，全稱中華人民共和國全國人民代表大會常務委員會，簡稱全國人大常委會（在香港有時被過度簡稱為「人大常委會」，這樣的稱呼會與地方權力機關混淆），是中華人民共和國最高國家權力機關全國人民代表大會的常設機構。根據《中華人民共和國全國人民代表大會組織法》的規定，全國人大常委會組成人員在全國代表大會代表中產生；對全國人民代表大會負責並報告工作，每屆任期與全國人大相同，為5年；管理全國人民代表大會各個專業委員會（民族委員會、法律委員會、財政經濟委員會、教育科學文化衛生委員會、外事委員會、華僑委員會）。全國人大常委會的組成人員不得擔任國家行政機關、審判機關和檢察機關的職務。

　　由委員長一人、副委員長若干人、祕書長一人、委員若干人組成。並由全國人民代表大會從代表中選出常務委員會的組成人員。除此之外，憲

法第65條中，另設有保障少數民族代表適當名額的規定。全國人民代表大會常務委員會的組成人員不得擔任國家行政機關、審判機關和檢察機關的職務，以確保常務委員會的專職性。如果擔任上述職務，則須向常務委員會辭去常務委員會的職務。

（二）任　期

每屆全國人民代表大會常務委員會之任期與每屆全國人民代表大會之任期相同，為5年，行使職權的期限直到下屆全國人民代表大會選出新的常務委員會為止。委員長、副委員長連續任職不得超過兩屆。

（三）職權：憲法第67條明定

根據《中華人民共和國憲法》的規定，全國人大常委會的職權為：

1. 解釋憲法，監督憲法的實施。
2. 制定和修改除應當由全國人民代表大會制定的法律以外的其他法律。
3. 在全國人民代表大會閉會期間，對全國人民代表大會制定的法律進行部分補充和修改，但是不得同該法律的基本原則相牴觸。
4. 解釋法律。
5. 在全國人民代表大會閉會期間，審查和批準國民經濟和社會發展計劃、國家預算在執行過程中所必須作的部分調整方案。
6. 監督國務院、中央軍事委員會、最高人民法院和最高人民檢察院的工作。
7. 撤銷國務院制定的同憲法、法律相牴觸的行政法規、決定和命令。
8. 撤銷省、自治區、直轄市國家權力機關制定的同憲法、法律和行政法規相牴觸的地方性法規和決議。
9. 在全國人民代表大會閉會期間，根據國務院總理的提名，決定部長、委員會主任、審計長、祕書長的人選。
10. 在全國人民代表大會閉會期間，根據中央軍事委員會主席的提名，決定中央軍事委員會其他組成人員的人選。
11. 根據最高人民法院院長的提請，任免最高人民法院副院長、審判員、

審判委員會委員和軍事法院院長。

12. 根據最高人民檢察院檢察長的提請，任免最高人民檢察院副檢察長、檢察員、檢察委員會委員和軍事檢察院檢察長，並且批准省、自治區、直轄市的人民檢察院檢察長的任免。

13. 決定駐外全權代表的任免。

14. 決定同外國締結的條約和重要協定的批准和廢除。

15. 規定軍人和外交人員的銜級制度和其他專門銜級制度。

16. 規定和決定授予國家的勳章和榮譽稱號。

17. 決定特赦。

18. 在全國人民代表大會閉會期間，如果遇到國家遭受武裝侵犯或者必須履行國際間共同防止侵略的條約的情況，決定戰爭狀態的宣布。

19. 決定全國總動員或者局部動員。

20. 決定全國或者個別省、自治區、直轄市進入緊急狀態。

21. 全國人民代表大會授予的其他職權。

（四）產生程序

1. 候選人提名

全國人大常委會組成人員須在全國人大代表中提名。其人選是由大會主席團提名，各代表團醞釀協商後，再來由主席團根據多數代表的意見，確定正式候選人的名單。

2. 表決方式

全國人大常委會委員長、副委員長、祕書長實行等額選舉，委員實行差額選舉。九屆全國人大常委會產生時，其組成人員共計155人，除委員長、副委員長、祕書長21人實行等額選舉外，其餘委員134名實行差額選舉，共提名141人，差額7人，差額幅度為5%。

3. 監票、計票方法

選舉採用無記名投票方式，由大會推選出的33名監票和1名總監票進

行監票計票。候選人獲全體代表過半數的選票始得當選。在收回的選票中，少於或等於發出的選票數，選舉有效，多於的選舉無效。每張選票所選人數等於或少於應選人數的有效，多於應選人數的無效。表示棄權的，不可以另選。

二、全國人大專門委員會

根據2004年修正的《中華人民共和國憲法》第三章第一節第62條之規定「全國人民代表大會設立民族委員會、法律委員會、財政經濟委員會、教育科學文化衛生委員會、外事委員會、華僑委員會和其他需要設立的專門委員會。」各專門委員會在全國人民代表大會和全國人民代表大會常務委員會領導下，研究、審議和擬訂有關議案。全國人民代表大會閉會期間，各專門委員會受全國人民代表大會常務委員會的領導。

除了在文化大革命期間召開的第四屆全國人大沒有設立外，其他歷屆人大會議都設有「專門委員會」。其中，第一至五屆設有民族、法案、預算、代表資格審查等四個委員會；第六屆設有六個「專門委員會」（包括，民族、法律、財政經濟、教育科學文化衛生、外事、華僑）；第七屆增設了內務司法委員會；第八屆增設了環境與資源保護委員會；第九屆又增設了農業與農村委員會，第九屆全國人大設立了民族、法律、財政經濟、教育科學文化衛生、外事、華僑、內務司法、環境與資源保護以及農業與農村共九個專門委員會。

目前，第十一屆全國人民代表大會共設九個專門委員會：（一）民族委員會；（二）法律委員會；（三）內務司法委員會；（四）財政經濟委員會；（五）教育科學文化衛生委員會；（六）外事委員會；（七）華僑委員會；（八）環境與資源保護委員會；（九）農業與農村委員會。這些專門委員會雖然不具有權力機關的性質；但是，在權力機關的領導下，承擔某種專門任務。在全國人民代表大會閉會的期間，各專門委員會受全國人民代表大會常務委員會的領導。各專門委員會在全國人民代表大會和全國人民代表大會常務委員會領導下，研究、審議和擬訂有關議案。

　　各專門委員會的工作包含：（一）審議全國人民代表大會主席團或者全國人民代表大會常務委員會交付的議案。（二）向全國人民代表大會主席團或者全國人民代表大會常務委員會提出屬於全國人民代表大會或者全國人民代表大會常務委員會職權範圍內同本委員會有關的議案。（三）審議全國人民代表大會常務委員會交付的被認為同憲法、法律相牴觸的國務院行政法規、決定和命令，國務院各部、各委員會的命令、指示和規章，省、自治區、直轄市的人民代表大會和它的常務委員會的地方性法規和決議，以及省、自治區、直轄市的人民政府的決定、命令和規章，提出報告。（四）審議全國人民代表大會 主席團或者全國人民代表大會常務委員會交付的質詢案，聽取受質詢機關對質詢案的答復，必要的時候向全國人民代表大會主席團或者全國人民代表大會常務委員會提出報告。（五）對屬於全國人民代表大會或者全國人民代表大會常務委員會職權範圍內同本委員會有關的問題，進行調查研究，提出建議。

三、全國人大常委會代表資格審查委員會

（一）歷史背景

　　全國人大在一屆、二屆、三屆、五屆都設立了作為專門委員會的代表資格審查委員會，第四屆因文革而未設專門委員會。1954年9月18日，代表資格審查委員會主任委員馬明方向第一屆全國人民代表大會第一次會議作了關於代表資格的審查報告。報告說：「中華人民共和國第一屆全國人民代表大會代表資格審查委員會根據代表當選證書和其他有關材料，就本屆代表大會一千二百二十六名代表的代表資格進行了審查。審查結果，確認所有代表的選舉都符合『中華人民共和國全國人民代表大會及地方各級人民代表大會選舉法』的規定。他們的代表資格都是有效的。」會議經過審議，一致通過了馬明方的報告。當時的代表資格審查委員會屬於臨時性機構，只是在開會期間活動，不能即時地對本級人大補選的代表資格和新選出的下一屆代表的代表資格進行審查。因此，1982年12月通過的全國人

大組織法第26條規定，全國人大常委會設立代表資格審查委員會。從3月開始，歷屆全國人大常委會都專門設立代表資格審查委員會。

（二）職　責

　　人大常委會代表資格審查委員會是人大常委會設立的專門負責代表資格審查的常設機構。全國人民代表大會常務委員會根據代表資格審查委員會提出的報告，確認代表的資格或者確定個別代表的當選無效，在每屆全國人民代表大會第一次會議前公布代表名單。全國人民代表大會代表在第一次會議到第二次會議期間先後逝世十四人，已經補選三人。四川省選出的賈培之代表逝世後，補選了陳書舫。西安市選出的李象九代表逝世後，補選了熊應棟。湖南省選出的董純代表逝世後，補選了易湘蘇。代表資格審查委員會根據代表當選證書和其他有關材料，就陳書舫、熊應棟、易湘蘇代表的資格進行了審查。審查結果，認為應該確認他們的代表資格有效。現在向大會提出報告，請予審議通過。

（三）成員產生方式

　　按照全國人大組織法第26條和地方組織法第50條的規定，各級人大常委會代表資格審查委員會的主任委員、副主任委員和委員的人選，由常委會委員長會議或主任會議在常委會組成人員中提名，常委會會議通過。

參考書目

趙建民、張淳翔（2001），《中華人民共和國立法與選舉制度》，台北：鼎文。

謝慶奎、楊鳳春、燕繼榮（2005），《中國大陸政府與政治》，台北：五南。《中共年報：2007》，台北：中共研究雜誌社。

中華人民共和國中央人民政府http://big5.gov.cn/gate/big5/www.gov.cn/

中國人大網http://www.npc.gov.cn/

新華網http://big5.xinhuanet.com/gate/big5/www.xinhuanet.com/

新華網—授權發布台灣省出席第十一屆全國人大代表協商選舉方案。
　　http://big5.xinhuanet.com/gate/big5/news.xinhuanet.com/politics/2007-04/27/
　　content_6036609.htm

中華人民共和國全國人民代表大會和地方各級人民代表大會選舉法。
　　（2004年10月27日第十屆全國人民代表大會常務委員會第十二次會議通
　　過第四次修正）

中國台灣網—2008兩會特別報導—台灣省十一屆全國人大代表選舉產
　　生。http://big51.chinataiwan.org/zt/szzt/2008lhtbbd/lhzl/twdbwyzl/200802/
　　t20080228_595199.htm

人民網—第十一屆全國人民代表大會代表名額分配方案通過審議。http://
　　npc.people.com.cn/BIG5/15017/5674712.html

人民網—台灣省出席第十一屆全國人民代表大會代表協商選舉方案。
　　http://tw.people.com.cn/BIG5/14810/5679677.html

人民網—關於十一屆全國人大代表名額和選舉問題的決定。http://npc.
　　people.com.cn/GB/28320/78072/78092/5481584.html

北大法律信息網—中國人民解放軍選舉全國人民代表大會和縣級以上
　　地方各級人民代表大會代表的辦法。http://big5.chinalawinfo.com/vip.
　　chinalawinfo.com/newlaw2002/slc/slc.asp?db=chl&gid=15410

中央日報網路報—大陸〈解放軍報：綜合素質好　履職能力強　群眾威信
　　高解放軍十一屆全國人大代表選舉產生〉。http://www.cdnews.com.tw/
　　cdnews_site/docDetail.jsp?coluid=145&docid=100293307

全國人民代表大會，維基百科http://zh.wikipedia.org/wiki/%E5%8 5%A8%E
　　5%9C%8B%E4%BA%BA%E6%B0%91%E4%BB%A3%E8%A1%A8%E5
　　%A4%A7%E6%9C%83

全國人民代表大會常務委員會，維基百科http://zh.wikipedia.org/wiki/%
　　E5%85%A8%E5%9B%BD%E4%BA%BA%E6%B0%91%E4%BB%A3%E
　　8%A1%A8%E5%A4%A7%E4%BC%9A%E5%B8%B8%E5%8A%A1%E5
　　%A7%94%E5%91%98%E4%BC%9A

台灣省全國人民代表大會代表，維基百科http://zh.wikipedia.org/wiki/%E5%
　　8F%B0%E6%B9%BE%E7%9C%81%E5%85%A8%E5%9B%BD%E4%BA
　　%BA%E6%B0%91%E4%BB%A3%E8%A1%A8%E5%A4%A7%E4%BC
　　%9A%E4%BB%A3%E8%A1%A8

第十九章　韓國國會議員選舉

林俊佑、王志良

第一節　前言

　　代議政治是民主國家的常態，在公共事務日益複雜的今日，人民越來越需要一群政治菁英替人民決策及監督政府施政。也正因如此，代表人民的「國會」可說是民主國家不可或缺的根本。國會的重要性無庸置疑，惟須強調的是，國會與民主政治兩者之間並非可以全然劃上等號。民主國家須有國會的存在，其理甚明；但有國會存在的國家，卻不一定是採行民主政治。換句話說，國會的存在可能僅是形式上的，扮演的角色只是為政者的「橡皮圖章」（rubber stamp），當然也無法有效發揮監督政府的功能。

　　民主國家的國會能否發揮應有的功能，除憲政體制上的設計外，國會的組成的分子──國會議員──亦是關鍵。具體來說，國會議員是否具備足夠的專業知識、是否能真正代表社會多元的團體等等，皆會影響國會的議事品質。有鑑於此，如何選賢與能便是一項重大的課題，與此相關的，便是選舉制度的採用。不同的選舉制度，將會造成不一樣影響。舉例而言，由單一選區選出來的議員，較有誘因隨時照顧選區的需求；相反地，從比例代表制產生的議員，可能較為關注的是全國性的議題（Lancaster, 1986）。再以「政黨體系」（party systems）為例，不同的選舉制度也傾向於塑造出不同的政黨體系（Lijphart, 1994; Lin, 2003; McElwain, 2008; Nishikawa and Herron, 2004; Norris, 2004; 李柏諭，2006）。政黨體系是一黨獨大、兩黨制或是多黨林立，都可能會左右政局的穩定。由此可知，選舉制度的重要性不容小覷。基於本文主旨，本章將先引述韓國國會的角色；其次，介紹韓國國會議員的選舉制度；復次，探討韓國的政黨體系；最後則對本章簡短作一總結。

第二節　國民議會的角色

　　前已述及（見第十章），根據Elgie（2007）的分類，韓國目前的憲政體制採行「半總統制」。除總統民選之外，另一個重要的民選機關便是國會。目前韓國國會採行「一院制」（unicameralism），即是「國民議會」（National Assembly）。1980年代韓國民主化逐步開展，然而，先前威權統治的歷史遺緒，至今仍然存在。具體而言，在過去威權體制下充滿著強人政治色彩，而這種強人領導的風格現今並未完全消褪。反映在憲政體制的設計上，現今的總統（大統領），相較於國會，仍是強勢許多（吳明上譯，2005：105）。O'Donnell（1998）曾指出在新興民主國家中，總統權力過度使用的情形相當常見。細究而言，韓國總統擁有相當的權力及影響力，雖然總統無權解散國會，但國會仍舊難以有效制衡總統。舉例而言，Horiuchi and Lee（2008）在研究韓國的「分配政治」（distributive politics）時，便指出在預算審議的過程中，總統具有主導的優勢；相對而言，國會因為缺乏足夠的時間與資源，以及政黨間激烈的競爭，使得國會無法為人民看緊荷包。即使如此，要完全了解韓國政治，國會此一場域仍須多加著墨。

第三節　國會議員的選舉方式

　　韓國經歷了六次共和以及九次的修憲，政治制度的變動頻繁。除了總統的選舉方式反覆更改（李憲榮，2010），國會議員的選舉制度也經歷過不少次的修正（Brady and Mo, 1992; Cho, 1968; Choi, 1973; Kim, 2000; Lin, 2002; 黃德福，1997：243-246；蔡增家，2005：69），見表19-1。特別值得注意的是，韓國的國會選制也曾經使用過複數選區「單記不可讓渡投票制」（single non-transferable vote; SNTV）。簡單來說，此選舉方式是指在應選席次為數名下，選民只能投一票；候選人依其得票高低依序當選至額滿為止，而候選人的得票並不能相互移轉。進一步而言，韓國自1973年起

即曾採行「二席選區」單記不可讓渡投票制，直到1988年方告終止（Choi, 1973: 1093; 王業立，2008：14；黃德福，1997）。台灣在第七次修憲以前，立法委員的選舉亦曾長期使用過複數選區單記不可讓渡投票制。[1]

表19-1　國民議會選舉制度之演變

選舉年	選舉制度	席次數
1963	單一選區相對多數決制＋比例代表制	175
1967	單一選區相對多數決制＋比例代表制	175
1971	單一選區相對多數決制＋比例代表制	204
1973	二席選區單記不可讓渡投票制＋總統指派	146
1978	二席選區單記不可讓渡投票制＋總統指派	154
1981	二席選區單記不可讓渡投票制＋比例代表制	276
1985	二席選區單記不可讓渡投票制＋比例代表制	276
1988	單一選區相對多數決制＋比例代表制	299
1992	單一選區相對多數決制＋比例代表制	299
1996	單一選區相對多數決制＋比例代表制	299
2000	單一選區相對多數決制＋比例代表制	273
2004	單一選區相對多數決制＋比例代表制	299
2008	單一選區相對多數決制＋比例代表制	299

表格來源：作者整理自Lin（2002: 148）及蔡增家（2005：69）。

現今國民議會的選舉制度採行「混合制」（mixed systems），共有299名議席。其中，245席是採取單一選區相對多數決選出，換句話說，全國共分成245個選區；另外54席由政黨名單比例代表制（proportional representation system）產生，則是以全國為一個選區。選民在選舉的時候

---

[1]　我國過去立法委員、縣市議員的選舉制度，皆使用複數選區單記不可讓渡投票制。然而此制在我國長期遭受不少的批評，諸如小黨林立、誘發極端意識型態、派系政治色彩濃厚、以候選人為中心的選戰型態、黨紀不彰以及賄選買票等。為革除上述弊病，我國在第七次修憲時，將立法委員的選舉制度改成單一選區兩票制，同時將國會席次數減半。但此是否真能有效改善選風，則有待未來進一步的觀察（吳重禮，2008）。值得一提的是，目前縣市議員選舉仍是維持單記不可讓渡投票制。

可以投兩票，一票投給區域的候選人，另一票投給政黨，惟須注意的是這兩票屬於「並立制」，亦即這兩種選舉方式在計算議席時是分別獨立的，兩者之間沒有關係。[2]區域議席以得票最高的候選人獲得當選；至於比例代表制的議席，則是以各政黨在政黨票的得票比例進行分配。

　　進一步而言，現行選舉制度的比例代表制部分，其選舉方式是由政黨提出一份「封閉式名單」（closed party list），也就是說，政黨預先決定名單內候選人的當選排序，而選民無法在投票時額外進行挑選。提出名單之後，再依選舉結果決定各政黨所分得之議席數，依序當選之。惟須注意的是，依照韓國法規規定，政黨所提出的名單，女性候選人數至少須超過一半以上，且須將女性候選人排至每個奇數序位。此外，亦有當選門檻（thresholds）的設計，在政黨票的部分須獲得全部有效政黨票的3%以上，或是贏得至少五名區域議席的政黨，才有資格進行議席的分配。附帶一提的是，區域選出的議員若在任期內變更黨籍並不影響其當選資格；然而，由政黨名單比例代表制產生的現任議員，一旦變更黨籍則其將喪失議員身分。

　　國會議員的任期四年，若在這四年當中發生議員出缺時則需進行補選，而其任期只到原任期屆滿為止，不再重新計算。至於國會選舉舉行的時間，則是現任議員任期屆滿日前50天之後的第一個星期三。不過，如選舉日遇到重大的民俗節慶或公休日，或者是選舉前後一天為公休日時，則將順延至下個星期三舉行。

---

2 韓國在1988-2000年這段時間，雖亦採行單一選區及比例代表制的混合制，但選民只能投一票，亦即投區域部分的候選人。而比例代表制的議席計算，則是以區域議席當選最多的政黨分得二分之一；另外一半的議席則由其他政黨依其在區域選舉的席次比例分配之（須在區域議員選舉獲得五席以上才有資格分配）。此外，單一選區與比例代表制的席次比為3：1；於1992年時又改成4：1（黃德福，1997：246）。

第四節　選舉制度與政黨體系

　　不少學者指出選舉制度對於一國政黨體系之形成，息息相關
（Lijphart, 1994; Lin, 2003; McElwain, 2008; Nishikawa and Herron, 2004;
Norris, 2004; 李柏諭，2006）。而政黨體系又常影響一國的政局穩定，因
此，了解一國的政黨體系便有其必要。本文在此將簡短探討韓國現今的政
黨體系，以及其與現行選舉制度之間的關聯性。

　　從1988年至2008年的國會選舉結果來看（見表19-2），每次選舉都至
少有四個政黨以上取得國會席次，初步來看國會政黨數目並不少。不過，
若以Laakso and Taagepera（1979）發展出來的「有效政黨數」（effective
number of parties）指標來看（見表19-3），從1992年至2008年這段時間，
有效政黨數大致都在兩大黨與三個主要政黨間徘徊。

表19-2　1988-2008年國民議會選舉結果

選舉年／政黨名稱	席次數	席次率
1988年		
Democratic Justice Party	125	0.418
Party for Peace and Democracy	70	0.234
Unification Democratic Party	59	0.197
New Democratic Republican Party	35	0.117
Korean People's Democratic Party	1	0.003
Independents	9	0.030
總席次數	299	
1992年		
Democratic Liberal Party	149	0.498
Democratic Party	97	0.324
Unification National Party	31	0.104
Party for New Political Reform	1	0.003
Independents	21	0.070
總席次數	299	

選舉年／政黨名稱	席次數	席次率
1996年		
New Korea Party	139	0.465
National Congress for New Politics	79	0.264
Democratic Party	15	0.050
United Liberal Democrats	50	0.167
Independents	16	0.054
總席次數	299	
2000年		
Grand National Party	133	0.487
New Millennium Democratic Party	115	0.421
United Liberal Democrats	17	0.062
Democratic People's Party	2	0.007
New Party for Hopeful Korea	1	0.004
Independents	5	0.018
總席次數	273	
2004年		
Grand National Party	121	0.405
New Millennium Democratic Party	9	0.030
Uri Party	152	0.508
United Liberal Democrats	4	0.013
National Integration 21	1	0.003
Democratic Labour Party	10	0.033
Independents	2	0.007
總席次數	299	
2008年		
United Democratic Party	81	0.271
Grand National Party	153	0.512
Liberty Forward Party	18	0.060
Democratic Labour Party	5	0.017
Creative Korea Party	3	0.010
Pro-Park Coalition	14	0.047

選舉年／政黨名稱	席次數	席次率
Independents	25	0.084
總席次數	299	

註：席次率四捨五入取至小數點第三位。
表格來源：作者整理自韓國〈中央選舉管理委員會〉（National Election Commission）：http://www.
　　　nec.go.kr/engvote/main/main.jsp。

表19-3　1988-2008年國民議會選舉結果之「有效政黨數指標」

選舉年	1988	1992	1996	2000	2004	2008
有效政黨數	3.53	2.71	3.13	2.39	2.36	2.87

註：1.以選舉結果計算之，並將獨立參選的議席當作一個單位。
　　2.有效政黨數的計算公式為$N=1/\sum S_i^2$；N＝有效政黨數；S_i＝政黨的席次比。
表格來源：作者自行整理。

　　著名的「杜瓦傑法則」（Duverger's Law）指出：一、單一選區相對多數決制傾向促成兩黨制；二、比例代表制傾向產生許多相互獨立政黨；三、兩輪決選制易形成多黨聯盟（Duverger, 1986: 70）。[3]進一步來說，Duverger（1996: 224-226）指出在單一選區相對多數決制下，基於制度的「機械因素」（mechanical factor）以及選民的「心理因素」（psychological factor），將有利於形成兩黨制的政黨體系。[4]而由於比例代表制強調政黨的席次率與得票率之間盡可能相近，故小黨只要獲得一定的得票就有存活空間，易言之，能取得席次的政黨數就會增加。

　　韓國的政黨體系是否符合杜瓦傑法則的預期，值得進一步考察。以

---

[3]　雖然其中並沒有提到單一選區與政黨比例代表的混合制對政黨體系的影響，不過Norris（2004: 85-87）比較各國的政黨體系，發現採行混合制國家的國會政黨數目，大都介於此兩種制度之間。

[4]　所謂的「機械因素」，簡單來說，是指在單一選區相對多數決制下，勝者全拿（winner-takes-all），故具有較高的「比例性偏差」（disproportionality），亦即小黨的席次率低於得票率，使得小黨易被低度代表（under-representation）。而「心理因素」係指，選民在認知到這種單一選區的特性後，為了不要將選票浪費在沒希望獲勝的候選人身上，因此會將選票投給主要政黨中較不討厭的候選人。

1988年至2008年的國民議會選舉來說，雖採行的是比例代表制與單一選區的混合制，不過整體來看，比例代表制的議席占總席次的比例相當低。換句話說，即使比例代表制容易使政黨數增多，但單一選區對於國會政黨數的影響將更明顯。故理論上，取得國會席次的政黨數目並不會太多，而且這種制度在相當程度上有利於大黨地位的鞏固。從有效政黨數不多的情況下來看似乎也符合這種觀點，但若對照近幾屆取得國會席次的政黨名稱，可以發現韓國的政黨體系其實是相當流動、不固定的。

　　在近代韓國政黨體系的演變歷程中，有幾個主要特徵：其一、政黨的發展是以特定的政治人物為中心，同時，政黨間的聚散離合不絕於耳。其二、地域主義強烈，且政黨的壽命不長（吳明上譯，2005：111-120）。即使選舉制度有利於兩大黨地位的鞏固，但由於上述因素的影響，使得韓國的政黨體系未能健全發展，故呈現出此種流動、易變之現象。[5]

第五節　結　語

　　從比較的觀點來說，韓國絕對是值得注意的國家。從歷史的發展脈絡中，臺韓之間具有高度的相似性，因此，頗富參考價值。就選舉制度來說，除日本外，臺韓亦曾採行過單記不可讓渡投票制，更在近年內相繼採行單一選票兩票並立制。因此，比較兩國選舉制度的差異及其所產生的政治影響，便格具意義。

　　整體而言，韓國的新選舉制度，由單一選區產生的議席數占國會全部席次的五分之四以上；雖有政黨名單比例代表制的議席，但其占總席次數的比例不高，加上採行並立制，理論上，大黨容易從中獲利。但由於韓國的政黨普遍壽命不長、個人領導強烈，以及地域主義的興盛，使得政黨體系呈現出較為流動、不固定的情況。

5　黃德福（1997）即曾指出，韓國政黨體系相當的弱化與不穩定。究其原因，係在於韓
　國政黨的私有化、個人化、零細化、區域主義、極端化，再加上總統制的採行。

相較之下，台灣自第七次修憲後，立法委員選舉制度改為單一選區兩票並立制。總席次數從原先的225席，減少至113席。其中73席區域議席由單一選區相對多數決制選出；34席則是依政黨名單比例代表制產生（政黨票之得票率須達5%以上，且有二分之一婦女保障名額）；另有6席原住民議席（王業立，2008：35）。基於這樣的選舉制度，小黨在我國幾乎沒有生存空間可言。相較於韓國政黨體系的弱化，我國的政黨體系似乎已逐步走向了穩定的兩大黨。

政黨體系的發展與健全，對於政局穩定的影響至關重大。舉例來說，法國與義大利即曾因政黨林立導致內閣更迭頻繁。就韓國現今國民議會的選舉制度而言，這樣的選舉制度有利於壓低國會政黨之數目，然而，這是否意味著韓國的政黨體系已走向健全發展，則有待時間檢證。

參考書目

中文部分

王業立，1999，〈總統選舉制度變革的可能效應與影響〉，《國策專刊》8：15-17。

王業立，2008，《比較選舉制度》，五版。臺北：五南。

王業立，2009，〈總統選制－應著眼過半統治〉，《聯合報》11月3日：版A15。

王鼎銘、郭銘峰，2009，〈混合式選制下的投票思維：台灣與日本國會選舉變革經驗的比較〉，《選舉研究》16(2)：101-130。

朱松柏，2004，《南北韓的關係與統一》。臺北：臺灣商務。

吳明上譯，森山茂德著，2005，《韓國現代政治》。臺北：五南。

吳重禮，1998，〈美國「分立性政府」與「一致性政府」體制運作之比較與評析〉，《政治科學論叢》9：61-90。

吳重禮，2006，〈憲政設計、政黨政治與權力分立：美國分立政府的運作

經驗及其啟示〉，《問題與研究》45(3)：133-166。

吳重禮，2008，〈立法委員選舉制度改革的省思：匡正弊端或是治絲益
　棼〉，載於黃紀、游清鑫主編《如何評估選制變遷：方法論的探討》，
　頁251-277，臺北：五南。

吳重禮，2008，《政黨與選舉：理論與實踐》。臺北：三民。

吳親恩，2010，〈發展途徑、金融危機與金融重建：臺灣與韓國的比
　較〉，《問題與研究》49(3)：105-143。

李在光，1994，〈金泳三政府政治改革評議〉，《理論與政策》8(4)：
　31-36。

李柏諭，2006，〈選舉制度對政黨體系之影響：台灣總統、縣市長、立法
　委員、任務型國大選舉之實例比較〉，《政治科學論叢》27：69-112。

李憲榮，2010，〈南韓總統的選舉制度〉，《臺灣國際研究季刊》6(4)：
　29-51。

沈有忠，2005，〈制度制約下的行政與立法關係〉，《政治科學論叢》
　23：27-60。

林文斌，2010，〈立法從嚴、執法更嚴：韓國政治資金與選舉管理〉，
　《國會月刊》38(8)：24-41。

林秋山，2009，《韓國憲政與總統選舉》。臺北：臺灣商務。

林繼文，2006，〈政府體制、選舉制度與政黨體系：一個配套論的分
　析〉，《選舉研究》13(2)：1-35。

林繼文，2009，〈共治可能成為半總統制的憲政慣例嗎？法國與台灣的比
　較〉，《東吳政治學報》27(1)：1-51。

紀舜傑，2010，〈韓國民主化與國家認同－美國、核武、與統一〉，《臺
　灣國際研究季刊》6(4)：93-110。

倪炎元，1995，《東亞威權政體之轉型：比較臺灣與南韓的民主化歷
　程》。臺北：月旦。

陳宏銘、梁元棟，2007，〈半總統制的形成和演化－台灣、法國、波蘭與
　芬蘭的比較研究〉，《台灣民主季刊》4(4)：27-69。

郭秋慶，2010，〈韓國民主轉型的形成與延伸的問題〉，《臺灣國際研究

季刊》6(4)：1-27。

黃德福，1997，〈政黨體系與民主政治之鞏固：以臺灣和南韓為例〉，載於田弘茂等主編《鞏固第三波民主》，頁223-260，臺北：業強。

黃德福，2000，〈少數政府與責任政治：台灣「半總統制」之下的政黨競爭〉，《問題與研究》39(2)：1-23。

楊人從譯，2003，《韓國公職選舉與選舉違法防止法》。臺北：中央選舉委員會。

蔡增家，2005，《南韓轉型－政黨輪替與政經體制的轉變》。臺北：巨流。

鄭繼永，2008，《韓國政黨體系》。北京：社會科學文獻。

蕭新煌、具海根，1997，〈東亞的中產階級與民主化：臺灣與南韓的比較〉，載於田弘茂等主編《鞏固第三波民主》，頁501-532，臺北：業強。

蘇子喬，2010，〈憲政體系與選舉制度的配套思考〉，《政治科學論叢》44：35-74。

蘇子喬、王業立，2010，〈為何廢棄混合式選舉制度？義大利、俄羅斯與泰國選制改革之研究〉，《東吳政治學報》28(3)：1-81。

英文部分

Brady, David W., and Jongryn Mo. 1992. "Electoral Systems and Institutional Choice: A Case Study of the 1998 Korean Elections." *Comparative Political Studies* 24(4): 405-429.

Cho, Soon Sung. 1968. "Korea: Election Year." *Asian Survey* 8(1): 29-42.

Choi, Sung-il. 1973. "The Electoral Reform, the New National Assembly, and Democracy in South Korea: a Functional Analysis." *Asian Survey* 13(12): 1902-1101.

Chung, Chien-peng. 2003. "Democratization in South Korea and Inter-Korean Relations." *Pacific Affairs* 76(1): 9-35.

Duverger, Maurice. 1966. *Political Parties: Their Organization and Activity in the Modern State*. Translated by Barbara and Robert North. New York: Wiley.

Duverger, Maurice. 1986. "Duverger's Law: Forty Years Later." In *Electoral Laws and Their Political Consequences*, eds. Bernard Grofman, and Arend Lijphart. New York: Agathon Press. Pp. 69-94.

Elgie, Robert. 2007. "Varieties of Semi-Presidentialism and Their Impact on Nascent Democracies." *Taiwan Journal of Democracy* 3(2): 53-71.

Elgie, Robert. 2010. "Semi-presidentialism, Cohabitation and the Collapse of Electoral Democracies, 1990-2008." *Government and Opposition* 45(1): 29-49.

Hahm, Sung Deuk, and L. Christopher Plein. 1995. "Institutions and Technological Development in Korea: the Role of the Presidency." *Comparative Politics* 28(1): 55-76.

Horiuchi, Yusaku, and Seungjoo Lee. 2008. "The Presidency, Regionalism, and Distributive Politics in South Korea." *Comparative Political Studies* 41(6): 861-882.

Huntington, Samuel P. 1991. *The Third Wave: Democratization in the Late Twentieth Century*. Norman: University of Oklahoma Press.

Johnson, Chalmers. 1982. *MITI and the Japanese miracle: the Growth of Industrial Policy, 1925-1975*. Stanford, Calif.: Stanford University Press.

Kim, C. I. Eugene. 1979. "Significance of Korea's 10th National Assembly Election." *Asian Survey* 19(5): 523-532.

Kim, C. I. Eugene. 1987. "South Korea in 1986: Preparing for a Power Transition." *Asian Survey* 27(1): 64-74.

Kim, HeeMin. 1997. "Rational Choice Theory and Third World Politics: the 1990 Party Merger in Korea." *Comparative Politics* 30(1): 83-100.

Kim, Hong Nack. 2000. "The 2000 Parliamentary Election in South Korea." *Asian Survey* 40(6): 894-913.

Kim, Jae-on, and B. C. Koh. 1972. "Electoral Behavior and Social Development in South Korea: An Aggregate Data Analysis of Presidential Elections." *Journal of Politics* 34(3): 825-859.

Laakso, Markku, and Rein Taagepera. 1979. "Effective Number of Parties: A Measure with Application to West Europe." *Comparative Political Studies* 12(1): 3-27.

Lancaster, Thomas D. 1986. "Electoral Structures and Pork Barrel Politics." *International Political Science Review* 7(1): 67-81.

Lee, Chae-Jin. 1972. "South Korea: Political Competition and Government Adaptation." *Asian Survey* 12(1): 38-45.

Lee, Chae-Jin. 1972. "Urban Electoral Participation in Korea." *Midwest Journal of Political Science* 16(2): 303-312.

Lee, Hong Yung. 2003. "South Korea in 2002: Multiple Political Dramas." *Asian Survey* 43(1): 64-77.

Lee, Hong Yung. 2004. "South Korea in 2003: A Question of Leadership?" *Asian Survey* 44(1): 130-138.

Lee, Yoonkyung. 2006. "Varieties of Labor Politics in Northeast Asian Democracies: Political Institutions and Union Activism in Korea and Taiwan." *Asian Survey* 46(5): 721-740.

Lijphart, Arend. 1994. *Electoral Systems and Party System: A Study of Twenty-Seven Democracies, 1945-1990*. New York: Oxford University Press.

Lin, Jih-wen. 2002. "Electoral System, Voter Preferences, and the Fragmentation of Party System: The East Asian Cases." 《選舉研究》 9(1): 137-171.

McElwain, Kenneth Mori. 2008. "Manipulating Electoral Rules to Manufacture Single-Party Dominance." *American Journal of Political Science* 52(1): 32-47.

McNamara, Dennis L. 1992. "State and Concentration in Korea's First Republic, 1948-60." *Modern Asian Studies* 26(4): 701-718.

Nishikawa, Misa, and Erik S. Herron. 2004. "Mixed Electoral Rules' Impact on Party Systems." *Electoral Studies* 23(4): 753-768.

Norris, Pippa. 1997. "Choosing Electoral Systems: Proportional, Majoritarian and Mixed Systems." *International Political Science Review* 18(3): 297-312.

Norris, Pippa. 2004. *Electoral Engineering: Voting Rules and Political Behavior*. Cambridge: Cambridge University Press.

O'Donnell, Guillermo A. 1998. "Horizontal Accountability in New Democracies." *Journal of Democracy* 9(3): 112-126.

Steinberg, David I., and Myung Shin. 2006. "Tensions in South Korea Political Parties in Transition: From Entourage to Ideology?" *Asian Survey* 46(4): 517-537.

第四篇

衆議院

第二十章　美國眾議院眾議員選舉

林雅婷

第一節　兩院制的由來

　　在邦聯條例中，國會為一院制，各州推舉一名代表。邦聯政府在該條例約制下運作，國會因其無效率而於1787年召開大陸會議。各州除羅德島外都同意委派代表與會。國會結構是大陸會議所面對之意見分裂的議題之一。詹姆士‧麥迪遜的維吉尼亞方案要求兩院制國會；其下議院應由人民直選，而其上議院由下議院選出。該方案因為要求代表權以人口數為基礎，因而吸引如維吉尼亞、麻塞諸塞與賓夕法尼亞等大州的支持；然而，小州傾向要求一院制與平等代表權的紐澤西方案。最後，會議中終於達成了康乃狄克妥協案，又稱大折衷案。在該案中，國會中的一院（眾議院）規定為比例代表制，另一院（參議院）規定為平均代表制。

　　一個國家採行一院制或兩院制，基本上是歷史或結構因素造成的。就結構因素而論，如美國因採行聯邦主義，為了保障少數人口州的權利，就設置代表州權的參議院，賦予每州兩名參議員的平等地位。另外設置代表人口的眾議院，以反映人口比例，兼顧大州的利益（彭懷恩，1996：183）。

　　在施行十三條款的聯邦時代，國會為一院制，亦為唯一的中央機關，其權力因受各州的監督而受限，在費城的憲法會議中，為了國會的組織與權力問題而爭執相持不下，幸有康乃狄克的妥協（Great Compromise），即以參議院代表州權，眾議院代表民權，建立兩院制，才能完成憲法，而有今日的美國國會（陳思澤，2001：19）。

第二節　眾議院介紹

　　美國眾議院（United States House of Representatives）為美國國會兩院之一，另一院為參議院。美國各州在眾議院中擁有的席位比例以人口為基準，但至少會有一名議員。院內議員總數經法律明定為435名。眾議員任期兩年，無連任限制。眾議院議長由議員選舉產生，亦稱多數黨領袖。據1947年的美國總統繼位條例，眾議院議長繼位總統之順序僅次於兼任參議院議長的副總統，為政壇上第三重要的領袖人物。

　　眾議院中擁有最多數席位的政黨稱之為多數黨，次多者為少數黨。議長、委員會主席與其他院內職位通常由多數黨議員來擔任，委員會副主席則由少數黨擔任。憲法規定眾議院自行推選議長，雖無憲法明文，但眾議院議長一定是眾議員，議長同時是眾議院領袖及其所屬政黨的領袖。

　　眾議院一般被認為較參議院更具黨派色彩。憲法制定者中有很多人企圖讓參議院（一開始是由州議會選舉）成為眾議院（公民直選）的制衡機構。於是「建議與同意」權（如批准條約的權力）之授權僅由參議院單獨行使。眾議院也有其獨有的權力：倡議歲入法案之權、彈劾政府官員、以及在選舉人團僵持不下時選舉總統。然而，所有這些權力都可由參議院制衡（counter-check）。參議院一般較眾議院及眾議員更具威望。參議員任期較長、人數較少、且（多數情況下）較眾議員代表更多的選民（維基百科網站資料）。

　　眾議院會議廳位於首都華盛頓特區的國會山莊南翼。參議院在同一建築物的北翼開會。

　　每次參眾議員的選舉，在各州都是極為重大的事情，因為美國選民是透過選出參眾議員，來構造美國政府和政策。美國各地報紙每天專設一欄，列出本州參眾議員在每項聯邦議案中的表決態度，讓選民們清楚了解每名議員是否能夠代表自己的立場和意願。

　　各州參眾議員還定期在自己的選區，舉行選民意見討論會，茶點招待，挨家挨戶發請帖，請選民出席，發表自己對各種問題的看法，以使議員們能夠到聯邦國會去為選民們講話。美國聯邦參眾兩院議員都明白，他

們的衣食父母，不是美國總統，不是某個實權部長，不是共和黨或民主黨，而是自己選區裡的普通選民。

第三節　分權與制衡

憲法規定總統僅可在得到參議院「建議與認可」後任命人事與簽訂條約。眾議院在這兩項程序中並無憲法上的作用。所以參議院的權力較眾議院為廣泛。

憲法授權眾議院因「叛亂、貪汙或其他輕重罪行」而彈劾聯邦官員，並授權參議院作同樣的嘗試。眾議院可經簡單多數表決通過彈劾案，而參議院須三分之二多數表決通過定案。經判決確定的政府官員自動解職，參議院可進一步禁制被告將來再任公職。在彈劾過程中不准有其他的懲處。然而，被彈劾者有可能在一般法庭上面對罪行懲罰。

在美國歷史上，眾議院曾十六次彈劾政府官員，其中七位官員遭判決解職（其中一人在參議院完成審判前辭職）。只有兩名總統曾遭彈劾：1868年的安德魯・強森（Andrew Johnson）與1999年的比爾・柯林頓（Bill Clinton）。兩樁彈劾案都以失敗告終。在強森一案中，參議院僅以一票之差未達判決成立所需的三分之二多數。

在美國憲法第十二修正案中，眾議院有權在沒有總統候選人取得選舉人團多數支持的情況下，推選總統。第十二修正案要求眾議院自選舉人團得票數最高的兩名候選人中選出一名。憲法規定「選舉須由州府舉行，各州的代表各有一票」選舉人團中的平手僵局非常罕見。在美國歷史上，眾議院僅有兩次須打破此種僵局。在1800年眾議院選出湯瑪斯・傑佛遜（Thomas Jefferson）擠下阿龍・伯爾（Aaron Burr）。在1824年眾議院選出約翰・昆西・亞當斯（John Quincy Adams）擠下安德魯・傑克森（Andrew Jackson）。打破僵局以選出副總統的權力屬於參議院（維基百科網站資料）。

第四節　議會成員與選舉

一、選舉程序

　　依美國憲法第1條，眾議院席位之分配以各州人口數作基礎，以每十年舉行一次的人口普查為依據。但各州至少要有一名代表。憲法中唯一規定眾議院席次數的條款是，選民比例不可多於每三萬人一名議員代表。依在1911年通過的Public Law 62-5，眾議院席次定額為435席。其數量曾在1959年短暫增為437席，以反應新增的阿拉斯加與夏威夷兩州，但於四年後恢復為435席。

　　眾議員是由小選舉區產生，任期兩年，連選得連任，通常只要不是表現太差都有機會連任。

　　有權選出多於一名眾議員的州須分割選區，各區選出一名議員。選區重劃於每次人口普查之後進行，而在兩次普查之間允許各州修訂選區界線，每州都可自訂其選區。有些州由不具黨派色彩者負責其程序，另有一些州由州議會來進行。最高法院與「Wesberry v. Sanders」一案中明定不規則選區畫分（malapportionment）違憲，各選區內之人口數須約略相同。另外，在選舉權法案（Voting Rights Act）中，州政府不可基於降低少數民族表決權之目的而將選區畫分為傑利蠑螈（gerrymander）式不規則狀。然而，依政治目的而不規則畫分選區未受禁止，即使因此而牽涉到特定民族的聚居地區亦然。

　　憲法並未規定哥倫比亞特區與其他未成立州府的屬地之代表權。然而，國會也通過法律允許其選舉委任代表（delegates）或居民代表（Resident Commissioners）。委任代表與居民代表允許參與辯論，並在委員會中參與表決，但不得在大會中投票。哥倫比亞特區與美屬薩摩亞、關島、美屬維京群島等屬地各有國會代表。僅波多黎各選舉居民代表（維基百科網站資料）。

　　眾議員與委任代表一任兩年，而居民代表一任四年。眾議院選舉在偶

數年分舉行，選舉日定於十一月的第一個星期一之後的第一個星期二。一般而言，共和黨與民主黨在大選前數月舉行黨內初選選出其候選人。獨立人士與其他政黨的選舉人產生辦法各州不同。在大選中，幾乎所有的州都使用簡單多數決（first-past-the-post），也就是囊括多數選票（不一定過半）者獲勝。唯一的例外是路易希安那州使用複選式排序投票（runoff voting）。任期內職務出缺必須由同樣方式舉行的特別選舉選出續任者。

二、候選人資格限制

憲法第1條第2款設立三項成為國會代表的資格：須年滿25歲，須為美國公民七年以上、必須（於選舉日前）為所代表州之居民。然而，並不要求議員須居住於其選區。眾議員在年齡與公民權的資格限制上較參議員為寬鬆。

另外，依美國憲法第四修正案規定，任何聯邦或州府官員，若於宣誓效忠憲法後涉及叛亂或協助美國的敵人，依法取消其任國會代表之資格。此一在美國內戰結束後迅速具強制性的條款，企圖阻止支持美利堅聯盟國者擔任議員。該修正案規定，若國會兩院表決通過移除其資格取消，遭取消資格者仍可回任。

三、議會成員增補

一旦當選眾議員可續任至任滿、身故、或辭職為止。另外，憲法規定眾議院可在三分之二多數同意下驅逐個別議員。在美國歷史上，唯有五名議員曾遭驅逐，其中三名於1861年因支持導致內戰的美利堅聯盟國脫離聯邦而遭解職。1980年，麥可‧麥爾斯（Michael Myers）因受賄而遭驅逐。較現代的例子則是2002年中詹姆斯‧塔福肯（James Traficant）因貪汙定罪而遭驅逐。眾議院也有權譴責其議員。譴責案僅須半數通過即可，但不能強迫議員離職。

眾議員於姓名前加「閣下」（The Honourable）以示尊崇。只有眾議員們可通稱為「國會議員先生」（congressmen）或「國會議員女士」

（congresswomen），參議院雖然也屬國會，但參議員則不適用此稱呼。眾議員平均薪資在2005年為美金162,100元。眾議院議長與院內兩黨領袖薪資更高。相較之下，參議員所得同於眾議員，內閣首長為美金180,100元，而美國總統為美金40萬元（維基百科網站資料）。

四、期中改選

期中改選（midterm election）是美國總統制的特色。美國總統任期四年，眾議員任期兩年，參議員任期六年，每兩年改選三分之一。因此，無論在總統選舉年以及稍後的期中改選，參眾議院席次都將會出現變動。期中改選又被稱為「非總統選舉年的全國性選舉」（off-year election）。

制衡原則（check and balance）是美國期中改選的理論基礎。期中改選的時間與總統選舉有兩年的間隔，透過經常而有規律的選舉，制衡原則得到進一步落實。期中改選的結果不僅被視為總統施政成敗的指標，同時也會影響政黨間氣勢的消長。（胡祖慶，2007：124）

在總統任期一半舉行的期中選舉無關總統人事更迭，但選舉結果歷來被視作是對現任總統政策的公投。選舉分為國會選舉與州一級選舉，選民除了選出參眾議員，還選出州長、州議會議員、郡長、市長、法官等諸多公職以及回答公投問題，投票的項目既多且雜。期中選舉全部結果要花費數天時間才能正式公布。因為對於部分候選人得票接近的情況，計票工作往往要持續幾天才能知道勝負，而且有些州的法律規定，對於得票極其接近的結果，必須重新計票（維斯百科網站資料）。

五、2010年眾議員選舉

2010年11月2日在眾議院全數改選的435席中，共和黨斬獲242席，超越過半數門檻218席，至少增加63席。民主黨只拿下193席，遠不如選前255席。這是自1942年羅斯福總統時代以來，期中選舉眾議院幅度最大的一次「變天」，如表20-1。

表20-1　美國眾議院（2008年選舉2009年補選）

政黨	2008年選舉結果 （111屆）	2009補選之後 2010年選前	2010年選舉 （112屆）
民主黨	257	255	193
共和黨	178	178	242
其他	0	2	0
合計	435	435	435

資料來源：http://en.wikipedia.org/wiki/United_States_House_of_Representatives，http://en.wikipedia.org/wiki/United_States_House_of_Representatives_elections,_2010

六、參眾兩院比較

美國參眾兩院比較如表20-2。

表20-2　美國參眾兩院比較表

	兩院職權差異	兩院結構差異
參議院	享有人事同意權、條約批准權	人數少、步調慢 保障少數杯葛立法特權
眾議院	享有徵稅及法案發動權	人數多、步調快 明確的多數統治機制

參考書目

中文部分

何思因，1994，《美國》，國立政治大學國際關係研究中心。

王國璋，1993，《當代美國政治論衡》，台北：三民書局。

王合、陳國欽，1981，M. V. C. Vile原著，《美國政治》（Politics in the United States），北京：商務印書館發行。

王育三，1998，《美國政府》，台北：臺灣商務印書館發行，2次修訂
　　版。
朱志宏、藍聖斐，1998，《美國國會議長制度之研究》，台北：國立中山
　　大學亞洲與世界社。
李憲榮，2001，《比較政治學》，台北：前衛出版。
吳文程，1996，《政黨與選舉概論》，台中：五南文化。
高德源，Arend Liphart原著，2001，《（民主類型）三十六個現代民主國
　　家的政府類型與表現》，台北：桂冠書局。
孫哲，2001，《左右未來-美國國會的制度創新和決策行為》，上海：復
　　旦大學。
陳淞山，1995，《國會制度解讀》，台北：月旦出版。
國民大會憲政研討委員會編，1991，《美國國會要略》，台北：國民大
　　會。
張樹森，1991，《英美國會議長職權之比較研究》，淡江大學美國所碩士
　　論文。
張明貴，Larry Elowitz原著，1995，《美國政府與政治》，台北：桂冠圖
　　書出版。
湯德宗，Walter J. Oleszek原著，1992，《國會程序與政策過程》
　　（Congressional Procedures and The Policy Process），台北：正中書局。
藍聖斐，1997，《美國眾議院議長的角色與功能》，淡江大學美研所。
胡祖慶，2007，《比較政府與政治》。台北：五南圖書。
周繼祥，2005，《政治學21世紀的觀點》。台北：威仕曼文化。
彭懷恩，1996，《比較政治：當代各國政體導讀》。台北：風雲論壇。
陳思澤，2001，《當代比較政府》。台北：風雲論壇。

英 文部分

Presidential Succession Act: http://en.wikipedia.org/wiki/Presidential_Successio
　　n_Act，檢閱日期2010/11/2

http://en.wikipedia.org/wiki/United_States_House_of_Representatives_election
s,_2010，檢閱日期2011/07/30

美國舉行期中選舉 共和黨一舉翻身：http://big5.xinhuanet.com/gate/big5/
news.xinhuanet.com/2010-11/03/c_12735135.htm，檢閱日期2011/3/20

美期中選舉後　歐巴馬或成跛腳鴨：http://news.sina.com.tw/
article/20101103/3921854.html，檢閱日期2011/3/20

聯邦參議員退休：http://www.tangben.com/Rocky/campbell.htm，檢閱日期
2011/3/20

第二十一章 英國平民院議員選舉

余君山、許峻嘉

第一節 平民院選舉制度沿革

　　過去英國平民院選舉區並不是依照人口數的多寡來畫分選舉,而是依照君主的喜好來給予或剝奪一個自治鎮的選舉權,使得一些不符合自治的鄉鎮也可以自治。如Old Sarum選舉區與Dunwich兩個選舉區便是一個典型的案例。Old Sarum選舉區的人口數只有六人,而Dunwich選舉區則是已經沉末在海底,但仍然有選出兩名議員在國會。而一些新興工業城鎮卻沒有代表在議會內。除了分配不均的問題外,也產生了口袋選區。在口袋選區內,地主或貴族決定參選人選,再讓選民選出。

　　為了解決這些問題,英國於1832年通過了著名的大改革法案,而根據這個法案,將一些不適當的選舉區廢除,而人口多的新興工業區也獲得議席分配,但口袋選區仍然被保留。雖然經過改革,但選區的選舉方式仍有爭議,遂於1885年通過議席重新分配法案,改變原來的選舉方式,原來的選舉方式為一選區選出多位議員,而此法案將大部分的選舉區當選的席次減為一席。

　　1948年前的英國為了讓一些學術地位高的古老大學擁有在平民院的發言權,遂設有大學選區,但1948年大學選區與一區多席的選舉區一起廢除,英國的選舉方式於是變為一個選舉區選出一位候選人。

第二節　選舉制度

一、選區畫分

　　英國平民院選舉採取單一選區制，每一選舉區選出一位得票最高的參選人為議員，選民於選舉時只能投給一位候選人。英國議員名額為非定額，會隨著人口的增減來調整選區的數量。2005年的英國平民院選舉區有646個選舉區，其中其中英格蘭有529個、威爾斯有40個、蘇格蘭有59個，而北愛爾蘭有18個。議員的任期最長為五年，在這五年內首相有權決定解散國會。表21-1、表21-2為英國平民院2005年、2010年選舉產生議員黨派的分布：

表21-1　英國平民院2005年選舉產生議員黨派分布

所屬政黨	議員數
工黨	353
保守黨	195
自由民主黨	63
蘇格蘭民族黨	9
新芬黨	6
威爾斯	5
社會民主黨	3
無黨籍	3
獨立工黨	2
北愛爾蘭統一黨	1
尊重團結聯盟	1
正、副議長	4
懸缺	0
總數	646

資料來源：英國平民院網站：http://www.parliament.uk/index.cfm

表21-2　英國平民院2010年選舉產生議員黨派分布

Party	Seats
保守黨Conservative	306
工黨Labour	258
自由民主黨Liberal Democrat	57
民主聯盟Democratic Unionist	8
蘇格蘭民族黨Scottish National	6
新芬黨Sinn Fein	5
威爾斯民族黨Plaid Cymru	3
社會民主與勞工Social Democratic & Labour	3
聯盟黨Alliance	1
綠黨Green	1
無黨籍Independent	1
Speaker	1
Total number of seats	650

資料來源：英國國會網站：http://www.parliament.uk/index.cfm

表21-3　2010年5月6日英國平民院選舉

政黨	提名人數	當選人數(席次)	新增選區席次	失去選區席次	變動席次	席次%比	選票%比	得票數	得票率變化
保守黨	631	306	100	3	97	47.1	36.1	10703754	3.7
工黨	631	258	3	94	-91	39.7	29.0	8609527	-6.2
自由民主黨	631	57	8	13	-5	8.8	23.0	6836824	+1.0
UKIP	572	0	0	0	0	0	3.1	920334	0.9
BNP	338	0	0	0	0	0	1.9	563743	1.2
SNP	59	6	0	0	0	0.9	1.7	491386	0.1
綠黨	310	1	1	0	1	0.2	1.0	285616	-0.1
新芬黨	17	5	0	0	0	0.8	0.6	171942	-0.1
民主工會	16	8	0	1	-1	1.2	0.6	168216	-0.3
Plaid Cymru	40	3	1	0	1	0.5	0.6	165394	-0.1

政黨	提名人數	當選人數(席次)	新增選區席次	失去選區席次	變動席次	席次%比	選票%比	得票數	得票率變化
SDLP	18	3	0	0	0	0.5	0.4	110970	-0.1
保守工會	17	0	0	1	-1	0	0.3	102361	-0.1
英國民主黨	107	0	0	0	0	0	0.2	64826	0.2
聯盟黨	18	1	1	0	1	0.2	0.1	42762	0.0
尊重黨	10	0	0	1	-1	0	0.1	33251	-0.1
傳統工會聲音	10	0	0	0	0	0	0.1	26,300	-
Speaker	1	1	0	0	0	0.2	0.1	22860	0.0
無黨籍Rodney Connor	1	0	0	0	0	0	0.0	21,300	-'
無黨籍 – Sylvia Hermon	1	1	1	0	1	0.2	0.1	21181	-
基督教黨	71	0	0	0	0	0	0.1	18623	0.1
蘇格蘭綠黨	20	0	0	0	0	0	0.1	16827	0.0
健康關懷黨	1	0	0	1	-1	0	0.1	16,150	0.0
工會社會主義黨	41	0	0	0	0	0	0.0	12275	-
無黨籍 – Bob Spink	1	0	0	1	-1	0	0.0	12174	-
國民陣線	17	0	0	0	0	0	0.0	10784	0.0
白金漢郡民主黨	1	0	0	0	0	0	0.0	10331	-
Monster Raving Loony	27	0	0	0	0	0	0.0	7510	0.0
社會主義工黨	24	0	0	0	0	0	0.0	7219	-0.1
自由黨	5	0	0	0	0	0	0.0	6781	-0.1
BG人民聲音黨	1	0	0	1	-1	0	0.0	6458	-0.1
基督教人民黨	11	0	0	0	0	0	0.0	6276	0.0
Mebyon Kernow	6	0	0	0	0	0	0.0	5379	0.0

政黨	提名人數	當選人數(席次)	新增選區席次	失去選區席次	變動席次	席次%比	選票%比	得票數	得票率變化
林肯郡無黨派人士	3	0	0	0	0	0	0.0	5311	-
曼斯費爾德獨立論壇	1	0	0	0	0	0	0.0	4339	-
綠黨（NI）	4	0	0	0	0	0	0.0	3542	0.0
Socialist alternative	3	0	0	0	0	0	0.0	3298	0.0
Trust	2	0	0	0	0	0	0.0	3233	-
蘇格蘭社會主義黨	10	0	0	0	0	0	0.0	3157	-0.1
People before profit	1	0	0	0	0	0	0.0	2936	-
Local liberals people before politics	1	0	0	0	0	0	0.0	1,964	-
無黨籍Esther Rantzen	1	0	0	0	0	0	0.0	1872	-'
綠色社會主義聯盟	6	0	0	0	0	0	0.0	1,581	0.0
社會民主黨	2	0	0	0	0	0	0.0	1551	-
海盜黨	9	0	0	0	0	0	0.0	1,340	-
共產黨	6	0	0	0	0	0	0.0	947	0.0
工人革命黨	7	0	0	0	0	0	0.0	738	0.0
和平黨	3	0	0	0	0	0	0.0	737	0.0
新千禧年豆黨	1	0	0	0	0	0	0.0	558	0.0
Libertarian	2	0	0	0	0	0	0.0	182	-
總計	-	650	-	-	-	-	-	29691780	-

資料來源：http://en.wikipedia.org/wiki/United_Kingdom_general_election,_2010

二、選舉方式

（一）投票資格

　　英國選舉採取簡單多數制，每一選區選出一人，及只有得票數最高的參選人才能獲得議員的席次。參選人需繳交500英鎊的押金，以避免無聊人士擾亂選舉。除了繳交押金之外，還須繳交參選人該區內居民的連署（10人即可），且不能為上議員、囚犯、精神病患。而投票人的資格也有其限制，必須要是英國居民，並同時擁有英國公民、英國海外領土公民、愛爾蘭共和國公民，或英聯邦成員國公民之身分，才有權投票。

（二）產生方式

　　以2005年英國平民院選舉中的Bexhill & Battle為例，該選舉區一共有四位候選人參選，如同表21-4所示，這四個候選人代表四個政黨來參選，分別為保守黨、獨立工黨、工黨、獨立黨。該區可投票的人口為69676人，而該次選舉的總投票人數為46834，總投票率為67.22%。

　　該區四位候選人的得票率高低排序分別為保守黨的Barker, G.、獨立工黨的Varrll, M.、工黨的Jones, M.、獨立黨的Smith, A.。因此依照英國選舉制度，採簡單多數決，當選人即為保守黨的Barker, G.。

表21-4　英國2005年平民院Bexhill & Battle選區競選

政黨	參選人	得票數	得票率
保守黨	Barker, G.	24629	52.59%
獨立工黨	Varrll, M.	11180	23.87%
工黨	Jones, M.	8457	18.06%
英國獨立黨	Smith, A.	2568	5.48%

資料來源：2005.05.07,The times.

　　再以2005年英國平民院選舉中的BIRMINGHAM PERRY BARR為例，該選舉區一共有六位候選人參選，如同表21-5所示，這六個候選人代表六

個政黨來參選，分別為保守黨、獨立工黨、工黨、獨立黨、尊重團結聯盟、社會工黨。該區可投票的人口為70,126人，而該次選舉的總投票人數為38,911，總投票率為55.49%。

　　該區六位候選人的得票率高低排序分別為工黨的Mahmood, K.、獨立工黨的Hunt, J.、保守黨的Khan, n.、尊重團結聯盟的Naseem, M.、社會工黨的Clair, R.、英國獨立黨的Balu, B.。因此依照英國選舉制度，採簡單多數決，當選人即為工黨的Mahmood, K.。

表21-5　英國2005年平民院Birmingham Perry Barr選區競選

政黨	參選人	得票數	得票率
工黨	Mahmood, K.	18269	46.95%
獨立工黨	Hunt, J.	10321	26.52%
保守黨	Khan, n.	6513	16.74%
尊重團結聯盟	Naseem, M.	2173	5.58%
社會工黨	Clair, R.	890	2.29%
英國獨立黨	Balu, B.	745	1.91%

資料來源：The times, 2005.05.07.

第三節　首相的產生

　　英國採行內閣制，其首相為政務首長，且為責任內閣制，內閣閣員集體連帶責任。由平民院多數黨黨魁受英王任命為首相，組織內閣。2010年5月6日英國大選，見表21-3，執政黨工黨投票從原來349席降為258席，保守黨從209席增加為306席，只有民主黨從63席降為57席。保守黨獲得306席，雖躍為第一大黨，打敗執政黨（工黨），但沒有超過半數席次（325），也就是說，大選之後，沒有一個黨獲得過半數席次。其解決方式有兩種：第一種，由現任執政黨繼續執政，伺機重新舉行大選。如同1974年的情形，有兩次大選。第二種，由各政黨自行聯盟，組成多數聯盟政黨，產生聯合政府。例如：2010年，工黨要找自由民主黨聯盟，保守黨

要找自由民主黨聯盟。因為，工黨在這次選舉中，表現太差，失去民心。
最後，由保守黨與自由民主黨在5月11日，組成聯合政府，保守黨黨魁
David Cameron為首相，自由民主黨黨魁Nick Clegg為副首相。英國戰後歷
任首相見表21-5。

　　由於英國的單一選區「相對多數決」（plurality）制度很難讓小黨有
出頭的機會，自由民主黨要求保守黨進行選舉制度的改革，改為「選擇投
票制」（majority alternative vote）以利於小黨的選舉，並且預定在2011年
5月舉行公民投票改革選舉制度。

　　「選擇投票制」（majority alternative vote），指投票時，選民可依據
自己的選擇，在選票上將候選人標示順序：第一選擇、第二選擇。開票
時，先開各選票之第一選擇。如果有候選人在「第一選擇」獲得過半數有
效票，則當選。如果沒有任何候選人在「第一選擇」獲得過半數的有效
票，則將獲得「第一選擇」最少的候選人刪除，並將這些選票，依照選票
上的「第二選擇」，分別轉移給其他候選人。如果轉移選票之後，仍然
沒有任何候選人獲得的票數超過半數，則將獲得「第一選擇」次少的候選
人刪除，並將這些選票依照選票上的「第二選擇」，分別轉移給其他候選
人。這種選票轉移的過程持續進行，直到有候選人獲得過半數的選票為止
（王業立，2010，2008：15-16）。

表21-5　英國戰後之歷任內閣首相

首相	就任時間	黨別
艾德禮（Attlee）	1945～1951	工黨
邱吉爾（Churchill）	1951～1955	保守黨
艾登（Eden）	1955～1957	保守黨
麥米倫（Macmillan）	1957～1963	保守黨
休姆（Douglas Hume）	1963～1964	保守黨
威爾遜（Wilson）	1964～1970	工黨
奚斯（Heath）	1970～1974	保守黨
威爾遜（Wilson）	1974～1976	工黨
賈拉漢（Callaghan）	1976～1979	工黨

首相	就任時間	黨別
柴契爾夫人（Thatcher）	1979～1990	保守黨
梅傑（Major）	1990～1997	保守黨
布萊爾（Blair）	1997～2007	工黨
布朗（Brown）	2007～2010	工黨
客參隆（Cameron）	2010-迄今	保守黨

資料來源：百度百科，英國議會，http://baike.baidu.com/view/456513.htm

　　英國歷經多次的改革之後，逐漸演變為現今的選舉制度，成功地解決了過去所產生的選區畫分不公、參選人被選舉區內貴族地主操縱的現象，讓一些所謂的口袋選區走入歷史。由一區選出多數議員改變為一區一議員所產生的混亂也得以終結。

參考書目

英國國會官方網站，網址：http://www.parliament.uk/lords/index.cfm，
　2009.06.29下載。

百度百科，英國議會，http://baike.baidu.com/view/456513.htm，2010/3/12
　下載。

SOSO百科，英國選舉，http://baike.soso.com/v7672769.htm，2010/3/12下
　載。

王業立，2010，〈選制改革 英國政治大變革〉，聯合報07/04，A17版。

王業立，2008，《比較選舉制度》，台北：五南。

The times, 2005.05.07

第二十二章　法國國民議會議員選舉

楊宜佳

第一節　選舉制度緣由

　　自1789年法國大革命後至今200多年間，法國的政治體制經歷了多次的轉變，才發展成今日的第五共和憲法：憲政發展的複雜混亂情形，實為他國歷史所罕見（張世賢、陳恒鈞，2005：21）。1789年法國大革命是政治上的分水嶺，因為在這之前法國屬於君主專制統治下的古老政權，之後則處在現代化各種政體的成行與轉型期。但是大革命所造成的「權威的真空」，卻使法國一直處在變動之中。到1958年為止，法國一共出現16部憲法，2個帝國，5個共和以及1個維琪威權政體。每一次暴動或戰敗，法國的政治體制就整個被摧毀，然後新的制度又在建立起來（李國雄，2005：86）。一般人很容易認為，法國之所以為多黨制，是因為採取比例代表制的原因。事實上，早在第四共和成立之前，法國就因為社會上對政府體制及基本的價值，存在著許多分歧和對立，這才是造成政黨分裂的主要原因（李國雄，2005：95）。因此，第五共和的選舉制度是以讓國會能夠有紀律，又能控制國會多數黨，使總理所掌握的行政部門得以穩定為目標作設計。

　　回顧法國選舉制度之演變，法國於第三共和時期之選舉制度主要採行兩輪單記多數決投票制，1905年左右，社會黨因勢力較弱而反對此制度，主張比例代表制。1919年與1924年勢力龐大的激進黨（les Radicaux）人士則將選舉法修改為比例代表制。但是到了1927年，為了因應當時的選舉情勢，激進黨與社會黨聯合將選舉制度改回兩輪投票制。另外，此時期具有選舉資格者為21歲男性公民，但是無教育或納稅的條件限制。

　　第二次世界大戰結束後，第四共和的選舉制度再度改為以省為選區單位的比例代表制。此制度由各黨推出候選人名單，名單上明列該選區該黨的所有候選人，而選舉人投票對象為該名單的全部候選人，但是可以改變候選人之次序，而席次之分配則採「最高平均數法」。但是此制度無法有效反映出選民的自由意志，而且選舉結果對共產黨、社會黨以及人民共和運動黨較為有利，因此遭到戴高樂的反對。在經過兩種制度擁護者的辯論，最後於1951年5月7日通過新的選舉法。但是選民的投票對象仍然是政黨所提候選人名單，而得票過半數者即獲得該選區之全部席位，席次之分配則依最高平均數法分配之。此制度的目的是希望中間各黨自行聯盟提出聯合候選人名單。

　　1958年第五共和成立之初，戴高樂即針對第四共和體制上的一些缺失加以調整，以行政命令將選舉制度修改為兩輪單記多數決投票制。此時期國民議會與總統選舉同樣採取兩輪單記多數決投票制，此制度僅於1985年經由執政的社會黨改為比例代表制，且重新劃定選區，使國民議會總員額增加至577名。1986年3月則因為右派獲得國民議會選舉的多數席次，隨即修正選舉法使制度改回原先的兩輪投票制。

　　法國自1848年起實施全民選舉以來，迄今已有160年的歷史。最初僅有男性擁有投票權，1944年4月21日通過的一項法令，女性開始享有投票權，並於1945年10月正式實施。另外，自1974年起，法國公民投票權由原來的21歲降為18歲（張台麟，2003：85）。為了達到限制政黨數目的效果，第五共和一開始時規定進入第二輪投票之候選人，必須於第一輪選舉中至少獲得該選區所有選民數的5%，到了1966年則是修改至10%，但是都無法達到有效限制政黨數目的效果，因此到了1976年的時候，將門檻往上調至12.5%。12.5%即八分之一，做為列為第二輪決選候選人的門檻，亦即候選人在第一輪的基本得票率，至少是該選區選民數的1/2（應出席投標）的1/2（應當選得票）的1/2（應至少有2人競爭）。

　　綜合而言，由於政治傳統以及理性主義的影響，法國的政治過程對立的強度，要比強調務實中庸及妥協精神的英國及美國高（李國雄，2005：92）。

　　法國主要政黨有：法國人民運動聯盟、法國社會黨（Parti socialiste, PS）、法國共產黨（Parti communiste francais）、法國保衛共和聯盟、法國工黨、法國綠黨、法國國民陣線、法國民主聯盟（Union pour la democratie francaise, UDF）、法國自由民主黨等。基本上，右派人士大多贊成兩輪多數決制。而左派的社會黨，共產黨以及極右派的國民陣線則較主張比例代表制。

第二節　現行選舉制度之設計

一、基本原則

　　法國國會包含國民議會（l'Assemblee nationale）與參議院（Senat），國民議會議員是以直接選舉方式選出，有別於採行間接選舉的參議院議員選舉，兩院的職權是制定、通過法律，並監督政府工作，如出現意見分歧時，則由國民議會做出最後裁決。根據法國第五共和憲法第3條，法國國家主權屬於全體國民，經由其代議士及公民複決（referendum）方式行使，而選舉投票方式則是依憲法規定，依照不同的選舉採行直接或間接選舉，且選舉過程必須採用普遍（universel）、平等（egal）、祕密（secret）方式進行。凡享有公民權及政治權的成年法國男女，只要符合法定條件者均得為選舉人。

　　法國國民議會選舉與總統選舉自1958年以來同樣採行「兩輪單記多數決」（uninominal majority system in two rounds），此項制度只有曾經在1985年由執政的社會黨將選舉制度改為比例代表制，1986年3月右派兩黨於國民議會選舉中取得多數席位，才透過法律程序改回原先的兩輪單記多數決。法國全國畫分成577個選區，國民議會議員總員額為577名，其中22席是由海外領地所選出，任期5年，但是總統隨時都可以解散國民議會，此點與英國相同。又國民議會議長（Le President de l'Assemblee

Nationale）的任期，則是與國民議會議員的任期相同。

　　值得注意的是，目前國民議會的組成不見得忠實地反映整個國家政黨
的政治偏好。如同Elgie（2003: 159-160）所述，不同於比例代表制，法國
的兩輪單記多數決選舉制度清楚造成某些大黨被過度代表，以及某些小黨
被低度代表的情形。舉例來說，2002年的選舉結果，右派的「人民運動聯
盟（UMP）」贏得33.4%的選票，但卻占有63.3%的席次；而獲得4.4%選
票的綠黨，卻只有0.5%的席次。最嚴重的是法國國民陣線，雖然該黨贏得
11.1%的選票，但是一個席次也沒有。

二、選區畫分

　　法國共分為22個大行政區（Region）、95個省（Department）、
再下去還有縣轄區（Arrondissment）、鄉鎮區（Canton）、市鎮
（Commune）。1848年法國初次舉行選舉之時，以省為選舉單位，每位
選舉人則在所有候選人當中圈選出該選區應選名額，亦即選舉人可圈選的
名額不以1名為限，而是依照選區應選名額決定得圈選人數，並非屬於單
一選區制。而候選人最後則依得票數高低以及規定名額之內依名次當選。
但是，1958年第五共和成立後，則是改採單一選區兩輪投票制，基本上
以省為單位，將法國本土以及海外領地共畫分成552個選區，各省1至24
個選區不等，其中海外16個、阿爾及利亞有71個，每個選區當選者1名。
到了1986年，因為有些縣的人口增加而對選區稍作調整，並且增加議員
的名額，而成為577個單一選區，其中法國本土有570個選區，亦即570位
議員，而有7位從海外領土選出。法國平均8萬～10萬人口選出1名國會議
員。

　　關於選區之畫分，是以人口分布為基礎，須定期依人口變遷作調整，
2007年第13屆法國國民議會選舉，各省之相對位置圖如圖22-1，及表22-1
所示。

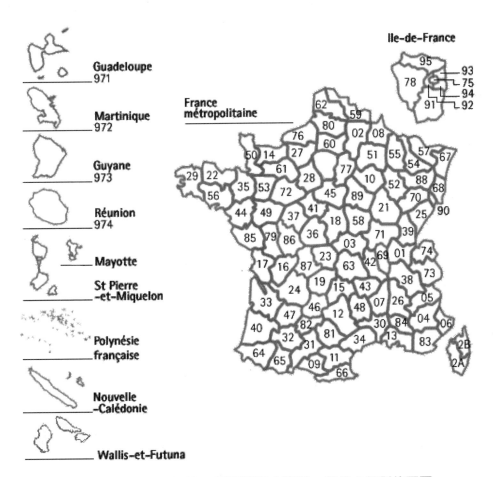

圖22-1　法國2007年第13屆國民議會選舉，各省之相對位置圖

資料來源：http://www.assemblee-nationale.fr/elections/2007/circonscriptions/index.asp

表22-1　2007年法國國民議會選舉各省名稱及其選區數量

Drôme，德龍	4	Pyrénées-Atlantiques，庇里牛斯大西洋	6	Gironde，紀龍德	11
Essonne，埃松	10	Hautes-Pyrénées，上庇里牛斯	3	Hérault，埃羅	7
Eure，厄爾	5	Pyrénées-Orientales，東庇里牛斯	4	Ille-et-Vilaine，伊維爾蘭	7

表22-1　2007年法國國民議會選舉各省名稱及其選區數量（續）

Eure-et-Loir，厄爾－盧瓦爾	4	Bas-Rhin，下萊茵	9	Indre，安德爾	3
Finistère，菲尼斯太爾	8	Haut-Rhin，上萊茵	7	Indre-et-Loire，安德爾魯瓦爾	5
Gard，加爾	5	Rhône，羅納	14	Sarthe，薩爾特	5
Haute-Garonne，上加龍	8	Haute-Saône，上索恩	3	Savoie，薩瓦	3
Gers，熱爾	2	Saône-et-Loire，索恩盧瓦爾	6	Haute-Savoie，上薩瓦	5
Hauts-de-Seine，上塞納	13	Var，瓦爾	7	French Guyana，奎亞那	2
Seine-Maritime，塞納濱海	12	Vaucluse，沃克呂茲	4	Martinique，馬提尼克島	4
Seine-et-Marne，塞納馬恩	9	Vendée，旺代	5	Réunion，留尼旺	5
Seine-Saint-Denis，賽納聖德尼	13	Vienne，維埃納	4	Overseas collectivities	
Deux-Sèvres，德塞夫勒	4	Haute-Vienne，上維埃納	4	Mayotte（departmental collectivity），馬約特	1
Somme，索姆	6	Vosges，孚日	4	Saint-Pierre and Miquelon，聖皮埃爾和密克隆群島	1
Tarn，塔爾納	4	Yonne，榮納	3	French Polynesia（overseas country），法屬波利尼西亞	2
Tarn-et-Garonne，塔納爾加龍	2	Yvelines，伊夫林	12	Wallis and Futuna（territory），瓦利斯及富圖納群島	1
Val-de-Marne，瓦爾德馬恩	12	Overseas		New Caledonia，新喀里多尼亞及其島嶼	2
Val-d'Oise，瓦爾德瓦茲	9	Guadeloupe，瓜特羅普	4		

資料來源：http://www.assemblee-nationale.fr/english/8aj.asp，擷取日期：2009/06/30。

三、選舉人與候選人資格

（一）選舉人應具備之條件

根據法國憲法第3條「凡具有公民權及政治權之成年法國男女，符合法定條件者均得為選舉人」之原則，以及國會及地方議會議員選舉法之規定，有關法國國民議會選舉之選舉人資格整理如下：

1. 年滿18歲者為法定成年並同時擁有選舉權；
2. 必須具備法國國籍之男女；
3. 無受禁治產宣告、受法律監護之成年人，並非為法律所定義之無行為能力者；
4. 非為因罪且判刑確定、受判刑處分者；
5. 破產者雖然並未受到刑責之處分，但是不具備選舉人資格。

（二）候選人應具備之條件

根據法國憲法以及選舉法之相關規定，茲整理如下所示：

1. 年滿23歲；
2. 必須具備法國國籍之男女；
3. 未受禁治產宣告或無不具備選資格之限制者；
4. 未依兵役法完成應盡之義務者，不得擔任各項經選舉產生之職務；
5. 凡經司法判決而依法遭剝奪被選資格者不得為候選人；
6. 全國經濟督察長、上訴法院法官、行政法院成員、法院法官、陸海空軍之地域指揮官、省國庫人員等等不得在其執行職務或過去6個月中曾執行職務之轄區內任何一選區當選。

四、選舉過程

法國採行「兩輪單記多數決」，又稱「兩輪投票制」的方式進行。但是必須注意的是，並非表示兩階段投票方能選出當選者為必要，而是第一

階段未選出當選者時才進行第二輪投票。首先,若候選人欲於第一輪就能
當選,則必須獲得絕對多數的有效選票,亦即超過50%的選票,以及投票
率須達登記選舉人總數的四分之一。倘若第一輪投票無人當選,則進行第
二輪投票。但是欲進入第二輪投票之候選人,其第一輪投票中必須獲得所
有選舉人12.5%的選票,但是與法國總統選舉制度不同的地方在於,國民
議會選舉並無限制只有第一輪中得票最高的2位候選人才能進行第二輪投
票,任何獲得12.5%以上選票的候選人皆能進入第二輪投票。在第二輪投
票中只須獲得相對多數即可當選,倘若兩名候選人的票數皆相同時,則是
由較年長者當選。由於法國的多黨結構,使得第一階段即當選的情形並不
常見。

　　再者,關於投票日的相關規定,選舉法第121條規定國民議會之職權
自其當選後第五年之四月分普通會期開始日期為屆滿,第122條則規定除
了國民議會在被解散的情況之外,國民議會改選應在其任期屆滿日前60天
內舉行。若是國民議會被解散,憲法第12條則是規定全國大選應於國民議
會解散後20至40日內舉行。第一輪投票日於星期日舉行,全面性票數清點
工作則於各省的首府進行,在投票後的星期一午夜12點之前完成之。若是
需要進行第二輪投票,時間則是在第一輪投票日的下一個星期日舉行之。
國民議會選舉結果是由選舉委員會宣布,該委員會包含1位由上訴法院首
席院長指派之司法官擔任主席、2位由同一主管指派之法官、1位省議員,
以及1位由縣長指派之縣府公務人員等5人組成,此外,每一位候選人亦可
派1名代表參與該委員會之作業。

五、法國國民議會選舉制度之利弊分析

　　法國國民議會之選舉制度為二輪多數決投票制,如此選舉制度對法國
的政治產生的利弊影響如下:

1. 優　勢

(1)能夠成立穩定政府:就國民議會而言,使得較大的政黨較容易取得
　　過半數的席位(張台麟,1995:78)。即使並未獲得過半數的選

票，而得以組成一個有效而穩定的政府來推行政策。

(2)政黨結盟：總統選舉在第二輪投票時，通常可以集結出各屬於自己的兩大陣營，此結盟亦會影響到國會議員的選舉，雖造成國會中多黨林立，但卻存在一種鬆散的政治聯盟取向（支持或反對總統），這種多元現象，反而為法國的第五共和帶來了較第四共和更佳的穩定性（王建勛，1987）。

2. 劣　勢

(1)代表性不公平：在雖未獲得過半數的選票，卻能取得過半數的席位的情況下，顯現出代表性的不公平，「如1968年的國民會議選舉中，戴高樂派得四成選票，而獲得近七成五的席位，左派社會黨與共產黨以三成六的選票，卻獲得僅兩成的席位」，即為代表性不公平的顯例。

(2)兩大結盟不穩固：法國現存的兩大結盟（右派與左派）其實是由數個政黨所組成，為一鬆散的政治結盟，其狀態雖可為法國帶來政治上穩定，但卻有時又會造成國會與內閣的混亂。例如：假設在一次總統與國會選舉時，右派獲得勝利，但不久之後，右派中的小政黨，卻又因意見不合而與右派分裂，轉而加入左派，這使得左派頓時成為國會多數，行政上勢必會產生左右共治的情形。國會政治在兩大結盟的同盟關係，並非唯一且固定的，同盟關係也可能隨時改變，亦即政府可能在任何時候失去國會多數的支持而面臨倒閣的命運。

(3)國民議會的強勢角色：法國國會設有國民議會以及參議院，兩院在本質及工作上的差異不大，但因參議院是間接選舉，而國民議會是直接選舉，使得參議院在許多決策事務上都需要讓步，交由國民議會做決定，雖然不能完全說參議院沒有功用（因為法案仍須經參議院的討論。）但其角色地位實無法與國民議會相提並論。

第三節　2007年選舉實例

　　法國第13屆國民議會議員選舉，各縣名稱及其選區數量如表22-1，於2007年6月10日時展開第一輪投票。總計此次選舉18歲以上合格選民者有4,450萬人，全國共有85,000個投票所。而法國本土的投票從上午8點（台北時間下午2點）開始，至晚間8點結束，不過有部分地區將提早結束，而海外領土的投票時間則較早。這次國會選舉中共有7,639名候選人，而有14個政黨參與這次選舉。

　　當時法國總統薩科齊所屬的人民運動聯盟預期可維持當時的多數席次，社會黨緊追在後，其他尚包括兩個中間派政黨、極右派民族陣線黨、綠黨，以及共產黨等。一般人認為，人民運動聯盟及其聯盟所屬的新中間政黨在國會大選中獲得穩定多數，可使薩科齊能有效推動各項改革，解決近年法國經濟不振、社會問題叢生及失業增加的困境。薩科齊總統甚至在選前呼籲法國選民將更多的人民運動聯盟候選人送進國會，協助他在國會擁有絕對多數席位，以利進行大幅改革。

　　在第一輪投票中，法國總統薩科齊所屬的右派政黨——人民運動聯盟及其盟黨贏得壓倒性的勝利。但是在經過6月17日舉行的第二輪投票後，雖然法國總統所領導的人民運動聯盟仍然獲得過半席次，但是席次數不如預期，反而是反對黨——社會黨的表現令人出乎意料。總計此次國民議會577個席次中（如表22-2），人民運動聯盟及其聯盟一共取得313席，較上屆的359席少。而社會黨則是比上屆的149席增加至186席。極右翼的國民陣線則是沒有取得任何席次。而第一輪選出110席、第二輪選出467席，有132名為首次當選、40名曾任國會議員（http://www.assemblee-nationale.fr/elections/2007/）。

表22-2　法國2007年6月國民議會選舉結果

政黨名稱	席次
人民運動聯盟（UMP）	313
歐洲社會自由黨（NC）	22
其他右派政黨	10
社會黨	186
共產黨	15
綠黨	4
其他左派政黨	22
其他	5
合計	577

資料來源：http://en.wikipedia.org/wiki/National_Assembly_of_France.張世賢，2010: 89.

參考書目

中 文部分

王建勛，1987，《法國第五共和的政治發展》。台北：台灣商務印書館。

李國雄，2005，《比較政府與政治》。台北：三民書局。

張世賢、陳恒鈞，2010，《比較政府》，四版。台北：五南圖書公司。

張台麟，1995，《法國政府與政治》。台北：漢威。

張台麟，2003，《雙首長制下的國會制度比較研究：我國與法國第五共和之比較》，國科會。

英 文部分

2007年法國國民議會選舉各省名稱及其選區數量http://www.assemblee-nationale.fr/english/8aj.asp

2007年法國第13屆國民議會選舉，各省之相對位置圖http://www.assemblee-nationale.fr/elections/2007/circonscriptions/index.asp

Elgie, Robert. 2003. Governance Traditions and Narratives of Public Sector Reform in France. *Public Administration*, 81(1), pp141-162.

2007年法國國民議會選舉網站：http://198.64.150.48/rd/results/rdq_election_ 2007/en.wikipedia.org/wiki/Election,_2007/searchemall.html

法國國民議會網址：http://www.assemblee-nationale.fr

第二十三章　德國聯邦議會議員選舉

楊宜佳

第一節　制度緣由

德國第一次採行男女平等、祕密、直接，且依比例代表制的選舉方式是在1919年的國民議會選舉，選舉人年齡下限從過去的25歲大幅下降至20歲。而同年8月所頒布的威瑪共和國憲法則是規定，德國全面實行比例代表制，公民享有普遍、平等、直接與祕密的選舉權，女人也首次擁有與男人同等的選舉權，威瑪憲法為德國奠定了現代選舉制度。德意志聯邦共和國第1屆聯邦議會選舉則是於1949年8月14日舉行，同年9月7日則於波昂（Bonn）首次召開會議。自結束帝國統治時期開始，1933年希特勒（Hitler）取得國家最高權力實行法西斯獨裁統治，到二次世界大戰後法西斯獨裁的瓦解，德國人民依舊無法真正地當家作主，因此1949年對於德國來說，是為一個嶄新的民主開端。

1949年創建德意志聯邦共和國時，基本法的制定者們對於未來的德國採取何種選舉制度曾經有過激烈的爭論。基督教民主聯盟主張採用單一選區多數選舉制，社會民主黨和自由民主黨則主張採用比例選舉制。最後達成妥協，實行多數選舉制與比例選舉制相結合的選舉制。（顧俊禮，2001：255）而德國目前所採行的制度是改良的比例選舉制，德國人崇尚民主，及比例代表制，認為政治舞台要真實反映社會現況，是社會現況的縮影。因此，在選舉制度上要採用政黨比例代表制，由選民決定各政黨當選名額，而這些政黨分配的名額要由誰擔任？亦要由選民決定，而不是政黨決定。

1948年9月1日至1949年5月8日制憲會議召開，進行選舉制度的討論，經過討論協商後，選舉委員會於1949年2月底向制憲會議提出結合「多數

原則」與「比例原則」的混合選舉制。同年6月15日第一次聯邦選舉法正式公布，聯邦議員共400名，242席（即60.5%）由相對多數方式分配給選區候選人，而另外158名（即39.5%）則依循比例選舉原則，按政黨得票率由邦候選人名單產生。本法之特色為沒有設立統一的中央選舉機構；各邦為獨立選區，因此各邦之間並無進行選票之統一計算；每位選民一票，用這一票選候選人時，也自動計入政黨票；以銅特法計算議席數；設有以各邦獨立計算的5%門檻條款。同年8月亦選出第1屆德國聯邦議員。

　　1952年6月16日聯邦議會正式展開選舉制度的討論，並於6月25日通過、9月頒布。此與1949年時所頒布的規定最大不同在於：議席增加為484名、單一選區與政黨名單當選者比例各半；正式確立兩票選舉制，每位選民有兩個投票權，每張選票包括兩聯，一票圈選選區候選人，另一票圈選各邦候選人名單上所列之政黨；5%門檻改以全國為單位、而非各邦獨立計算。此時開始選民可以「分離（分裂）投票」，選區候選人與欲投之政黨可以不同，這對選舉結果帶來不可忽視的影響，尤其是當選民用第一票圈選聯合政府的大黨候選人，第二票圈選聯合政府的小黨時，小黨的執政得以維持，另一方面似乎可維持多黨制的色彩。然而5%的門檻則由適用於一邦擴大到全國，強化其對政黨分散的抑制作用，使得小黨發展的難度提高，有利於政黨集中的發展，但同樣也是記取威瑪共和國當時政黨分崩離析、政治動盪不安的教訓。另外，政黨名單席次比例的提高，亦對政黨角色的強化起了很大的作用。

　　1949年與1953年的選舉法具有臨時性質，1956年5月頒布真正意義的選舉法，往後則以此為架構進行修改。1956年基本上保有前兩部選舉法之核心內容，而議席則提高至494名；政黨選票須達5%門檻或選區獲得3席以上才有資格分配議席；增加實施通信投票與常設選區委員會的設立。從此德國選舉制度的型態確定下來。

　　德國於議員席次方面經過多次修改，進而影響選區的畫分。東西德統一後的第一次聯邦議會（即1990年第12屆）選舉時全國分為西部選區（原聯邦德國選區）與東部選區（原民主德國選區），1990年第12屆實際議員總數達656名，而1994年第13屆的法定總席次則變更為656名，而因為有超

額席位存在，該屆實際議員數高達672名。面對龐大的國會，工作效率卻令人堪憂。經過協商之後，遂於1996年通過自2002年第15屆開始，法定議席減至598名。另外，對於選舉人年齡資格也作了三次的調整，1969年為25歲、1972年為21歲、1976年開始則為18歲。東西德統一後的第一次聯邦議會（即1990年第12屆）選舉時全國分為西部選區（原聯邦德國選區）與東部選區（原民主德國選區）。而對於選票之計算，德國第1屆至第10屆皆採行1882年比利時法學家Victor d' Hondt針對比例代表制所發明的「最大商數法（亦稱銅特法）」計算方式分配席次。而自1987年第11屆開始，聯邦議會選舉之選票計算與席次之分配方式則改採19世紀時由英國法學家Thomas Hare所提出，而後在1970年才又由德國數學家Horst Niemeyer所補充的「Hare/Niemeyer－計算法」（亦稱最高餘數法）計算。

第二節　現行選舉制度之設計

一、基本原則

　　聯邦議會的基本功能在於代表全國民眾，制定法律並監督政府。依照德國基本法（Grundgesetz, GG）與德國聯邦選舉法（Bundeswahlgesetz, BWG）等規定，目前德國聯邦議會議員每四年選舉一次，係由人民依「普遍」（allgemeiner）、「直接」（unmittelbarer）、「自由」（freier）、「平等」（gleicher）與「祕密」（geheimer）的方式選舉產生。意指聯邦議員亦由人民直接選舉產生，任何達到法定年齡的德國人民皆可自由參與投票、票票等值，且他人無從得知個別選民的投票對象。另外，選舉時間應於新一屆議員任期開始前兩個月內舉行，並於選後30天之內召集開會。若聯邦總統、聯邦總理，或是1/3以上的議員要求解散國會，則聯邦議會主席應盡早召集會議。

　　德國共16個邦，目前德國聯邦議員法定數目為598名，選舉方式採行結合單選制的比例代表制，藉以充分反映社會組成之結構比例。其中299

名是由單選區提名單（Kreiswahlvorschlagen）選舉產生，全國選舉地區
（Wahlgebiet）共畫分成299個選區，各邦擁有若干數額之選區，每個選區
應選一名，稱為單選區（Wahlkreisen），以最高票者當選；其餘席次則是
按照邦選舉提名單（Landeswahlvorschlagen，亦稱邦提名單Landeslisten）
分配之。為便於投票，各單選區再畫分為若干投票區（Wahlbezirke）。
每個選舉人皆有兩張選票（Stimmen），一張用於選舉單選區議員，稱
為第一選票（Erststimme）；另一張則是選舉邦名單之用，稱為第二選票
（Zweitstimme），除了決定政黨邦提名單當選人外，更重要的是決定各
政黨總席次的分配數量。

　　德國之投票方式為在選票上劃上「X」記號，或以其他方式清晰顯示
其欲投之候選人與邦名單。選票的設計則是白色並至少應有A4大小，單
選區選票以黑字印製，邦提名單選票則以藍色印製。另外，每一投票區之
選票與內容形式均應相同。

　　而目前德國主要政黨有：基督教民主聯盟（CDU）、基督教社會聯
盟（CSU）、自由民主黨（FDP）、社會民主黨（SPD）、90聯盟／綠黨
（Bundnis 90/die Grunen）、民主社會主義黨（PDS）。

二、選舉人與候選人資格

　　有選舉權之人係指德國基本法第116條第1項所稱的所有德國人民，並
且於投票當天具備以下要件：

1. 年滿18歲；
2. 在德國擁有住所，或是長期居住至少三個月；
3. 並非因為法院判決、受禁治產宣告、因精神耗弱而受他人監護、強制
   收容於精神病院等情形而被褫奪選舉權。

　　而選舉權的行使方式，則是須在選舉人名冊內登錄有案，或是領有選
舉證者，前往該名冊上所屬投票區投票，或採通訊投票方式，而選舉人每
次選舉僅可親自行使一次投票權，不得重複投票。

　　若於投票當日符合以下要件則具備候選人資格：

1. 符合基本法第116條第1項所稱之德國人民；
2. 年滿18歲；
3. 並無被褫奪選舉權；
4. 未經法院判決無法服公職。

三、選舉機關

　　全國選舉地區之選舉機關為聯邦選舉主任委員（Bundeswahlleiter）及聯邦選舉委員會（Bundeswahlausschus），主委與副主委由聯邦內政部長任命。各邦則設有邦選舉主任委員（Landeswahlleiter）與邦選舉委員會（Landeswahlausschus）。各個單選區則為單選區選舉主任委員（Kreiswahlleiter）以及單選區選舉委員會（Kreiswahlausschus）。各個投票所則有選舉總幹事（Wahlvorsteher）與選舉幹事會（Wahlvorstand）。

　　邦選舉主委、單選區選舉主委、選舉總幹事以及各副主委及副總幹事，是由各邦政府或其指定機關任命。各選舉委員會則由選舉主委擔任主席，與其所任命之6名有選舉權者為委員共同組成。選舉幹事會則由選舉總幹事擔任主席，加上副總幹事及其他由總幹事任命之3至5名具選舉權者為幹事共同組成。幹事之任命應該儘可能顧及各投票區內擁有代表席位之政黨比例。此外，為了確定通訊投票之選舉結果，單選區至少應另設一個選舉總幹事與選舉幹事會，其數量多寡由該單選區主委決定。而數個相鄰之單選區可以設立一個共同的單選區選舉主任委員與單選區選舉委員會，其相關規定則由邦選舉主委決定。

　　各委員與幹事均為無給職，任何具選舉權之人均有義務接受此等在德國稱之為「榮譽職」（Ehrenamter）一職，惟有重大理由才得以拒絕。另外，任何人不得擔任一個以上之選舉機構成員，而候選人、選舉提名之政黨推薦人（Vertrauens-personen）及副推薦人亦不得擔任選舉機構之成員。

四、單選區之選舉

　　每一個單選區應選出議員一名，由最高票者當選。倘若得票相同時，

則由單選區選舉主任委員以抽籤方式決定。

（一）單選區畫分（Wahlkreiseinteilung）與單選區委員會（Wahlkreiskommission）

　　德國共畫分為299個選區，其畫分依照聯邦選舉法第3條之規定有以下幾點原則：

1. 邦之邦界應列入考慮；
2. 各邦之選區數應儘可能配合其人口比例，計算方式則應與決定邦提名單的程序一致；
3. 一個單選區之人口數與各選區平均人口數之差距不應超過15%，若大於25%則須重新畫分；
4. 各選區應形成一相連區域；
5. 儘可能配合各鄉鎮行政區（Gemeinden）、縣（Kreise）以及不屬於縣之獨立城市（kreisfreien Stadte）之界線；
6. 外國人不列入人口數判定之計算內。

　　關於單選區委員會，聯邦總統應任命一常設性的單選區委員會，其成員由聯邦統計局主計長、聯邦行政法院一名法官，以及其他5位成員組成。其任務為在聯邦議會任期開始後15個月以內，向聯邦內政部長報告選區人口的變動，並就是否變更選區畫分以及哪一選區須畫分作說明。聯邦內政部長則應立即將報告轉送聯邦議會，並公布於聯邦公報。聯邦內政部長可以要求單選區委員會提出補充報告。

（二）選舉提名之相關規定

　　政黨候選人必須先經過該黨推舉單選區候選人黨員全體大會，或特別或普通代表大會推選。而涵蓋數個單選區之市與縣，如期數個單選區之範圍沒有逾越該縣市之界，候選人可以由共同黨員大會或代表大會選舉產生。以上的投票過程必須以祕密方式進行。

　　單選區提名單中僅能登記一名候選人姓名，而每名候選人僅限於在一

個單選區內獲得提名，並且僅在一份選舉提名單列名，被提名之候選人應以書面同意，且不得撤回。而政黨所提的這份選舉名單須經該黨之邦執行委員會簽署，若是無邦黨部者，則經單選區所在之次級地方黨部委員會與必須經過單選區至少200名選舉人之親筆簽署。如果政黨在聯邦議會或邦議會或州議會中，自上屆選舉以來沒有持續擁有至少5個政黨提名的席次，而欲在新一屆選舉中推出候選人的話，其單選區選舉提名單必須經過單選區至少200名選舉人之親筆簽署。選舉提名單提出時，要附上簽署者具備選舉權之證明，且提名過程之紀錄，連同會議舉行地點、時間、邀請函格式、出席黨員人數及表決結果，也必須一併提出。另外，對於少數民族政黨所提出之單選區選舉提名單，則不須具備200人簽署。

　　每份單選區提名單應指定一名推薦人（Vertrauensperson）及副推薦人，若未指定，則以第一位簽名之人為推薦人，第二位簽名者為副推薦人。正副推薦人之更換，得由單選區選舉提名單簽署人過半數之書面聲明。

　　單選區選舉提名單最晚應於選舉日前第66天的晚上6點，以書面向單選區選舉主委提出。單選區委員會則應於選舉前58天就選舉提名單是否核可做出裁決。單選區主委最晚應於選舉前48天公告核可名單。

五、邦提名單之選舉

（一）選舉提名之相關規定

　　邦提名單僅能由政黨提出，每一個政黨在每一邦僅得提出一份邦提名單。而每位候選人僅能於一邦之一份邦提名單上列名，被提名的候選人應得其本人書面同意，並不得撤回。邦提名單必須經過邦黨部執行委員會親自簽署，若無邦黨部者，則由該幫境內之次級地方黨部之委員會親自簽署。若政黨於聯邦議會、邦議會或州議會中自上屆選舉以來，未持續擁有至少5個政黨提名席次，則應該經由上屆聯邦議會選舉時，該邦選舉人數千分之一的選舉人親自簽署，但以不超過2,000人為限。此名單同樣須附

簽署人具備選權之證明,而少數民族所組成之政黨則不適用附加簽署要件的規定。其最晚應於選舉日前第66天的晚上6點,以書面向邦選舉主委提出。而候選人的排名順序,係以祕密投票方式產生。

邦選舉委員會應於選舉日前58天內就邦提名單是否核可做成裁決,而邦選舉主委則最晚應於選舉前48天公告核可名單。

邦提名單上之排名,是按照各政黨上屆聯邦議會擁有席次者,在該屆選舉中所獲得之第二選票之總數,依次在選票上排列,而政黨之順序則依政黨字母次序排列。選票上則會記載政黨名稱、使用簡稱,以及核可名單中前5名候選人姓名。

(二)席次之計算

為分配邦提名單之席次,政黨於各邦所獲之第二選票應合併計算,若是選舉人第一選票投給無邦黨部者,或是投給該邦內不得提出邦提名單之政黨候選人,且該候選人在單選區獲勝者,則選舉人的第二選票不予計算。然而,並非所有政黨皆得以參與邦提名單之分配,政黨必須獲得全國有效的第二選票之5%,或是至少贏得3個單選區席次,符合此門檻(threshold)規定者才能取得分配席位的資格。

首先,各邦得分配總名額(包含單選區與邦提名單)是以該邦有效第二選票數除以全國有效第二選票數,再乘以聯邦議會總額598席。(公式一)接著,各政黨於各邦可分配之總席次,是以該政黨於該邦有效第二選票總數除以該邦之有效第二選票之總數,再乘以由公式一所得之該邦得分配總名額。(公式二)最後,各政黨於各邦所能分配之邦提名單數額,則是以公式二所得出該政黨於該邦得分配名額減去該黨於該邦單選區當選人數後之剩餘數額,依次遞補。(公式三)倘若出現單選區當選席次超過或等於各政黨於各邦所能分配之總席次,仍保留單選區當選席次,但邦提名單則不進行遞補作業。換言之,該黨於該邦僅有單選區當選人,而無該黨於該邦之邦提名單當選人。當政黨實際當選人數超過原先得分配之席次時,則稱為「超額席次」(Uberhangmandate)。另一方面,邦提名單分配到的席次,超過其所列之提名人數時,超過部分則應予從缺。雖然德國

聯邦議會之法定名額為598席，但超額席次情形的出現，則會使得實際當選人數超過法定席次，因此每屆議員數額可能不盡相同。

上述分配方式之計算過程皆採「Hare／Niemeyer計算法」，或稱最高餘數法，亦即席次的分配數額先以計算出的商數之整數部分分配，若有剩餘席次，則按餘數由大至小，各分配1個席次，直至剩餘席次分配完畢。另外，若政黨於邦所獲得的第二選票數，超過該邦第二選票之總數時，但是其計算結果所分配到的席次未達半數時，則應優先分配1個席次，其餘席次再以最高餘數法分配。最後，各政黨的候選人皆可以同時列名於同一個邦中之單選區參選人與邦提名單，此方式可以用來確保該候選人當選。而已經在單選區當選的候選人，則不列入邦提名單之計算。

另外，除非有聲明表示個別或某些邦提名單為獨立，德國特別將同一政黨所提名之各邦提名單稱為聯合提名單（Listenverbindung）。在分配席次時，聯合提名單視為一份提名單，不過席次之計算，則按各邦提名單以上述相同之規定方式分配。

第三節　2005年聯邦議會選舉實例

此次選舉原應於2006年舉行，然而因2005年5月22日德國人口最多的北萊茵邦（Nordrhein-Westfalen）議會選舉中，執政39年的社民黨慘敗給基民盟後，當時總理格哈特·施羅德（Gerhard Schroder）要求社民黨仍占多數的聯邦議會，於7月1日提出此項信任案並使之失敗（即通過不信任案），從而使德國總統霍斯特·克勒（Horst Kohler）於7月22日解散議會，提前聯邦選舉。因此德國聯邦選舉提前於在2005年9月18日進行，起初由於任何一個黨派聯盟均無法獲得過半數席次組成內閣，兩大政黨的領導人均聲稱自己獲得選民的認同，媒體紛紛報導德國總理難產。經過協議，基民盟、基社盟以及社民盟同意組成聯盟，同年11月22日則是選出德國第一位女總理——基民盟的安格拉·梅克爾（Angela Merkel）。

2005年德國第16屆聯邦議會的大選結果，共選出614席議員，其中基

民盟／基社盟共226席、社民黨222席、自民黨61席、左翼黨54席、90聯
盟／綠黨51席。本屆共有141位新科議員，473位連任，女性則占31.8%。
而目前超額席次共16名，基民盟／基社盟7名、社民黨9名。各邦當選名額
見表23-1。

表23-1　德國聯邦議會議員2005年各邦議員應分配名額

各邦名稱	選區範圍	應分配名額		
		總數	直接委任名額	政黨名單名額
巴登－伍騰堡邦（Baden-Wüertemberg）	259～295	74	37	39
拜燕邦（Bayern）	214～258	90	45	44
柏林市（Berlin）	76～87	23	12	10
布蘭登堡邦（Brandenburg）	56～65	20	10	11
不萊梅市（Bremen）	54～55	5	2	2
漢堡市（Hamburg）	19～24	12	6	8
黑森邦（Hessen）	169～189	42	21	22
邁克林堡－弗泊莫邦（Mecklenburg-Vorpommern）	12～18	13	7	6
下薩克森邦（Niedersachsen）	25～53	60	29	33
北萊茵邦（Nordrhein-Westfalen）	88～151	130	64	66
萊茵－法爾茲邦（Rheinland-Pfalz）	199～213	30	15	16
薩爾邦（Saarland）	296～299	8	4	6
薩克森邦（Sachesen）	152～168	33	17	19
薩克森－安赫邦（Sachsen-Anhalt）	66～75	18	10	13
什列斯威－霍爾斯坦邦（Schleswig-Holstein）	1～11	22	11	11
圖林根邦（Thüeringen）	190～198	18	9	9
總額		598	299	315

資料來源：Frankfurter Allgemeine Zeitung, Dienstag 20. September 2005, No. 219, Seite 13-18.

聯邦議會歷任議長見表23-2。

表23-2　德國聯邦議會歷任議長

	姓名	政黨	任期時間
1	埃里希‧克勒（Erich Kohler）（1892-1958）	CDU	1949/9/7～1950/10/18
2	赫曼‧厄勒斯（Hermann Ehlers）（1904-1954）	CDU	1950/10/19～1954/10/29
3	歐伊根‧格斯騰邁爾（Eugen Gerstenmaier）（1906-1986）	CDU	1954/11/16～1969/1/31
4	凱-烏維‧馮‧哈塞爾（Kai-Uwe von Hassel）（1913-1997）	CDU	1969/2/5～1972/12/13
5	安妮瑪莉‧蘭格（Annemarie Renger）（1919-2008）	SPD	1972/12/13～1976/12/14
6	卡爾‧卡斯滕斯（Karl Carstens）§（1914-1992）	CDU	1976/12/14～1979/5/31
7	理查‧施提克倫（Richard Stucklen）（1916-2002）	CSU	1979/5/31～1983/3/29
8	萊納‧巴策爾（Rainer Barzel）（1924-2006）	CDU	1983/3/29～1984/10/25
9	菲力普‧耶寧格（Philipp Jenninger）（b. 1932）	CDU	1984/11/5～1988/11/11
10	莉塔‧蘇斯慕特（Rita Sussmuth）（b. 1937）	CDU	1988/11/25～1988/10/26
11	沃夫岡‧提爾澤（Wolfgang Thierse）（b. 1943）	SPD	1998/10/26～2005/10/18
12	諾伯特‧拉默特（Norbert Lammert）（b. 1948）	CDU	2005/10/18～

資料來源：http://en.wikipedia.org/wiki/Bundestag，擷取日期 2011/3/15。

德國聯邦議會2009年9月27日選舉結果見表23-3。

表23-3　德國聯邦議會2009年選舉結果

政黨名稱	改選後席次	改選前席次
基督教民主黨／基督教社會黨（CDU/CSU）	239	226
社會民主黨（SPD）	146	122
自由民主黨（FDP）	93	61
左派黨（The Left）	76	54
聯盟90／綠黨（Alliance 90/The Greens）	68	51
合計	622	614

資料來源：http:/en.roikipedia.lrg/wiki/Bundestag，張世賢、陳恆鈞，2010：103。

參考書目

張世賢、陳恆鈞，2010《比較政府》，四版。台北：五南。

Frankfurter Allgemeine Zeitung http://www.faz.net/s/homepage.html

第二十四章 俄羅斯國家杜馬議員選舉

李俊泓、劉信呈

第一節 俄羅斯國家杜馬選舉

一、國家杜馬

　　1993年俄羅斯歷經「十月事件」，原來的俄羅斯聯邦人民代表大會被總統強行解散，葉爾欽並進而在年底將新憲法賦諸人民公投通過確認，在新憲法中，國家立法機構更名為聯邦會議，並分為上下兩院，上院為聯邦院，下院為國家杜馬。兩院之中以國家杜馬掌握憲法賦予實質的立法權而較受人重視。當葉爾欽在1993年9月21日以第1400號總統令強行解散人代會的同時，也頒布「俄羅斯國家杜馬選舉條例」，決定新國會的選舉時間與選舉方式及名額，選舉時間定於1993年12月12日，以單一選區相對多數制與比例代表制各以270：130的比例，兩者總計選出400名國家杜馬代表。不過後來葉氏又以第1557號總統令將國家杜馬代表的選舉名額與方式進行修改，杜馬名額提高到450名，產生方式改為單一選區相對多數與比例代表制各半，即225：225。分析為何要採用混合選制的理由，根據莫塞（Robert Moser）及譚姆斯（Frank Thames）的觀察，有以下數點原因，第一，比例代表制將可導致多黨制度的產生，符合俄羅斯意識形態多元化與政治多元化的訴求，不過若國會內政黨數目眾多將可能對政局產生不利的影響，而依據俄羅斯的制度抉擇者對西方學說的認知，認為採單一選區相對多數選制有利於兩黨制的產生，因此決定在採取比例代表制的同時，也採用單一選區相對多數制用以節制政黨數目。

　　第二，俄羅斯的制度抉擇者在當時並不能確定比例代表制與單一選區

相對多數制究竟何者有利於支持總統的改革派，因此決定兩者同時採用，且比例各半，其目的就是在於保障支持改革的政黨不致於全盤皆沉。至於在單一選區候選人的資格以及政黨依得票比率分配席次這兩部分，該選舉條例也有若干規定，首先針對個別候選人與政黨或團體的參選資格設下限制，規定個別候選人必須獲得該選區內5,000名以上的選民支持簽名方具備參選資格，而各政黨或政治團體則必須先獲得10萬名以上的選民支持簽名，且其簽名人數集中於某一地區不得超過15%，方才得以參與競選，這項規定將可促使俄羅斯的政黨或政治團體具有全國性的支持基礎，杜絕地方性團體組織進入國會的可能性；其次該選舉條例在設計各政黨進入國家杜馬的門檻，規定各政黨或政治團體的得票率必須超過選票總數的5%方有資格進入國家杜馬分配席次；最後在席次分配上決定採用「Hare/Niemeyer」最大餘數法來計算，並依各政黨之得票分配席次。

二、國家杜馬之選舉制度

　　國家杜馬，即下議院，俄羅斯自1993年採用「混合式」的選舉制度，也就是「小選區的單一席次」及「政黨比例代表」的兩票制。俄羅斯政府將全國區分為225個小選區，由小選舉區選出225席選民代表；另由得票率5%以上的政黨分配225席，兩者共計450名代表，除第一屆過渡型國家杜馬任期為2年外，第二屆以後的國家杜馬任期為4年。政黨比例代表的名額是225席，政黨開出比例代表名單的條件是：

1. 必須獲得十萬名公民以上的簽名支持。
2. 其簽名人數的15%不得集中於某一地區，否則視為無效。
3. 在選民投票中，其獲票率必須跨過5%的門檻，然後才能按得票比率取得席次。

　　在1995年，其選舉法有所改變：

1. 黨中央的人員在黨名單上不得超過12人。
2. 黨名單上的候選人欲同參加單一選區競選時，必須取得該選區全體選

民1%的簽名；這些簽署可當作黨名單簽署的一部分。

3. 任一政黨或選舉集團必須獲得20萬簽署人的支持，才能成為合法的參選團體。

4. 除非投票率未超過全體選民的25%，否則各選區原則上實行一輪投票。（張世賢、陳恆鈞，2006：108）

　　國家杜馬的組織結構設計上，設有主席、副主席、理事會、常設委員會、臨時委員會與機關。機關包括：主席祕書處、9位副主席的9個祕書處、32個常設委員會的32個辦公室、各議會黨團和議員團的辦公室、國家杜馬祕書處、幹部局，以及提供法律、資訊、財政經濟保障的分支機構（劉向文，2002：207）。

　　國家杜馬的職權為同意總統提名之俄羅斯聯邦政府主席（總理）之任命；解決對俄羅斯聯邦政府的信任問題；任免中央銀行主席；任免審計院審計長及其半數審計員；任免依據聯邦憲法法律行使職權之人權代表；宣布大赦；提出罷免總統之指控；立法動議權；通過聯邦法律[1]。

　　在2008年11月26日，上議院通過總統及國家杜馬議員之任期延長的憲法修正案，即第六屆國家杜馬議員之任期為五年。根據俄羅斯總統新聞局表示，延長之目的在於「穩定性與延續性」，並藉此提高總統與杜馬議員的公眾和社會責任。而俄羅斯總統與杜馬選舉的時間過近，造成政府決策過程癱瘓一年的時間，對於人民的損失是相當大的，因此，任期的延長意味著總統與杜馬議員能在一個任期內完成規劃，並兌現其政治支票（單昱，2009）。

（一）採用混合制的目的

　　1990年代初，俄羅斯社會對蘇聯時期一黨專政的政體相當反感，因此對政治多元化及多黨或兩黨政治體制的民主政治體制充滿憧憬，但當時的俄羅斯聯邦式一個新興的民主國家，其制度建構的理論與經驗不足的情況下，只得向實行民主政治多年的西方世界尋求借助的力量。

---

[1]　俄羅斯聯邦憲法第103條、第104條與第105條規定。

　　法國學者Maurice Duverger對政黨政治與選舉制度之間的關聯性研究，其針對比例制對多黨制及選舉多數決制對兩黨形成的可能性，也就是杜瓦傑法則（Duverger's Law）對後來的選舉制度設計有相當大的影響力，而這也影響了俄羅斯聯邦採用「小選區單一席次的相對多數決」及「政黨比例代表制」的混合選舉制度，以期將俄羅斯塑造為多黨體制體系，最後走向兩黨制的國家。

　　從1995年到2003年所舉行的3屆國家杜馬選舉結果來看，得票率超過5%的政黨數量皆有4個以上，有朝向多數政黨政治的趨勢，各屆得票率及席次如下表24-2至表24-4。

表24-2　1995年國家杜馬政黨當選席次

政黨	比例代表制選票的得票率	比例代表制分配席次	小選區單一席次當選席次	總獲得席次
共產黨	22.3%	99	58	157
自由民主黨	11.2%	50	1	51
我們的家園俄羅斯	10.1%	45	10	55
雅布羅科	6.9%	31	14	45

資料來源：Russia Vote. 2008. Results of Previous Elections to the Russian State Duma. Retrieved from: http://www.russiavotes.org/duma/duma_elections_93-03.php. Mar 21, 2011.

表24-3　1999年國家杜馬政黨當選席次

政黨	比例代表制選票的得票率	比例代表制分配席次	小選區單一席次當選席次	總獲得席次
共產黨	24.3%	67	46	113
團結黨	23.3%	64	9	73
祖國全俄羅斯	13.3%	37	31	68
右翼力量聯盟	8.5%	24	5	29
自由民主黨	6.0%	17	0	17
雅布羅科	5.9%	16	4	20

資料來源：Russia Vote. 2008. Results of Previous Elections to the Russian State Duma . Retrieved from: http://www.russiavotes.org/duma/duma_elections_93-03.php. Mar 21, 2011.

表24-4　2003年國家杜馬政黨當選席次

政黨	比例代表制選票的得票率	比例代表制分配席次	小選區單一席次當選席次	總獲得席次
統一俄羅斯	37.6%	120	102	222
共產黨	12.6%	40	12	52
自由民主黨	11.5%	36	0	36
祖國黨	9%	29	8	37

資料來源：Russia Vote. 2008. Results of Previous Elections to the Russian State Duma . Retrieved from: http://www.russiavotes.org/duma/duma_elections_93-03.php. Mar 21, 2011.

　　但2003年的國家杜馬在開議後，各政黨經過黨團重組與合併，統一俄羅斯的杜馬席次來到了305席，成為了「權力黨」[2]，而統一俄羅斯是總統普亭所支持的政黨，因此，具有憲法上的優勢，可以無礙的修改憲法或通過任何總統提出的法案。

　　由上述的選舉結果來看，俄羅斯聯邦想透過混合制來創造多黨政治體制，進而朝兩黨政治發展的理想幻滅，也打破了杜瓦傑的假設，有此可知，任何國家在移植他國經驗的過程，有可能會出現與當地文化適應不良的情況，而俄羅斯即是最佳的例子，而這也使得俄羅斯國家杜馬選舉制度改革的原因之一。

（二）選舉制度的改變

　　國家杜馬的選舉在實施四屆之後，出現了違反政治學的一般認知，也就是「單一選區兩票制的並立制有利於大黨，比例代表制有利於小黨」，並不適用於俄羅斯特殊的政治環境（蘇子喬與王業立，2010）。有鑑於此，普京著手一連串的選舉制度的改革。

　　而新的俄羅斯聯邦國家杜馬代表選舉法由總統普京在2005年5月18日

---

[2]　「權力黨」，在國會中的該黨議員完全支持執政者的政治意圖，而執政者一會提供該黨資源，執政者與權力黨屬於互惠關係，而總統並不是該黨黨員，但與該黨保持若即若離之關係。

簽署公告後，自2007年起，俄羅斯的選舉制度出現根本性的改變。

1. 所有代表依比例代表制的方法選出，取消小選區的單一席次多數決的混合選舉制度。

2. 只有「政黨」可以推舉候選人，禁止各政黨之間因為選舉而形成的政治結盟，也就是禁止「選舉同盟」。但是准許政黨推舉非本黨黨員為候選人，但這類候選人不得超過該黨提名總數的50%。

3. 為強化政黨名單的代表性，所有名單都受地域分布與人口代表數的限制。前者是指政黨代表名單必須依行政區畫分布在100以上的地方黨的選舉組織，而後者係指該單一組織所在行政區劃，選民數不得多於300萬人，不得少於65萬人。

4. 政黨候選人中只限三人不受上述限制，而單一政黨推舉總人數不得超過500人。

5. 政黨門檻提高為7%。

　　此次的「國家杜馬選舉法」的改革是普京在上任後，為實現其強國富民、維護國家利益、恢復俄羅斯大國地位為中心的治國理念，所做的一連串政治與經濟政策的其中一項。早在2001年普京主導國會通過「政黨法」，以規範政黨的設立門檻，以壓抑地區行政黨，因為從葉爾欽時期（1991～2000），中央與地方的關係呈現「弱中央，強地方」的情況，並且地方菁英挾地方以自重，導致小黨林立並且大量無黨籍與小黨國會議員盤據國會。因此普京透過邦聯主體的整合、修改政黨法、取消地方首長選舉及修改國家杜馬選舉法，而普京的這些做法主要有兩個目的，一是壓制地方菁英，並強化聯邦權力，二是鞏固統一俄羅斯黨的凝聚力，並建設有效的政黨體系。一系列的作法不只為了改正俄羅斯政治中央積弱不振情況，也讓俄羅斯的國內政治型態逐漸走向政黨政治。

第二節　俄羅斯第五屆國家杜馬選舉實例

一、第五屆國家杜馬選舉

　　俄羅斯2007國家杜馬選舉於12月2日舉行，屆時俄羅斯公民將投票選舉450名第五屆國家杜馬議員。從當年9月開始，俄羅斯各派政治力量、各個政黨紛紛使出渾身解術，努力地爭取選民的選票，俄羅斯中央和地方各級選舉機構也竭盡全力做好選前和大選期間的各項登記、審查和計票工作，以確保本次議會大選的公正和公開。

　　此次的國家杜馬選舉，俄羅斯總統普京在統一俄羅斯黨第八屆黨代會上宣布，他將領銜統俄黨競選團名單參加2007年杜馬選舉。普京以國家領導人的身分帶領統一俄羅斯黨打選戰，此舉將使統一俄羅斯黨支持率急速上升，並在杜馬選舉中多獲得不少的選票。

　　本屆選舉依照2005年所修改的規定來篩選符合參選資格的政黨，經過審查後，有11個正黨符合參選條件，分別為：統一俄羅斯黨、俄羅斯共產黨、自由民主黨、正義俄羅斯黨、俄羅斯農業黨、俄羅斯愛國者黨、社會公正黨、公民力量黨、雅布羅科黨、右派力量聯盟和俄羅斯民主黨。而上屆國家杜馬最大黨統一俄羅斯黨，將由普京總統領銜該黨投入選戰，該黨推出600餘名候選人，是所有參選政黨中候選人最多的。俄羅斯共產黨則有515名候選人，自由民主黨和正義俄羅斯的則分別有360名和556名候選人。

　　在選前的多次民調中顯示，由總統普京所帶領的統一俄羅斯黨支持率在六成左右，明顯超過其他政黨相當多，已可預見第五屆國家杜馬的選舉結果（黃軼男，2007）。

二、選舉結果

　　第五屆國家杜馬的選舉結果，毫無意外地由普京所支持的統一俄羅斯黨獲得壓倒性的勝利，而第五屆國家杜馬選舉結果如表24-5所示。

表24-5　第五屆國家杜馬選舉得票結果

政黨	得票數	得票率	獲得席次	席次率
統一俄羅斯黨United Russia Bloc	44,714,241	65.01%	315	70.0%
共產黨 The Communist Party of the Russian Federation	8,046,886	11.70%	57	12.7%
自由民主黨Liberal Democratic Party of Russia	5,660,823	8.23%	40	8.9%
正義俄羅斯黨A Just Russia	5,383,639	7.83%	38	8.4%
俄羅斯農業黨Agrarian Party	1,600,234	2.33%	0	0.0%
雅布羅科集團Yabloko	1,108,985	1.61%	0	0.0%
公民力量黨Civic Strength	733,604	1.07%	0	0.0%
右派力量聯盟Union of Right Forces	669,444	0.97%	0	0.0%
俄羅斯愛國者Patriots of Russia	615,417	0.89%	0	0.0%
社會公平黨Party of Social Fairness	154,083	0.22%	0	0.0%
俄羅斯民主黨Democratic Party of Russia	89,780	0.14%	0	0.0%
有效票	68,777,136	100.0%	450	100.0%

資料來源：Russia Vote. 2010. The Duma Election 2007. Retrieved from : http://www.russiavotes.org/duma/duma_today.php. Mar 21, 2011.

　　據俄羅斯中央選舉委員會3日公布的計票結果，統一俄羅斯黨、俄羅斯共產黨、自由民主黨和正義俄羅斯黨在國家杜馬（國會下院）選舉中的得票率均超過7%，獲得進入新一屆國家杜馬的資格（張世賢、陳恆鈞，2010：106）。

　　據俄中央選舉委員會對97.8%選票的統計，統一俄羅斯黨的得票率為65.01%，不僅大幅領先於其他參選黨派，而且較該黨在上屆杜馬選舉中37.6%的得票率有顯著提高。在新一屆國家杜馬中，統一俄羅斯黨可望獲

得450個議席中的310至315個議席，成為國家杜馬多數派。

　　俄羅斯共產黨的得票率為11.70%，自由民主黨和正義俄羅斯黨的得票率分別為8.23%和7.23%。而農業黨、「雅布羅科」集團以及右派力量聯盟等7個黨派的得票率均未超過3%，未能獲得進入新一屆國家杜馬的資格。

三、結　語

　　2011年底第6屆國家杜馬選舉即將舉行，本屆開始杜馬議員的任期延長為五年，而總統的任期則延長為六年，往好的方面來看，任期的延長可以避免議會中政黨內耗的穩定性問題，亦對增加政策的延續性，但這也顯示了總統與國家杜馬的權力更為擴大。自由之家（Freedom House）自從2005年俄羅斯更改國家杜馬選舉制度後，將俄羅斯的民主程度評估從半自由國家降為非自由國家，雖俄羅斯在普京的諸多改革使得國內社會與經濟上皆有好轉，但俄羅斯的民主評估直至2010年仍維持在非自由國家，也代表著俄羅斯要走向民主還有很長一段路。

參考書目

吳玉山，2005，《半總統制理論與實際》，台北：鼎茂圖書。

葉自成，2005，《轉型理論與俄羅斯政治改革》，上海：上海人民出版社。

蔡英文，2002，《俄羅斯聯邦體制的憲政基礎及其衝突》，台北：韋伯文化。

劉向文，2003，《俄羅斯十年》上、下冊，北京：世界知識出版社。

劉世亮，2002，《俄國政府與政治》，台北：五南。

張世賢、陳恆鈞，2010，《比較政府》，四版，台北：五南。

蘇永欽，2005，《從葉利欽到普京—俄羅斯憲政之路》，長春：長春出版社。

王業立，2001，〈俄羅斯金融寡頭在民主化與經濟改革的角色〉，《俄羅斯學報》，第1期，頁11-60。

許菁芸，2010，〈俄羅斯國會之發展剖析〉，《政治科學論叢》，第43期，頁119-158。

蘇子喬；王業立，2010，〈為何廢棄混合式選舉制度－義大利、俄羅斯與泰國選制改革之研究〉，《東吳政治學報》，第28卷第3期，頁1-81。

馬貴友，2004，《俄羅斯的聯邦制與民族自治- 以1990 年代為中心的分析》，國立政治大學中山人文社會科學研究所博士論文。

黃軼男，2007，〈俄2007杜馬選舉大事記〉，俄羅斯新聞網：http://big5.rusnews.cn/xinwentoushi/20071130/41976133-print.html，檢索日期於2011年04月02日。

單昱，2009，〈聚焦：俄羅斯修憲以延總統任期 穩定發展是根本〉，中俄法律網：http://www.chinaruslaw.com/CN/InvestRu/Law/200916113311_878338.htm，檢索日期於2011年04月02日。

第二十五章　日本眾議院議員選舉

余君山

第一節　前　言

　　在舊的日本選舉制度中，日本眾議院的議員成員來自於130個選區，其中128個議員是來自於應選名額為2至5名的選區，而選區應選名額是依據選區人口數來畫分，即一個小選區僅選出一名議員，而一個大的選區可以選出多名議員，如該區將選出5名候選人，則該區得票數最高前面五名即為當選人。

　　在這種制度下，同一個選區可能出現許多同黨參選人，而這些同黨參選人往往會為了勝選，在選舉中相互攻擊。因此舊有選舉制度容易引發黨內派系內鬥，促成政黨內部派系林立，派系林立的結果導致政黨內部如果要分配選舉經費，勢必將要透過黨內派系相互協商。

　　為了改革這些選舉弊端，日本於1993年進行改革，將原有的選區依照約略相同的人口數重新畫分為300個單一選區（這可以解決舊有制度投給每一個議員的選民數之不公平性），以及200席的政黨比例代表（2000年改為180席）。除了解決上數不公平性之外，也產生了兩種情形：即減少國會中的政黨數以及黨內的派系主義。政黨比例代表下，各政黨內部必須團結一致，相互合作，以提高黨所獲得的得票數，進而提高黨在政黨比例代表中的席次。本章舉2005年選舉實例說明。

第二節　選舉制度與選區畫分

一、選區制度

日本眾議院選舉採用「小選區與比例代表並立制」，全國一共畫分為300個小選舉區，與11個比例代表區；一方面由小候選區得票數較多的候選人，取得代表席次；另一方面經由比例代表選舉，以各黨得票數為依據來分配議席，以決定各政黨比例代表名單上之當選者。

眾議院議員一共為480議席，分別由小選舉區與比例代表產生：(1)小選舉區產生300個席次，全國一共分為300個選區，每一選區選出一名。(2)比例代表產生180個席次（2000年由200席改為180席，見表25-1），全國分為十一個選區，依各黨得票之多寡，按比例分配議席，選舉區畫分如表25-2。

表25-1　日本眾議院議員比例代表制席次消長（1996-2009）

選區	地域	1996	2000	2003	2005	2009
北海道	北海道	9	8	8	8	8
東北	福島縣、宮城縣、岩手縣	16	14	14	14	14
北關東	茨城縣、栃木縣、群馬縣、埼玉縣	21	20	20	20	20
南關東	神奈川縣、千葉縣、山梨縣	23	21	22	22	22
東京	東京都	19	17	17	17	17
北陸信越	新潟縣、長野縣、富山縣	13	11	11	11	11
東海	靜岡縣、愛知縣、歧阜縣、三重縣	23	21	21	21	21
近畿	大阪府、京都府、兵庫縣	33	30	29	29	29
中國	岡山縣、廣島縣、山口縣	13	11	11	11	11
四國	香川縣、德島縣、愛媛縣、高知縣	7	6	6	6	6
九州	靜岡縣、熊本縣、鹿兒島縣	23	21	21	21	21
	合計	200	180	180	180	180

資料來源：Huang, Chi. 2010. "Differences in the MMM Systems and Their Consequences: The Cases of Taiwan and Japan" The 2010 AES Conference on "The Differences in the MMM Electoral Systems and Their Consequences: The Cases of Taiwan, Japan and, Korea" held by the Election Study Center, National Chengchi University, Taipei, Taiwan, May 22.
日本總務省，http://www.soumu.go.jp/menu_kyotsuu/sitemap.html，檢索日期：2011年3月23日。

投票方法採用「記號式二票制」。亦即選舉人，同時在印有候選人姓名（小選舉區）和政黨名稱（比例代表）之選票上，蓋上「○」之記號式兩票制。

申報提名候選人之條件：(1)小選舉區：①政黨限擁有國會議員五名以上、或全國性選舉得票率2%以上者。②個人登記亦可。(2)比例代表：政黨需符合小選舉區的提名要件。在比例代表選區，政黨所提候選人數，應占各該選舉區議員名額的二成以上。

當選人之決定方式：(1)小選舉區：當選人須獲得該選舉區有效投票總數六分之一以上的選票，且為該選舉區之最高得票者。(2)比例代表：依各政黨的得票率高低，採比例分配最高商數法（d'Hondt method, highest-average system）分配當選人數，然後再依比例代表名冊上的順位來決定當選人。政黨為使其黨內菁英，更有機會當選為眾議員，可在小選區與比例代表選區內同時提名。

全國有11個比例代表選區、300個小選區，比例代表選區包括甚多個小選舉區（如表25-2）。比例代表提名冊上，可將這些重複提名的候選人列為同一順位，當重複提名的候選人未能在其小選舉區當選者，則依其在小選舉區之「惜敗率」（其得票數與當選者之得票數相比較之比率謂之）順序來決定。已在小選舉區當選者，不必在比例代表當選名單列名。

二、選區畫分

政黨比例代表一共畫分為11個選區，分別為北海道、東北、北關東、東京都、南關東、北陸信越、東海、近畿、中國、四國、九州選區。地區單一選區以都道府縣為單位，人口太多時，再細分成若干單一選區。如東北選區及再細分為青森、岩手、宮城、秋田、山形、福島六個縣選舉區。而這六個縣選區再細分為數量不一定的小選區。如青森再細分為青森1至4區，福島再細分為福島1至5區。因此東北選區一共要選出25名小選舉區議員。

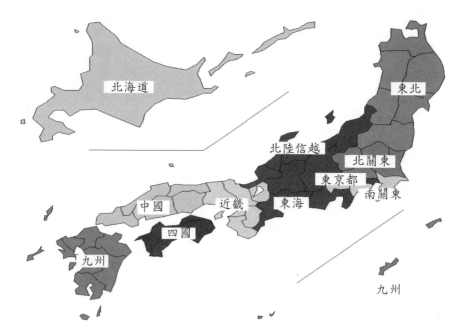

圖25-1 日本眾議院小選舉區畫分圖

資料來源：日本眾議院，http://www.shugiin.go.jp/index.nsf/html/index.htm，檢索日期：2009年5月9日。

表25-2 日本眾議院議員選舉區畫分

比例代表	小選舉區制						合計
人數	小選舉區區數（每一選區只選出一當選人）					人數	人數
北海道8	北海道12					12	20
東北14	東森4	岩手4	宮城6	秋田3	山形3 福島5	25	39
北關東20	茨城7	栃木5	群馬5	埼玉15		32	52
東京17	東京都25					25	42
南關東22	神奈川18	千葉13	山梨3			34	56

比例代表人數	小選舉區制 小選舉區區數（每一選區只選出一當選人）								人數	合計人數
北陸信越 11	新潟6	長野5	富山3	石川3	福井3				20	31
東海 21	岐阜5	愛知15	靜岡8	三重5					33	54
近畿 29	和歌山3	奈良3	京都6	大阪19	滋賀4	兵庫12			47	76
中國 11	鳥取2	岡山5	島根2	廣島7	山口4				20	31
四國 6	香川3	德島3	愛媛4	高知3					13	19
九州 21	鹿兒島5	福岡11	宮崎3	佐賀3	大分3	熊本5	長崎4	沖繩4	39	60
合計180	300								300	480

資料來源：日本眾議院，http://www.shugiin.go.jp/index.nsf/html/index.htm，檢索日期：2009年5月9日。

表25-3　日本眾議院議員選舉結果表（2005年眾議院選舉結果）

政黨	自民	民主	公明	共產	社民	國民	無所屬	空缺	合計
當選總計	303	112	31	9	7	7	9	2	478
小選舉當選名額	226	53	8	0	1	4	6	2	298
比例代表當選名額	77	59	23	9	6	3	3	0	180

資料來源：日本眾議院，http://www.shugiin.go.jp/index.nsf/html/index.htm，檢索日期：2009年5月9日。

第三節　小選舉區選舉

　　小選舉區當選人數為300人。有候選人當選的政黨有自民黨、民主黨、公明黨、社民黨、國民新黨。由於日本為內閣制，因此欲從政者，必須要有國會議員身分，方才有站上政治舞臺的機會、發揮才華的空間。而在小選區與政黨比例代表區的抉擇上，由於小選區的候選人有直接民意基

礎，因此政治人物若是由小選區當選為眾議員，則會比以選擇比例代表當
選眾議員的較有政治分量。因此若是無法在小選區獲得提名，才會退而求
其次，選擇政黨比例代表區眾議員。在小選舉區當選者，不乏一些重量級
人物，如：麻生太郎與小泉純一郎。

　　由於小選區內只能有一人當選，若是一個小選區內有過多重量級人物
參選，落選者只好期望在政黨比例代表選區中自求多福。如：現任首相麻
生太郎便是由九州小選舉區中的福岡第8區所選出來；前首相小泉純一郎
即為神奈川第11選區所選出來

第四節　比例代表選舉

　　政黨比例代表，全國分成十一個選區，即「全國分區比例代表制」。
依照各政黨在各個選舉的得票數，以應選出名額乘以各政黨得票率來分配
適當的席位。而每各政黨都會提出比例代表的名單，並且排出順序。其產
生步驟：以東北選區為例，東北選區應當選名額為14，如表25-4，表25-5。

一、首先統計各政黨得票數與得票比率

表25-4　政黨比例代表東北選區各政黨得票表（2005年眾議員選舉）

政黨	得票數	得票比率
自民	1,879,141	36.5%
民主	1,730,205	33.6%
公明	612,591	11.9%
社民	355,499	6.9%
共產	320,288	6.2%
國民	242,017	4.7%
合計	5,139,741	99.8%

資料來源：筆者自行整理。

二、依照最高商數法來分配政黨席次

表25-5　政黨比例代表東北選區各政黨席次分配表（2005年眾議員選舉）

政黨	選區席次×政黨得票率	分配席次	最高商數法	分配剩餘席次	合計
自民	14 × 36.5% = 5.11	5	1879141÷(5 + 1) = 313190	1	6
民主	14×33.6% = 4.70	4	1730205÷(4 + 1) = 346041	1	5
公明	14 ×11.9% = 1.66	1	612591÷(1 + 1) = 306295	0	1
社民	14 ×6.9% = 0.96	0	355499÷(0 + 1) = 355499	1	1
共產	14 ×6.2% = 0.86	0	320288÷(0+1) = 320288	1	1
國民	14 ×4.7% = 0.65	0	242017÷(0+1) = 242017	0	0
合計		10	剩餘4席，取最高商數4黨	4	14

資料來源：筆者自行整理資料。

　　分配席次是採用最高商數法，即以政黨得票數除以已配席次+1，以得商數最高者分配剩餘席次。因此這次東北選區剩餘席次分別由商數最高的四個政黨，自民黨、民主黨、社民黨、共產黨各分配一席。

　　日本眾議員政黨比例代表的分配席次計算方式是採用最高商數法，但為了要對照尚有其他的分配席次方式，簡介另外一種計算方式為「最高餘數法」，如表五，期計算方式為：(1)求得每一席次平均應獲票數：（各黨獲票數總額）÷（選區席次），5139741÷14=367124；(2)各黨分配席次：（各黨票數）÷（每一席次平均應獲票數）；(3)比較各政黨餘數，餘數大者優先分配剩餘席次。如表25-6。

　　這兩種分配席次的方法產生的結果，有時不盡相同。如表25-4與表25-5可知在東北選區，若是採用最高商數法時，自民黨將可以多分得一席，但若採用最高餘數法，將會無法分到剩餘席次。同樣的若是採用最高餘數法，公明黨將可以獲得剩餘席次一席，但若採用最高商數法則無法分配到剩餘一席。

表25-6　最高餘數法計算政黨分配席次表（2005年眾議員選舉 東北選區）

| 政黨 | 各黨票數÷每一席次平均應獲票數 | | 分配 | |
	整數	餘數	剩餘席次	合計
自民	5	43251	0	5
民主	4	261709	1	5
公明	1	245467	1	2
社民	0	355499	1	1
共產	0	320288	1	1
國民	0	242017	0	0
合計	10	取最高餘數四黨	4	14

資料來源：筆者自行整理。

三、在各政黨分配席次內決定該政黨當選人

　　自民黨在東北選區一共提名28位候選人，並且依序排列順位，號碼相同者為順位相同，從表25-6可以清楚知道自民黨這次東北選區比例代表名單順位排序以及當選者：

表25-7　自民黨政黨比例代表　東北選區提名表

順位	姓名	小選舉區
1	坂本　剛二（比）	未獲提名小選區競選
2	中野　正志（比）	未獲提名小選區競選
3	佐藤　剛男（比）	未獲提名小選區競選
4	玉澤　德一郎（比）	岩手縣4區
5	江渡　聰德（小）	青森縣2區
5	大島　理森（小）	青森縣3區
5	木村　太郎（小）	青森縣4區
5	鈴木　俊一（小）	岩手縣2區
5	土井　亨（小）	宮城縣1區
5	秋葉　賢也（小）	宮城縣2區
5	西村　明宏（小）	宮城縣3區

順位	姓名	小選舉區
5	伊藤　信太郎（小）	宮城縣4區
5	小野　寺五典（小）	宮城縣6區
5	御法　川信英（小）	秋田縣1區
5	遠藤　利明（小）	山形縣1區
5	遠藤　武彥（小）	山形縣2區
5	加藤　紘一（小）	山形縣3區
5	龜岡　偉民（小）	福島縣1區
5	根本　匠（小）	福島縣2區
5	吉野　正芳（小）	福島縣5區
5	渡部　篤（比）	福島縣4區
5	二田　孝治（比）	秋田縣1區
5	斎藤　正美	宮城縣5區
5	及川　敦	岩手縣1區
5	橋本　英敦	岩手縣3區
5	小野　貴樹	秋田縣2區
5	蓮実　進	福島縣3區
28	佐藤　敬夫	未獲提名小選區競選

資料來源：筆者自行整理。

四、比例代表惜敗率的計算

　　自民黨在東北選區可分配六個席次，扣除已在小選區當選者。剩下有第一順位至第四順位各一人，第五順位7人，第28順位1人。第一順位至第四順位無條件當選，即坂本剛二、中野正志、佐藤剛男、玉澤德一郎。分配完之後，席位剩下2人，故第五順位之後的候選人篤定沒有機會分配到名額，故不予以考慮。剩下的人皆為第五順位，並無優先順序可以排列，因此這時候就必須以「惜敗率」來分配。「惜敗率」為比較「候選人在小選舉區得票數與當選人之得票數相較之比率」大小，依次當選，到額滿為止。如該順位之候選人並無惜敗率，則其惜敗率即為0%（即未參加小選

區選舉）。此點乃日本眾議院議員選舉之特色，其目的在於避免候選人坐享其成，享受黨內其他候選人努力的成果。因此若是不參加小選區的提名登記競選，則在政黨比例代表中的順序就會比別人後面。除非其為黨國大老、或是對黨有極大的貢獻，才能享有不參加小選舉區競選且在比例代表的名單上，享有較為前面的排序。

表25-8　惜敗率計算方式

候選人	小選舉區	得票數	當選人	得票數	惜敗率	比例代表
渡部　篤	福島縣4區	84803	渡部恒三	91440	92%	當選
二田孝治	秋田縣1區	68526	寺田　榮	77135	88%	當選
斎藤正美	宮城縣5區	68486	安住　淳	78205	87%	落選

資料來源：筆者自行整理。

第五節　首相產生

　　日本之政體類似英國之內閣制，內閣掌握行政權（憲法第65條）；採合議制，集體責任制，舉行內閣會議（憲法第66條）；對國會負責（憲法第66條），若眾議院不信任則可行使倒閣權（憲法第69條）。

　　日本首相之產生，與英國不同。英國是由平民院多數黨黨魁出任。日本是由兩院（眾議院、參議院）各別推舉首相人選。凡具有議員身分者，方有機會為兩院所提名，表決為內閣總理大臣。當兩院個別推選首相人選時，若兩院所表決的首相人選一致時，順理成章當上首相職位；倘若兩院表決不一致時，召開兩院聯席委員會協調，而未獲協議或眾議院已推定人選送至參議院，而參議院於10日內未有決定者，則以眾議院之決議為之（憲法第67條）。

　　然而，其人選之提出，往往透過政黨的運作而產生的。例如，1993年7月18日眾議院選舉，自民黨獲223席，但未獲得511席之半數，其他政黨又不願意與自民黨聯合。於是新生黨（55席）、社會黨（70席）、民社黨

（15席）、公明黨（51席）、社民黨（4席）、日本新黨（35席）、先驅
黨（13席）等7個政黨，再加上「民主改革連合」的加入，組成8個黨派之
聯合政府，由日本新黨之細川護熙獲眾議院過半數之議員之支持，而成為
日本首相（日本首相由參、眾兩院各別選舉，當選人不一致時，兩院協
調，協調不成，以眾議院之決議為國會之決議）。

　　日本首相的產生，實際上是由眾議院多數黨黨魁出任。多數黨的黨魁
有任期的限制，任期屆滿，如有挑戰者，必須要舉行黨魁的選舉。2010
年，日本首相是由民主黨黨魁擔任。因受到同黨小澤一郎的挑戰。與9月
14日舉行黨魁選舉投票。本次選舉制度複雜，使用點數計算，在基層黨員
黨友計300點中，小澤只得到51點，管直人獲得249點；地方議員的100點
中，小澤獲得40點，管直人獲得60點。14日的兩院議員臨時黨大會，由國
會議員進行一人2點現場投票，本來預測許多小澤提拔的議員會支持他，
讓小澤票數大幅超越管直人，開票後發現小澤獲得200點，管直人得到206
點，總計管直人以721點比491點，獲得壓倒性勝利。管直人當選為執政黨
（民主黨）黨魁，並為日本首相。（資料來源：2010/9/15聯合報[1]）

　　茲將日本戰後歷任內閣首相及就任期間整理如表25-9。

表25-9　日本戰後之歷任首相

首相	就職年月	首相	就職年月
東久邇宮稔彥王	1945年8月	竹下登	1987年11月
幣原喜重郎	1945年10月	宇野宗佑	1989年6月
吉田茂	1946年5月	海部俊樹	1989年8月
片山哲	1947年5月	宮澤喜一	1991年11月
蘆田均	1948年3月	細川護熙	1993年8月
吉田茂	1948年10月	羽田孜	1994年4月
鳩山一郎	1954年12月	村山富市	1994年6月
石橋湛山	1956年12月	橋本龍太郎	1996年1月
岸信介	1957年2月	小淵惠三	1998年7月

[1]　陳世昌，2010，〈「我有一個夢」管直人連任日相〉，聯合報，9月15日，A16版。

首相	就職年月	首相	就職年月
池田勇人	1960年7月	森喜朗	2000年4月
佐藤榮作	1964年11月	小泉純一郎	2001年4月
田中角榮	1972年7月	安倍晉三	2006年9月
三木武夫	1974年12月	福田康夫	2007年9月
福田赳夫	1976年12月	麻生太郎	2008年9月
大平正芳	1978年12月	鳩山由紀夫	2009年9月
鈴木善幸	1980年7月	菅直人	2010年6月
中曾根康弘	1982年11月		

資料來源：人民網，http://world.people.com.cn/BIG5/guoji/209/5360/5363/6254068.html，檢索日期：
2009年5月9日

第六節　結　語

　　日本選舉制度設計的是為了讓得票率高的政黨可以獲得較多的席次，藉此可以忠實的反應民意，但也希望小黨能夠有機會獲得席次，另外在區外設計比例代表制，讓小黨可以獲得一定的席次。比例代表提名機制，在(1)尊重黨內大老，黨內名望之士排名在前，幾乎受到保障；(2)兼顧選舉意願與實力，想要競選者均列在提名單，爭取在小選區脫穎而出；(3)公平競爭比例代表的排名次序，大家如果不相讓，則排同一順位一起來競爭，一方面後選人在單一選舉區競選，另一方面亦在比例代表區競選（比席敗率）。但由於一個選區內部，只當選一位候選人，使得資源豐富的人占了極大的優勢，這也意謂者新人若是想要當選眾議員為民服務，勢必需要經過一番苦戰。

參考書目

中文部分

張世賢，1996，日本眾議院議員選舉之研究，中國行政評論，6(1)：93～56。

張世賢、陳恆鈞，2010，《比較政府》，四版。台北：五南。

陳世昌，2010，〈「我有一個夢」管直人連任日相〉，聯合報，9月15日，A16版。

人民網，http://world.people.com.cn/BIG5/guoji/209/5360/5363/6254068.html

英文部分

Huang, Chi. 2010. "Differences in the MMM Systems and Their Consequences: The Cases of Taiwan and Japan" The 2010 AES Conference on "The Differences in the MMM Electoral Systems and Their Consequences: The Cases of Taiwan, Japan and, Korea" held by the Election Study Center, National Chengchi University, Taipei, Taiwan, May 22.

日文部分

日本總督省，http://www.soumu.go.jp/menu_kyotsuu/sitemap.html

日本眾議院，http://www.shugiin.go.jp/index.nsf/html/index.htm

第二十六章　比較選舉機關

王曉麟

第一節　前　言

　　政治參與是政治現代化的重要變項，促進了民主國家之建立與民主政治之發展。民主政治為公意政治，表現人民意志最有效之方法，莫過於自由、公平之選舉。透過選舉之實施，以表現民意，達到政治參與之目的，為民主國家之常態，也是政治現代化的必經歷程。尤其在民主發展之第三波（the third wave）（1970年代中期後，從南歐、東歐、拉丁美洲，到東南亞三十餘個國家，紛紛結束威權主義統治，轉而朝向民主改革的道路，稱之為民主發展的「第三波」）。過程中，競爭性的選舉制度是政權和平演變之重要機制，更顯示其舉足輕重之地位。

　　選舉是高度政治性活動，選舉過程之公正與否，往往左右了選舉結果，影響選民對該國民主政治之信任程度，並決定了政權的更迭。因此，一個國家的選舉機關（Election Management Body，簡稱EMB）是否公正、超然，其所執行的選舉行政（election administration）是否有效、透明，攸關民主政治運作之順遂，各民主國家對其選舉機關之設計均相當慎重，除有將選舉機關明定於憲法，更有將選舉權定位為於行政、立法、司法外之獨立權力。可見公正超然的選舉機關，乃是確保選舉公平、公正、公開進行的重要機制。

　　鑑於選舉機關無論在組織結構或運作功能上，影響選舉之過程與結果甚鉅，但是，在學理上與實務上，並未受到應有的重視，極有加強研究之必要。本章爰探討選舉機關之制度類型，比較各主要國家選舉機關之組織與職權，並分析我國選機關之現況與所面臨的問題。

第二節　研究選舉機關之重要性

　　選舉是動員政治、法律與行政等功能與服務的活動。在政治層面，選舉是公民最主要的政治參與方式，也是許多國家從威權政體轉型為民主體制的重要機制，透過定期選舉，反映匯聚民意，帶動政治與社會民主化的進程，往往使得政黨政治運作更加健全，並使民主制度更臻成熟；在法律層面，選舉法規及相關法令必須配合時代潮流與社會脈動，與時俱進加以修正革新。選舉期間，司法、治安機關必須全力防範任何影響選舉進行的不法活動，以維護乾淨祥和的選舉；在行政層面，選舉機關必須是公正、超然的機構，不僅在組織上，應當能夠反映該國政黨與社會結構，更重要的是在選舉事務的執行上，必須秉持公正、公平、公開的原則，依法辦理。惟有徹底發揮此三種層面的功能，選舉機關始能建立公正、超然的形象與公信力，獲得公民的信任。

　　固然選舉機關的重要性，與選舉結果可謂無分軒輊，但是不論在學術研究上，抑或是實務運作上，均未受到應有的重視。關於選舉的學術研究，目前大多集中於投票行為（Cutrice, 2002; Franklin and Wlezien, 2002），或選舉制度對選舉結果的影響等方面（Rae, 1971; Grofman and Lijphart, 1986; Lijphart, 1994; Katz, 1997; Cox, 1997），相對的，選舉在行政或管理方面的研究，則顯得相當稀少。

　　早在1930年代，學者即已指出，選舉是公共行政中最難管理的議題（Harris, 1930; 1934）。時至今日，選舉行政不僅是比較政治學新興的研究議程（Elklit and Reynolds, 2002），同時也是公共行政學的次領域（Montjoy, 2008）。近年來學者呼籲重視選舉行政之研究（Moynihan and Silva, 2008; Alvarez and Hall, 2008; Hall and Slaton, 2008），經由跨國研究結果亦指出，選舉行政與選舉治理（electoral governance）對於選舉品質與績效具有重要地位（Hartlyn and McCoy and Mustillo, 2008），隨著公共行政學與公共管理學各種提昇政府治理績效途徑與方法的提出，也逐漸受到重視（Heinrich and Lynn, 2000; Ingraham and Lynn, 2004）。

　　尤其是2000年美國總統大選發生重大憲政爭議共和黨候選人布希

（George Walker Bush）與民主黨候選人高爾（Albert Arnold Gore）得票極為接近，初步開票結果除佛羅里達州外，高爾贏得267張總統選舉人票，布希贏得246張總統選舉人票，皆未達到當選門檻之270張票。於是佛州的25張總統選舉人票究竟屬誰？乃成為關鍵。問題在於佛州選舉結果，雙方得票極為接近，開票結果顯示，布希僅以1,784票（290萬9,135票比290萬7,351票）領先高爾，得票差距僅為0.03%，依據佛州選舉法規定，選票差距小於0.5%，必須自動以機器重新計票。機器重新計票結果，布希領先票數縮小為327票。民主黨於是選定較具優勢的4個郡申請人工重新計票。布希則隨即向法院訴請禁止該4個郡的人工重新計票。雙方你來我往就選舉爭議引發了27件的訴訟案件，其中由聯邦法院審理者有7件；由州法院審理有20件。但最令人訝異的是，自2000年11月7日投票，至最後聯邦最高法院12月12日以五比四作出終局判決，使布希贏得勝選，其間僅耗時1個多月，是項世紀選舉爭訟即告落幕。

　　此後，如何運用公共行政概念與方法，來提升選舉行政品質與加強公民信任之相關文獻，曾經一時洛陽紙貴（Elklit and Reynolds, 2005; Hall,2006; Montjoy, 2008: 788-799; Cain and Donald and Murakami, 2008: 802-813; Moynihan and Silva, 2008: 816-827; Alvarez and Hall, 2008: 828-838; Hale and Slaton, 2008: 839-849），顯示了在學理上與實務上，研究選舉機關與選舉行政的雙重重要性。

第三節　選舉機關之制度類型

　　選舉乃是代議民主政治最原始，也是必經的基本途徑，其為民主社會的產品，伴隨民主制度而出現。政治亦必須賴選舉而民主化，此已成為共同之政治共識。選舉制度經長期之運作，必須使之公平公正而合理，因此在1960年代之後，即有政治學者提出「選舉應跳出政府領域之外，自成獨立體系」之呼聲，主張在政府系統之外，設置一個常設的，超黨派的中立機構，專責規劃選舉行政運作選舉事務。近年來，建立公平、公正，具有

政治絕緣體性質的選舉機關，並制定清楚、嚴謹的選舉規則，也已成為全球性選舉改革（electooral reform）的主要面向（Elmendorf, 2006: 425），Rafael（2000）亦認為選舉機關是維持選舉制度運作的重要治理機。

　　由於選舉機關是決定選舉成敗之關鍵，在選舉過程中扮演重要角色，因此各國在設計選舉制度時，無不費心尋找如何塑造選舉機關之超然形象，使之不受政治權力之干擾，而能獨立行使職權，並為選舉機關予以合理之定位。為追求選舉機關中立化，絕大多數國家都採取立法途徑，甚至提升至憲法層次，例如菲律賓在1940年以前，由內政機關辦理選舉，結果在社會各界疑慮行政不中立、行政機關干預操縱選舉的情形下，造成政治抗爭不斷，嚴重影響社會安定及經濟發展，故該國於1940年修改憲法，明定設置常設、獨立的選舉委員會；韓國亦然，亦係在類似政治氣氛下修改憲法，設置獨立超然的選舉管理委員會，此均為明顯的例證。

　　各國選舉機關制度的形成，與該國的政治、文化、歷史、行政傳統、基本價值與民主制度演進的經驗息息相關（Diamond, Linz and Lipest, 1988; Bratton and Van de Walle, 1997; Rafael, 2000）。學者對於選舉機關的制度類型，有從政黨體系的角度、機關成員任命之途徑、行政傳統之角度等不同面向加以分類（Rafael, 2000；Hartlyn, McCoy and Mustillo, 2008）。Rafael（2000）將全球各國選舉機關的結構型態分為五種主要類型：政府運作選舉（The government runs the elections）、高度分權體系中的政府機關（Government bodies in hightly decentralized system）、政府受到一個集體權威（通常是司法體系）監控（Government under a supervisory collective authority）、獨立委員會全權負責選舉（Independent commission fully responsible for the elections）、兩個或更多完全獨立於政府之外的機關負責（Two or more separare bodies, all independent from the government）。Hartlyn、McCoy與Mustill（2008）研究拉丁美洲國家的選舉機關，將選舉機關分為四種類型：單一政黨主導（Single-party dominated）、政黨混合（Partisan mixed）、獨立的／政黨的混合（independent／partisan mixed）、獨立於政黨之外（Independent of parties）。而國際民主及選舉協助組織（International Institute for Democracy and Electoral Assistance，

簡稱IDEA）（2006）在2006年所做的全球性選舉機關研究，將各國選舉機關分為獨立機關類型（independent）、政府部門類型（governmental）與混合類型（mixed）等三種類型，此種分類方式，是目前最為普遍的分類，茲將此三種選舉機關制度類型與其特徵整理如表26-1，並將各種選舉機關類型簡要說明，另表列其特徵：

一、獨立機關類型

此類型的選舉機關，具有下列特徵：組織架構係獨立於政府行政部門之外；對於選舉之執行負有完全的責任；不須對政府行政部門報告（少數例外須向立法部門、司法部門或國家元首報告）；在法律規範下對於選舉法規制度有獨立規劃之權力；委員由行政部門以外之人員組成；成員有任期之保障；有獨立之預算。一般而言，非洲、中南美洲脫離殖民統治的國家，以及泰國、韓國等東亞國家之選舉機關大多係採取此種類型，其特徵整理如表26-2。

二、政府部門類型

此類型的選舉機關，選舉事務完全由政府行政部門負責。一般而言，北美洲及歐洲各國，以及受歐美影響之新加坡等國之選舉機關係採取此種類型，其特徵整理如表26-3。

三、混合類型

此類型的選舉機關，由一獨立機關負責選舉政策、監督、指揮，至於執行則由政府部會或地方政府執行，此類型又稱為法國模式（Franch model），部分東歐國家、脫離法國獨立的非洲國家以及日本之選舉機關採取此類型，其特徵整理如表26-4。

個別類型選舉機關之優缺點，整理如表26-5。

表26-1　選舉機關制度類型與其特徵表

面向＼類型	獨立機關類型	政府部門類型	混合類型	
			獨立部門	政府部門
制度安排	制度性的獨立於政府行政部門之外	在州或地方政府部門之內或受其直接指揮	制度性的獨立於政府行政部門之外	在州或地方政府部門之內或受其直接指揮
執行	對執行負完全責任	執行受到政府行政部門的支配	對指揮或監督具有自主性，在某些個案中具有政策制定或執行權	在政府行政部門的直接指揮與監督下執行，在某些個案中由獨立部分制定政策
正式的課責	並不向政府行政部門報告，在極少的案例中向立法、司法或國家元首正式課責	完全向政府行政部門課責	並不向政府行政部門報告，而是完全向立法、司法及國家元首課責	向政府行政部門完全課責
權力	具有在法律下獨立的發展選舉管制架構的權力	權力僅限於執行	通常具有在法律下獨立發展選舉架構的權力，監督者或指揮者進行執行	權力僅限於執行
組成	由行政部門以外的成員所組成	由部長或公務人員所領導，在極少的案例中僅有祕書長而無成員	由行政部門以外的成員所組成	由部會或公務人員所領導，在極少的案例中僅有祕書長而無成員
任期	具有任期的保障，但職位未必固定		具有任期的保障，但職位未必固定	並無任期保障

類型＼面向	獨立機關類型	政府部門類型	混合類型	
			獨立部門	政府部門
預算	具有獨立於政府日常控制之外管理其預算權力	預算是政府部門或地方機構預算的一部分	具有分離的預算分配	預算是政府部門或地方機構預算的一部分

資料來源：IDEA, 2006: 9.

表26-2　獨立類型選舉機關的特徵

特徵＼面向	基本的特徵	可能的特徵	備註
制度安排	制度性的獨立於政府行政部門之外		不是州或地方政府部門的一部分
執行	為執行負完全責任	可能是個可以為其本身權利起訴或被訴的法律實體	不是在憲法或法律之上
課責	受到善治限制的支配	通常大多數是正式的對立法、司法或國家元首課責。可能透過從政府行政部門中抽離並使用其預算而具有財政自主權。可能具有多種層次的績效課責	
權力	在法律架構下具有獨立的政策制定權力	具有在法律下獨立的發展選舉管制架構的權力。通常對選舉執行具有廣泛全面的權力與功能	
組成	由行政部門以外的成員所組成	成員可能是非結盟的專家或非政黨黨員	
任期	具有任期的保障	可能具有固定任期	成員不受行政部門恣意的撤職或解散

特徵 面向	基本的特徵	可能的特徵	備註
預算	具有獨立於政府日常控制之外管理其預算權力	可能具有從立法部門分離分配的預算。可能從行政部門或其他的國內社團獲得補助	不會變成任何政府部門的預算狀態
員工	具有決定其員工需求、規則與政策的自主性	可能公共服務中獲得人力	員工不必然是公務人員

資料來源：IDEA, 2006: 13.

表26-3　政府部門類型選舉機關的特徵

特徵 面向	基本的特徵	可能的特徵	備註
制度安排	在州或地方政府部門之內	可能是一個部門、一個機關或一個地方機構	不是獨立於政府行政部門之外的機構
執行	執行受到政府行政部門的支配	執行的責任可能與部門或地方機構分擔	
課責	政策、財政、績效與治理是完全對政府行政部門課責		
權力	權力僅限於執行	可能與其他部門或地方機構共享選舉執行的責任	並無獨立的管制權力
組成	由部長或公務人員領導	只有秘書長而無成員是極少數的例外。秘書長與成員的選擇可能是由行政部門獨占	
任期	無	通常並無成員，也無任期	

特徵 面向	基本的特徵	可能的特徵	備註
預算	預算是政府部門預算的一部分	可能從國內社團獲得補助	無法決定其本身預算
員工	由公務人員擔任	也許可以從公務部門之外獲得人力	無法僱用或解僱其員工

資料來源：IDEA, 2006: 13.

表26-4　混合類型選舉機關的特徵

國家 面向	法國		日本		塞內加爾		西班牙	
選舉機關的部分	獨立類型選舉機關部分	政府部門類型選舉機關部分	獨立類型選舉機關部分	政府部門類型選舉機關部分	獨立類型選舉機關部分	政府部門類型選舉機關部分	獨立類型選舉機關部分	政府類型選舉機關部分
名稱	憲法委員會	內政部選舉局	中央選舉管理委員會	內務省、總務省選舉司	國家選舉委員會	內政部	中央選舉委員會	內政部選務處
組成	依憲法規定，由歷任總統為當然委員。另外由總統、參議院議長、國民議會議長各任命3人。	無	國會任命五位成員	無	憲法委員會中的十二位成員。	無	由最高法院的八位法官與五位法律學、政治學、社會學與其他學科的教授等專家組成，主席與副主席由八位法官選出	無
結構	永久	永久	三年任期	永久	永久	永久	永久。每四年在國會選舉後重新組成	永久

國家 / 面向	法國	日本	塞內加爾	西班牙
選舉機關組成間的關係	只有監督及解決爭端的權力。／管理自治市（commune level）層級選舉過程。	行政部會中的一個祕書處給予行政支援；中央選舉管理委員會的會議紀錄登載在行政部門的網站。／中央管理的選舉委員會命令，並確保區域與地方層級選舉，由高度分權的選舉機關執行。	選舉過程的獨立監督、審查與驗證。／整個選舉過程的組織與管理。	整個選舉過程的監督。／所有選舉功能要必須諮詢獨立機關。運作有選舉執行重要決策諸立部分。
選舉機關組成的明確權力與功能	受理總統選舉提名、監督總統選舉與公民投票、公布結果。國會選舉結果糾紛裁定。／整個選舉過程的組織與管理。	國家選舉的管理與監督。／管理選舉的所有面向。	選舉過程與登記的獨立監督、審查與驗證。／整個選舉過程的組織與管理。	選舉事件的監督、候選人提名、處理紛爭、公布結果、分配席次。／選民登記、計票。

資料來源：IDEA, 2006: 14- 15.

表26-5　選舉機關三種類型優點與缺點

類型 / 優缺點	優點	缺點
獨立機關類型	· 為選舉的共同一致與員工專業主義的發展提供一個有益的環境。 · 不會受制於管理選舉者的的限制，可以使用外部有才能的人。 · 集中在選舉的工作，可能對選舉工作可以產生較好的計	· 可能與政治的或選舉架構決策者隔離。 · 可能缺乏足夠的政治影響力去獲得足夠的或及時的補助。 · 成員的任期可能降低合作經驗與制度的記憶。 · 可能缺乏應付官僚與共同環

類型 ＼ 優缺點	優點	缺點
獨立機關類型	畫與更有結合力的制度。 ・可以控制選舉活動所需的補助與執行。 ・即使運用不同的服務提供，選舉行政傾向於在統一的控制下進行。 ・在選舉機關是公正與部受政治控制的觀點下，加強了選舉的正當性。	境的技術或經驗。 ・更高的成本。因為在制度上是獨立的，因此在選舉執上難以獲得政府結構低成本或免費的協助。
政府部門類型	・具有可自我更新的合作記憶與永續性。 ・具有可用的、有經驗的官僚庫。 ・在提供選舉服務上，可以良好的與其他政府部門合作。 ・透過政府部門的資源協調，具有成本的優勢。 ・具有以政府影響力為基礎的權力。	・從與執政政府聯盟或受制於政治影響力的觀點，可能損害可信性。 ・可能因為政府部門或地方機關的補助分配或選舉政策，而受制於其內部的決策。 ・可能缺乏具有適當選舉技術的員工。 ・官僚制的型態可能無法適合選舉管理的需要。 ・選舉行政可能在許多行政部門或政府不同機關間的權力下而支離破碎。
混合類型	・獨立選舉機關駐名成員的可信性加強了選舉的正當性。選舉機關的執行具有可自我更新的合作記憶與永續性。 ・具有可用的、有經驗的官僚庫，同時可由外部獨立有能力者予以論證。 ・選舉機關的執行是與其他政府部門良好的合作，以提供選舉的服務。	・由於選舉活動是由政府機構執行，及監督權可能不足以矯正選舉違法，而損害其可信性。 ・獨立選舉機關成員的任期可能降低了合作的經驗與制度的記憶。 ・獨立選舉機關可能缺乏足夠的政治影響力去獲得足夠的或及時的補助。執行選舉機

類型 ＼ 優缺點	優點	缺點
混合類型	・獨立的選舉機關控制其政策與補助。執行的選舉機關透過與政府部門間的資源協調，具有成本的優勢。 ・雙元結構提供了外部觀察獨立的檢驗。	關受制於內部部門或地方機關的補助分配及選舉政策。 ・獨立選舉機關可能缺乏實際世界的政治技能。執行選舉機關的官僚制型態可能不適合選舉管理的需要。 ・選舉行政可能在許多行政部門或政府不同機關間的權力下而支離破碎。

資料來源：IDEA, 2006: 21.

第四節 主要國家選舉機關組織與職掌

　　前述選舉機關之制度類型乃是一種原型，在制度實際設計上，其組織、功能與職掌並非與其完全一致，而各國亦無完全相同的設計。大致而言，選舉機關權力的集中或分散，乃是依據該國政府制度及選舉法規而定（IDEA, 2006: 17-18），通常在盎格魯薩克遜（Anglo-Saxon）或普通法系（common law）國家的選舉機關是採取分權式設計，而羅馬法或大陸法傳統國家（Roman or Civil law tradition）則為集權式設計（Rafael, 2000: 54）。

　　根據IDEA（2006）調查結果發現，全球約有55%的國家採取獨立選舉機關之類型。可見目前多數國家在選舉機關制度選擇上，希望賦予選舉機關獨立，不受政治影響之地位，以保障自由、公平的選舉。茲將各主要國家之選舉機關，依其組織法源、類型及行政職權加以比較如表26-6。

表26-6　各國選舉機關之比較

制度類型	國別	選舉機關	組織法源與型態	行政職權
獨立機關類型	韓國	國家選舉委員會	1.法源：憲法、國家選舉委員會法。 2.常設獨立機關。 3.委員九人，任期六年，三人由總統任命，三人由國會選出，三人由大法院院長任命。 4.主任委員由委員互選產生。 5.委員會內分設常設幕僚單位及專任幕僚單位。	1.各項選舉工作。 2.公民投票工作。 3.政黨事務。 4.其他法定委託選舉工作。如公共團體選舉。
	泰國	泰國選舉委員會	1.法源：憲法、選舉委員會組織法。 2.常設獨立機關。 3.主任委員一人，委員四人，由國王依國會建議提名任命中立人士擔任。 4.委員會內分設常設幕僚單位及專任幕僚單位。	1.辦理各項選舉。 2.制訂選舉規範。 3.辦理選舉區畫分。 4.仲裁選舉爭議。 5.辦理民主法治宣導。
	菲律賓	菲律賓選舉委員會	1.法源：憲法、選舉法。 2.常設獨立機關。 3.委員六人，任期六年，由總統任命，其中二人任期七年，二人任期五年，二人任期三年。 4.委員會內分設常設幕僚單位及專任幕僚單位。	1.選舉政策之規劃及選舉行政之辦理。 2.向總統做有關選舉事務之報告及建議。 3.政黨登記。

制度類型	國別	選舉機關	組織法源與型態	行政職權
獨立機關類型	紐西蘭	中央選舉委員會	1.法源：公職選舉法。 2.常設獨立機關。 3.該委員會為一法人機構，由司法部長、毛利地區法院院長、總督所任命之一人、地方法院、高等法院或上訴法院之一法官所組成。	1.決定政策。 2.選舉事宜之教育及宣導。 3.政黨宣傳時段及競選經費收支申報，以及向內閣及國會提出建議意見。
		司法部選舉總署	1.為司法部所屬獨立機關。 2.設置選舉總長一人。 3.選舉總署專職人員十二人，須兼辦選區畫分委員會幕僚作業。	1.掌理選舉、補選及公投諸般選務事宜。 2.選舉區畫分委員會之幕僚作業向內閣及特種委員會提出建議意見。 3.紐西蘭郵局—選舉人登記中心，受法務部委託辦理選舉人名冊之登錄、更新及毛利選舉人選擇投票變更登記事宜。
		選區畫分委員會	1.由土地測量官、政府統計官、選舉總長、地方政府委員會主席、眾院提名並經督導依法任命之二人（一人代表政府、一人代表反對黨）組成，委員會主席則由委員全體或多數所提名，呈請總督依法任命。 2.畫分毛利選區時，須加增TePuni Kokiri地區行政首長及眾院提名並經總	負責選舉區畫分作業。

制度類型	國別	選舉機關	組織法源與型態	行政職權
獨立機關類型			督依法任命之毛利代表二人（一人代表政府、一人代表反對黨）為委員。另國會議員不得兼任委員。	
	加拿大	選舉機構	1.於1920年成立之常設獨立機關，為加國唯一選舉辦理機構。 2.選舉總長由平民院任命，選舉總長依加拿大選舉法任命選舉委員。 3.機關內分設五個部門，另設有選務次長及首席法務顧問各一人，非選舉期間專任人員330人。	1.選舉人登記及名冊之更新維護。 2.選舉宣導。 3.健全選舉法制。 4.選務人員訓練。 5.受理政黨、候選人後援會及第三人之競選廣告登記。 4.政黨經費補助。 6.監督候選人、政黨或第三人選舉經費。 7.選舉區畫分及公告。 8.向國會報告。
	美國	聯邦選舉委員會（總統選舉）	1.法源：聯邦競選法。 2.常設獨立機關。 3.委員會委員八人。 4.委員會內分設常設幕僚單位及專任幕僚單位。	1.辦理總統及聯邦公職人員選舉之競選經費查核相關事宜。 2.規劃總統及聯邦公職人員選舉統一作業標準。 3.建立及管理選舉資料庫。
		各州政府	（依各州規定）	各項選務之辦理工作。

制度類型	國別	選舉機關	組織法源與型態	行政職權
獨立機關類型	德國	聯邦選舉委員會	1.法源：德國聯邦選舉法。 2.常設獨立機關。 3.設主任委員及副主任委員及委員六人。 4.六名委員由主任委員任命有選舉權之人員組成。	1.各項選舉工作。 2.督促各政黨執行該黨之章程、綱領及內規，對上開督處有行政執行權。
政府部門類型	英國	內政部（英格蘭、威爾斯）、蘇格蘭內政及健康部、北愛爾蘭事務部	1.英國選舉制度為非中央集權式，各地方政府負責各該地區之選務。 2.各國會議員選區均設有選舉官員，由地方行政首長擔任，任期至其公職任期結束為止。	選舉官員負責：發布選舉注意事項、分發投票卡給選舉人、安排選票印製、受理提名名單、指派投票所工作人員、開票作業選舉登記辦公室則負責各選區每年之選舉人登記事務。
	丹麥	內政部	1.法源：選舉法。 2.內政部依法設置辦理選舉事務權責單位，並任命一人擔任選舉顧問。 3.實際之選務行政機關為：複數選區行政長官、選區提名選舉委員會、市委員會及投票區官員等四個單位。	1.發布規範及指導方針供所有選務行政人員遵行畫分選區席次。 2.政黨登記。 3.依選舉結果分配席次。 4.公民投票。
	瑞典	選舉機構	1.2001年六月一日成立。 2.設有主委一人及委員四人。	1.支援及發展選舉制度電腦化。 2.發布選舉規範、設計及分發選舉用品。 3.依選舉結果分配國會席次及19席歐洲議會議員、

制度類型	國別	選舉機關	組織法源與型態	行政職權
政府部門類型				公告選舉結果。 4.決定投票時程表、編輯選舉人名冊。 5.政黨登記。 6.公民投票作業。
	新加坡	選舉部	1.選舉部為常設機構，隸屬總理辦公室，由選舉官、助理選舉官、管理官、翻譯員及計票助理所組成。 2.選舉部所有成員均由總理從公務人員中選任之。 3.選舉部專責人員20人。	1.受理候選人登記。 2.監督開票過程。
	斯里蘭卡	選務總長	1.選務總長為常設性質，負責全國性選舉，至地方選舉則由地方選舉官員辦理。 2.選務總長由總統任命，為終身職或最多可任至60歲。選務總長可任命地方選舉官員。	1.公告選舉日期及選舉人登記日期。 2.督導地方選舉官員。 3.核準選區之畫分。
	挪威	國家選舉委員會、地方政府及勞工部	1.地方政府及勞工部是負責選舉之常設性機構，而國家選舉委員會則是在有全國性選舉時設性。 2.國家選委會擁有至少五位成員，均由國王指派之。	1.將選舉結果製表。 2.分配國會中九席全國不分區席次。

制度類型	國別	選舉機關	組織法源與型態	行政職權
政府部門類型	芬蘭	司法部	1.司法部下的選舉部門為全國選舉事務之權責機關，各行政區的選舉機關則負責選舉行政事務。 2.各行政區的選舉機關成員包括：主席、四名其他成員及四名代理成員，均由郡之行政委員會指派，任期四年。	各行政區的選舉機關負責： 1.督導投票所。 2.將行政區內選舉結果製表。 3.促進公民教育。
	俄羅斯	中央選舉委員會	中選會為常設組織，有十五位委員，分由國會、聯邦委員會及總統各指派五人；委員會主席、副主席及祕書長由委員互選之。	1.辦理總統候選人登記 2.督導辦理選舉人登記 3.督導所屬選委會辦理其他選務。 4.分配聯邦辦理選舉之經費。 5.民選舉權規範之審查。
	荷蘭	選舉委員會	1.選委會負責選舉行政事務，並可向內政部建議。 2.選委會成員包括：主席、副主席、祕書長、副祕書長、五位其他成員及一位顧問。所有成員均由皇家命令指派，內政部長可由部裡指派一部屬作選委會顧問。	1.協調各項選舉活動。 2.成立中央計票中心。 3.向內政部長就選舉法規進行建議。

制度類型	國別	選舉機關	組織法源與型態	行政職權
政府部門類型	比利時	內政部	1.內政部督導所有選舉活動。在選舉期間，內政部設置計票部、選區部及保護部等三單位。每個選舉單位通常由主席、祕書長及四名顧問所組成。 2.計票部之主席由內政部長根據各選區的建議名單指派之，主席則可選任祕書長及其他成員。至選區部及保護部之成員則由法官擔任。	1.確保整個投票過程之秩序。 2.受理候選人登記。 3.將投票結果製表。 4.分配當選人之國會席次。
	瑞士	聯邦辦事處	1.瑞士選舉機關為非中央集權制，全國二十州及六個次州均設有州辦事處來負責選舉事務。 2.各州之辦事處人數各有不同，惟其由公務員擔任辦事處人員。	各州辦事處負責： 1.編輯選舉人名冊。 2.分送選舉公報給選舉人。 3.向聯邦辦事處報告州的候選人名單。
	奧地利	國家選舉委員會	1.國家選舉委員會為內政部之分支機構，由內政部長任選委會主席。此外，亦有地區及市選委會。 2.國家選委會委員計十一人，主席由內政部長擔任，其餘委員則由政府指派，惟其中應包括兩名由參與最近一次國會選舉之政黨所推薦的律師。	1.分配投票用品。 2.將投票結果製表。 3.公告官方之選舉結果。

制度類型	國別	選舉機關	組織法源與型態	行政職權
混合類型	印度	選舉委員會	1.法源：憲法。 2.選委會為獨立、常設之機構，由一名主任委員及其他二名委員所組成。 3.委員均由總統指派，任期六年，惟主任委員如超過六十五歲、其他委員如超過六十二歲時需辭職。	1.編製選舉人名冊。 2.畫分選區以給予各種族保障席次。 3.舉行聽證。 4.指派各省及各選區之選舉官員。
		總務省選舉司	選務執行單位，並督導各級地方選舉機關辦理各項選舉事務。	1.主管選舉人登記、候選人登記審理事務。 2.主管政黨登記事務。 3.辦理投票開票作業。
	日本	中央選舉管理委員會	1.法源：日本公職選舉法。 2.臨時設置之獨立機關，幕僚由總務省人員擔任。 3.委員五人，任期三年，由首相依國會決議之提名任命，惟不得有三人以上隸屬同一政黨。 4.主任委員由委員互選產生。	1.中央選舉管理委員會辦理參、眾兩院比例代表選舉事務。 2.內務省負責執行中央選舉管理委員會之行政工作，並督導地方級選舉委員會。 3.中央選舉管理委員會負責督導全國性選舉，地方選委會負責準備選舉人名冊及選任投票所及選票之監察員。

制度類型	國別	選舉機關	組織法源與型態	行政職權
混合類型	法國	憲法委員會（總統選舉）	1.法源：法國第五共和憲法。 2.常設獨立機關。 3.委員九人，任期九年，不得連任，每三年改任三分之一。其中三人由總統任命，三人由國會議長任命，另三人由參議院議長任命。	1.監督選舉。 2.審理選舉糾紛。 3.監督公民複決之合法性並宣布其結果。
		內政部選舉局	選務執行機關。	各項選務之辦理工作。
		內政部選務處	選務執行機關。	1.選舉人登記。 2.投票開票作業之辦理。

資料來源：IDEA, 2006.

第五節　我國選舉機關現況與問題

一、我國選舉機關現況

　　我國中央選舉機關，以中央公職人員直選之辦理機關為例，其演進可分為三個階段：第一階段自1947年至1976年5月為非常設行政機關，即於辦理第一屆國民大會代表及立法委員選舉時，臨時於中央設選舉總事務所，委員由國民政府派充並指定一人為主席，在自由地區辦理第一屆國民大會代表、立法委員增補選及增額選舉時，委員由總統派充並指定一人為主任委員，選舉結束後定期裁撤。第二階段自1980年6月至2009年10月為常設行政機關，即於中央設中央選舉委員會，1980年6月16日正式成立，委員由行政院長提請總統派充並指定一人為主任委員，任期三年，均為無

給職。其後為期超然，1992年規定委員應有無黨籍人士，同一黨籍者不得超過委員總額五分之二；2000年並將向由內政部長兼任主任委員改為專任（歷任專任主任委員分別為黃石城、張政雄、賴浩敏）。第三階段自2009年11月迄今為獨立機關，委員由行政院長提請立法院同意任命，任期四年，首屆委員部分任期二年，以其改變時執政黨皆有機會提名委員，委員除正副主任委員外均為無給職，並明定委員需為具有法政相關學識經驗之公正人士，同一黨籍者不得超過委員名額三分之一，委員應超出黨派以利依法獨立行使職權，於任職期間不得參加政黨活動。中選會自此完成行政院組織再造三個獨立機關之一的組織建制。

　　中央選舉委員會組織法於2009年6月10日公布，依其規定，設中央、直轄市、縣（市）選舉委員會，辦理公職人員選舉、罷免及公民投票事務。中選會及所屬直轄市、縣（市）選舉委員會組織概況說明如下：

（一）中選會現況

1. 中選會置委員九人至十一人，其中一人為主任委員，一人為副主任委員，其餘委員七人至九人。主任委員、副主任委員及委員均由行政院院長提名經立法院同意後任命。委員任期為四年，任滿得連任一次，第一次任命之委員，其中五人之任期為二年。除主任委員、副主任委員外，餘為無給職。委員中同一黨籍者，不得超過委員總數三分之一。

2. 依辦理選舉、罷免及公民投票之種類及業務需要調用政府職員，專任編制員額為五十四人，兼任員額為一百六十人至一百六十二人。

（二）直轄市選舉委員會概況

1. 直轄市選舉委員會隸屬中央選舉委員會，置委員九人十三人，均為無給職，任期三年，由中選會提請行政院院長派充之，並指定一人為主任委員，執行委員會決議，綜理會務並指揮監督所屬職員。委員應有無黨籍人士，其具有同一黨籍者不得超過委員總額二分之一。

2. 設監察小組。臺北市選舉委員會置小組委員五人至二十三人，高雄市

選舉委員會置小組委員五人至十九人，均為無給職，由直轄市選舉委員會遴選具有選舉權之公正人士，報請中選會聘任，並指定一人為召集人，召集人得列席委員會議。監察小組委員依法執行選舉、罷免之監察事項。

3. 於選舉期間在區設選務作業中心，及投票日在各里設置投票所。

（三）縣（市）選舉委員會概況

1. 縣（市）選舉委員會隸屬本會，各置委員七人至十一人，但金門縣、連江縣選舉委員會各置委員三人至七人，均為無給職，任期三年，由中選會提請行政院院長派充之，並指定一人為主任委員，執行委員會決議，綜理會務，並指揮監督所屬職員。委員應有無黨籍人士，其具有同一黨籍者不得超過委員總額二分之一。

2. 縣（市）選舉委員會均設監察小組，各置小組委員三人至三十五人，但金門縣、連江縣選舉委員會各置小組委員三人至九人，均為無給職，由縣（市）選舉委員會遴選具有選舉權之公正人士，報請中選會聘任，並指定一人為召集人，召集人得列席委員會議。監察小組委員依法執行選舉、罷免之監察事項。

3. 縣（市）選舉委員會辦理選舉期間於鄉（鎮、市、區）設選務作業中心，並於投票日在各村里設置投票所。

二、中央選舉委員會的問題

（一）選政、選務畫分問題

在2009年以前，因為中選會主任委員係由內政部部長兼任，並無選政、選務如何畫分的問題，自中選會主任委員改為專任以後，始涉及選政、選務區分的問題。依據中選會組織法第2條規定，中選會掌理選舉、罷免、公民投票事務之辦理、指揮監督、綜合規劃及其監察事務之處理等有關選舉、罷免、公民投票事項。又內政部組織法第10條第3款規定，內政部民政司掌理：「關於地方自治之規劃、監督、指導及公職人員選舉罷

免事項。」上開規定，並無所謂選政權或選務權之區分。目前內政部似主張選罷法母法之修正，即為選政之範圍一節，向乏明確法律依據。惟鑒於目前內政部並未辦理選務工作，故選罷法相關子法之制定、修正及解釋均由中選會為之。實務上歷次選罷法之研修，亦均由中選會擬具修正草案後移該部彙整，中選會為實際執行選務的機關，卻無整體規劃選政及研修選舉法規的權限，並不符合一般獨立機關的精神。故內政部主張該部主管選政一節，其實質內涵為何，尚待於具體個案爭議時，始得予以釐清。

（二）中央、地方之職掌畫分問題

依地方制度法第18條第1款第1目規定，直轄市公職人員選舉、罷免之實施，為直轄市自治事項；同法第19條第1款第1目規定，縣（市）公職人員選舉、罷免之實施，為縣（市）自治事項；同法第20條第1款第1目規定，鄉（鎮、市）公職人員選舉、罷免之實施為鄉（鎮、市）自治事項。惟依公職人員選舉罷免法第1條、第2條及第6條規定，中央公職人員之立法委員及地方公職人員之直轄市議會議員、縣（市）議會議員、鄉（鎮、市）民代表會代表、直轄市長、縣（市）長、鄉（鎮、市）長、村（里）長等之選舉、罷免事項，係由中央、直轄市、縣（市）所設選舉委員會辦理。是目前不論中央或地方公職人員之選舉、罷免事務，均仍由中選會及所屬地方選舉委員會依公職人員選舉罷免法之相關規定辦理。

中選會與所屬地方選舉委員會之權限畫分，依公職人員選舉罷免法第7條、第9條及其施行細則第4條規定，全國不分區及僑居國外國民立法委員選舉（罷免），由中央選舉委員會主辦；區域及原住民立法委員選舉（罷免），由直轄市、縣（市）選舉委員會主辦，受中央選舉委員會指揮、監督；直轄市議員、直轄市長選舉（罷免），由直轄市選舉委員會主辦，受中央選舉委員會指揮、監督；縣（市）議員、縣（市）長選舉（罷免），由縣（市）選舉委員會主辦，受中央選舉委員會指揮、監督；鄉（鎮、市）民代表、鄉（鎮、市）長、村（里）長選舉（罷免），由直轄市、縣（市）選舉委員會主辦，並得指揮鄉（鎮、市、區）公所辦理之；直轄市、縣（市）選舉委員會辦理選舉（罷免），並受中央選舉委員會之

監督。另依同法第130條第1項及同法施行細則第58條規定，有關公職人員選舉罷免法及組織犯罪防制條例第14條第1項所定罰鍰之處罰，亦由主辦選舉委員會為之。此外，依新制定之本會組織法第2條第2款之規定，中選會掌理選舉、罷免、公民投票事務之辦理及指揮監督。易言之，公職人員選舉罷免法所定中選會與所屬選舉委員會之指揮監督，乃係內部之自行授權；中選會對所屬選舉委員會仍有概括全面的指揮監督權限。

　　直轄市、縣市選舉委員會係中選會之派出機關，惟過去曾發生地方選舉委員會將中選會作成的行政處分移送監察院審議之案例，為維持選舉機關公正性及行政倫理，並強化中選會為獨立機關之功能，能夠與直轄市、縣市選舉委員會權責加以畫分，中央選舉委員會於該會組織法相關法規訂定時，已於「直轄市縣市選舉委員會組織準則」中規範地方選舉委員會之決議與法律或法律授權之法規或上級機關之命令牴觸者，無效之規定；依該決議辦理之事項，上級機關得予以函告無效、撤銷、廢止、變更、代行公告或為其他必要之處置，使選務運作得以更為順行（直轄市縣市選舉委員會組織準則第6條第2項）。

第六節　結　語

　　一個國家選舉之成敗，受到政治支持、體制合法性與公民信任等因素，影響甚鉅，而選舉過程的合法性，對於建立及維持健全的民主政治亦極為重要。由於選舉機關辦理選舉的過程與結果，不僅是該國民主程度的指標，其選舉行政的優劣，更明顯的反映該國政府治理能力的強弱，因此何將公共行政的概念與技術運用在選舉行政上，提升選舉機關的能力，顯然是選舉在民主化過程中重要的研究議題。

參考書目

Alvarez, M. and Hall, T. D., 2008, "Building Secure and Transparent Election through Standard Operating Procedures", *Public Administration Review*. September/ October: 828-838.

Bratton, M. and Walle, N.Van de., 1997, *Democratic Experiment in Afica: Regime Transistions in Comparative Perspective*. Cambridge: Cambridge University.

Cain, B. E., 2008, *Democracy in States: Experimentation in Election Reform*. Washington DC: Brookings Institution Press.

Cain, B. E., 2008, *Democracy in States: Experimentation in Election Reform*. Washington DC: Brookings Institution Press Cox, G..W.

Cutrice, J., 2002,"The State of Election Studies: Mid-Life Crisis of New Youth?", *Electoral Studies*, 21: 161-168.

Diamond, L. J., Linz, J. and Lipest, S. M., 1988, *Democracy in Developing Countries*. (4). Boulder, Colorado: Lynne Rienner.

Elklit, J. and Reynolds, A., 2002,"The Impact of Election Administration on the Legitimacy of Emerging Democracies: A New Comparative Politics Research Agenda", *Commonwealth & Comparative Politics*, 40(2): 86-119.

Elklit, J. and Reynolds, A., 2005,"A Framework for the Systematic Study on Election Quality ", *Democratization*, 12(2): 147-162.

Elmendorf, C. F., 2006, "Election Commissions and Electoral Reform: An Overview", *Election Law Journal*, 5(4): 425- 446.

Franklin, M. and C. Wlezien , 2002,"Reinveting Election Studies", *Electoral Studies*, 21: 331-338

Grofman, B. and A. Lijphart, eds ,1986, *Electoral Laws and Their Political Consequences*. New York: Agathon Press.

Hale, K. and Slaton, C. D.,2008,"Building Capacity in Election Administration: Local Responses to Complexity and Interdependence", *Public Administration*

Review September/ October: 839-849.

Harris, J.P , 1930,"A Model Election Administration System."in *National Municipal Review*. New York: National Municipal League, Sept.

Harris, J. P.,1934, *Election Administration in the United States*. Washington, DC: Brookings.Harris,

Hartlyn, J. McCoy, J. and Mustillo, T. M., 2008. Electoral Governance Matters: Explaining the Quality of Elections in Contemporary Latin American", *Comparative Political Studies*, 41(1):73-78.

Heinrich, C. J. and Lynn, L.E., 2000, *Governance and Performance: New Perspectives*. Washington, DC: Georgetown University Press.

Ingraham, P. W. and Lynn, L.E.,2004, *The Art of Governance: Analyzing Management and Administration*. Washington, DC: Georgetown University Press.

International Institute for Democracy and Electoral Assistance (IDEA), 2006, *Electoral Management Design: The International IDEA Handbook*,

Katz, R. S., 1997, *Democracy and Elections*. New York: Oxford University Press.

Lijphart, A., 1994, *Electoral Systems and Party Systems*. New York: Oxford University

Montjoy, R. S., 2008,"The Public Administration of Elections", *Public Administration Review* Sptember/ October: 788-799.

Moynihan, D. P. and Silva, C. L., 2008, "The Administrators of Democracy: A Research Note on Local Election Officials", *Public Administration Review* Sptember/ October: 816-827.

Rae, D. W., 1971, *The Political Consequences of Electoral Laws*. New Haven: Yale University Press.

Rafael, L., 2002, Electoral Management Bodies as Institutions of Governance, New York: United Nations.

第二十七章　結　論

張世賢

第一節　新制度經濟學的應用

　　比較選舉制度，各種選舉制度為什麼會產生，可以從新經濟制度學加以解說。新制度經濟學（New Institutional Economics）研究制度，基於下列幾個假定（assumptions）（North, 2011）：

1. 方法論上的個人主義：有關制度的構成與運作，係以個人為分析單元，基於個人的自利的理性考慮。
2. 效用的極大化：個人在制度裡，無論其身分地位如何，均被視為在制度運作的範圍內，作自我選擇，追求自我的最大利益或效用。
3. 受限的理性：個人在決策時，在有限的環境、時間、資訊、資源下，作最有益的決策理性，不可能是廣博、周全的，而只是有限的。
4. 阻止投機的行為：某些人為求個人利益，可能投機取巧，規避法令的規定，狡詐地追求自利。因此，在制度設計上，必須加上一些措施或交易成本，使得個人不得不誠實、合作、配合；不誠實、不合作、不配合便要處罰。例如出入境管理制度，為了防止某些人攜帶違禁品入境，在入境時，必須接受檢查，以阻止違禁品入境。制度的設計，要阻止投機的行為。

　　選舉是指一個組織依其規定，由全部或部分的成員，抉擇一個或少數人，充任該組織某種權威職位之一種程序（Sills, 1968: V2）。選舉制度，從新制度經濟學的觀點分析，其制度運作表現符合下列要求（張世賢，1986：344）：

一、社會互惠

　　選舉不是單方面的，是雙方面的；有社會與個人，有候選人與選民。社會整體的意願有賴個人表達，而個人亦需要表達自己的意願，以維護自己的利益，符合新經濟制度學方法論上的個人主義。社會與個人均需要選舉。選舉才會被提出來，用來決定公共政策的方針。候選人需要選舉，以便在選舉中提出對政策問題的政見，獲得當選，謀得公職，伸展抱負；而選民亦需要選舉，以便在選舉中能表達自己的意願，控制候選人，使當選人能合符自己的利益與要求。候選人與選民均需要選舉，因選舉對自己有好處，每個人均精打細算，符合新制度經濟學的「效用極大化」假定（張世賢，1986：344；Wildavsky, 1979: 255）。

　　政府亦需要選舉，雖然表達民意有很多種途徑，但選舉是表達民意的各種途徑中最廣泛以及最具體者。政府要解決什麼政策問題，以及如何解決，有時不曉得。有了選舉，人民在選舉中，便提出了問題，以及解決的主張。政府的措施，才不會勞而不惠。有時候，政府決定方針以解決政策問題，並有貫徹之決心，但不知人民意向如何，支持程度如何，需要經由選舉以了解實情（張世賢，1986：344）。

　　人民亦需要選舉。工商業日趨進步，社會日趨複雜，人與人間相互不滿、誤解、衝突的情況越多。選舉提供廣大人民的政治參與，表達意願，發洩一些不平之氣，把不了解、有誤解、爭論之處，不論政府部門與個別公民之間、或民間團體之間，至少有相互溝通，體會對方感受之機會，在選與活動中提供充分資料、解說、辯白、討論，是對於社會衝突的再整合，對彼此之間都有好處（張世賢，1986：344）。

二、理　性

　　在選舉過程中，人們須是理性的，不可以是情緒的。理性有三個特性：(1)一致性；(2)工具性；(3)傳遞性。一致性指個人不能同時認為x較y好，y又較x好。工具性指當人們認為x較y好時，假使a會導向x，b會導向y；人們會選舉a而不是b。傳遞性指當人們較喜 x而不是y，較喜y而不是

z時，人們會較喜x而不是z。這三種特性均經由知識思考比較分析中得之（Rappoport, 1964: 7-11；張世賢，1986：344）。

在選舉過程中，候選人與選民對於政策問題的看法是局部的，不是整體的，是符合新制度經濟學「受限理性」假定。只是對自己的意願或主張予以理由化，而不是情緒化，要在說理上求站得住腳。透過了思考分析，可使自己的主張更有支持的基礎，亦更有信心，即「理要站得住」。人們對政策問題的察覺與認定，開始都只是一種感受、一種希望、甚至一種一廂情願，不甚健全，不明朗；大部分是情感的、情緒的；為了使這種看法能站得穩，然後才進一步分析，找一些說辭，得到一些「理」。這些「理」，是有限（張世賢，1986：345）。

說辭即在擴展自己政策主張的論證，論證越廣大，則主張越堅強，對別人亦越有影響力。而別人亦可以有別人的主張和說辭。各個人支持其主張的說辭越廣大之後，必有些相衝突、相矛盾、或相重疊的部分。在這些相干部分必然會有其優劣利弊之分，而能使各種主張有所比較，辨別孰為有利，孰為不利。蓋主張本身便是一種選擇，在確定選擇的情勢、選擇的目標、選擇的憑藉下，會有大家容易接受的有利主張（張世賢，1986：345）。

主張之所以不同，(1)可能因為所認識的情勢不同。如果經由理性思考，對情勢有共同的看法，則主張會趨於一致。如對於能源政策，有人主張無限貼補，穩定物價，防止通貨膨脹；有人主張以價制量，以求供需平衡並遏止浪費。雙方均各有說辭，但經確定雙方所了解的情勢後，便會有定論，有共同的主張。(2)亦可能因所追求的目標不同。目標是一連串不同層次目標的連續體，亦即目標可化成高層次目標、低層次目標。高層次目標吸收低層次目標。幾個低層次目標之優劣，可以站在高層次目標的層面，經由理性思考判斷加以比較，而可以有定論。另外，(3)亦可能對於自己的憑藉（資源、手段、工具等）估計錯誤，而致主張有所偏差。如經由理性分析了解自己確實具體的憑藉，則主張會趨於相同（張世賢，1986：346-347）。

三、容忍差異

選舉在呈現候選人政策的意願，不是在發現「真理」。真理對就是對，不對便不對，與人數無關，不用投票表決。而意願不分軒輊，大家都平等，都受到尊重，不能說某種意願比較高明，某種意願比較拙劣，只能說某種意願比較有利或不利。不能強迫別人的意願，以屈就於自己的意願。容忍差異是必要的。大家的意願均不盡相同，而卻又同等價值，如遇到政策問題，只能做一種決定解決，只能夠以滿足越多人的利益越好。因為意願既無「質」的軒輊，則只能計算「量」的多寡（張世賢，1986：347）。

人們的利益不會完全一致的，而政策卻只能做成一種決定；因此以選舉控制公共政策便要大家捐棄成見，捨小異而就大同。如果大同的意見不能產生，亦只好以多數人的意見，即同意的人最多為裁決的標準。少數人便要容忍以多數人的意見作為決定公共政策的方針。但多數人亦不能仗人多勢眾，欺壓少數人。多數人亦要容忍少數人，讓少數人存在，並讓少數人的意見有成為多數人意見的機會，至於後來能否成為多數人的意見則是另一回事（張世賢，1986：347）。

可是，容忍亦不是不受限制的。破壞了選舉過程的競賽規則是不能被容忍的，要受到法律的制裁，而且是很嚴肅的制裁。因為破壞了競賽規則，便破壞大家表達利益的共同基礎，即破壞共識（consensus）（張世賢，1986：347-348）。

四、遵守競賽規則

選舉是一種社會互動，所重在其程序，而不是結果。因此參與選舉過程的人們要共同遵守競賽規則。競賽規則是公開的、公正的、公平的。從候選人的提名至其當選，其間過程是公開的，不可能為少數人所操縱把持，例如美國總統的黨內提名，經過一州又一州的初選，勝利者過一關又邁向一關，節節受到考驗，失敗者知難而退。大家的眼睛都是雪亮的，都在看這場競賽，便容易公正、公平。其他諸如選區的畫分、選舉的監

察、候選人資格條件的規定……亦均是公正、公平的（張世賢，1986：348）。

不論公共政策的方針怎麼決定，不論誰當選，這一套競賽規則的遵守比競賽的結果重要。因此樹立自己的利益為「真理」，以暴力的方式強迫他人就範，都要被社會所唾棄。

五、溫 和

對於公共問題解決方案的決定，如依易君博教授的決策模式，可析分為事實判斷、後果判斷、價值判斷。前兩者可以由知識思考推理判定，而價值判斷則沒有定論，在民主國家要訴諸公民決定。由於社會上人人對於政策問題的價值判斷不盡相同，彼此之間的衝突是難免的，有了選舉投票便肯定了這項事實，而把衝突明顯化、公開化、合理化（易君博，1975；張世賢，1986：349）。

選舉把對於政策問題的各種意見納入正軌，大家有宣洩的機會，有被疏導的正當途徑，便比較是溫和的、穩健的，而不是情緒的、暴力的、不會造成社會的不安。因為人們的意願經常改變，且政策問題亦常不盡相同，選舉便必須定期經常舉行，讓人們有表達意願的機會，相互溝通，相互協調，以控制公共政策符合民意；情緒不會積鬱太久，自然是和平的、穩健的，而不會是暴力的、不安定的（張世賢，1986：349）。

英國的內閣制，平民院除規定原則上每五年改選一次；必要的時後，平民院亦可被解散，重新改選。例如1974年便有兩次大選，一次在2月，一次在10月。如此，人民的意願不會積鬱太久，隨時可以調整，機動因應。美國的總統制，除每四年一次的大選外，中間還有期中選舉。亦即每兩年均有選舉，可以讓不滿的情緒有所發舒。在這種情況下，暴力事件便不容易得逞，社會亦可獲安定（張世賢，1986：349-350）。

六、公 平

選舉要提供人們對政策問題表達利益的公平機會，不能強迫人們一定

要表達利益。如果強迫人們一定要表達利益，則不尊重人們了。因為不願意表達利益——不願意去投票，亦是一種意願。選舉便在尊重意願，不尊重意願便破壞了選舉。因此，選舉是要自由投票制，不受任何強制，不受任何威脅利誘（張世賢，1986：350）。

　　以前蘇聯的選舉號稱投票率高達99%，與西方的選舉相較，已經變質，不是在表達意願，控制公共政策，而是在被迫承認共產政權的合法性，以及在選舉期間，共產教條更有被灌輸、煽動、宣傳、討論的機會。選舉並不是讓政策問題的價值判斷由人民決定，而是共產黨已做好的價值判斷，強迫人民接受、貫徹（張世賢，1986：350）。

　　在古典的民主理論裡認為健全的民主政府之運作，有賴人民的積極參與，參與是廣泛的，而且是熱衷的；如此才能控制公共政策符合民意。但實際上不然，仍有很多人不去投票，而政府亦不強迫他們去投票（張世賢，1986：351）。

　　在歐美先進國家，幾乎只有大選年的時候，投票率才高於50%。政府尊重個人的意願，不以投票率低為恥，亦不以投票率高為標榜（張世賢，1986：351）。選舉只是提供參與平等的機會，而實際上有很多人不去參與，參與的情況亦不同。這樣的社會參與情形，只要參與的機會是公平，並不有損於對公共政策的控制。蓋政策問題是認定的，認定感受的情況隨人而異，因此參與情形亦隨人而異，有些人已滿意了公共政策如此制訂，不必由他們親自介入，他便不介入（張世賢，1986：351）。

第二節　選舉制度的作用

　　選舉制度對於公共事務的決定，提供了參與、界定、考驗、牽制的作用。

一、參與的作用

　　選舉期間，各種競選活動多姿多彩，無非要引誘人們注意，而其實質

內容是要人們了解候選人對於政策問題解決的立場；去想，去比較，好投下一票，支持候選人或黨。而選民亦在各種不同的解決方案中，挑一個認為對於自己最有利的，投下一票，即選舉促使人們參與公共政策的制定（張世賢，1986：351）。

這種情形以新制度經濟學的觀點來比喻，選舉過程就好像在市場裡的交易行為，有人願意到市場來賣東西，因他在市場裡可以找到顧客，可以賣出貨物，賺到錢；而顧客亦願意到市場來買東西，因他可以在市場買到他要買的東西，這兩方均斤斤計較，賣東西的老闆想要賺更多的錢，買東西的顧客想要以最便宜的價錢買到最實惠的東西，雙方都是自利的。但是老闆如果賣太貴了，顧客不會上門，會去找別家；反之，顧客如果出錢太少，不是買到爛貨，便是買不到好東西（張世賢，1986：352）。

政黨、候選人就好像在市場上賣東西，尋求利潤的老闆或企業家，為了使他們能夠獲得權位（公職）或保持權位（公職），所以提出了他們相信能夠獲得大多數選票的政策主張，其理由就如同老闆或企業家賣他們相信會獲得最大利潤的產品相同。而選民就好像在市場上，尋求合適於自己要用的東西將之買回來的顧客一樣，為了使自己的錢，花得更經濟有效，便貨比三家不吃虧，斤斤計較。選民的選票就像顧客在市場上所帶的錢，要投對於自己有利的一票。有了選舉提供大家參與公共政策制訂的機會（張世賢，1986：352）。

在市場上，買賣雙方均用思考分析，精打細算，利益最大化原則，引誘他們要相互從事交易行為。例如：賣方運用各種商場戰術，或大登廣告，或大肆宣傳解說，引誘顧客上門，刺激顧客購買欲；其情形與政黨、候選人運用各種競選策略，或印宣傳單、演講、討論，或辯論、舌槍唇戰，或其他花招，引誘選民注意其政策主張，刺激選民支持他們，投他們一票相類似（張世賢，1986：352）。

買方在日常生活上有許多需要，不解決不行，希望有人能發明，能生產，能販賣，方便大家。有了顧客願意買，會引誘老闆、企業家去思考設計，設廠生產，以便大撈一把，賺一筆大錢。其情形與選民在日常政治生活中碰到許多問題，亟需解決，但又不知問題的具體情形，相類似。問題

不能只是頭痛醫頭、腳痛醫腳,要把問題的癥結找出來,才能對症下藥,選民願意授予公職(權位),給能夠提出他們滿意方案的人,引誘政黨、候選人願意思索問題,提出對策。選舉引發選民、候選人、政黨參與公共政策制定的意願(Lindlom, 1957;張世賢,1986:352)。

在極權國家,選舉亦可以引發人們參與公共政策制定過程的意願。但與民主國家情形不同,民主國家是「市場型」,而極權國家是「神壇型」。在極權國家,為制定公共政策,「賢明的人」經周全的思考分析,發現了「真理」,必須要有選舉的機會(神壇),將「真理」很有技巧地經由討論、煽動、宣傳,灌輸給平庸的大眾。蘇聯中央書記處有煽動宣傳部,並有布爾塞維克煽動者(Bolshevic Agitators)有如教士在傳播「福音」,在教人信仰「真理」,「信我者得永生,不信我者入地獄」。而選民亦需要選舉,在投票中表明他們肯定共黨政權的合法性、揭輸「忠誠」,並接受公共政策,以紓解他們在嚴密恐怖統治下的不安全感;正如一個沒有安全感、遭受痛苦挫折缺乏信心的人,需要膜拜神祇,信奉「真理」一樣(張世賢,1986:353-354; Lindblom, 1977: 52-62)。

二、界定的作用

每一個人對於同一個政策問題的察覺、感受、認定,因各人的背景互殊,而不一致。而且最初人們對於政策問題的了解是模糊的,並且是偏頗的,只是從自己的觀點直覺地出發。有了知識思考使人們擴大認識的範圍,刺激了不同觀點之間的相互比較,相互溝通,認識亦因而加深(張世賢,1986:354)。

但思考分析並不是憑空而來,在選舉過程中,競選活動是必要的,不論是廣告、宣傳、演講、大眾傳播媒介的應用、討論、辯論等等均能刺激人們去思考,對於政策問題的了解較有清晰的概念,尤其能夠認識候選人的政策主張。而候選人準備競選活動,第一步便要弄清楚選民興趣什麼,關切哪些問題,以便研究清楚,提出政策主張,爭取選票。下一步便要運用各種競選策略,和大眾傳播媒介塑造選民對候選人的好印象,及贊成候

選人政見的好觀感（Hess, 1974; Nimmo, 1970；張世賢，1986：354）。

在早期的研究，探討在選舉過程中思考分析的作用，是在加強政黨的認同，或在改變政黨的支持，而不是以政策問題取向為標準。但政黨有其政綱、政見，對於政黨態度之不同，亦可以隱含表示政策主張之不同。思考分析是有助於界定政策的真正問題所在，而不只是對政黨及候選人之認識而已（張世賢，1986：355；Dreyer & Resenbaun, 1970: 410）。

三、考驗的作用

選舉對於政府而言，具有考驗性，選民在選舉中檢討公共政策的利弊得失。政府的政策是否符合人民的要求，在選舉中受到考驗，選舉便提供人民挑戰政府的機會。如果沒有選舉，政府所作所為，無從受到挑戰，政府便容易作威作福，人民的主張亦無從伸張，而公共政策便不受人民控制。最後，可能走向暴力革命之途。選舉提供人民對政府合理挑戰的機會（張世賢，1986：357）。例如英國，第二次世界大戰後，1945年7月大選，工黨以394席之多數，贏得勝利，保守黨在第二次世界大戰期間所做努力與貢獻面臨很大的考驗（張世賢，1986：357；Butter, 1954: 173）。

選舉不僅得以考驗政府的政策，亦得以考驗政治上偏激的黨派，有些黨派平素相當囂張，攻擊政府不遺餘力，所提出的政策主張亦有相當的群眾附和，聲浪不小，以為可以大幹特幹一番。但一經選舉的考驗，出乎意料之外，得票數相當的少，並不得到選民的讚賞，錯估了群眾，不得不略為消聲匿跡（張世賢，1986：357-358）。

四、牽制的作用

阿爾蒙（Gabriel A. Almond）與勃巴（Sidney Verba）（1963: 473-503）認為民主國家的公民在政治上具有三種取向的混合：狹隘的（parochial）、臣屬的（subject）與參與的（participant），即對於初級團體的原始取向、做為子民的被動政治取向，以及做為公民的積極政治取向。這三種取向表現在政治中構成相當的平衡，公民控制公共政策的制訂

平素雖然鬆弛，但保留潛在的影響力。很多公民並不一定熱衷政治，並敏
感地感受到政策問題的壓力，積極地參與公共問題的解決。然而，必要的
時候，他們卻有潛力如此做。選舉對於公共政策具有牽制的作用（張世
賢，1986：361）。

　　因為政策問題是人們所察覺認定的，每個人的察覺認定不同。有些
人認為切身利害，有些人不認為切身利害，因此就有人積極參與，有人
消極冷漠。可是，一旦相當多的人感受到與他們切身利害關係時，他們
會被激動起來，投入政策問題的解決，表示他們的意願，並發揮他們的
潛力，以牽制公共政策的制定，使其符合他們的主張（張世賢，1986：
361-362）。

　　這時候，原本不投票的公民都去投票了；原本在政治上不活躍的人亦
要到處走動，顯得極為熱衷；原本在政治上不聞不問的人亦要表示意見，
發表演說。這種突然而來的大量政治參與，對於社會是個很大的負荷，對
於政府亦構成很大的壓力，已非決策當局所能完全應付。決策當局為避免
此種情勢的出現，必須注意及平素政策問題的解決，要得體，不要過分離
譜，以符合人民的利益。如此，公共政策的制定真正落入公民的控制之中
（Almond & Verba, 1963；張世賢，1986：362）。

第三節　選舉制度的限制　

一、社會的限制

　　選舉的進行是一種社會互動的情形，因當時當地的社會而異，不能超
越社會。選舉能否有效地控制公共政策，受到社會的限制。例如：英國的
社會是比較謙遜的，相互尊重並現實的。不論保守黨或工黨執政，反對黨
均受到尊重，反對黨是英（女）王陛下的忠貞反對黨（Her Majesty's Loyal
Opposition），人們可與政府相反對而不為國家敵人，亦可以為反對黨而
不為叛逆。在選舉期間執政黨與反對黨相互尊重，不為己甚。行為乖張，

過分離譜，不僅不能出奇致勝，而且弄巧成拙，不為社會所容。在這種社會，選舉便能較有效地控制公共政策的制定（張世賢，1986：362）。

在美國，有些地方公民水準很高，競選竟在無聲無息下進行，倘非對政治比較敏感，不會感受出來。沒有喧嚷的競選活動，人們只能在禮堂上、或電視上看到片斷的競選花絮，以及在報紙上和信箱上看到候選人的政見。偶而亦會察覺到由中立客觀的市民所組成的選舉委員會，為選民公平地介紹並比較候選人對公共問題的不同看法。在這種社會，選舉不會意氣、感情用事。一切光怪陸離的現象不可能發生，亦比較能夠控制公共政策（張世賢，1986：363）。

在臺灣，早期的選舉，竟有候選人到處呼救、苦肉計、要人同情或抬著棺材，或把年老的父母親拖上宣傳車，在炎日下拜託拜託。並且，亦有斬雞頭發誓的。並且亦有人每選必競，只要競選了幾次，便可提高知名度，而遲早可獲當選。這些選舉活動方式會被社會所容忍，並且得逞，社會本身要負很大責任。亦即社會本身如果沒有進步，則選舉的進行仍然會停留在原來的那種情況，而卻與公共政策無關。只要社會進步了，一切光怪陸離的現象不僅不能得票，反而會失票，受到社會的拘束（張世賢，1986：363）。選舉制度有各種制度，複數選區制、單一選區制、比例代表制；複數選區、比例代表聯立制、並立制，一票制、兩票制等等皆因社會情況不同而產生，就社會當時認為大家都能接受的有利制度。

二、選民的限制

選民雖然介入選舉過程中，選民有自己的工作，有自己的私人生活，他如果花費太多時間在蒐集他有興趣的資料，並參與有關的政治活動，對他（一般選民）來說，並不划算。他所獲得的資訊，有些只是道聽塗說，往往不會仔細地注意其內容，對公共問題解決所做的決定，亦只是過得去就好了（muddling through），不必太認真（張世賢，1986：314）。

選民對於政治的基本事實認識不高，更遑論知識思考會有多深入。在這種情況下，要以選舉決定公共政策便很有問題；及其結果，公共決策既不是理性，亦非不理性。因其不能完全滿足政策投票的充分必要條件，其

充分必要條件為：(1)選民有鮮明的政策問題，選民與政策問題相連結；
(2)選民對該鮮明問題有其意願，並以其意願（立場、態度）來投票；(3)
選民必須察覺到候選人或黨對於該政策問題的意願或解決方案。在政治基
本事實以及思考分析不深入的情況下，對上述三條便不能充分滿足，在投
票上便有所偏頗，產生差距（張世賢，1986：364-365）。

三、候選人的限制

　　有些候選人對於某個鮮明的政策問題並沒表明自己的立場，或含糊其
詞，令選民無所抉擇。更有甚者，大部分的政策問題並沒有在選舉的時候
被提出來，等到選舉結束之後，才陸陸續續的冒出來，並且在下一次選舉
之前便漸漸消失了。在這種情況下，以選舉決定公共政策的制定便很鬆
弛。在兩次選舉之間所產生的問題便藉立法人員、行政決策人員來解決。
例如比較細微的外交政策、稅制、金融政策等不一定在選舉中提出來，而
由立法人員在立法機關、行政人員在行政機關，通過成千成百多如牛毛的
法令規章。選民只能利用大眾傳播媒介如報紙表達自己的意願，甚至一點
不預聞焉（張世賢，1986：364-365；Lindblom, 1980: 106-7）。

四、選票的限制

（一）有許多政策問題但卻只有一張選票

　　近年來美國學者研究投票行為。在爭論美國選民到底是以政黨取向
呢？還是問題取向？或候選人取向？目前的趨勢似乎以問題取向略占上
風，例如奈伊（Norman H. Nie）等人著的《改變中的美國選民》一書，
1976年出版，並榮獲美國政治學會最佳著作威爾遜獎，到1978年已再版四
次，認為美國選民逐漸趨向問題取向，而政黨取向逐漸沒落（張世賢，
1986：364-366；Nie et al., 1976: 319-44）。

　　其中難以克服的癥結點是選舉期間有許多鮮明的政策問題，但投票
時，卻只有一張選票，而且選舉是在選候選人，不是公民投票在表決某項

問題。在這種情況下，要以選舉來控制公共政策便成困境。不過，在選舉期間雖不能由選舉一一解決。各個鮮明問題，然選票只有一張，但仍可藉以控制整體大政方針的政策問題。

（二）選票只能表決政策的單一面

　　縱使在選舉中只表決某個政策，仍有其困境。政策是相當錯綜複雜的，投票只能投贊成或反對，或支持某候選人的主張，或不贊成另一候選人的主張；對於一些細節，投票者無法過問。例如某候選人提出新稅制的主張，選民所做的抉擇只能做廢棄舊制、與贊成新制的表示，對於新制的種種條件、內容可能仍可以有各種主張，但選民在投票中無法做更細膩的要求（張世賢，1986：364-368）。

（三）多種選擇上的困惑

　　假定在選舉中只關切到一個共同的鮮明政策，有三個候選人，各提出不同的解決主張，多數決便很成問題。例如有三分之一的人贊成甲案優於乙案，乙案優於丙案；亦即甲案優於丙案。又有三分之一的人贊成乙案優於丙案，丙案優於甲案。另有三分之一的人贊成丙案優於甲案，甲案優於乙案。其結果是有多數的人贊成甲案優於乙案，有多數的人贊成乙案優於丙案，但仍卻有多數的人贊成丙案優於甲案，而不是甲案優於丙案（張世賢，1986：364-368）。

第四節　制度誘因與制度能力

　　從新制度經濟學的觀點分析各國選舉制度，其核心論點是2009年經濟學諾貝爾獎得主Elinor Ostrom（1993）所講的制度誘因（institutional incentives），以及Goran Cars、Patsy Healey、Ali Madanipour以及Claudio de Magalhaes（2002）所探討的制度能力。

一、制度誘因

　　選舉制度是受到整個社會結構、文化觀念的拘限。選舉制度產自於社會，有怎麼樣的社會便會制定怎麼樣的選舉制度。選舉制度必須由社會決定並控制，無法片面經由設計。各種的設計及其說理，如果未與整個社會的情況相配合，一切都會打折扣或落空。這是衛達夫斯基（Aaron Wildavsky）（1979）在其鉅著《向權力說真理：政策分析的藝術和技巧》一書中所再三強調的。國內的學者有此看法者不乏其人，薄慶玖教授云：

　　　　其實以選舉法規限制競選活動，乃係治標方法，僅憑此，實難保障選舉之自由、公平與公正。因此，我們應該從治本著手，提高國民政治意識，深植國民守法精神，培養國民民主風度（薄慶玖，1978：215）。

　　選舉規範與活動會是怎麼樣的形態，社會整體的情況便是個誘因（incentive），不同社會有不同社會的選舉制度，及不同社會的選舉行為（張世賢，1986：370）。要改變選舉制度必須從改變社會著手。亦即要解決公共問題，必先從建立起適合於政策問題妥善解決的誘因為前提。除了國民政治意識、守法精神、民主風度外，新制度經濟學的「自利」因素亦必須考慮在內。如果當選之後，所獲的名利很大，則所投入的活動必然是激烈的，而且是耗費的。其公式為：

表27-1　成本利益分析

Ba-Ca≦Bs-Cs
Bs = Cs（均衡點）
B = Benefit, C=Costs, a = activity; s =s uccess

資料來源：張世賢，1986：370。

　　例如：複數選區制與單一選區制對誰有利？如果單一選區制對主流民意有利，則選舉制度將從複數選區制改成單一選區制。如果主流民意認為需要加上政黨比例代表制，不要抹煞第三黨，則選舉制度會增加政黨比例代表制。一切選舉制度的變革，均由制度誘因決定。

　　如果選舉忽略了其目的是在決定公共政策，而只在乎誰當選，或某一黨獲勝，則選舉問題層出不窮。美國社會最近幾年已逐漸走向解決問題（問題取向）是一項進步的表現。當選人在選舉所得降低之後，選舉成敗之差距亦自然隨之減少，人們亦就趨向於計較問題要怎麼解決，而不是計較誰當選、或哪一黨獲勝。如此選舉的互動情況自然緩和、冷靜而安定。如果選舉的成敗差距很大，難免有候選人要以「生死鬥爭」的方式全力以赴了，社會亦就動盪不安了（張世賢，1986：370）。一切各種選舉規定使徒成空文了，其情形如表27-2：

表27-2　競選得失表

Bs-Cs > Bf-Cf	如選舉成敗差距懸殊，則選舉過程激烈
Bs-Cs ≧ Bf-Cf	如選舉成敗差距甚小，則選舉過程溫和
Bs-Cs ≦ Bf-Cf	成遜於敗，則選舉過程冷淡
B = Benefit, C = Costs, s = success, f = failure	

資料來源：張世賢，1986：371。

　　另外在選舉過程中所投入知識思考的效果，亦影響選舉活動的型態。如果在開始競選活動前，選民的意願均已決定，游離票甚少，縱使運用知識思考策略，爭取到游離票亦不會影響到大家所認定的結果，則選舉活動必將清淡。如果在開始競選活動前，選民的意願未決定，即使決定了亦很容易動搖，或者游離票雖少，但卻影響大局；則挖空心思，投入知識思考極有效；因而競選花招百出，選舉活動便熱烈，氣氛亦緊張。要解決此一問題，社會平素便要讓公民有思索問題表達意見的機會，分擔競選期間知識思考的效果。美國社會競選活動不很熱烈，其原因在此（張世賢，1986：372）。

二、制度能力

選舉制度要有制度能力，以達成制度設計所要達成的目的。選舉過程中會有大大小小問題產生，選舉制度本身要有制度能力，以處理選舉問題。當原來的選舉制度（法規）不足以處理選舉問題，就只好修改選舉制度（法規）。

選舉期間有如河川，選舉活動有如河水。河水甚多，而河川甚小，河川不勝負荷，河水一定決堤，泛濫成災，選舉暴亂因而產生。美國的選舉，每四年有一次大選，其第二年又有期中選舉，辦理選務的行政人員不會不勝其繁。因為人們的情緒、意見有更多發洩的機會，選舉期間便不會不勝負荷。英國平民院的選舉除規定原則上每五年改選，但必要時平民院仍可隨時被解散改選，人們的情緒不抑鬱甚久，而造成選舉期間的額外負擔（張世賢，1986：372）。

如果很久不舉辦選舉，一選舉便想要一勞永逸，則選舉期間一定相當激烈。因為機會很少而且有限，參與競爭者不得不全力以赴；失去此一機會可能再沒有機會了，縱使再有機會亦垂垂老矣。如果各種民選公職合併在一起舉行，且各種公職候選人對於公共問題的解決主張相互重複，則不僅要這麼多種公職毫無意義，且增加選舉期間的負荷。選舉騷動便要爆發（張世賢，1986：372）。

社會必須要減少選舉期間所受到競選活動的負荷，其辦法並不是削足適履，制訂各種選舉規章限制競選活動，而是在疏導競選活動的情緒與言論。選舉的次數要增加，至少每兩年必須要有一種公職選舉，每一次選舉不能有多種公職合併舉行。如此，選舉期間便有承受選舉活動的能力（張世賢，1986：372）。

社會越急速發展，各種觀念必然雜陳；人際關係越複雜，競爭激烈，人們亦極易有不滿足感及挫折感。對於現狀的憤懣，其原因並不一定來自政府執政之不當，而是來自整個社會的發展情形，社會裡的每一分子均有責任。因此社會平素便要建立好相互疏導溝通的管道，大家相互尊重，相互容忍，相互設身處地為別人著想，不要只想到自己，自私自利，一意孤

行。人們要對任何政策問題的資訊，可以隨時得到提供的機會。思考流通，便不易偏激（張世賢，1986：373）。

選舉提供對於政策問題解決的平等機會，但並不是唯一的機會。參與的多元化，以及參與成果的多元化是相當重要的。如果選舉是公民對於公共問題解決的唯一機會，則大家要蜂擁向選舉；如果選舉是分享參與成果的唯一機會，則大家便要登記做候選人了。於是有人便要高喊「選舉萬歲」，而忽視了選舉過程中所要遵守的競賽原則（the rule of the game）了，更把「理性」置之腦後（張世賢，1986：373）。

參與多元化，可以疏減選民對於選舉的壓力，減輕選舉期間的負荷。選舉期間能夠承受選舉活動，公共政策才能真正受到選民控制，除選舉之外，民意測驗、大眾傳播的報導輿情反應、政府承辦單位與相關民眾的「面對面」、「聽證會」、「行政訴訟」、「螢光夜話」、「心連心」、「國建會」……均有助於對於公共政策的了解；不滿情緒以及誤解、曲解的資訊或言論亦易消弭於無形（張世賢，1986：373）。

參與成果的多元化，便不會每次選舉均有一大堆人去登記競選，或每選必競。因為選舉是在控制公共政策符合民意，而不是在塑造特權；因此誰當選，以及何黨獲勝便不關緊要。參加競選固然可以得到一點名利，但參與其他的參與途徑或方式可能獲得名利亦不少，如新聞記者、專家學者參與座談、發表言論；利害關係人參與訴訟，獲得國家賠償。不必一定要以當民選公職來保障自己的私利。在這種情形下，選舉不會令人十分熱衷，自然心平氣和，易於遵守競賽規則，走上軌道，而真正由選民決定公共政策，符合新制度經濟學的觀點（張世賢，1986：374）。

參考書目

中文部分

易君博，1975，《政治學論文集：理論與方法》。台北：台灣省教育會。

張世賢，1986〈選舉與公共政策〉載於張世賢，《公共政策析論》，台
　　北：五南，頁335-374。

薄慶玖，1979，《地方政府》。台北：華視。

英 文部分

Almond, Gabriel A. and Sidney Verba, 1963, *The Civic Culture: Political Attitudes and Democracy in Five Nations*. New Jersey: Princeton.

Butter, D.E., 1954, *The Electoral System in Britain 1918-1951*. London: Oxford University Press.

Cars, Goran; Patsy Healey, Ali Madaniponr and Claudis de Magalhaes (eds), 2002, *Unban Governance, Institutional Capacity and Social Milieux*. Burlington: Ashgate.

Dreyer, Edward C. and Walter A. Rosenbaum, *Political Opinion and Behavior: Essays and Studies*. Belmont Calif.: Wadsworth.

Hess, Stephen, 1974, *The Presidential Campaign: The Leadership Selection Process After Watergate*. Washington D.C.: The Brookings Institution.

Lindlom, Charles E. 1977, *Politics and Markets: The World's Political-Economic Systems*. New York: Basic Books.

Lindblom, C. E., 1980, *The Policy-Making Process*. Engelword Chills, NJ: Prentice-Hall.

Mendelsohn, Marold; Garrett J. O'keefe, 1976, *The People Choose a President Influnces on Voter Decision Making*. New York: Praeger.

Nie, N. N.; S. Veiba and J. R. Potrocik, 1976, *The Changing American Vitero*. Cambridge, MA: Harvard University Press.

Nimmo, Dan, 1970, *The Political Persuaders: The Techniques of Modern Election Campaign*. Englewood Cliffs, NJ: Prentice-Hall.

Noith, D. C. 2011, The New Institutional Economics and Derelopment, http://qed.econ.queensu.ca/pub/facnety/lloyd-ellio/eco835/readings/noith.

pdf.2011.07.31下載

Ostrom, E., L. Schroeder & S. Wynne, 1993, *Institutional Incentives and Sustainable Development: Infrastructure Policies in Perspective.* Bonlder, CO: Westview Press.

Rappoport, Anatol, 1964, *Strategy and Conscience.* New York: Harper & Row.

Sills, David L.,1968, *International Encyclopedia of the Social Science*, 17 Vols. New York: Crowell Collier and MacMillam.

Wildavsky, A., 1979, *Speaking Truth to Power: The Art and Ciaft of Policy Analysis.* Boston: Little, Brown and Co.

附錄

APPENDIX

1

第七屆立法委員選區畫分
（2008年）

中央選舉委員會

縣市	選區	範圍
臺北市	第一選區	北投區、士林區13里（天母里、三玉里、天福里、天祿里、天壽里、天山里、天和里、天玉里、德行里、德華里、忠誠里、蘭雅里、蘭興里）
	第二選區	大同區、士林區38里（仁勇里、義信里、福林里、福德里、福志里、舊佳里、福佳里、後港里、福中里、前港里、百齡里、承德里、福華里、明勝里、福順里、富光里、葫蘆里、葫東里、社子里、社新里、社園里、永倫里、福安里、富洲里、岩山里、名山里、聖山里、芝山里、東山里、永福里、公館里、新安里、陽明里、菁山里、平等里、溪山里、翠山里、臨溪里）
	第三選區	中山區、松山區20里（精忠里、東光里、龍田里、東昌里、東勢里、中華里、民有里、民福里、松基里、莊敬里、東榮里、新益里、新東里、介壽里、三民里、富錦里、富泰里、自強里、鵬程里、安平里）
	第四選區	內湖區、南港區
	第五選區	萬華區、中正區21里（南門里、新營里、龍福里、南福里、愛國里、廈安里、忠勤里、永功里、永昌里、龍興里、龍光里、黎明里、光復里、建國里、東門里、幸福里、梅花里、幸市里、文北里、文祥里、三愛里）
	第六選區	大安區
	第七選區	信義區、松山區13里（慈祐里、吉祥里、新聚里、復盛里、中正里、中崙里、美仁里、吉仁里、敦化里、復源里、復建里、復勢里、福成里）
	第八選區	文山區、中正區10里（水源里、富水里、文盛里、林興里、河堤里、螢圃里、網溪里、板溪里、頂東里、螢雪里）
高雄市	第一選區	楠梓區、左營區
	第二選區	鼓山區、鹽埕區、旗津區、三民區42里（川東里、德西里、裕民里、力行里、豐裕里、千秋里、千北里、立德里、千歲里、鳳南里、興德里、鳳北里、德北里、十全里、十美里、安邦里、安宜里、安泰里、民享里、精華里、德行里、德東里、立誠里、立業里、安生里、安和里、安東里、達明里、達德里、達仁里、達勇里、德智里、德仁里、同德里、建東里、港西

縣市	選區	範圍
高雄市		里、長明里、港東里、港北里、港新里、博愛里、博惠里）
	第三選區	三民區45里（鼎金里、鼎盛里、鼎強里、鼎力里、鼎西里、鼎中里、鼎泰里、本館里、本和里、本文里、本武里、本元里、本安里、本上里、本揚里、寶獅里、寶德里、寶泰里、寶興里、寶中里、寶華里、寶國里、寶民里、寶慶里、寶業里、寶盛里、寶安里、寶龍里、寶珠里、寶玉里、灣子里、灣愛里、灣中里、灣華里、灣勝里、灣利里、灣復里、正興里、正順里、灣興里、灣成里、安康里、安寧里、安吉里、安發里）
	第四選區	前金區、新興區、苓雅區、前鎮區8里（復國里、竹中里、竹北里、興東里、竹西里、竹東里、竹內里、竹南里）
	第五選區	小港區、前鎮區51里（草衙里、明孝里、明正里、明義里、仁愛里、德昌里、平等里、平昌里、明禮里、信義里、信德里、明道里、興化里、興仁里、前鎮里、鎮東里、鎮榮里、鎮昌里、鎮海里、鎮陽里、興邦里、鎮中里、鎮北里、忠純里、忠誠里、西山里、民權里、建隆里、振興里、良和里、西甲里、盛興里、盛豐里、興中里、忠孝里、瑞竹里、瑞南里、瑞豐里、瑞祥里、瑞東里、瑞和里、瑞平里、瑞隆里、瑞北里、瑞西里、瑞崗里、瑞興里、瑞誠里、瑞文里、瑞華里、瑞昌里）
臺北縣	第一選區	石門鄉、三芝鄉、淡水鎮、八里鄉、林口鄉、泰山鄉
	第二選區	五股鄉、蘆洲市、三重市16里（富貴里、碧華里、仁華里、永清里、永順里、富福里、慈化里、慈惠里、慈愛里、永福里、慈生里、慈福里、慈祐里、富華里、五華里、五福里）
	第三選區	三重市103里（二重里、三民里、三安里、大同里、大安里、大有里、大園里、大德里、中山里、中央里、中正里、中民里、中興里、五穀里、五常里、五順里、仁忠里、仁義里、仁德里、介壽里、六合里、六福里、文化里、平和里、正安里、正義里、正德里、民生里、永吉里、永安里、永春里、永盛里、永發里、永德里、永興里、永豐里、永輝里、田中里、田心里、田安里、立德里、光正里、光田里、光明里、光華里、光陽里、光榮里、光輝里、吉利里、同安里、同慶里、安慶里、成

縣市	選區	範圍
臺北縣		功里、自強里、秀江里、谷王里、尚德里、幸福里、忠孝里、承德里、長元里、長生里、長安里、長江里、長泰里、長福里、信安里、厚德里、奕壽里、重明里、重陽里、重新里、國隆里、培德里、崇德里、清和里、頂崁里、博愛里、菜寮里、開元里、順德里、溪美里、瑞德里、萬壽里、過田里、福民里、福田里、福安里、福利里、福興里、福祉里、福隆里、福德里、福樂里、維德里、德厚里、錦田里、錦安里、錦江里、錦通里、龍門里、龍濱里、雙園里)
	第四選區	新莊市75里（中平里、中全里、中宏里、中和里、中信里、中美里、中原里、中泰里、中港里、中華里、中隆里、中誠里、丹鳳里、仁愛里、仁義里、化成里、文明里、文聖里、文德里、文衡里、民全里、立人里、立功里、立廷里、立志里、立言里、立泰里、立基里、立德里、昌明里、全安里、全泰里、合鳳里、自立里、自信里、自強里、和平里、幸福里、忠孝里、昌平里、昌信里、昌隆里、信義里、建安里、建福里、後港里、後德里、思源里、思賢里、恆安里、泰豐里、海山里、國泰里、祥鳳里、富民里、富國里、萬安里、裕民里、榮和里、福基里、福興里、福營里、興漢里、頭前里、龍安里、龍福里、龍鳳里、營盤里、豐年里、雙鳳里、瓊林里、四維里、成德里、八德里、南港里)
	第五選區	樹林市、鶯歌鎮、新莊市 9里（民安里、民有里、民本里、光明里、光正里、光榮里、光和里、光華里、西盛里）
	第六選區	板橋市65里（中正里、仁翠里、介壽里、公館里、文化里、文聖里、文翠里、文德里、民安里、民權里、永安里、光華里、光榮里、吉翠里、江翠里、百壽里、自立里、自強里、宏翠里、赤松里、幸福里、忠誠里、忠翠里、明翠里、松柏里、松翠里、社后里、金華里、青翠里、建國里、柏翠里、流芳里、香社里、香雅里、留侯里、純翠里、國光里、埤墘里、莒光里、莊敬里、嵐翠里、朝陽里、港尾里、港嘴里、港德里、華江里、華翠里、陽明里、黃石里、新民里、新生里、新埔里、新海里、新翠里、新興里、漢生里、滿翠里、福翠里、德翠里、龍翠里、聯翠里、懷翠里、把秀里、湳興里、溪頭里）

縣市	選區	範圍
臺北縣	第七選區	板橋市61里（九如里、大安里、大豐里、大觀里、中山里、五權里、仁愛里、正泰里、民生里、民族里、玉光里、光仁里、光復里、成和里、西安里、和平里、居仁里、東丘里、東安里、長安里、長壽里、信義里、後埔里、重慶里、香丘里、埔墘里、振興里、振義里、海山里、浮洲里、國泰里、堂春里、崑崙里、深丘里、富貴里、復興里、景星里、華中里、華東里、華貴里、華福里、華德里、華興里、鄉雲里、溪北里、溪洲里、溪福里、僑中里、福丘里、福安里、福星里、福祿里、福壽里、福德里、聚安里、廣新里、廣福里、廣德里、龍安里、雙玉里、歡園里）
	第八選區	中和市76里（力行里、中山里、中正里、中原里、中興里、仁和里、內南里、文元里、外南里、平和里、正行里、正南里、民生里、民安里、民有里、民享里、瓦窯里、吉興里、安穗里、灰窯里、自強里、佳和里、和興里、忠孝里、明德里、明穗里、枋寮里、東南里、信和里、冠穗里、南山里、建和里、員山里、員富里、國光里、國華里、崇南里、清穗里、連和里、連城里、頂南里、復興里、景文里、景平里、景本里、景安里、景南里、景新里、景福里、華南里、華新里、新南里、瑞穗里、嘉新里、嘉慶里、嘉穗里、壽南里、壽德里、漳和里、碧河里、福和里、福南里、福美里、福真里、福祥里、福善里、廟美里、德行里、德穗里、橫路里、積穗里、興南里、錦中里、錦和里、錦昌里、錦盛里）
	第九選區	永和市、中和市17里（泰安里、安平里、中安里、安樂里、宜安里、安順里、安和里、秀明里、秀仁里、秀山里、秀福里、秀義里、秀景里、秀水里、秀士里、秀成里、秀峰里）
	第十選區	土城市、三峽鎮
	第十一選區	新店市、深坑鄉、石碇鄉、坪林鄉、烏來鄉
	第十二選區	金山鄉、萬里鄉、汐止市、平溪鄉、瑞芳鎮、雙溪鄉、貢寮鄉
宜蘭縣	第一選區	全縣

縣市	選區	範圍
桃園縣	第一選區	蘆竹鄉、龜山鄉、桃園市10里（汴洲里、春日里、會稽里、大有里、寶山里、大興里、忠義里、青溪里、三民里、萬壽里）
	第二選區	大園鄉、觀音鄉、新屋鄉、楊梅鎮
	第三選區	中壢市69里（石頭里、青埔里、華愛里、龍昌里、三民里、光明里、信義里、新明里、龍東里、山東里、仁義里、成功里、後察里、新街里、龍德里、仁福里、自立里、洽溪里、新興里、龍興里、中央里、自治里、振興里、過嶺里、舊明里、內定里、健行里、福德里、中建里、內厝里、至善里、莊敬里、德義里、中原里、內壢里、和平里、復華里、文化里、幸福里、復興里、中榮里、月眉里、忠孝里、普仁里、興和里、中壢里、水尾里、忠義里、普忠里、興南里、五福里、正義里、忠福里、普強里、興國里、五權里、永光里、明德里、普義里、龍平里、永福里、東興里、普慶里、仁美里、永興里、芝芭里、龍岡里、中興里、興平里）
	第四選區	桃園市66里（中路里、同安里、福安里、中寧里、成功里、信光里、福林里、中德里、自強里、南門里、龍山里、大林里、中興里、西門里、南埔里、龍安里、文中里、西埔里、南華里、龍岡里、大豐里、文化里、西湖里、建國里、龍祥里、中山里、文昌里、龍鳳里、中平里、文明里、泰山里、豐林里、中正里、北門里、東山里、莊敬里、中成里、北埔里、東門里、朝陽里、寶慶里、中和里、民生里、東埔里、雲林里、中信里、永安里、武陵里、慈文里、中原里、永興里、長安里、新埔里、中埔里、玉山里、長美里、中泰里、光興里、長德里、三元里、同德里、明德里、瑞慶里、保安里、中聖里、龍壽里）
	第五選區	平鎮市、龍潭鄉
	第六選區	八德市、大溪鎮、復興鄉、中壢市12里（興仁里、自強里、中正里、中山里、篤行里、仁愛里、仁和里、仁祥里、華勳里、仁德里、中堅里、龍安里）
新竹縣	第一選區	全縣

縣市	選區	範圍
苗栗縣	第一選區	竹南鎮、造橋鎮、後龍鎮、西湖鄉、通霄鎮、銅鑼鄉、苑里鎮、三義鄉
	第二選區	頭份鎮、三灣鄉、南莊鄉、苗栗市、頭屋鄉、獅潭鄉、公館鄉、大湖鄉、泰安鄉、卓蘭鎮
臺中縣	第一選區	大甲鎮、大安鄉、外埔鄉、清水鎮、梧棲鎮
	第二選區	沙鹿鎮、龍井鄉、大肚鄉、烏日鄉、霧峰鄉、大里市2里（東湖里、西湖里）
	第三選區	太平市、大里市25里（大里里、新里里、國光里、樹王里、大元里、夏田里、祥興里、東興里、大明里、永隆里、日新里、西榮里、長榮里、內新里、中新里、立仁里、立德里、新仁里、東昇里、仁化里、仁德里、健民里、塗城里、金城里、瑞城里）
	第四選區	豐原市、石岡鄉、新社鄉、東勢鎮、和平鄉
	第五選區	后里鄉、神岡鄉、大雅鄉、潭子鄉
彰化縣	第一選區	伸港鄉、線西鄉、和美鎮、鹿港鎮、福興鄉、秀水鄉
	第二選區	彰化市、花壇鄉、芬園鄉
	第三選區	芳苑鄉、二林鎮、埔鹽鄉、溪湖鎮、埔心鄉、大城鄉、竹塘鄉、埤頭鄉、北斗鎮、溪州鄉
	第四選區	大村鄉、員林鎮、永靖鄉、社頭鄉、田尾鄉、田中鎮、二水鄉
南投縣	第一選區	草屯鎮、國姓鄉、埔里鎮、仁愛鄉、中寮鄉、魚池鄉
	第二選區	南投市、名間鄉、集集鎮、竹山鎮、鹿谷鄉、水里鄉、信義鄉
雲林縣	第一選區	麥寮鄉、臺西鄉、東勢鄉、褒忠鄉、土庫鎮、虎尾鎮、四湖鄉、元長鄉、口湖鄉、水林鄉、北港鎮
	第二選區	崙背鄉、二崙鄉、西螺鎮、莿桐鄉、林內鄉、斗六市、大埤鄉、斗南鎮、古坑鄉
嘉義縣	第一選區	六腳鄉、東石鄉、朴子市、太保市、布袋鎮、義竹鄉、鹿草鄉、水上鄉
	第二選區	溪口鄉、大林鎮、梅山鄉、新港鄉、民雄鄉、竹崎鄉、中埔鄉、番路鄉、阿里山鄉、大埔鄉

縣市	選區	範圍
臺南縣	第一選區	後壁鄉、白河鎮、北門鄉、學甲鎮、鹽水鎮、新營市、柳營鄉、東山鄉、將軍鄉、下營鄉、六甲鄉、官田鄉
	第二選區	七股鄉、佳里鎮、麻豆鎮、善化鄉、大內鄉、玉井鄉、楠西鄉、西港鄉、安定鄉、新市鄉、山上鄉、新化鎮、左鎮鄉、南化鄉
	第三選區	永康市、仁德鄉、歸仁鄉、關廟鄉、龍崎鄉
高雄縣	第一選區	三民鄉、桃源鄉、甲仙鄉、內門鄉、杉林鄉、六龜鄉、阿蓮鄉、田寮鎮、旗山鎮、美濃鎮、茂林鄉、燕巢鄉、大社鄉、大樹鄉
	第二選區	茄萣鄉、湖內鄉、路竹鄉、永安鄉、岡山鎮、彌陀鄉、梓官鄉、橋頭鄉
	第三選區	仁武鄉、鳥松鄉、大寮鄉、林園鄉
	第四選區	鳳山市
屏東縣	第一選區	里港鄉、高樹鄉、三地門鄉、霧臺鄉、九如鄉、鹽埔鄉、長治鄉、內埔鄉、瑪家鄉、泰武鄉、竹田鄉、萬巒鄉、潮州鎮
	第二選區	屏東市、麟洛鄉、萬丹鄉
	第三選區	新園鄉、崁頂鄉、南州鄉、新埤鄉、來義鄉、東港鎮、林邊鄉、佳冬鄉、枋寮鄉、春日鄉、枋山鄉、獅子鄉、牡丹鄉、車城鄉、滿州鄉、恆春鎮、琉球鄉
臺東縣	第一選區	全縣
花蓮縣	第一選區	全縣
澎湖縣	第一選區	全縣
基隆市	第一選區	全市
新竹市	第一選區	全市
臺中市	第一選區	西屯區、南屯區
	第二選區	北屯區、北區
	第三選區	西區、中區、東區、南區
嘉義市	第一選區	全市
臺南市	第一選區	安南區、北區、中西區
	第二選區	安平區、南區、東區
金門縣	第一選區	全縣
連江縣	第一選區	全縣

資料來源：中央選舉委員會

附錄
APPENDIX
2

2010直轄市議員選舉
選區畫分表

中央選舉委員會

直轄市別	選舉區畫分		應選出之議員名額		競選經費最高金額（單位：新臺幣元）
	選舉區	範　圍	名　額	應選名額中應有婦女當選名額	
臺北市	第1選舉區	北投區、士林區	12	3	10,925,000
	第2選舉區	內湖區、南港區	9	2	10,880,000
	第3選舉區	松山區、信義區	10	2	10,906,000
	第4選舉區	中山區、大同區	8	2	10,893,000
	第5選舉區	中正區、萬華區	8	2	10,906,000
	第6選舉區	大安區、文山區	13	3	10,920,000
	第7選舉區	居住臺北市之平地原住民	1	0	10,172,000
	第8選舉區	居住臺北市之山地原住民	1	0	10,107,000
	合　計		議員總額：62名 1.區域：60名 2.平地原住民：1名 3.山地原住民：1名		
新北市	第1選舉區	石門區、三芝區、淡水區、八里區	3	0	11,466,000
	第2選舉區	林口區、五股區、泰山區、新莊區	10	2	11,324,000
	第3選舉區	蘆洲區、三重區	9	2	11,361,000
	第4選舉區	板橋區	9	2	11,284,000
	第5選舉區	中和區	7	1	11,237,000
	第6選舉區	永和區	4	1	11,237,000
	第7選舉區	樹林區、鶯歌區、土城區、三峽區	10	2	11,231,000
	第8選舉區	新店區、深坑區、石碇區、坪林區、烏來區	5	1	11,398,000
	第9選舉區	平溪區、瑞芳區、雙溪區、貢寮區	1	0	11,476,000

| 直轄市別 | 選舉區畫分 | | 應選出之議員名額 | | 競選經費 |
	選舉區	範　圍	名　額	應選名額中應有婦女當選名額	最高金額（單位：新臺幣元）
新北市	第10選舉區	金山區、萬里區、汐止區	4	1	11,198,000
	第11選舉區	居住新北市之平地原住民	3	0	10,235,000
	第12選舉區	居住新北市之山地原住民	1	0	10,300,000
	合　計		議員總額：66名 1.區域：62名 2.平地原住民：3名 3.山地原住民：1名		
臺中市	第1選舉區	大甲區、大安區、外埔區	3	0	10,914,000
	第2選舉區	清水區、梧棲區、沙鹿區	5	1	10,924,000
	第3選舉區	龍井區、大肚區、烏日區	5	1	10,822,000
	第4選舉區	后里區、豐原區	5	1	10,916,000
	第5選舉區	神岡區、大雅區、潭子區	6	1	10,872,000
	第6選舉區	西屯區	5	1	10,855,000
	第7選舉區	南屯區	4	1	10,795,000
	第8選舉區	北屯區	6	1	10,852,000
	第9選舉區	北區	3	0	11,029,000
	第10選舉區	中區、西區	3	0	10,982,000
	第11選舉區	東區、南區	4	1	10,974,000
	第12選舉區	太平區	4	1	10,894,000
	第13選舉區	大里區、霧峰區	6	1	10,905,000
	第14選舉區	東勢區、石岡區、新社區、和平區	2	0	11,062,000

直轄市別	選舉區畫分		應選出之議員名額		競選經費最高金額（單位：新臺幣元）
	選舉區	範　　圍	名　額	應選名額中應有婦女當選名額	
臺中市	第15選舉區	居住臺中市之平地原住民	1	0	10,227,000
	第16選舉區	居住臺中市之山地原住民	1	0	10,340,000
	合　　計		議員總額：63名 1.區域：61名 2.平地原住民：1名 3.山地原住民：1名		
臺南市	第1選舉區	後壁區、白河區、東山區	2	0	10,848,000
	第2選舉區	鹽水區、新營區、柳營區	4	1	10,673,000
	第3選舉區	北門區、學甲區、將軍區	2	0	10,653,000
	第4選舉區	下營區、六甲區、麻豆區、官田區	4	1	10,621,000
	第5選舉區	七股區、佳里區、西港區	3	0	10,767,000
	第6選舉區	善化區、安定區	2	0	10,770,000
	第7選舉區	大內區、山上區、新化區	2	0	10,662,000
	第8選舉區	楠西區、南化區、玉井區、左鎮區	1	0	10,853,000
	第9選舉區	新市區、永康區	7	1	10,747,000
	第10選舉區	安南區	5	1	10,744,000
	第11選舉區	北區	4	1	10,689,000
	第12選舉區	中西區	2	0	10,839,000
	第13選舉區	安平區	2	0	10,651,000
	第14選舉區	東區	6	1	10,679,000

| 直轄市別 | 選舉區畫分 | | 應選出之議員名額 | | 競選經費最高金額（單位：新臺幣元） |
	選舉區	範　　圍	名　額	應選名額中應有婦女當選名額	
臺南市	第15選舉區	南區	4	1	10,662,000
	第16選舉區	仁德區、歸仁區、關廟區、龍崎區	5	1	10,735,000
	第17選舉區	居住臺南市之平地原住民	1	0	10,054,000
	第18選舉區	居住臺南市之山地原住民	1	0	10,065,000
	合　計		議員總額：57名 1.區域：55名 2.平地原住民：1名 3.山地原住民：1名		
高雄市	第1選舉區	桃源區、那瑪夏區、甲仙區、六龜區、杉林區、內門區、旗山區、美濃區、茂林區	3	0	10,935,000
	第2選舉區	茄萣區、湖內區、路竹區、阿蓮區、田寮區	4	1	10,802,000
	第3選舉區	永安區、岡山區、燕巢區、彌陀區、梓官區、橋頭區	5	1	10,986,000
	第4選舉區	楠梓區、左營區	8	2	10,944,000
	第5選舉區	大社區、仁武區、鳥松區、大樹區	4	1	10,992,000
	第6選舉區	鼓山區、鹽埕區、旗津區	4	1	10,983,000
	第7選舉區	三民區	8	2	10,928,000
	第8選舉區	前金區、新興區、苓雅區	6	1	10,941,000
	第9選舉區	鳳山區	8	2	10,889,000

直轄市別	選舉區畫分		應選出之議員名額		競選經費最高金額（單位：新臺幣元）
	選舉區	範　圍	名　額	應選名額中應有婦女當選名額	
高雄市	第10選舉區	前鎮區、小港區	8	2	10,914,000
	第11選舉區	大寮區、林園區	4	1	10,933,000
	第12選舉區	居住高雄市之平地原住民	1	0	10,217,000
	第13選舉區	居住那瑪夏區、甲仙區、杉林區、內門區、旗山區、茄萣區、湖內區、路竹區、永安區、彌陀區、梓官區、楠梓區、左營區、三民區之山地原住民	1	0	10,129,000
	第14選舉區	居住桃源區、六龜區、美濃區、阿蓮區、田寮區、岡山區、燕巢區、橋頭區、鼓山區、鹽埕區、前金區、新興區之山地原住民	1	0	10,131,000
	第15選舉區	居住茂林區、大社區、大樹區、仁武區、鳥松區、鳳山區、大寮區、旗津區、苓雅區、前鎮區、小港區、林園區之山地原住民	1	0	10,131,000
	合　計		議員總額：66名 1.區域：62名 2.平地原住民：1名 3.山地原住民：3名		

資料來源：中央選舉委員會

獨立管制委員會組織之探討

——美國聯邦選舉委員會與我國中央選舉委員會之比較

張世賢

一、前　言

　　1980年5月，動員戡亂時期公職人員選舉罷免法制定公布，其第8條規定，中央選舉委員會隸屬行政院，其組織規程由行政院擬定，呈請總統核定之。同年6月11日，中央選舉委員會組織規程訂定發布，據以設立中央選舉委員會。1989年2月第2次修正戡亂時期選罷法時，明定省（市）選委會隸屬中選會，縣（市）選委會隸屬省選委會，形成選舉機關上下層級分明的直接隸屬及指揮監督關係。中選會（1980）迄2009年為止運作已逾29年，2009年5月22日立法院三讀通過中央選舉委員會組織法，總統於6月10日公布實施，完成中央選舉委員會法制程序。中央委員會為獨立行政機關（中央行政機關組織基準法第21條），從學術研究言，屬於獨立管制委員會的性質。其性質與美國聯邦選舉委員會相同，本文加以比較，採用文獻研究法，蒐集相關法規，分析其是否具有獨立管制委員會的特性，並表現其功能，以作為將來修法的參考。

二、組織設計基礎

　　獨立管制委員會〔Independent Regulatory Commission, Independent Regulatory Agency〕，在組織設計上具有下列性質：

（一）獨立機關。例如：依據我國中央行政機關組織基準法第3條第2款規定，「獨立機關：指依據法律獨立行使職權，自主運作，除法律另有規定外，不受其他機關指揮監督之合議制機關。」

（二）合議制機關。由數位委員組成，主任委員與其他委員地位平行，不具有特別權力，真正採用合議制議決。

（三）掌理管制性質的政策制定與執行。例如選舉政策、金融監理政策、傳播監理政策等。

（四）組成分子採政黨限制名額或政黨比例。管制性質的政策要具有公平性、合理性、時宜性，與執政黨無關，與政黨輪替無關，與民生規範有關。因此，為了合乎公平合理起見，組成分子透過政黨限制名額或比例分配，相互牽制排除政黨私利，邁向全民規範合理公平。

（五）組成分子由行政首長提名，經議會同意任命。表示管制政策具有民意機關的審查與牽制，具有該管制政策的專業才能。

（六）組成分子的任期固定，受到保障。獨立管制委員會的委員要獨立行使職權，不受到干涉，其任期就要固定。

（七）組成分子的任期與政府首長的任期錯開。為避免獨立管制委員會的委員與政府首長有提名的私誼或情感的連結，妨害其獨立性，獨立管制委員會的委員任期與政府首長的任期錯開。通常獨立管制委員的任期都比政府首長的任期長。

（八）獨立管制委員會機關的性質屬於行政機關，但具有準立法機關、準司法機關的性質。獨立管制委員會受到國會的授權，可以訂定專業的管制法規，並具以裁決有關違法的案件。

　　本文即依照以上8點比較我國中央選舉委員會與美國聯邦選舉委員會的差異。

三、獨立機關

（一）我國中央選舉委員會

　　我國中央選舉委員會依其組織法第5條規定「本會依據法律，獨立行使職權。本會委員應超出黨派以外，依法獨立行使職權，於任職其間不得參加黨派活動。」，屬於中央行政機關組織基本法第3條第2款所稱之獨立機關，「指依據法律獨立行使職權，自主運作，除法律另有規定外，不受其他機關指揮監督之合議制機關。」

（二）美國聯邦選舉委員會

　　美國聯邦選舉委員會於1975年設置，為獨立管制機關（independent regulatory agency）（Federal Election Commission, http://www.fec.gov/，首頁揭示）。

四、合議制機關

（一）我國中央選舉委員會

　　我國中央選舉委員會組織法第3條規定「本會置委員九到十一人，其中一人為主任委員，特任，對外代表本會；一人為副主任委員，職務比照簡任第十四職等；其餘委員七人至九人。」目前我國中央選舉委員會主任委員為賴浩敏，副主任委員為劉義周，及委員劉宗德、潘維大、陳國祥、蔡麗雪、簡太郎、郭昱瑩、段重民、紀鎮南、柴松林等九人。中央選舉委員會為合議制機關。

（二）美國聯邦選舉委員會

　　美國聯邦選舉委員會由參議院祕書長和眾議院祕書長，或其指定人為當然委員，不具投票權，和六名委員由總統提名，經參議院同意後任命。任命之委員不得有三名以上同屬於同一政黨（美國法典第二篇，國會，第14章聯邦選舉委員會，第437條C）。除當然委員外，任命之委員有：主席Steven T.Walther、副主席Matthew S. Petersen、委員Cynthia L. Bauerly、Caroline C. Hunter、Donald F. McGahn II、Ellen L. Weintraub。（Federal Election Commission, http://www.fec.gov/）

五、管制的目的

（一）我國中央選舉委員會

　　我國中央選舉委員會的目的在為貫徹憲法保障民主法治及人民參政權之本旨，統籌辦理公職人員選舉、罷免及公民投票事務（中央選舉委員會組織法，第1條）。中央選舉委員會在管制公職人員選舉、罷免及公民投票符合民主法治，並管制人民參政權的行使符合法律規定。

（二）美國聯邦選舉委員會

美國聯邦選舉委員會於1975年設置，其目的在執行聯邦競選法（Federal Election Campaign Act, FECA），管制聯邦選舉競選費用，即公開選舉競選費用資訊、管制政治獻金數額、監督總統選舉公費補助使用等。

六、組成分子

一、我國中央選舉委員會

我國中央選舉委員會的組成人數為9人至11人，總額人數採奇數，有利於表決時可以產生過半數，如果採偶數，表決時可能正反兩方面意見人數相等。我國委員會的組織都採用總額人數為奇數。例如：立法院立法委員113人、司法院大法官15人、考試院考試委員名額19人、監察院監察委員29人。目前中央選舉委員會委員總數為11人，也為奇數。

我國中央選舉委員會組成採政黨名額限制，「委員中同一黨籍者，不得超過委員總數三分之一」（中央選舉委員會組織法第3條）。目前，11委員中，除潘維大、陳國祥、簡太郎等三人為國民黨籍，其餘均為無黨籍。中央選舉委員會委員應具有法政相關學識、經驗之公正人士，並經立法院行使同意權通過（中央選舉委員會組織法第3條）。

（二）美國聯邦選舉委員會

美國聯邦選舉委員會組成人員人數為8人，其中當然委員不具投票權有兩人，選任委員具有投票權6人。採偶數。美國獨立管制委員會委員人數大都為奇數，例如：洲際商業委員會（the Interstate Commerce Commission）委員11人、聯邦貿易委員會（the Federal Trade Commission）委員5人、聯邦傳播委員會（the Federal Communication Commission）委員7人、證券及交易委員會（the Securities and Exchange Commission）委員5人等。但也有總額為偶數者，例如：國內航空委員會（the Civil Aeronautics Board）委員10人（張世賢、陳恆鈞，2010：205-206）。總

額採偶數，其表決要過半數，如以總額6人計，必須是4（贊成）：2（反對）；或3（贊成）：2（反對），另一票棄權。

　　政黨比例，美國聯邦選舉委員會六名選任委員中，不得有三人以上同屬於同一政黨。主席Steven T.Walther（民主黨）、副主席Matthew S. Petersen（共和黨）、委員Cynthia L. Bauerly（民主黨）、Caroline C. Hunter（共和黨）、Donald F. McGahn II（民主黨）、Ellen L. Weintraub（共和黨）。（Federal Election Commission, http://www.fec.gov/）

七、任命程序

（一）我國中央選舉委員會

　　我國中央選舉委員會委員由行政院長提名，經立法院同意後任命。11位被提名人，於民國98年11月3日立法院行使中央選舉委員會委員同意權，悉數通過。

（二）美國聯邦選舉委員會

　　美國聯邦選舉委員會委員由總統提名，經參議院同意後任命。

八、委員任期

（一）我國中央選舉委員會

　　中央選舉委員會委員任期四年，任滿得連任一次（中央選舉委員會組織法第3條），但第一次任命作委員，其中五人之任期為兩年。本屆委員任期為四年者有張博雅（主任委員，繼任賴浩敏）、劉義周（副主任委員）、劉宗德、潘維大、陳國祥、蔡麗雪為四年，任期為兩年者有簡太郎、郭昱瑩、段重民、紀鎮南、柴松林。「委員出缺時，行政院長應於三個月內提名，其繼任委員之任期至原任期滿之日為止。但出缺委員所遺任期不足一年，且未逾三人者，不再補提人選」（中央選舉委員會組織法第3條）。

（二）美國聯邦選舉委員會

　　美國聯邦選舉委員會委員的任期六年，兩名不同政黨之委員任期至1977年4月30日為止；不同政黨之兩名委員任期至1979年4月30日為止；兩名不同政黨之委員任期至1981年4月30日為止。委員之任期屆滿得延至其繼任者就職為止；委員非因任期屆滿而去職者，其繼任者至原任期屆滿為止；委員之任命應與前任委員任命情形相同（美國聯邦競選法，第437條c）。

　　選任委員之人選應基於其人之經驗、廉潔、公正和良好判斷能力，且自其時尚未被選任或任命為美國行政、立法或司法部門之官員或職員。委員不得從事任何其他的商業、職業或工作，原從事此等活動者，應於受任後90日內終止或了結（美國聯邦競選法，第437條c）。

九、委員任期與政府首長任期之關係

（一）我國中央選舉委員會

　　我國中央選舉委員會的委員任期為四年，與國家元首總統任期四年相同。行政院長為政府首長，並沒有任期保障，由總統任免，而中央選舉委員會的委員係由行政院長提名，經立法委員同意後任命。立法委員的任期也是四年。他們任期的起迄點不相同。總統任期為2008～2012年；立法委員的任期為2008～2012年。

　　中央選舉委員會的委員11人中，6名的任期為2009～2013年；其他5名的任期為2009～2011年，其繼任者的任期為2011年～2015年。與總統任期、立法委員任期起迄點錯開，表現出不受人情關連壓力的干擾。

（二）美國聯邦選舉委員會

　　美國聯邦選舉委員會委員的任期為6年，美國總統任期為4年，參議院議員任期為6年，參議院每兩年改選三分之一的參議員。美國聯邦選舉委員會委員任期6年，每兩年改任兩名，其起迄點均為奇數年，與總統、聯

邦參議員之改選年為偶數年不同，表現出不受人情關連壓力的干擾。

十、機關的屬性

（一）我國中央選舉委員會

　　我國中央選舉委員會為行政機關，並具有相當薄弱的準立法機關、及準司法機關之性質，符合獨立管制委員會的性質。依照中央選舉委員會組織法第2條，中央選舉委員會掌理：選舉、罷免、公民投票之綜合規劃及辦理與指揮監督及監察事物之處理、選舉區畫分之規劃辦理、政黨及候選人競選費用之補貼、選舉、罷免、公民投票相關選務事項法規訂定、修正及廢止之擬議。這樣的規定表現出中央選舉委員會為行政機關。有關辦理選舉事項的尚有：內政部民政司。內政部民政司也掌理「關於地方自治之規劃、監督、指導及公職人員選舉、罷免事項」（內政部組織法第10條）。行政業務的區分很明顯，中央選舉委員會為選政機關，內政部民政司為選務機關。

　　中央選舉委員會議決事項，包括：1.選舉、罷免、公民投票相關選務法規之制定、修正及廢止之擬議。2.各項選舉、罷免及公民投票公告事項之審議。3.違反選舉、罷免及公民投票法規之裁罰事項。4.重大爭議案件處理。5.委員提案之事項。6.其他重大應由委員會議議決事項（中央選舉委員會組織法第6條）。由上述規定，中央選舉委員會議決「選舉、罷免、公民投票相關選務法規之制定、修正及廢止之擬議」，在準立法機關的性質上，因為「擬議」就顯的相當薄弱，要作為選政機關也就相當困難。但就「違反選舉、罷免及公民投票法規之裁罰事項」「各委員會對重大爭議之決議，得提出協同意見書，或不同意見書，併同會議決議一併公布」（中央選舉委員會組織法第7條），就具有準司法機關的性質。

　　關於中央選舉委員會組織法制定過程，弱化準立法機關的性質，其過程發生在98年5月22日二讀會的爭議。爭議對照條文為：

審查會通過條文	民進黨修正動議
第六條　下列事項，應經本會委員會議決議：	第六條　下列事項，應經本會委員會議決議：
一、選舉、罷免、公民投票相關選務事項法規之制（訂）定、修正及廢止之擬議。	一、選舉、罷免、公民投票相關選務事項法規之制（訂）定、修正、廢止及解釋事項。
二、各項選舉、罷免及公民投票公告事項之審議。	二、各項選舉、罷免及公民投票公告事項之審議。
三、違反選舉、罷免及公民投票法規之裁罰事項。	三、違反選舉、罷免及公民投票法規之裁罰事項。
四、本會處務規程、會議規則及各地方選舉委員會組織規程或準則擬訂之審議。	四、本會處務規程、會議規則及各地方選舉委員會組織規程或準則擬訂之審議。
五、選舉、罷免、公民投票相關政策、制度及施政方針、報告、計畫擬定之審議。	五、選舉、罷免、公民投票相關政策、制度及施政方針、報告、計畫擬定之審議。
六、重大爭議案件處理。	六、重大爭議案件處理。
七、委員提案之事項。	七、委員提案之事項。
八、其他應由委員會議議決之重大事項。	八、其他應由委員會議議決之重大事項。

審查會通過條文	國民黨修正動議
第六條　下列事項，應經本會委員會議決議：	第六條　下列事項，應經本會委員會議決議：
一、選舉、罷免、公民投票相關選務事項法規之制（訂）定、修正及廢止之擬議。	一、選舉、罷免、公民投票相關選務事項法規之制（訂）定、修正及廢止之擬議。
二、各項選舉、罷免及公民投票公告事項之審議。	二、各項選舉、罷免及公民投票公告事項之審議。
三、違反選舉、罷免及公民投票法規之裁罰事項。	三、違反選舉、罷免及公民投票法規之裁罰事項。
四、本會處務規程、會議規則及各地方選舉委員會組織規程或準則擬訂之審議。	（原四，刪）
五、選舉、罷免、公民投票相關政策、制度及施政方針、報告、計畫擬定之審議。	（原五，刪）
六、重大爭議案件處理。	四、重大爭議案件處理。
七、委員提案之事項。	五、委員提案之事項。
八、其他應由委員會議議決之重大事項。	六、其他重大應由委員會議議決事項。

經表決國民黨黨團修正動議結果，在場委員83人，贊成者59人，反對者24人，第6條照國民黨黨團提案通過。（立法院，2009：59-60）

（二）美國聯邦選舉委員會

美國聯邦選舉委員會的職權載於美國法典第二篇國會第14章聯邦選舉委員會437條d，內容如下：

(a) 特定職權。聯邦選舉委員會之職權

 (1) 以一般命令或特定命令要求任何人宣誓，提出書面報告及答覆指定問題。

 (2) 主要宣誓；

 (3) 以經主席或副主席簽名的傳訊證人，並製作與職責執行有關之

證據；（作者按：此即準司法機關之職權。）

(4) 進行調查採集證言及書證，並主持宣誓以獲取(3)規定的相關證據；（作者按：此即準司法機關之職權。）

(5) 比照法院規定發給證人及旅費；

(6) 為執行本法和1954年國內稅收法典第95章、96章之規定，而由其主任參事，以聯邦選舉委員會的名義，實施民事訴訟之起訴、應訴、及上訴。（作者按：此即準司法機關之職權。）

(7) 依本法第437條f發布諮詢意見；

(8) 製作法定書表及制定、修正、廢止本法及1954年國內稅收法典第95章、96章、美國法典第五篇之執行規則；

(9) 迅速進行調查、聽證，以鼓勵自動遵守法規，並向適當的法律執行機關檢舉顯然違法的行為。（作者按：此即準立法機關之職權。）

(b) 對聯邦選舉委員會之傳票和命令頒布遵從令、藐視法庭，經聯邦選舉委員會的請求，聯邦地方法院在其管轄權內，在(a)項之規定下，倘有拒絕聯邦選舉委員會之傳票或命令時，得發布遵從令；如不遵從，即以藐視法庭罪狀，處罰之。（作者按：此即準司法機關之職權。）

(c) 資訊公開之民事責任。聯邦選舉委員會所需要的資訊，任何人無須對他人（但聯邦選舉委員會和美國政府除外），負公開資訊之民事責任。

(1) 聯邦選舉委員會向總統、或管理和預算致送預算估計書時，應同時致送國會副本。

(2) 聯邦選舉委員會因國會議員之請求，向總統、或管理和預算局致送立法意見書、立法證言、或評論，應同時致送國會、或該國會議員副本。聯邦官員或機關不得要求聯邦選舉委員，將該項資料先行致送任何聯邦官員和機關，以作批評、政論、或贊許。

(d) 同時致送預算估計書給國會或國會議員，立法意見書、立法證

言、或評論之先行致送。

民事執行之專有賠償，除依本法第437條d(a)(8)之規定，聯邦選舉委員會依本條(a)(6)之規定提出民事訴訟，應具執行本法規定之專有民事賠償（美國聯邦競選法）。由以上職權規定，美國聯邦選舉委員會具有行政機關、準立法機關、準司法機關之性質。

十一、結　論

我國中央選舉委員會具有獨立機關（中央行政機關組織基準法第21條）的性質，相當於學理上「獨立管制委員的性質」，經與美國聯邦選舉委員會比較，有下列不同之處：

（一）準立法機關的性質

我國中央選舉委員會在準立法機關職權上，缺乏受到立法院的充分授權：可以決議「選舉、罷免、公民投票相關選務事項法規之制（訂）定、修正、廢止及解釋事項」，只能決議「選舉、罷免、公民投票相關選務事項法規之制（訂）定、修正及廢止之擬議。」又缺乏決議「本會處務規程、會議規則及各地方選舉委員會組織規程或準則擬訂之審議。」、「選舉、罷免、公民投票相關政策、制度及施政方針、報告、計畫擬定之審議。」的職權。下次中央選舉委員會組織法修正時，本文建議修正中央選舉委員會第6條有關職權的規定，提升具有充分準立法權的性質。

（二）中央選舉委員會委員專職的問題

我國中央選舉委員會委員9人至11人，除主任委員、副主任委員為專任外，其餘為兼任，無給職。這種規定很不符合獨立管制委員會的組織設計。獨立管制委員會的委員應均為專任。對照美國聯邦選舉委員會，選任委員6人均為專任，有給職；並且鑲嵌國會參眾兩院祕書長為當然委員，不具表決權。鑲嵌的目的在便於與國會參眾兩院業務的聯繫與獲得支援。下次中央選舉委員會組織法修正時，本文建議修正中央選舉委員會的委員均為有給職，參照國家通訊傳播委員會組織法第4條，置委員7人，均為專

任，其中一人為主任委員，特任，對外代表本會；一人為副主任委員，職務比照簡任第十四職等；其餘委員，職務比照第十三職等。委員任期為四年，任滿得連任。

參考書目

中文部分

中央行政機關組織基準法，2004.6.23公布施行。

中央選舉委員會組織法，2009.6.10公布施行。

立法院，2009，〈中央選舉委員會組織法草案審查二讀〉，立法院公報第98卷第34期（98.6.4），頁54-64。

內政部組織法，2008年1月2日修正公布。

考試院組織法，民國83年7月1日修正公布。

張世賢譯，1987，聯邦競選法。台北：中央選舉委員會。

張世賢、陳恆鈞，2010，《比較政府》。四版。台北：五南。

國家通訊傳播委員會組織法，2008.1.9修正公布施行。

英文部分

Federal Election Commission (2009) FEC Mission and History http://www.fec.gov/pages/brochures/fecfeca.shtml, 2009/11/19下載

Wikipedia (2009), Regulatory agency, http://en.wikipedia.org/wiki/Regulatory_agency ,2009/11/19下載

附錄
APPENDIX
4

香港的選舉

張家齊

第一節　香港特首選舉

　　中華人民共和國香港特別行政區政府，簡稱香港特別行政區政府、香港特區政府或香港政府，是中國香港特別行政區的行政機關，其首長是香港特別行政區行政長官，對香港特別行政區立法會負責。香港特別行政區政府於1997年7月1日正式成立，取代了香港回歸前英國殖民地時期的港英政府。

　　香港特別行政區行政長官，俗稱特首，是中華人民共和國香港特別行政區政府的首長和香港特別行政區的最高代表，此職位成立於1997年7月1日，大致上代替回歸中國前香港總督的職務。每屆任期5年，可連任一次。現任行政長官是曾蔭權，於2007年7月1日就任。

附表4.1　香港歷屆行政長官

任別	屆別	行政長官	上任日期	離任日期
1	1	董建華	1997.07.01	2002.06.30
	2		2002.07.01	2005.03.12
2		曾蔭權	2005.06.21	2007.06.30
	3		2007.07.01	現任

資料來源：中文維基百科（香港特別行政區長官）
　　　　　http://zh.wikipedia.org/wiki/%E9%A6%99%E6%B8%AF%E8%A1% 8C%E6%94%BF%E9%95%B7%E5%AE%98

第二節　特首產生辦法

　　根據1990年所頒布的《香港基本法》，其中的規定了香港行政長官須年滿40歲，並在香港居住連續滿二十年的香港永久性居民及中國公民擔任。此外候選人必須得到不少於一百名選舉委員會委員提名，且最多能只可連任兩屆。

　　《香港基本法》附件一規定，香港特區行政長官候選人必須由選舉委

員會委員選出，投票以不記名方式、絕對多數制進行，候選人即需取得401票才能當選。

一、選舉委員會

選舉委員會（英文：Election Committee）是香港選舉制度中的間選團體，是現時負責選出香港特區行政長官、過去負責選出部分香港立法會議席的組織。選舉委員會委員共800人，由下列各界人士組成：工商、金融界200人專業界200人勞工、社會服務、宗教等界200人立法會議員、區域性組織代表、香港地區全國人大代表、香港地區全國政協委員的代表200人選舉委員會每屆任期五年。

（一）1996年行政長官推選委員會

1996年11月香港主權移交前，由全國人民代表大會香港特別行政區籌備委員會籌組，是負責選出香港特別行政區第一屆行政長官及臨時立法會的組織。該推選委員會共有400名委員，由香港社會各個界別的代表組成，其成員四大界別人士所組成，包括：工商、金融界100人；專業界100人；勞工、基層、宗教等界100人；原政界人士、香港地區全國人大代表、香港地區全國政協委員代表100人[1]。推選委員會委員必須符合年滿18歲、符合基本法第24條規定的香港永久性居民的資格和條件、擁護「一國兩制」方針和基本法、願意履行全國人民代表大會和籌委會有關決定規定的推選委員會的職責，即推舉第一任行政長官人選和選舉產生臨時立法會議員。推選委員會組成的前三部分即工商、金融界、專業界、勞工、基層、宗教等界的委員以方式報名，並由主任委員會議提出名單，以無記名投票方式選出。[2]

香港行政長官候選人名單，共有8位，包括4名熱門候選人李福善、董建華、楊鐵樑及吳光正，以及其餘4位知名度甚低的候選人杜森、區玉

---

[1]　維基百科—香港特別行政區第一屆政府推選委員會
[2]　全國人民代表大會香港特別行政區籌備委員會

麟、蔡正矩及余漢彪。結果董建華以320票當選，楊鐵樑及吳光正分別取得42票和36票，12月16日被中國國務院任命為香港特別行政區第一任行政長官

（二）2002年行政長官選舉委員會

選委會亦是由四個界別組織，人數由400人增加至800人。

第一界別來自工商、金融界由100人增加至200人，來自專業界由100人增至200人，來自勞工、社會服務、宗教等界由100人增加至200人，其餘200人為立法會議員、區域性組織代表、香港地區全國人大代表，以及香港地區全國政協委員的代表。

根據《行政長官選舉條例》，凡年滿40歲的香港永久性居民，且沒有外國居留權的中國公民，並且在香港通常連續居住滿20年，就符合資格參選。每名候選人必須取得至少一百名選舉委員會委員簽署同意提名。香港特區行政長官選舉委員會由800名委員組成，負責選出特區行政長官。候選人取得半數有效選票即當選。第二屆香港行政長官選舉提名候選人僅董建華一人，其他有意參選人在未能取得足夠提名的情況下，董建華自動當選。

附表4-2　2002年行政長官選舉

參選者	所屬政黨	競選前職位	所得提名	備註
董建華	無黨派	行政長官	762票	

（三）2005年的行政長官補選選舉委員會

第二屆特首補選已於2005年7月10日舉行，選舉委員會委員大致與原有的相同。有缺位的選舉委員會委員由所屬界別分組的選民（各界別合共16萬人）選出。此補選為接替第二任行政長官剩下的任期，絕大多數選舉委員會的提名已被曾蔭權取得，另外兩位有意參選人在未能取得足夠提名的情況下，已在提名期完結前6月15日公開宣布棄選。

附表4-3　2005年行政長官補選

參選者	所屬政黨	競選前職位	所得提名	備註
曾蔭權	無黨派	署理行政長官	714票	674票＋40張問題票
李永達	民主黨	黨主席	52票	51票公開支持＋1票神秘人
詹培忠	無黨派	立法會議員	21票	詹培忠聲稱獲得21人提名
合共：			800票	

（四）2007年的行政長官選舉委員會

選舉委員會委員大致與原有的相同，維持原本的800名委員。曾蔭權得到641名選委提名參加行政長官選舉，在投票中則獲得649票。另一位候選人梁家傑得到132名選委提名參加行政長官選舉，最後得到123票。

（五）香港特別行政區第一屆政府推選委員會[3]

各組別有100人，按繁體字姓氏筆劃為序排列。

1. 工商、金融界

丁午壽、于鏡波、王為謙、方潤華、方鏗、古勝祥、田北俊、呂志和、呂辛、呂明華、伍淑清、李兆基、李秀恆、李和聲、李國寶、李群華、李嘉誠、吳文拱、吳亮星、吳連烽、利國偉、利漢釗、何柱國、何添、何鴻燊、余國春、邵友保、邵逸夫、林百欣、林光如、林晉光、林廣兆、林輝實、周亦卿、胡法光、胡經昌、查濟民、施展熊、施學概、袁武、莊啟程、莊紹綏、夏加利、夏佳理、郭志權、郭炳湘、唐英年、唐學元、陸宗霖、陳少瓊、陳玉書、陳立志、陳廷驊、陳偉南、陳瑞球、黃士心、黃志祥、黃金富、黃定光、黃宜弘、黃球、黃國礎、黃鋼城、曹文錦、曹光彪、許長青、梁華濟、梁偉浩、梁欽榮、梁適華、梁錦松、張華峰、葉若林、葉國華、葉慶忠、葛達禧、馮永祥、馮志堅、馮國綸、楊孝華、楊釗、楊孫西、詹培忠、蔡冠深、蔣麗芸、廖烈文、鄭明訓、鄭海

---

[3]　維基百科—香港特別行政區第一屆政府推選委員會

泉、鄭裕彤、鄭維健、鄧焜、盧文端、盧重興、錢果豐、謝中民、謝仕榮、蘇澤光、羅友禮、羅康瑞、龔如心。

2. 專業界

文樓、方和、方黃吉雯、孔祥勉、石景宜、朱正、朱樹豪、阮北耀、伍秉堅、李明堃、李祖澤、李健鴻、李家祥、李國章、李焯芬、李業廣、李樂詩、吳思遠、吳家瑋、吳清輝、岑才生、何冬青、何志平、何承天、何景安、何錫安、何鍾泰、余潤興、胡定旭、胡漢清、洪祖杭、紀文鳳、馬力、馬逢國、袁士傑、袁靖罡、翁家灼、唐一柱、唐楚男、陳子鈞、陳文裘、陳清霞、陳復禮、陳維端、陳耀華、黃玉山、黃永標、黃良會、黃河清、黃乾亨、黃紹倫、黃景強、黃學海、梅嶺昌、曹世植、曹宏威、區永熙、許冠文、梁天培、梁秉中、梁定邦、梁廣灝、張小傑、　張佑啟、葉天養、閔建蜀、鄔維庸、鄒燦基、馮琳、曾正麟、曾鈺成、曾勵強、溫嘉旋、費明儀、楊耀忠、蔡大維、廖長城、廖滌生、鄭漢鈞、劉志榮、劉佩瓊、劉紹鈞、劉榮廣、劉漢銓、談靈鈞、潘宗光、潘祖堯、霍震霆、盧志強、盧恩成、戴希立、謝志偉、鍾華楠、鍾期榮、蘇肖娟、羅君美、羅德丞、譚小瑩、譚尚渭、譚國雄。

3. 勞工、基層、宗教等界

丁錦源、王國興、王紹爾、方心讓、尹才榜、尹林、古宣輝、丘福雄、呂禮章、李乃堯、李明海、李宗德、李倫傑、李啟明、李達仁、李鳳英、李澤培、吳錦泉、范錦平、林文輝、林華英、林淑儀、郁德芬、周轉香、屈超、胡國祥、哈耀恩、侯瑞培、計佑銘、洪清源、姚秀卿、馬紹良、夏利萊、徐錦堯、高寶齡、陸聯芬、陳小玲、陳協平、陳金烈、陳金霖、陳捷貴、陳彬、陳婉嫻、陳植桂、陳榮燦、陳潤根、陳麗玲、陳林、孫大倫、孫啟昌、黃允畋、黃、河、黃建源、黃富榮、黃漢清、許旭明、許賢發、梁英標、梁富華、梁祺祐、梁煜林、梁熾輝、梁籌庭、梁權東、張明敏、張國標、張漢忠、葉順興、程介南、曾向群、曾松芬、曾恩發、曾彬、湯恩佳、湯國華、溫悅球、費斐、楊光、趙鎮東、蔡素玉、鄭鍾偉、歐陽成潮、歐陽寶珍、劉吉良、劉江華、劉健儀、劉森波、潘兆平、

潘杜泉、薛磐基、鄺廣傑、鍾樹根、簡志豪、顏錦全、羅叔清、羅建平、釋永惺、釋智慧、釋覺光、龔志強。

4. 原政界人士、香港地區全國人大代表、香港地區全國政協委員的代表

王英偉、王敏剛、田益民、朱幼麟、朱蓮芬、杜葉錫恩、李大壯、李君夏、李東海、李連生、李國強、李偉庭、李澤添、李鵬飛、吳康民、吳樹熾、何世柱、何耀棣、余桑、汪明荃、范徐麗泰、林貝聿嘉、林偉強、周子京、周梁淑怡、胡應湘、胡鴻烈、查懋聲、施子清、施祥鵬、莫應帆、莊世平、唐治安、唐翔千、高苕華、韋基舜、陸達兼、陸達權、倪少傑、徐四民、徐是雄、徐展堂、徐國炯、陳乃強、陳日新、陳永棋、陳有慶、陳炳煥、陳祖澤、陳紘、陳樺碩、黃光漢、黃守正、黃克立、黃建立、黃保欣、梁尚立、梁定邦、梁愛詩、梁燊、張人龍、張永珍、張雲楓、張閭蘅、張學明、葉國謙、雲大棉、馮秉芬、馮檢基、曾星如、曾德成、曾憲梓、楊啟彥、賈施雅、蔡渭衡、蔡根培、蔡德河、廖正亮、廖本懷、廖自強、廖烈科、廖瑤珠、鄭家純、鄭耀棠、鄧兆棠、鄧廣殷、潘江偉、潘國濂、劉宇新、劉迺強、劉皇發、劉浩清、薛鳳旋、霍英東、戴權、鍾士元、鍾逸傑、簡福飴、譚惠珠、譚耀宗。

二、行政長官選舉

《香港基本法》之第3條提到香港特別行政區的行政機關和立法機關由香港有永居民組成；及第26條提到香港特別行政區永久性居民依法享有選舉權與被選舉權。香港特別行政區行政長官在當地通過選舉或協商產生，由中央人民政府任命。行政長官的產生辦法根據香港特別行政區的實際情況和循序漸進的原則而規定，最終達至由一個有廣泛代表性的提名委員會按民主程序提名後普選產生的目標。此外《香港基本法》附件一規定[4]：

一、行政長官由一個具有廣泛代表性的選舉委員會根據本法選出，由

4　維基百科－香港特別行政區長官

中央人民政府任命。

　　二、選舉委員會委員共800人，由下列各界人士組成：工商、金融界200人專業界200人勞工、社會服務、宗教等界200人立法會議員、區域性組織代表、香港地區全國人大代表、香港地區全國政協委員的代表200人，選舉委員會每屆任期五年。

　　三、各個界別的畫分，以及每個界別中何種組織可以產生選舉委員的名額，由香港特別行政區根據民主、開放的原則制定選舉法加以規定。各界別法定團體根據選舉法規定的分配名額和選舉辦法自行選出選舉委員會委員。選舉委員以個人身分投票。

　　四、不少於100名的選舉委員可聯合提名行政長官候選人。每名委員只可提出1名候選人。

　　五、選舉委員會根據提名的名單，經一人一票無記名投票，選出行政長官候任人。具體選舉辦法由選舉法規定。

　　六、第一屆行政長官按照《全國人民代表大會關於香港特別行政區第一屆政府和立法會產生辦法的決定》產生。

　　七、2007年以後各任行政長官的產生辦法如需修改，須經立法會全體議員三分之二多數通過，行政長官同意，並報全國人民代表大會常務委員會批准。

　　香港2011年4月3日三讀通過《2010年行政長官選舉（修訂）條例草案》。將新行政長官選舉法中規定，訂明候選人必須要在1200人的選舉委員會，取得600票有效票以上，才可以當選，否則須進行另一次提名及選舉。2012年選出新一任行政長官的選舉委員會，由800人增加至1200人。[5]第三屆香港行政區行政長官選舉，候選人必須具備五項資格與條件，分別是香港永久性居民及中國公民，並無任何外國居留權；年滿四十周歲；在香港居住需連續滿二十年；參選提名不得少於一百名選舉委員會委員提名；最多可連任兩屆。

---

[5]　網路新聞資料：http://big5.chinataiwan.org/xwzx/gaq/201103/t20110304_1773368.htm

第三節　香港特別行政區立法會

　　香港立法會是香港的立法機構。現有60個議席，每屆任期4年（香港主權移交後第一屆立法會的任期為2年），前稱香港立法局。根據《基本法》，香港享有立法權，而立法會是香港的立法機關。1998年，舉行首屆正式立法會選舉。2000年，舉行第二屆立法會選舉。2004年，舉行第三屆立法會選舉。依據《基本法》附件分配直選及選舉委員會席次的數量。

　　香港立法會的議會制度採一院制，設立法會主席一名，內務委員會主席一名，內部委員會副主席一名，立法會祕書長一名。現任立法會主席曾鈺成，內務委員會主席劉建儀，內務委員會副主席李華明，立法會祕書長吳文華。立法會議員60名。香港立法會選舉組成方式，1998年第一屆是由分區直接選舉20席、功能界別30席加上選舉委員會共60席次。2000年第二屆是將選舉委員會減少4席次補到分區直接選舉區，功能界別選舉仍維持30席次。2004年第三屆則無選舉委員會選舉席次，補到分區直接選舉與功能界別選舉各30席次。2008年席次則與2004年相同。

　　《基本法》規定了首三屆立法會的組成方式，詳情如下：

附表4-4　前三屆立法會選舉

產生辦法		第一屆	第二屆	第三屆	第四屆
		(1998–2000)	(2000–2004)	(2004–2008)	(2008–2012)
(一)	分區直接選舉	20	24	30	30
(二)	功能界別選舉	30	30	30	30
(三)	選舉委員會選舉	10	6	—	—
		60	60	60	60

　　香港最新立法會的選舉共60個議席，其中30個議席由地方選區產生，另外30個議席為功能界選舉產生。立法會30個地方選區議席通過最大餘額方法（largest remainder method），以比例代表制選出下列5個選區的議員。

1. 香港島6席：中西區、灣仔區、東區、南區
2. 九龍東4席：黃大仙區、觀塘區
3. 九龍西5席：油尖旺區、深水埗區、九龍城區
4. 新界東7席：北區、大埔區、沙田區、西貢區
5. 新界西8席：荃灣區、屯門區、元朗區、葵青區、離島區

　並以下列圖示顯示分區：

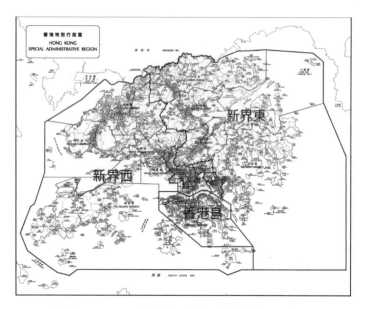

附圖4-1　2004立法會選舉－地方選區分界圖

　立法會另外30個議席為功能界選舉產生，2000年、2004年及2008年的選舉有28個功能界別，分別代表香港社區各界別。除勞工界有3名議員外，其他界別均只有1名議員，共30名。各界別為：

附表4-5　立法會選舉各界別

1.鄉議局	11.建築、測量及都市規劃界*	21.金融服務界*
2.漁農界	12.勞工界（3個議席）	22.體育、演藝、文化及出版界
3.保險界*	13.社會福利界	23.進出口界*
4.航運交通界	14.地產及建造界*	24.紡織及製衣界
5.教育界	15.旅遊界*	25.批發及零售界
6.法律界*	16.商界（第一）*	26.資訊科技界
7.會計界*	17.商界（第二）	27.飲食界（2000年取代區域市政局）
8.醫學界	18.工業界（第一）*	28.區議會（第一）（2000年取代市政局，2012年更名）
9.衛生服務界	19.工業界（第二）	29.區議會（第二）（2012年新增）
10.工程界*	20.金融界*	

（*代表該界別議員可由非中國籍的香港永久性居民或擁有外國居留權的香港永久性居民擔任）

　　23個功能界別採用「最多票數當選法」（First Past the Post），合資格的有選舉權的團體代表、公司董事或公會代表的團體、專業人士如醫生、牙醫、護士、社工、教師、大專教師、律師、部分法律人員、會計師和資訊科技從業員選出代表的議員；勞工界則使用全票制，每個團體可投三票；鄉議局、漁農、保險、航運交通等界則採用「選擇消去法」（preferential elimination system）。在2010年政改投票當中，政府提出功能界別增加5席並獲得通過，2012年起之功能界別議席將增至35席，新增之5席將由現任區議員提名、參選，並由沒有上述28個功能界別投票權的選民投票選出，該界別技術上稱為「區議會（第二）」，俗稱「超級區議員」；原有區議會界別則改名區議會（第一）。

職權

　　根據《香港基本法》第73條，立法會主要職責如下，當中除了最後一點外，其餘均為回歸前立法局的職權：

1. 制定、修改和廢除法律；
2. 控制公共開支；

3. 監察政府工作；
4. 審核、通過政府的財政預算；
5. 接受香港居民申訴；
6. 同意終審法院法官和高等法院首席法官的任免；
7. 在1997年7月1日起（回歸後），如立法會全體議員四分之一聯合動議，指控行政長官有嚴重違法或瀆職行為而不辭職的話，立法會可通過進行調查，並委託終審法院首席法官組成獨立調查委員會進行調查。調查委員會會進行調查並向立法會提交報告。如調查委員會調查後認為有足夠證據構成對行政長官的指控，立法會會對是否提出彈劾案進行表決。如果立法會全體議員三分之二通過的話，立法會可提出彈劾行政長官案，並將結果知會中央人民政府，並報請中央人民政府決定。中央人民政府接獲報告後會決定是否免去行政長官的職務。

第四節　歷屆立法會選舉

一、1998年香港首屆立法會選舉

　　1998年的第一屆立法會選舉中，30席由功能組別產生，10席由選舉委員會選出，20席由地方分區直選產生。任期為兩年。首屆選舉地方選區選舉共20席，採用名單投票制由普選產生，將香港分為香港島四席、九龍東三席、九龍西三席、新界東五席、新界西五席。投票人數有1,489,795人，投票率達53.29%。

二、2000年香港第二屆立法會選舉

　　2000年的第二屆立法會選舉，增加由地方分區直選議席，減少選舉委員會選出的議席，其中30席由功能組別產生，6席由選舉委員會選出，24席由地方分區直選產生。任期為四年。地方分區選舉香港島為五席、九龍

東四席、九龍西四席、新界東五席、新界西六席。

三、2004年香港第三屆立法會選舉

2004年第三屆立法會選舉，廢除由選舉委員會選出議席的制度，將6席轉由地方直選產生。其中30席經地方分區直選產生，其餘30位經功能組別選舉產生。任期為四年。2004年選舉地方選區選舉共30席，採用名單投票制由普選產生，將香港分為香港島六席、九龍東五席、九龍西四席、新界東七席、新界西八席。投票人數達1,784,131人，是歷屆之冠；投票率為55.64%

四、2008年香港第四屆立法會選舉

香港特別行政區第四屆立法會的選舉已於2008年9月7日舉行。根據《基本法》及《立法會條例》，香港特別行政區第四屆立法會的任期，由2008年10月1日開始，為期四年。與上屆一樣，此次選舉重選立法會全數60個議席，包括30席由地方選區產生之議席，以及30席由功能界別產生之議席。地方選區全港共分為五個地方選區，共選出30位立法會議員。每個選區均採用比例代表制，以最大餘額法及黑爾數額點票。分為香港島六席、九龍東四席、九龍西五席、新界東七席、新界西八席。

參考書目

2004年立法會選舉－地方選區分界圖http://www.elections.gov.hk/elections/legco2004/tc_chi/ebm/ebm.html

中華人民共和國香港特別行政區政府選舉管理委員會
　　http://www.eac.gov.hk/

全國人民代表大會香港特別行政區籌備委員會http://www.hkbu.edu.hk/~pchksar/chouwei.html#content

香港立法會
　http://www.legco.gov.hk/chinese/index.htm
維基百科－2002年香港特別行政區行政長官選舉http://zh.wikipedia.org/
　wiki/ 2002%E5%B9%B4%E9%A6%99%E6%B8%AF%E7%89%B9%E5%8
　8%A5%E8%A1%8C%E6%94%BF%E5%8D%80%E8%A1%8C%E6%94%
　BF%E9%95%B7%E5%AE%98%E9%81%B8%E8%88%89
維基百科－2004年香港立法會選舉http://zh.wikipedia.org/wiki/ 2004%E5%B
　9%B4%E9%A6%99%E6%B8%AF%E7%AB%8B%E6%B3%95%E6%9C%
　83%E9%81%B8%E8%88%89
維基百科－2005年香港特別行政區行政長官選舉http://zh.wikipedia.org/
　wiki/ 2005%E5%B9%B4%E9%A6%99%E6%B8%AF%E7%89%B9%E5%8
　8%A5%E8%A1%8C%E6%94%BF%E5%8D%80%E8%A1%8C%E6%94%
　BF%E9%95%B7%E5%AE%98%E9%81%B8%E8%88%89
維基百科－2007年香港特別行政區行政長官選舉http://zh.wikipedia.org/
　wiki/ 2007%E5%B9%B4%E9%A6%99%E6%B8%AF%E7%89%B9%E5%8
　8%A5%E8%A1%8C%E6%94%BF%E5%8D%80%E8%A1%8C%E6%94%
　BF%E9%95%B7%E5%AE%98%E9%81%B8%E8%88%89
維基百科－2008年香港立法會選舉http://zh.wikipedia.org/wiki/ 2008%E5%B
　9%B4%E9%A6%99%E6%B8%AF%E7%AB%8B%E6%B3%95%E6%9C%
　83%E9%81%B8%E8%88%89
維 基 百 科 － 香 港 立 法 會 http://zh.wikipedia.org/wiki/
　%E9%A6%99%E6%B8%AF%E7%AB%8B%E6%B3%95%E6%9C%83
維基百科－香港特別行政區長官http://zh.wikipedia.org/wiki/ %E9%A6%99
　%E6%B8%AF%E8%A1%8C%E6%94%BF%E9%95%B7%E5%AE%98
維基百科－香港特別行政區第一屆政府推選委員會http://zh.wikipedia.org/
　wiki/ %E9%A6%99%E6%B8%AF%E7%89%B9%E5%88%A5%E8%A1%8
　C%E6%94%BF%E5%8D%80%E7%AC%AC%E4%B8%80%E5%B1%86%
　E6%94%BF%E5%BA%9C%E6%8E%A8%E9%81%B8%E5%A7%94%E5
　%93%A1%E6%9C%83

維基百科－香港選舉制度http://zh.wikipedia.org/wiki/ %E9%A6%99%E6%B
8%AF%E9%81%B8%E8%88%89%E5%88%B6%E5%BA%A6#.E8.A1.8C.
E6.94.BF.E9.95.B7.E5.AE.98.E9.81.B8.E8.88.89

維基百科－香港選舉委員會http://zh.wikipedia.org/wiki/ %E9%A6%99%E6
%B8%AF%E9%81%B8%E8%88%89%E5%A7%94%E5%93%A1%E6%9C
%83

附錄
APPENDIX
5

澳門的選舉

黃文奇

第一節　澳門特首選舉

　　中華人民共和國澳門特別行政區政府，簡稱澳門特別行政區政府、澳門特區政府或澳門政府，是中國澳門特別行政區的行政機關，其首長是澳門特別行政區行政長官，對澳門特別行政區立法會負責。澳門特別行政區政府於1999年12月20日正式成立，取代了澳門回歸前葡萄牙殖民地時期的澳葡政府。

　　澳門特別行政區行政長官，俗稱特首，是中華人民共和國澳門特別行政區政府的首長和澳門特別行政區的最高代表，此職位成立於1999年12月20日，大致上代替回歸中國前澳門總督的職務。每屆任期5年，可連任一次。現任行政長官是崔世安，於2009年12月20日就任。

附表5.1　澳門歷任行政長官

任別	行政長官	上任日期	離任日期
1	何厚鏵	1999年12月20日	2004年12月19日
2	何厚鏵	2004年12月20日	2009年12月19日
3	崔世安	2009年12月20日	至2014年12月19日

資料來源：中文維基百科
　　　　　http://zh.wikipedia.org/zh-tw/%E6%BE%B3%E9%96%80%E7%89%B9%E9%A6%96

第二節　特首產生辦法

　　根據1993年所頒布的《澳門基本法》，其中的第45條規定了澳門行政長官須年滿40歲，並在澳門居住連續滿20年的澳門永久性居民中的中國公民擔任。此外，每名候選人必須得到最少50名選舉委員會委員提名。

　　《行政長官選舉法》規定，澳門特區行政長官候選人必須由選舉委員會委員選出，並需要獲得超過選委會全體委員半數選票才可以成功當選。

一、選舉委員會

（一）1998年行政長官推選委員會

　　1998年行政長官推選委員會辦法，於1998年11月7日，由全國人民代表大會澳門特別行政區籌備委員會頒布，中華人民共和國澳門特別行政區第一屆政府推選委員會具體產生辦法生效。

　　為了落實澳人治澳，推選委員會必須由200名澳門永久性居民組成，其成員分別由四大界別人士，包括：工商、金融界60人；文化、教育、專業等界50人；勞工、社會服務、宗教等界50人；原政界人士、澳門地區全國人大代表、澳門地區全國政協委員的代表40人，他們的產生辦法，除原政界人士、澳門地區全國人大代表、澳門地區全國政協委員的代表40人外，其餘三大界別的選舉產生辦法是由已經在1998年5月5日前成立的有關界別團體推薦出選，選舉採用無記名投票的方式，選出在各個界別中名列前60、50及50名之人，相同者再行投票決定擔任。澳門地區全國人大代表中具有澳門永久性居民身分的4人全部為推選委員會委員，這樣表明了堅持遵守「澳人治澳」原則。原政界人士和澳門地區全國政協委員的代表分別為25人和11人。

（二）2004年行政長官選舉委員會

　　選委會亦是由四個界別組織成，人數由200人增加至300人。四個界別由第一界別工商、金融界共增加至100人。第二界別文化界18人；教育界20人；專業界30人；體育界12人。第三界別勞工界40人；社會服務界34人。宗教界別天主教代表2人、佛教代表2人、基督教代表1人、道教代表1人。第四界別立法會議員的代表16人；澳門地區全國人大代表12人；澳門地區全國政協委員代表12人。

　　他們的產生方式必須按選民登記法的規定，具有投票資格的各個界別裡的每一法人享有最多11票投票權，因此，他們可以投票選出經各界社團提名的候選人，代表其界別進行選舉委員會委員。須留意，按規定，他們

不能具有兩次投票權，所以這類型的選民總額已達萬多人，而這萬多人又由其所屬的團體選出，這樣幅射下去，其已能具有一定代表性。

（三）2008年修改第3/2004號法律的行政長官選舉委員會

該修改最主要在對認定及區分各界別的權限。原來從由行政長官經聽取各個界別意見後作出決定，改為由聽取各個常設委員會的意見之後作出決定。同時增加了取得法人資格成7年才可以加入分界別的選舉，這是比原法的3年大為提高，臨時種票的機會亦大為減少。

二、行政長官選舉法

《行政長官選舉法》主要規範了兩個選舉工作，首先是行政長官選舉委員會委員的選舉；其次是行政長官選舉。

該法案共162條，規定了選舉委員會的具體產生辦法及行政長官選舉程序，對選委會的組成、運作，參選特首的資格和限制，選舉過程的監管和懲罰制度均作出規定，並按照法定日程，如期產生新一屆行政長官接任人選，確保政府領導層能順利交接。

該選舉法規定，被提名為行政長官候選人必須具備6項資格與條件：1.澳門永久性居民中的中國公民；2.不具外國居留權或承諾在擔任行政長官期間放棄外國居留權；3.年滿40歲；4.在澳門居住連續滿20年；5.擁護基本法，效忠中華人民共和國及澳門特別行政區；6.已作選民登記，不屬於無選舉資格者等，為當選行政長官的資格與條件，做出具體而又明確的法律銓釋，再一次向世界宣示了澳門人真正當家作主人的權利。

這個法律規定，新一任行政長官候任人將由具有廣泛代表性的選舉委員會「一人一票」選出。選舉委員會成員由澳門社會4大界別的各社團選舉產生。

第二節　澳門特別行政區立法會

　　立法會是澳門特別行政區的唯一立法機構，每4年改選一次。澳門主權移交前同樣稱澳門立法會。

　　設主席、副主席各1名，祕書兩名，由全體議員互選產生。四人組成執行委員會，與行政委員會為行政機構。第一至第三屆立法會主席為曹其真，現任立法會主席為劉焯華。

　　另有章程及任期委員會及三個常設委員會。委員會會議閉門進行。

職權

　　根據《基本法》第70條，立法會職權如下：

1. 依照基本法規定和法定程序制定、修改、暫停實施和廢除法律；
2. 審核、通過政府提出的財政預算案；審議政府提出的預算執行情況報告；
3. 根據政府提案決定稅收，批准由政府承擔的債務；
4. 聽取行政長官的施政報告並進行辯論；
5. 就公共利益問題進行辯論；
6. 接受澳門居民申訴並作出處理；
7. 如立法會全體議員三分之一聯合動議，指控行政長官有嚴重違法或瀆職行為而不辭職，經立法會通過決議，可委託終審法院院長負責組成獨立的調查委員會進行調查。調查委員會如認為有足夠證據構成上述指控，立法會以全體議員三分之二多數通過，可提出彈劾案，報請中央人民政府決定；
8. 在行使上述各項職權時，如有需要，可傳召和要求有關人士作證和提供證據。

　　而根據第75條，議員依照本法規定和法定程序提出議案。凡不涉及公共收支、政治體制或政府運作的議案，可由立法會議員個別或聯名提出。凡涉及政府政策的議案，在提出前必須得到行政長官的書面同意。而且有

關財政監察的法律尚未制訂，相關權力只是一紙空文。

　　另外，根據第76條，議員亦有權依照法定程序對政府的工作提出質詢，惟在2004年經修訂的《議事規則》中，在放寬口頭質詢的同時，限制了書面質詢的數目。這兩條，外加上支援工作不足，都是立法會工作的重大障礙。

第三節　歷屆立法會選舉

一、2001年澳門立法會選舉

　　澳門特別行政區第二屆立法會選舉於2001年9月23日舉行（第一屆除原陳繼杰之議席由容永恩頂上外，全體議員皆順利由澳葡立法會過渡），以直接選舉方式選出10位議員，以社團間選選出10名議員。其餘七名由行政長官在收到選舉總結算十五天內委任。全體議員於當年10月15日宣誓就職。

（一）提　名

　　參與直選須有最少四名，最多十名候選人，由最少三百，最多五百名選民簽名支持。 參與間接選舉，與須有該界別四分之一社團提名。

（二）選舉方式

　　不論是直接或間接選舉，都採用「改良」漢狄法（比例代表制一種），即一組別取得票數除一予第一候選人，除二予第二候選人，除四（而非一般漢狄法的除三）予第三候選人，以幾何級數除之分配予同組各候選人。此法首次應用在1992年選舉中。選舉以澳門特區為單一選區。

（三）選　民

　　當年自然人選民人數有159,813人（當中有投票選民為83,644人，占

52.34%）；法人選民人數有625人，有權投票的選民為3,415名，有投票選民為2,224名，佔65.12%。

（四）直選結果

吳國昌、區錦新、鄭康樂、關翠杏、梁玉華、周錦輝、方永強、梁慶庭、容永恩、張立群當選。

以政治屬性計算：1.土生葡人7.56%；2.自由開放陣營27.46%；3.傳統陣營36.34%；4.商人陣營28.62%。

（五）間選議席分配及候選／當選人

間選十席中四席分配予僱主利益，勞工、專業、慈善、文化、教育及體育利益（俗稱慈文教體）各得兩席。各組別從未出現多於一個提名委員會（組別），亦未出現過差額選舉，故候選人都篤定當選。

勞工：劉焯華、唐志堅

僱主：曹其真、許世元、鄭志強、高開賢

專業：歐安利、崔世昌

慈善、文化、教育、體育：馮志強、陳澤武

二、2005年澳門立法會選舉

澳門特別行政區第三屆立法會選舉於2005年9月25日舉行。屆時以直接選舉方式選出新一屆議會中的12位議員，以社團間選選出10名議員。其餘七名由行政長官在收到選舉總結算十五天內委任。全體議員於同年10月17日宣誓就職，並召開第一次全體會議。

（一）選民資格

在直接選舉（簡稱「直選」）方面，根據《澳門特別行政區立法會選舉法》，年滿18歲且為澳門特別行政區永久性居民的自然人，如已作選民登記，則在直接選舉中具有投票資格（第4條所規定者除外），而凡具有投票資格且年滿21歲的澳門特別行政區永久性居民，均具有被選資格（第

六條所規定者除外）。

　　而間接選舉（簡稱「間選」）方面，選民必須是已取得法律人格至少三年、並已在身分證明局登記的代表有關社會利益的法人。如已按照《選民登記法》作登記，則在間接選舉中具有投票資格，惟由公共實體主動設立的法人或一半以上的財政收入是來自公共實體的法人除外。《澳門特別行政區立法會選舉法》第4條至第6條以及《澳門特別行政區立法會選舉制度》第4條的規定，都適用於間接選舉。

（二）提　名

　　參與直選的各個組別須有最少4名、最多12名候選人，且選民簽名支持最少要300名至最多500名。而參與間接選舉須有該界別最少四分之一社團提名。

（三）選舉方式

　　不論是直接或間接選舉，都採用「改良」漢狄法（比例代表制一種）。

（四）直選結果

　　直選議席當選人如下：吳國昌、區錦新、陳明金、吳在權、關翠杏、梁玉華、梁慶庭、容永恩、梁安琪、高天賜、馮志強、周錦輝，而以政治屬性計算，自由開放陣營得票26.04%，土生葡人得票8.70%，商人陣營有37.59%，傳統陣營則有27.67%。

（五）間選議席分配

　　間選十席中四席分配予僱主利益，分別由曹其真、賀定一、鄭志強、高開賢取得；勞工，專業，慈善、文化、教育及體育利益（俗稱慈文教體）各得兩席，當中勞工界由劉焯華、李從正取得，專業界為歐安利、崔世昌，慈善、文化、教育、體育界別則由張立群、陳澤武擔任。

　　各組別從未出現多於一個提名委員會（組別），亦未出現過差額選

舉，故候選人都篤定當選。此情況今屆再度出現，令人對現有選舉制度提出質疑。

（六）投票率

1. 直接選舉：有投票選民128,830（58.39%）；有效票124,845，空白票660，廢票3,325。
2. 間接選舉：有投票權選民9,955人；具投票證明書選民4,365人；有投票選民2,704人（61.95%）；有效票2,577，空白票71，廢票56。

（七）委任議員

　　澳門特別行政區行政長官於10月9日，委任李沛霖、沈振耀、徐偉坤、崔世平、許輝年、楊道匡、劉本立為議員。其中徐偉坤及許輝年連任。

三、2009年澳門立法會選舉

　　2009年澳門立法會選舉即澳門第四屆立法會選舉，投票日定於2009年9月20日。屆時以直接選舉方式新一屆議會中的12位議員，以社團間選選出10名議員。其餘七名由行政長官在收到選舉總結算十五天內委任。

（一）選舉法例

　　經第11/2008號法律修改的第3/2001號法律（《澳門特別行政區立法會選舉法》）是規定本次選舉的法律。本次選舉，十八至二十歲的人士首次享有被選資格，並增加了賄選的刑罰以及誣告的處罰。但在宣傳方面把原來要求選舉管理委員會「應在競選活動開始時，將有關候選名單的政綱概要發送予所有選民」改成「政綱概要以適當方式公開。」

　　另外，《選民登記法》亦規定了自然人選民和法人選民的資格和登記程序。根據2008年通過的修訂，被視為賄選工具的選民證被廢除。另外為了讓選舉當日足十八歲的人士能參與選舉，增加了凡年滿十七歲且合資格的永久性居民，可辦理提前選民登記，並於年滿十八歲之日自動成為確定

選民登記的規定，但新修訂版本第19條第6款規定：「每年行政暨公職局自1月1日起收到的登記或更新資料申請，僅於翌年展示的選民登記冊載錄或註明」，而根據第21條第3款規定：「任何選舉，均應使用選舉日期公布日前最後一個已完成展示的選民登記冊」，亦即把有意參加下屆選舉人士的選民登記截止日期，由選舉日前一百二十日，提前至選舉前一年的十二月三十一日。

法人要取得選民的資格的最低存在期限由三年增加至七年。當地主要政圈新澳門學社在2008年3月31日向行政長官遞信，指「三個選舉法」（即行政長官和立法會選舉法和《選民登記法》）只有技術性修改，在政制發展方面原地踏步（雖然根據《基本法》附件二，立法會的產生辦法自2009起年可以按附件規定程式修改）。特別是增加社團取得選舉資格的年期條件，「客觀上只是鞏固舊社團的利益，讓舊社團維持既得利益的小圈子，繼續操控行政長官選舉和立法會十個間選議席」。

（二）選民資格

1. 直接選舉

年滿18歲且為澳門特別行政區永久性居民的自然人，已作選民登記，並被登錄於選舉日期公布日前最後一個已完成展示的選民登記冊內，可在立法會選舉中選出12名議員（直選議員）。

2. 間接選舉

已在身分證明局登記、獲確認所屬於相關界別至少滿四年，且取得法律人格至少滿七年的法人，如已作選民登記並被登錄於選舉日期公布日前最後一個已完成展示的選民登記冊內，可在立法會選舉中選出10名議員（間選議員）。

（三）提　名

參與直選的各個組別須有最少4名、最多12名候選人，且選民簽名支持最少要300名至最多500名。而參與間接選舉須有該界別最少四分之一社

團提名。

（四）選舉方式

不論是直選或間選，都採用「改良」漢狄法（比例代表制一種）。

在最後一個議席進行配給時，如果遇上商數相同的情況，該議席配給予尚未取得議席的有關名單；如果各張名單均已取得議席，該議席配給予得票較多的有關名單；又如果各有關名單的得票數也相同，則以抽籤方式決定。

（五）直選結果

12個直選議席當選人：

關翠杏、陳明金、吳國昌、梁安琪、何潤生、高天賜、區錦新、李從正、麥瑞權、吳在權、陳偉智、陳美儀。

（六）間接選舉

今次選舉只有4個間選組別被接納，其中10位間選候選人數目與相應界別議席相等。根據選舉法規定，被確定接納為間選選舉組別的候選人，如總數等於或少於相關選舉組別獲分配的議席名額，有關候選人毋須投票自動當選。因此，這次被確定的10位間選候選人自動當選為第四屆立法會議員，十人包括：

工商、金融界：賀一誠、高開賢、鄭志強、馮志強；

勞工界：劉焯華、林香生；

專業界：崔世昌、歐安利；

社會服務、文化、教育及體育界：張立群、陳澤武。

（七）委任議員

2009年10月5日，行政長官頒布行政命令，委任何少金、徐偉坤、唐曉晴、崔世平、黃顯輝、劉永誠及蕭志偉為議員。其中劉永誠為上屆選舉中直選組別「愛澳聯盟」第二候選人，而黃顯輝為崔世安參選行政長官的

代理人。唐曉晴為澳門大學法學院助理教授，何少金為澳門中華教育會理事長。一般認為唐何二人是繼承了沈振耀和李沛霖作為議員中法律界和教育界的代表。

參考書目

中文部分

行政長官選舉，網址：http://www.ece.gov.mo/election/public/ece/html.jsf

行政長官選舉法＿互動百科，網址：http://www.hudong.com/wiki/ %E8%A
1%8C%E6%94%BF%E9%95%BF%E5%AE%98%E9%80%89%E4%B8%B
E%E6%B3%95

平心，《選舉澳門特別行政區行政長官的民主體現》，P.1-2

維基百科，網址：http://zh.wikipedia.org/wiki/ 2001%E5%B9%B4%E6%BE
%B3%E9%96%80%E7%AB%8B%E6%B3%95%E6%9C%83%E9%81%B8
%E8%88%89

英文部分

http://zh.wikipedia.org/wiki/ 2005%E5%B9%B4%E6%BE%B3%E9%96%80%
E7%AB%8B%E6%B3%95%E6%9C%83%E9%81%B8%E8%88%89

http://zh.wikipedia.org/wiki/ 2009%E5%B9%B4%E6%BE%B3%E9%96%80%
E7%AB%8B%E6%B3%95%E6%9C%83%E9%81%B8%E8%88%89

http://zh.wikipedia.org/zh-tw/%E6%BE%B3%E9%96%80%
E7%89%B9%E9%A6%96

http://zh.wikipedia.org/wiki/ 2009%E5%B9%B4%E6%BE%B3%E9%96%80%
E8%A1%8C%E6%94%BF%E9%95%B7%E5%AE%98%E9%81%B8%E8
%88%89

附錄
APPENDIX
6

新加坡國會選舉制度

黃文奇、劉信呈

第一節　新加坡國會

　　新加坡共和國（Republic of Singapore）自從1965年獨立後，已舉辦過十一次的國會大選[1]，以及十次的補選。新加坡國會採單院制，以5年為一任，議會中的多數黨黨魁由總統任命為總理，總理向總統推薦行政內閣部長和部門首長，經總統任命後組成內閣與政府。政府對議會負責，並接受議會的監督與質詢。總理可以向總統提起解散國會，由總統宣布解散。國會大選必須在國會解散後的三個月內舉行。國會議員候選人必須年滿21歲，且是新加坡公民，並符合憲法規定的其他條件。而擁有投票權的選民為所有21歲以上的新加坡公民，並且投票具有強制性與秘密性（Elections Department Singapore, 2011）。

　　目前新加坡國會議員總共有87席，並且有三種議員產生方式：選舉議員（Elected Member of Parliament）、非選區議員（Non-Constituency Member of Parliament）及官委議員（Nominated Member of Parliament），見附表6-1。

　　一、選舉議員：由單一選區多數決（Single Member Constituencies）或集體選區制度（Group Representation Constituencies, GRCs）選舉產生。選區畫分見附圖6-1。

　　二、非選區議員：由於長期以來人民行動黨主宰了議會，2010年修正後的憲法規定，議會內必須有至少9名反對黨議員，當選的反對黨議員如果不足九名，將由非選區議員填補，最多可有兩名非選區議員來自同一級選區，並且總統不必在提名日前，規定之非選區議員人數。

　　三、官委議員：為1990年的新制度。依新加坡憲法規定，官委議員最多為6席。先由國會議員組成「國會特別遴選委員會」（Special Select Committee of Parliament）進行提名後，由新加坡總統任命而產生。其任期為兩年半，任期間不得參加任何政黨，並且其在國會裡所能行使的權力亦受到限制。（Elections Department Singapore, 2011）

1　第一屆新加坡國會大選為1968年。

附表6-1　新加坡國會議員人數產生表

選區	議員人數	總數（名）
單一選區（12）	每選區一名	12
集體選區（15）	每選區3至6名	75
非選區議員	至少9名反對黨議員	至少9名
官委議員	至多6名	至多6名
合計	87名（不包括官委議員）	87

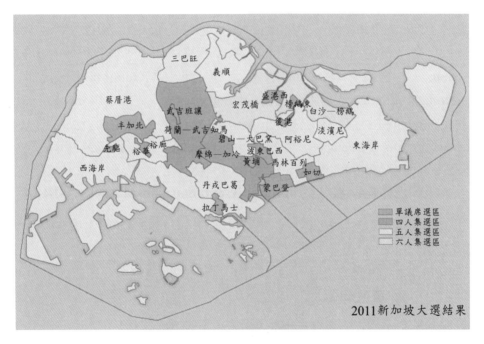

附圖6-1　新加坡選區畫分圖

資料來源：聯合早報，2011，檢索日期：2011年5月19日。

第二節　新加坡國會選舉制度

　　新加坡國會的選舉制度曾經採用過「雙人一組集體當選制」、「保留選區制」、「政黨比例代表制」、「兩票制」等選舉制度，自1988年起

採行「集體選舉區制度」（Group Representation Constituencies, GRCs）及「單一選區多數決」（Single Member Constituencies, SMCs）。若某一選區（不論單一或集選區都一樣）沒有其他政黨或獨立候選人提名參加競選，便直接宣告唯一有提名參選的政黨或候選人勝選。

一、單一選區多數決（Single Member Constituencies, SMCs）

一個選區中只有一位國會議員。在2006年開始，依據新加坡國會選舉法（The Parliamentary Elections Act）規定，每一次的國會大選至少要有12個單一選區。目前的選區依人數多寡排序如下：武吉班讓（Bukit Panjang）、榜鵝東（Punggol East）、拉丁馬士（Radin Mas）、豐加北（Hong Kah North）盛港西（Sengkang West）、先驅（Pioneer）、后港（Hougang）、蒙巴登（Mountbatten）、裕華（Yuhua）、如切（Joo Chiat）、黃埔（Whampoa）與波東巴西（Potong Pasir）。

二、集體選舉區制度（Group Representation Constituencies, GRCs）

1988年的國會大選開始採用集體選區制，其目的是想藉由提高少數族群的國會議員席位數量，來確保國會裡維持少數種族代表的重要性，使各族群在新加坡政治上的權力加以平衡、制約，以達到多元種族政治的理想。以下為集體選舉區制度的作法。

(1) 各政黨應提出3人至6人為一組之候選人參與該集選區之競選活動。

(2) 一組候選人成員中應有1人為馬來人或印度人（或其他少數族裔人士）。

(3) 每一組的候選人成員必須為同一政黨，或同為無黨籍人士。

(4) 集選區選出之國會議席位總數不得低於國會總席位數四分之一。

現行的集選區有15個，集選區議員有75席。而由總統指派至少一位為馬來籍議員的集選區有：阿裕尼（Aljunied）、碧山－大巴窯（Bishan-Toa Payoh）、蔡厝港（Chua Chu Kang）、東海岸E（ast Coast）、馬林

百列（Marine Parade）、摩棉一加冷（Moulmein-Kallang）、白沙一榜鵝
（Pasir Ris-Punggol）、三巴旺（Sembawang）、淡檳尼（Tampines）。

　　總統指派至少有一位議員為印度籍或其他少數民族的集選區：宏
茂橋（Ang Mo Kio）、荷蘭一武吉知馬（Holland-Bukit Timah）、裕廊
（Jurong）、義順（Nee Soon）、丹戎巴葛（Tanjong Pagar）、西海岸
（West Coast）。

三、各屆國會議員選舉結果

　　以下將十一次的國會大選結果做成附表6-2。

附表6-2　新加坡歷屆國會大選結果一覽表

日期	總席次	政黨競選數目	獲勝政黨	獲勝政黨的席次	獲勝政黨得票率%
1968年4月13日	58	2個政黨+（5）	人民行動黨	58	86.72
1972年9月2日	65	6個政黨+（2）	人民行動黨	65	69.15
1976年12月23日	69	7個政黨+（2）	人民行動黨	69	73.43
1980年12月23日	75	8個政黨+（0）	人民行動黨	75	76.47
1984年12月22日	79	9個政黨+（3）	人民行動黨	77	64.83
1988年9月3日	81	8個政黨+（4）	人民行動黨	80	63.17
1991年8月31日	81	7個政黨+（7）	人民行動黨	77	60.97
1997年1月2日	83	6個政黨+（1）	人民行動黨	81	64.98
2001年11月3日	84	5個政黨+（2）	人民行動黨	82	75.29
2006年5月6日	84	4個政黨+（0）	人民行動黨	82	66.60
2011年5月7日	87	7個政黨+（0）	人民行動黨	81	60.14

說　　明：（　）內代表獨立參選人。
資料來源：翁俊桔；戴萬平，2005，〈新加坡的族群政策分析：新制度論的觀點〉，《中台學報》，
　　　　　17(1)：179-191。
　　　　　2011，〈2011新加坡大選特輯〉，聯合早報網：http://www.zaobao.com/ge/，檢索日期：
　　　　　2011年5月15日。
　　　　　2006，〈2006大選〉，聯合早報網：http://www.zaobao.com/special/singapore/ge2006/
　　　　　ge.html，檢索日期：2011年5月15日。

第三節　2011年新加坡國會選舉

　　新加坡第16屆國會選舉在2011年5月7日舉行。新加坡國會的任期為五年。在新加坡，投票是強制性的，並由總理公署屬下的選舉局執行。上屆國會在2011年4月19日宣布解散。提名日為2011年4月27日。這是執政的人民行動黨繼上屆大選後，連續第二次無法在提名日直接蟬聯執政。

一、選舉背景

　　本次大選是新加坡第16次國會選舉，也是新加坡自獨立後舉行的第11次大選。人民行動黨把它看作是自1959年後將第13次執政的開始，這是李顯龍任該黨祕書長後的第二次大選。

（一）國會改革

　　2010年3月11日，政府向國會提出三項法案：有關憲法修改，總統選舉和國會選舉。這些修正案減少了執政黨在國會的數量，增加了反對黨的數量：國會中將至少有九名反對黨議員（原本是最多六名，如果當選的反對黨議員不足九名，將由非選區議員填補）；官委議員制度成為永久性制度；增加選前冷靜日制度，即投票日的前一天，任何政黨都不可舉行競選活動包括網路活動，競選廣播除外。政黨、候選人及其競選代理，可使用的新媒體增加到包括影音播客、照片／錄像共用網站、彩信、Facebook、Twitter、手機應用程式等。2010年4月26日，該修正案在經過三個小時的辯論後以74比1的結果獲得通過。

（二）政　黨

　　新加坡人民行動黨自1965年新加坡獨立以來便一直執政，它目前由總理李顯龍領導。本屆參選反對黨包括：

　　新加坡工人黨－祕書長：劉程強

　　新加坡人民黨－祕書長：詹時中

革新黨－祕書長：肯尼斯

新加坡民主黨－祕書長：徐順全

國民團結黨－祕書長：吳明盛

新加坡民主聯盟－祕書長：Desmond Lim

（三）選區畫分

　　總共87個議席，由12個單選區和15個集選區組成。

　　與上次大選相比，本屆選區的主要特點是增加了單選區數——從原來的九個增加到至少十二個；縮小集選區規模——產生更多小規模集選區，集選區平均人數不超過五人。選區畫分見圖6-1。

二、大選概況

1. 單選區數：12
2. 集選區數：15
3. 總議席：87
4. 選民人數：2,349,091
5. 選區公布：2011年2月24日
6. 解散國會：2011年4月19日
7. 提名日：2011年4月27日
8. 冷靜日：2011年5月6日
9. 大選日：2011年5月7日
10. 候選人保證金：16,000
11. 保證金沒收：得票率少於12.5%

三、選舉結果

　　據選舉局8日凌晨公布的投票選民數目，7日參加投票的選民人數達205萬7,690名，占了可投票選民的93.06%。這是新加坡獨立以來最多候選人參加角逐，也是最多選民參加投票的一次大選。人民行動黨取得的

60.14%總得票率,將繼續執政。其中行動黨在丹戎巴葛集選區的5個議席是在沒有競選對手之下獲得。

這次選舉最值得關注的是工人黨祕書長劉程強走出後港區,率隊轉攻阿裕尼集選區,以54.71%對45.29%的得票率,擊敗外交部長楊榮文領軍的人民行動黨團隊,成為自1988年設立集選區制度以來,第一個成功攻破這個行動黨堡壘的反對黨。後港區上陣的饒欣龍以64.81%得票率保住這一區議席,其他的如切區候選人餘振忠以48.99%得票率和東海岸集選區的五人競選團隊所贏得的45.17%得票率,這足已讓它取得另兩個非選區議席,選後工人黨接受兩席非選區議員的席位,已使工人黨崛起成為國會裡具分量的反對黨。

取代丈夫詹時中在波東巴西區上陣的羅文麗,僅以114票微差落選,也受邀出任非選區議員。詹時中以76歲高齡率隊到碧山──大巴窯集選區競選落敗,基本結束了他的政治生涯。

這次選舉證明工人黨喊出「邁向第一世界國會」競選口號已贏得不少選民的認同,它所角逐的四個集選區和四個單議席選區,全都取得超過40%的得票率。劉程強形容他在阿裕尼集選區的勝利是新加坡政治和未來一代的里程碑,「阿裕尼選民作出這個不容易的決定,是要告訴行動黨政府他們要使新加坡的民主成熟」。

行動黨的整體得票率比上屆大跌6%,跌至六成,是自建國以來最低,阿裕尼集選區被工人黨拿下。對行動黨來說是一個嚴重的警訊。選前內閣資政李光耀一席「阿裕尼選民會後悔五年」的言論引來反對黨的攻擊,亦使李顯龍總理公開宣佈他與李光耀的看法是不一樣。選後李光耀與吳作棟決定退出內閣,意味著李顯龍將全面掌管政權。

附表6-3　2011新加坡國會選舉結果

政黨	單選區 當選議席	集選區 當選議席	當選議席 總數	得票總數	得票率
人民行動黨	11	70	81	1,210,617	60.14%
工人黨	1	5	6	258,141	46.60%
國民團結黨	0	0	0	242,369	39.25%
新加坡民主聯盟	0	0	0	55,932	30.06%
新加坡人民黨	0	0	0	62,504	41.42%
新加坡民主黨	0	0	0	97,239	36.76%
革新黨	0	0	0	86,174	31.78%

資料來源：中文維基百科
　　　　　http://zh.wikipedia.org/wiki/ 2011%E5%B9%B4%E6%96%B0%E5%8A%A0%E5%9D%A1%E
　　　　　5%A4%A7%E9%80%89

附表6-4　2011年新加坡國會選舉議員選區當選一覽表

No.	選區名稱	議席	行動黨候選人	得票	反對黨候選人	得票
13	荷蘭－武吉知馬	4	維文醫生 Vivian Balakrishnan 迪舒沙 Christopher de Souza 連榮華 Liang Eng Hwa 沈穎 Sim Ann	48,682票 60.10% （當選）	（新加坡民主黨） 文森－維琪新雅 Vincent Wijeysingha 陳如斯 Tan Jee Say 洪永元 Ang Yong Guan 李娟 Michelle Lee Juen	32,322票 39.90%
14	摩綿－加冷	4	雅國博士 Yaacob Ibrahim 呂德耀少將 Lui Tuck Yew 潘麗萍 Denise Phua Lay Peng 唐振輝 Edwin Tong Chun Fai	44,828票 58.56% （當選）	（工人黨） 莫哈默－拉喜詹 Mohd Rahizan Bin Yaacob 索瑪孫德蘭 L.Somasundaram 卓鴻文 Toh Hong Boon 曾小拜 Frieda Chan Sio Phing	31,721票 41.44%
15	阿裕尼	5	楊榮文 George Yeo 陳惠華 Lim Hwee Hua 再諾 Zainul Abidin Rasheed 潘惜玉 Cynthia Phua 王乙康 Ong Ye Kung	59,732票 45.29%	（工人黨） 劉程強 Low Thia Kiang 林瑞蓮 Sylvia Lim Swee Lian 陳碩茂 Chen Show Mao 畢丹星 Pritam Singh 莫哈默－費沙 Muhamad Faisal	72,165票 54.71% （當選）

No.	選區名稱	議席	集選區 行動黨候選人	得票	反對黨候選人	得票
16	碧山－大巴窯	5	黃根成 Wong Kan Seng 黃永宏醫生 Ng Eng Hen 再努丁 Zainudin Nordin 楊莉明 Josephine Teo 哈裡古瑪 Hri Kumar Nair	62,282票 56.94% （當選）	（新加坡人民黨） 詹時中 Chiam See Tong 方月光 Benjamin Pwee 李勇偉 Jimmy Lee 梁威立 Wilfred Leung 末哈末哈敏 Mohamad Hamim Aliyas	47,092票 43.06%
17	蔡厝港	5	顏金勇 Gan Kim Yong 紮吉哈 Zaqy Mohamad 楊康海 Alvin Yeo 劉燕玲 Low Yen Ling 任梓銘 Alex Yam Ziming	89,605票 61.20% （當選）	（國民團結黨） 張培源 Sebastian Teo Kway 陳禮添 Tony Tan Lay Thiam 潘群勤 Hazel Poa Koon Koon 傑西仁 Jeisilan Sivalingam 諾麗茱 Nor Lella Mardiiiah	56,817票 38.80%
18	東海岸	5	林瑞生 Lim Swee Say 林雙吉 Raymond Lim 李亦賢 Lee Yi Shyan 陳婍娘 Jessica Tan Soon Neo 孟理齊 Mohd Maliki	59,895票 54.83% （當選）	（工人黨） 陳恩忠 Eric Tan Heng Chong 方榮發 Png Eng Hua 嚴燕松 Gerald Giam Yean Song 莫哈莫-法茲裡 Mohd Fazli Bin Talip 韓蘇美 Glenda Han	49,342票 45.17%

No.	選區名稱	議席	集　　選　　區 行動黨候選人	得票	反對黨候選人	得票
19	裕廊	5	尚達曼 Tharman Shanmugaratnam 哈莉瑪 Halimah Yacob 李智陞 Desmond Lee Ti-Seng 王金髮 David Ong Kim Huat 洪維能 Ang Wei Neng	76,489票 66.96% （當選）	（國民團結黨） 梁廷瑋 Neo Ting Wei 王福祥 Ong Hock Siong 翁明順 Ong Beng Soon Elvin 諾榮尼尤納斯 Noraini Yunus 阿都拉昔 Abdul Rasheed	37,734票 33.04%
20	馬林百列	5	吳作棟 Goh Chok Tong 花蒂瑪醫生 Fatimah Lateef 陳川仁準將 Tan Chuan-Jin 謝健平 Seah Kian Peng 陳佩玲 Tin Pei Ling	78,182票 56.65% （當選）	（國民團結黨） 蔣才正 Cheo Chai Chen 楊忠文 Ivan Yeo 阿都沙林 Abdul Salim Harun 黃俊宏 Spencer Ng 佘雪玲 Nicole Seah	59,833票 43.35%
21	義順	5	尚穆根 K Shanmugam 李美花 Lee Bee Wah 林偉傑醫生 Lim Wee Kiak 費紹爾 Muhammad Faishal Ibrahim 鄭德源 Patrick Tay Teck Guan	80,659票 58.39% （當選）	（工人黨） 博日源 Dr Poh Lee Guan 任俊南 Dr John Yam 溫瓊妃 Angela Faye Oon 鐘燦榮 Watson Chong Cham Weng 薩傑夫－卡瑪拉薩南 Sanjeev Kamalasanan	57,482票 41.61%

No.	選區名稱	議席	集　　　選　　　區			
			行動黨候選人	得票	反對黨候選人	得票
22	三巴旺	5	許文遠 Khaw Boon Wan 賀華吉 Hawazi Daipi 李玉雯 Ellen Lee 維凱 Vikram Nair 王鼎昆 Ong Teng Koon	84,185票 63.89% （當選）	（新加坡民主黨） 戈麥斯 James Gomez 陳兩裕 John Tan 羅傑 Jarrod Luo 伊薩 Mohd Isa Abdul Aziz 桑達西邁 Sadasivam Veriyah	47,578票 36.11%
23	淡濱尼	5	馬寶山 Mah Bow Tan 馬善高 Masagos Zulkifli 伍碧虹 Irene Ng 王瑞傑 Heng Swee Keat 馬炎慶 Baey Yam Kim	72,664票 57.22% （當選）	（國民團結黨） 吳明盛 Goh Meng Seng 沙亞法林 Syafarin Sarif 吳家和 Gilbert Goh 林炳安 Raymond Lim Peng Ann 馮展良 Reno Fong Chin Leong	54,337票 42.78%
24	丹戎巴葛	5	李光耀 Lee Kuan Yew 英蘭妮 Indranee Rajah 梁莉莉醫生 Lily Tirtasana Neo 陳振聲少將 Chan Chun Sing 謝世儒醫生 Chia Shi Lu	自動當選	（無人競選）	

No.	選區名稱	議席	集選區 行動黨候選人	得票	反對黨候選人	得票
25	西海岸	5	林勛強 Lim Hng Kiang 易華仁 S Iswaran 鄭臻 Arthur Fong Jen 胡美霞 Foo Mee Har 黃循財 Lawrence Wong Shyun Tsai	72,465票 66.57% （當選）	（革新黨） 肯尼斯 Kenneth Jeyaretnam 未來成 Andy Zhu Laicheng 何淑嫻 Ho Soak Harn 古瑪 Kumar Appavoo 劉爵煥 Frankie Low	36,395票 33.43%
26	宏茂橋	6	李顯龍 Lee Hsien Loong 殷吉星 Inderjit Singh 成漢通 Seng Han Thong 楊木光 Yeo Guat Kwang 洪鼎基 Ang Hin Kee 殷丹 Intan Azura Mokhtar	112,544票 69.33% （當選）	（革新黨） 歐斯曼蘇本曼 Osman Bin Sulaiman 曼索拉曼 Mansor Rahman 陳智祥 Alex Tan 林子睿 Lim Zi Rui 維克尼斯瓦麗馬詹德南 Vigneswari Ramachandran 林廷 Arthero Lim	49,779票 30.67%
27	白沙—榜鵝	6	張志賢 Teo Chee Hean 張思樂 Teo Ser Luck 劉（孲夣）琳 Penny Low 再納 Zainal Sapari 顏添寶 Gan Thiam Poh 普杰立 Janil Puthucheary	100,382票 64.79% （當選）	（新加坡民主聯盟） 陳慶峰 Tony Tan Keng Hong 哈啟 Harminder Pal Singh 孫成家 Sidney Soon Seng Kay 沙夫尼 Mohd Shafni Ahmad 李昌原 Patrick Lee Song Juan 林鎮榮 Jeffrey Lim	54,546票 35.21%

資料來源：聯合早報，2011，2011新加坡大選特輯，http://www.zaobao.com/ge/results.shtml，檢索日期：2011年5月19日。

第四節　結　論

　　新加坡國會選舉與制度，與別的國家有顯著的不同，就選舉區所產生的議員來說，分為單一選區與集選區，與別的國家採用單一選區與比例代表制混和的制度不同，是新加坡選舉制度的特色之一。因為新加坡是多民族林立，在選舉制度的設計上不採用比例代表制，強制採用集選區制，強迫每黨的提名名單要有多民族的組合，當選全部當選，落選則全部落選，使得少數民族也有當議員的機會。

　　另一個特色，有非選舉區議員，法制規定國會議員要有至少9名的反對黨，如果在當選的名單中未達到9名，總統任命非選舉區議員，補足反對黨議員名額達到9名。例如2011年的國會議員，選舉區反對黨當選人數只有6名（單一選區1名。集選區5名），因此，總統依規定應任命非選舉區議員3名，使得現有的國會反對黨人數達到9名。這也是新加坡選舉制度的特色，在一黨獨大的政治體系裡，強制規定反對黨人數的至少名額。

　　2011年國會選舉對於執政黨是很大的打擊，因為從來沒有反對黨能在集選區當選，而這次選舉突破了以往的情形，在集選區竟有反對黨當選。並且在選票的得票率上，執政黨的得票率從原來的2001年的75%，下降至2011年的60%，見附表6-2，是明顯的警訊，報章雜誌有批評為新加坡的茉莉花革命，人民行動黨立即覺醒要大力改革，李光耀、李顯龍等準備要世代交替，加速改革。

參考書目

中文部分

翁俊桔、戴萬平，2005，〈新加坡的族群政策分析：新制度論的觀點〉，《中台學報》，17(1)：179-191。

維基百科，2011，網址：http://zh.wikipedia.org/wiki/2011%E5%B9%B4%

E6%96%B0%E5%8A%A0%E5%9D%A1%E5%A4%A7%E9%80%89，檢索日期：2011年5月18日。

新加坡人民行動黨官方網站，2011，網址：http://www.pap.org.sg/，檢索日期：2011年5月18日。

聯合早報，2011，〈2011新加坡大選特輯〉，聯合早報網：http://www.zaobao.com/ge/，檢索日期：2011年5月15日。

聯合早報，2006，〈2006大選〉，聯合早報網：檢索日期：2011年5月15日。

英文部分

Elections Department Singapore ，2011，"Parliamentary Elections"，http://www.elections.gov.sg/elections_parliamentary.html，檢索日期：2011年5月19日。

Singapore Status Online，2010，"Parliamentary Elections Act"，http://statutes.agc.gov.sg/non_version/cgi-bin/cgi_retrieve.pl?actno=REVED- 218&doctitle=PARLIAMENTARY%20ELECTIONS%20ACT%0a&date=latest&method=part，檢索日期：2011年5月19日。

Singapore Status Online，1999，Constitution of The Republic of Singapore，http://statutes.agc.gov.sg/non_version/cgi-bin/cgi_retrieve.pl?actno=REVED-CONST&doctitle=CONSTITUTION%20OF%20THE%20REPUBLIC%20OF%20SINGAPORE%0a&date=latest&method=part，檢索日期：2011年5月19日。

Singapore Status Online，2001，Political Donations Act，http://statutes.agc.gov.sg/non_version/cgi-bin/cgi_retrieve.pl?actno=REVED- 236&doctitle=POLITICAL%20DONATIONS%20ACT%0a&date=latest&method=part，檢索日期：2011年5月19日。

附錄

APPENDIX

7

新加坡總統選舉

劉信呈

第一節　新加坡簡介

　　新加坡共和國（Republic of Singapore），通稱新加坡，是東南亞的一個島國，也是一個城市國家。該國位於馬來半島南端，毗鄰馬六甲海峽南口，其南面有新加坡海峽與印尼相隔，北面有柔佛海峽與馬來西亞相隔，並以長堤相連於新馬兩岸之間。新加坡的國土除了本島之外，還包括周圍數島。

　　1965年新加坡獨立。在獨立之前，新加坡已是東亞第四最富裕的地區，僅於英屬香港、日本和韓國。自1965年獨立後，新加坡在40餘年內迅速轉變成為富裕的亞洲四小龍之一。新加坡是個多元種族的移民國家，也是全球最國際化的國家之一，在國內居住的居民有42%不是新加坡公民，是全球第六高的比率，服務業有50%是外國勞工。新加坡同時也是亞洲重要的金融、服務和航運中心之一，是繼倫敦、紐約和香港之後的全球第四大金融中心。整個城市在綠化和保潔方面效果顯著，故有「花園城市」的美稱。

第二節　新加坡總統選舉候選人的產生

　　新加坡總統是國家元首，自1993年由全民直選。之前，總統由一院制國會選出，總理保有行政權。第一位直選總統是王鼎昌。現任總統是塞拉潘・納丹。

　　新加坡歷屆總統資料附表7-1所示。

附表7-1　新加坡歷屆總統表

屆次	選舉年	當選人	任期	選舉方式
第一屆	1965	尤索夫・伊薩（Encik Yusof Bin Ishak）	1965－1970	國會選出

屆次	選舉年	當選人	任期	選舉方式
第二屆	1970	班傑明・亨利・薛爾思（Benjamin Henry Sheares）	1970－1981	國會選出
第三屆	1981	蒂凡那（Devan Chengara Veetil Nair）	1981－1985	國會選出
第四屆	1985	黃金輝（Wee Kim Wee）	1985－1993	國會選出
第五屆	1993	王鼎昌（Ong Teng Cheong）	1993－1999	全民直選
第六屆	1999	塞拉潘・納丹（S. R. Nathan）	1999－	全民直選

資料來源：維基百科資料整理
　　　　　http://zh.wikipedia.org/wiki/%E6%96%96%B0%E5% 8A%A0%E5%9D%A1%E6%80%BB%E7%B B%9F

第三節　新加坡總統選舉的過程

　　新加坡選舉過程，包括：選舉的進行、選舉文件、選舉公告、總統選舉委員會、提名日、競選通知、競選活動、冷靜日、投票日、總統選舉投票、開票及計票、總統選舉競選費用報告……等項目。

1. 選舉的進行

　　總統選舉將進行如下：

　　(1) 現任總統未任滿時出缺，在六個月之內即可進行選舉；

　　(2) 現任總統任期屆滿三個月之前，要進行總統選舉。

2. 選舉文件

　　內閣總理大臣發正式文件給負責的選舉機關作聲請：

　　(1) 提名日期：在發文件後的五天到一個月內；

　　(2) 提名的地點。

3. 選舉公告

　　在總理發文件後，負責的選舉至少在提名日的四天前要發出通知，規定如下所示：

(1) 候選人的提名日期、日期、地點；
(2) 提名的文件要有以下事項：①候選人；②保證人；③覆議者；④至少有四個贊成者。保證人、覆議者和贊成者的名字都必須被標記在選舉的所有相關事務上；
(3) 定金的支付（候選人要要存三倍的法定指定費用在選舉委員會中）；
(4) 法定宣布提名候選的那一天起，他將不屬於任何一個政黨；
(5) 政治獻金的證明文件由政治獻金管控單位核發；
(6) 資格證書由總統選舉委員會核發。

4. 總統選舉委員會

　　總統選舉委員會的功能為──確保總統候選人的資格符合憲法第19條。主席選舉委員會之主席負責管理委員會，其中包含2名其他成員──一名為首席會計與運行管理，另一個則是少數族群的議會主席。

　　任何想要參選總統的候選人，都要在發布參選文件後的三天內讓總統選舉委員會同意授權。這授權憑證最遲要在提名日的前一天核發。

5. 提名日

　　候選人必須在早上11點到12點時，給予選舉主管機關提名文件和授權憑證，一式兩份，並且保證人、覆議者和贊成者要同時出席。

　　在提名結束時，如果只有一名候選人提名，選舉主任會直接宣布該提名候選人當選為總統。

　　凡有超過一名候選人提名的代表，選舉主管機關會宣布選舉投票的日期。選舉主任將配予各候選人認可之象徵。

6. 競選通知

　　競選通知由選舉主管機關核發，具體內容如下：
(1) 選舉日（在發布競選通知的10天後到56天內）；
(2) 後選人姓名、他們的代號、保證人和覆議者；
(3) 投票地點。

7. 競選活動

在競選通知核發後，候選人就可以開始競選活動，直到投票日的前一天（那天冷靜日）。候選人也可在電視台播映。

在競選活動只限於：

(1)訪問家庭；(2)散發傳單；(3)張貼標語和旗幟；(4)競選車上的掃街拜票；(5)網路廣告（要遵守選舉廣告的規定）；(6)選舉集會和造勢會。

除非得到選舉機關的授權或同意，否則候選人不得自行在電視、報紙、雜誌、期刊、公共場所作廣告宣傳

金額候選人選舉開支上限為60萬美元，或相當於每位選民30分美元的總額，以總數較大者為準。

8. 冷靜日

投票日的前夕，即為冷靜日，在這天競選活動是禁止的。這24小時之沉寂是給選民時間去冷靜並做出理性思考。

冷靜日中例外可核准的競選活動：

(1) 在報紙，電台和電視台發布有關選舉的事宜；

(2) 在冷靜日前已經張貼海報和設立的旗幟、已發布之合法網路廣告；

(3) 原定公開出版的書籍；

(4) 在非商業的基礎上，透過電話或其他電子傳播方法，一對一的傳輸政治理念；

(5) 任何活動或狀況之規定由部長來明訂。

上述之例外清單也適用於投票日。

9. 投票日

被登記在選民登記冊上的公民將收到投票通知書，此通知書在投票日之前將郵寄到最新的身分證地址。

在投票日的上午8時至晚上8時，選民可以到其指定的投票站投票上。

投票結訴後，裝著票的投票箱將會被密封，接著運到各自的計票中心。

在國外的新加坡公民已可以在官方認可的海外投票站投票。

海外投票站在新加坡當地投票開始前就舉行，但是其必須在新加坡當地投票結束前結束。海外投票結束後，票箱會被帶回新加坡計票，海外票箱必須在投票日後的十天內送達選局主管機關。

10 總統選舉投票開票及計票

計票後，選舉負責機關助理將點票結果傳給在主計處的選舉機關。選舉主管機關將匯集所有在新加坡計票中心的結果。如果海外選票沒有影響到選舉結果，選舉主管機會將會宣布得票最多的候選人當選。如果海外選票會影響結果，選舉主任會宣布每名候選人在新加坡當地的得票數，並且將延遲宣布候選人當選，直到海外選票計票後才宣布。海外選票點清後，最後的結果將刊登在政府憲報中。

11. 總統選舉競選費用報告

選舉代理人在31天內必須提交一份聲明和在一個在選舉活動間選舉開支表給選舉主管機關，其報告將在憲報公布。

附表7-2為新加坡歷任總統直選表。

附表7-2　新加坡歷屆總統直選表

選舉年	提名日	候選人	投票日	得票數	得票率	結果
1993 (1,756,517)	18/08/93	Chua Kim Yeow	Ong Teng Cheong	28/08/93	670,358	
952,513	41.31		58.69	落選		當選
1999 (1,967,984)	18/08/99	S R Nathan	宣布當選			
2005 (2,113,540)	17/08/05	S R Nathan	宣布當選			

資料來源：Elections Department, Singapore

　　　　　http://www.elections.gov.sg/elections_past_results.html

參考書目

中文部分

吳釗燮 譯，1994，新加坡總統選舉法。臺北市：中央選委會。

英文部分

The Constitution of the Republic of Singapore (The Government, Part V (Chapter 1) - The President);

The Presidential Elections Act (Chapter 240A);

The Political Donations Act (Chapter 236);

新加坡選舉中心http://www.elections.gov.sg/，擷取日期：2011/05/13。

維基百科http://zh.wikipedia.org/，擷取日期：2011/05/13。

國家圖書館出版品預行編目資料

各國選舉制度／張世賢編． — 初版． — 臺
北市：五南，2011.09
　　　面；　　公分.--

ISBN 978-957-11-6320-8（平裝）

1.選舉制度 2.比較研究

572.3　　　　　　　　　100011135

1PM4

各國選舉制度

編　　者 — 張世賢(203.02)

發 行 人 — 楊榮川

總 編 輯 — 龐君豪

主　　編 — 劉靜芬　林振煌

責任編輯 — 李奇蓁　陳姿穎

封面設計 — P.Design視覺企劃

出 版 者 — 五南圖書出版股份有限公司

地　　址：106台北市大安區和平東路二段339號4樓

電　　話：(02)2705-5066　　傳　真：(02)2706-6100

網　　址：http://www.wunan.com.tw

電子郵件：wunan@wunan.com.tw

劃撥帳號：01068953

戶　　名：五南圖書出版股份有限公司

台中市駐區辦公室/台中市中區中山路6號

電　　話：(04)2223-0891　　傳　真：(04)2223-3549

高雄市駐區辦公室/高雄市新興區中山一路290號

電　　話：(07)2358-702　　傳　真：(07)2350-236

法律顧問　元貞聯合法律事務所　張澤平律師

出版日期　2011年9月初版一刷

定　　價　新臺幣550元